# 科学传播简史

A BRIEF HISTORY OF SCIENCE COMMUNICATION

李大光——著

中国科学技术出版社

·北　京·

**图书在版编目（CIP）数据**

科学传播简史 / 李大光著. —北京 ：中国科学技术出版社，2016.1（2024.9 重印）

ISBN 978-7-5046-6978-0

Ⅰ. ①科… Ⅱ. ①李… Ⅲ. ①科学技术—传播学—历史 Ⅳ. ① G206.2

中国版本图书馆 CIP 数据核字 (2014) 第 212566 号

| | |
|---|---|
| 策划编辑 | 杨虚杰 |
| 责任编辑 | 鞠 强 |
| 装帧设计 | 中文天地 |
| 责任校对 | 何士如 |
| 责任印制 | 马宇晨 |

| | |
|---|---|
| 出 版 | 中国科学技术出版社 |
| 发 行 | 中国科学技术出版社有限公司 |
| 地 址 | 北京市海淀区中关村南大街 16 号 |
| 邮 编 | 100081 |
| 发行电话 | 010-62173865 |
| 传 真 | 010-62173081 |
| 网 址 | http://www.cspbooks.com.cn |

| | |
|---|---|
| 开 本 | 787mm × 1092mm 1/16 |
| 字 数 | 340 千字 |
| 印 张 | 21.75 |
| 版 次 | 2016 年 1 月第 1 版 |
| 印 次 | 2024 年 9 月第 2 次印刷 |
| 印 刷 | 河北鑫玉鸿程印刷有限公司 |
| 书 号 | ISBN 978-7-5046-6978-0 / G · 687 |
| 定 价 | 68.00 元 |

# 序

我与李大光教授是在很多年前的“国际科学技术传播联合会”国际会议上相识的。他是我认识的最早的中国科学传播学者之一。通过与他交谈，我了解了许多关于中国科学技术传播的历史。中国的科学技术传播历史与世界其他国家有所不同，因此，我们都想分享这些信息，更多的了解在不同的国家和文化环境中科学技术传播形成的过程。

我感到高兴的是，李教授现在将我们曾经分享的知识集结在一部综合的科学传播史书中。这是最早的完整科学传播史著作之一。这本书具有特别重要的意义，因为这本书将中国的概貌融入美国和欧洲历史学家广泛探索的领域中。这本书的重要性在于其将中国加入到世界科学传播史研究视野之中。

不幸的是，我无法直接阅读李教授的书稿。但是，我与他讨论了书中的内容并查阅了书中插图。这本书的重要价值在于，作者没有人为地将专家之间的交流（有些人将之称为科学界内学术讨论）和科学家与受众之间的交流分割开来（有些人将之称为科学界外对科学有关问题的讨论）。正如李教授在书中论证的，科学界内的学术讨论与科学界外对科学问题的讨论之间并没有像这些术语意指的那样泾渭分明。

在科学传播讨论中面临的巨大挑战之一是，人们普遍认为（当然主要是非科学家，即使科学家也时常认为）区分科学与非科学是简单的事情，因为科学是清晰而精确的方法所获得的结果。但是，正如近两代历史学家和社会学家所清楚论证的，“科学”事实上是许多不同途径、思想、方法、题目以及哲学立场的集合体。世界上并没有唯一的科学方法和唯一的标准能够说明什么是科学或者非科学。

欲理解什么是科学，就必须理解与科学有关的许多事情：关于世界的知识，产生这些知识的过程，以及产生知识的一套社会机构。我愿意用“有关自然世界的可靠知识”的说法将关注焦点放到其各种特点之一，即在可靠的基础上建立新知识的能力。我没有将这个基础称为“真理”，因为我们知道，我们对于基础的构成的理解是变化的，正如我们对自然世界本身在不断获得更深的理解和更准确的解释一样。但是，将某种知识称为是“可靠的”则强调了其基本特征。

另一个基本特征则是已故英国物理学家约翰·齐曼所说的“公共知识”。使科学变得可靠还有其公共性，公共性使得其他科学家能够进行试验、评价以及使用这些知识。只有当知识能通过公共——因而成为社会的——程序，才能变成可靠的知识，正如不同的人发现在以前的知识基础上能够建立新知识、新技术和新思想一样。这个过程发生在共同体内（有时我们称其为科学共同体）。共同体成员发现知识越富有成效，公共判断其可靠性越强。科学机构——研究所、实验室、期刊和资助机构——是构成生产可靠知识的公共、社会程序的所有组成部分。社会程序是真正的“科学方法”，因为它是所有现代科学的重要组成部分。一个从不将自己的发现进行交流的孤独研究者——如莱昂纳多·达芬奇以及他对自然的探索工作——并不是科学家，因为其他人没有机会对那些发现进行检验。科学需要共享。

因此，将科学进行传播是建立可靠知识的基础。20 世纪 70 年代，美国心理学家威廉·加维将传播称为科学的“本质”。

从 20 世纪 80 年代始，科学传播的研究揭示了知识是如何通过传播构成的。在自己实验室内研究人员的讨论与其他研究部门同行讨论不同，与决策者讨论不同，与成年公众讨论不同，与学生讨论也不同。每一种讲述方式都是对可靠知识的不同表达，也就是说，知识阐述随场合不同而不同。

李教授在书中将科学内部交流与对公众的科学传播融为一体，这种陈述方式很重要。消除两种科学传播之间的割裂状态的是不间断的传播模式，甚至应该是科学传播的无割裂纽带。在这个纽带中，不同的知识生产者与不同的受众保持交流。不同境况产生其不同的知识形态。如果我们要更全面了解知识如何变得可靠，我们就需要了解相互之间不同的知识表达方式，非科学家是如何理解技术信息的，科学传播专业者是如何帮助研究人员和普通受众理解新观察、新发现以及新解释的。

只有像李教授的书中内容全面的历史可以帮助我们理解各个不同的

传播模式之间的相互关系，特别是这些相互关系的演化过程。我希望这本书能够首先使中国科学家，然后其他国家的科学家和学者更清晰的了解传播是如何帮助我们生产可靠的关于自然世界的知识的，这将使我们在未来受益。

布鲁斯·V·莱文斯坦

康奈尔大学科学传播教授

美国纽约，伊萨卡

2015 年 8 月 10 日

# Preface

I met Prof. Li Daguang many years ago, through the International Network on Public Communication of Science & Technology. He was among the first Chinese scholars of science communication who I met, and from him I learned much about the history of science communication in China. The field is a relatively new one everywhere in the world, and so all of us wanted to share information, to learn more about the shape of science communication in different national and cultural contexts.

Thus I am delighted that Prof. Li has now collected the knowledge we all shared into a comprehensive history of science communication. This is one of the first full-length histories of science communication, and it is particularly important because it brings a Chinese perspective to what has been a field largely explored by historians in the United States and Europe. An important aspect of the book is that it includes China in its survey of the history of science communication worldwide.

Although I am unfortunately unable to read Prof. Li's work directly, I have discussed the contents with him and reviewed the illustrations. A key value of the work is that it does not artificially divide communication among specialists (what some people call communication within science) from communication between scientists and other audiences (what some people call communication about science). As Prof. Li demonstrates, the distinction between within science and about science isn't as clear as those terms suggest.

One of the great challenges of discussing science communication is the common belief (certainly among nonscientists and often even among scientists) that it is easy to distinguish science from nonscience, that science is the product of a clear and precise method. But as historians and sociologists of the last two generations have demonstrated clearly, "science" is actually a collection of many different approaches, ideas, methods, topics, and philosophical positions. There is no one scientific method, no one criterion that can tell you whether something is science or nonscience.

To understand what science is, we have to understand that it is many things: knowledge about the world, a process for developing that knowledge, and a set of social institutions for producing that knowledge. I like to refer to "reliable knowledge about the natural world" to focus attention on one of the characteristics, the ability to build new knowledge on a reliable base. I have not called this base "truth," because we know that our understanding of what constitutes the base can change over time, as we get better details and interpretations about the natural world. But calling the knowledge "reliable" highlights a fundamental feature.

Another fundamental feature is what the late British physicist John Ziman called "public knowledge." Part of what makes science reliable is its public character, which lets other scientists test, assess, and use the knowledge. Only as knowledge passes through a public – and therefore social – process does it become reliable, as different people find that they can build new knowledge, new technologies, new ideas on the previous knowledge. This process takes place in a community (what we sometimes call the scientific community). The more productive that members of the community find the knowledge, the stronger the communal judgment that it is reliable. The institutions of science – research institutes, laboratories, journals, funding agencies – are all part of the communal, social process that produces reliable knowledge. That social process is the true "scientific method," for it is the key element of all modern science. A single person working alone and never communicating about his or her findings – such as Leonardo da Vinci and some of his explorations of nature – is not a scientist, because there is no chance for other people to test those findings. Science requires a community.

Thus communicating about science is fundamental to establishing reliable knowledge. In the 1970s, the American psychologist William Garvey called communication "the essence" of science.

Since the 1980s, studies of science communication have shown how knowledge is shaped by the way it is communicated. Talking to researchers in one's own laboratory is different than talking with colleagues in another department which is different than talking with policymakers which is different than talking with adult members of the public which is different than talking with students. Each of these presentations of is a different expression of reliable knowledge, which means that the knowledge is actually different in each case.

This is why Prof. Li's approach, avoiding the distinction of communication within science and communication about science, is so important. Instead of two kinds of science communication, there is a continuum or even a web of science communication, where different producers of information connect with different audiences. Each situation produces its own form of knowledge. If we are to understand more fully how knowledge becomes reliable, we need to understand how these different expressions of knowledge interact with each other, how nonscientists have had access to technical information, how science communicators have helped both researchers and other audiences understand new observations, findings, and interpretations.

Only the kind of comprehensive history in Prof. Li's book will help us see all the connections among different kinds of communication, especially as we learn how these connections have evolved over time. I hope that his work helps both Chinese and eventually other scientists and scholars develop ever better pictures of how communication helps us produce the kind of reliable knowledge about the natural world that will benefit all of us in the future.

Bruce V. Lewenstein
Professor of Science Communication
Cornell University
Ithaca, New York USA
10 August 2015

# 前　言

科学和技术从诞生之时就一直在传播。这是科学的本质决定的，而不是人为的制度规定。科学家之间的学术交流是保证科学成果得以验证和持续发展的最重要方式。而技术产品则通过专利制度进行传播，促进技术成果的市场化。在这本书中讨论的是科学家向非科学家进行科学知识或者与科学有关的文化和价值观的传播，也就是我们经常说到的科学普及。

科学在向大众传播的过程中，受到各种社会因素的影响。在不同的时代，不同的文化形态和不同的语境中，科学大众化会有不同的术语和概念的变化。只有真正理解了这些差异，才能理解这种文化现象。

长期以来，很多人认为科学普及就是将科学知识通俗化的过程或者科学知识向大众传输的单向过程。但是，在科普实践过程中，由于对科学普及的本质的不理解，而导致中国与世界的共同认识的差异。这种差异主要来自与对世界科学传播发展历史的不完全理解，甚至误解科学传播由于受到文化，尤其是受到历史和传统文化形成的民族文化的影响，可能在某种程度上更会受到制度和文化的影响，当科学进入到社会文化层面的时候，对科学的认识就会受到认知模式和理解模式的影响。

丘吉尔曾经说过："你能看到多远的过去，就能看到多远的未来。"（"The farther backward you can look, the farther forward you are likely to see."）科学传播历史对于今天的科学传播或者科普具有重要的意义。可以说，不了解科学传播发展起源和发展，就无法知道今天的科学传播的本质是什么，更不能了解科学与社会之间的关系，更不能预见到科学传播未来发展的趋势。

这部书稿是我从事 16 年科学传播研究和 20 年科学传播教学中成果积累的一部分。科学传播历史内容大多数都在阐述科学传播理论的时候夹杂着对历史的议论，阐述历史事实和概念的演变过程的专著似乎不多。这本科学传播简史是在阅读了有关书籍和文章后的一种尝试。

讲课时可以像讲故事一样陈述一件历史事实，或者在阐述某一个案例的时候贯穿着历史事件进行对比讲述。但是，写书却不行，尤其是历史书，所有的事实都要有依据，有出处。国内关于科学技术传播历史的书籍和文章还是比较缺乏的。这使得我不得不将寻找文献的注意力放到国外的图书馆、书店以及网络信息。但是，尽管如此，仍然有很多重要的资料没有收集齐全。除了资料以外，研究国外的文献还需要重要的工具，就是外语。我除了能够阅读英语文献和部分德语以及日语文献外，法语和欧洲其他语言必须借助词典，甚至语法书。严格讲，不懂古希腊文和古拉丁语，研究世界某一个领域的历史都是有问题的。借鉴第二手资料，无法躲避他人的主观判断，甚至是偏见。唯一可以稍微弥补的方法就是大量阅读。

非常感谢与我合作20多年的乔恩·米勒（Jon D. Miller）教授。在过去的20年里，除了科学素养调查研究的合作以外，关于美国科学电视节目现状研究以及中美科学项目的评估的合作研究中使我获益匪浅。2011年，在密歇根大学期间为我提供便利，在社会学研究所大量下载文献以及图书。他还带我去底特律的福特博物馆，让我了解了美国发明家在19世纪末20世纪初时如何将英国科学技术成就进行大量应用，形成美国早期探索文化和科学技术实用化的思想，以及爱迪生的“公开化”思想对发明家的作用。在福特博物馆，我还偶然发现了莱特兄弟发明飞机后，凯瑟琳·斯廷森在1917年驾机东方之行，对中国的轰动影响。回来后，花了一些时间寻找有关资料，编写到书中。

康奈尔大学的科学史和科学传播教授布鲁斯·莱文斯坦（Bruce Lewenstein）是我多年的好朋友。他曾经送给我很多书，其中有一些与科学传播历史和科学文化历史有关系的书，对我写这本书有重要的帮助作用，感谢刘钝教授为本书提出宝贵的修改建议。

我还要感谢苏日湖博士和郭兵博士，他们每次从美国回国，都会应我的要求买书给我。甚至有些书完全在我的意料之外而且认为我一定需要。

北京档案馆的杨红军研究员给我提供了一些非常有价值的资料，在此深表感谢。我的学生刘馥琰对图片和历史资料使用的版权问题提供了大量帮助，使我在精选图片和资料过程中慎之又慎。

在澳大利亚的几个月中，我到图书馆借阅了很多图书，使我能够顺利完成“维多利亚时代”那一章。我必须感谢我的女儿和女婿。他们事先帮助我办好了借书证。

我还要感激妻子。她没有抱怨地操持家务，使得我能够全身心投入写作。

感谢编辑杨虚杰和张宇的辛勤付出，使这本书能顺利出版。

不管怎么努力，由于水平有限，错误肯定很多。敬请批评指正。

李大光

2014年5月5日

# 目录 CONTENTS


第一章

**希腊化时代** / 001

一、国际帝国：希腊化时代的创立 / 002

二、世界历史上第一个博物馆 / 004

三、图书馆的诞生 / 007

四、文化、科学与技术 / 013

第二章

**科学革命时代** / 031

一、大众科学的先驱 / 032

二、第一篇科学报道 / 040

三、科学家团体的科学传播：肇始于英国 / 044

第三章

**启蒙时代** / 059

一、科学教育大众化 / 060

二、狄德罗与《百科全书》/ 079

三、启蒙运动科学传播对美国的影响 / 083

第四章

**维多利亚时代** / 089

一、科学与文学 / 090

二、“科学普及”的形成 / 091

三、达尔文演化论与大众文化 / 093

四、科学普及者群像 / 105

五、水晶宫：工业展览 / 126

第五章

**科学博物馆的起源与发展** / 135

一、博物馆的起源 / 136

二、19 世纪末：新博物馆运动与博物馆思想 / 138

三、科学博物馆 / 144

四、现代科学博物馆 / 158

第六章

**美国科学传播** / 163

一、美国科学传播的兴起与发展 / 164

二、发明家与美国文化的几个案例 / 165

三、政府和基金会 / 182

四、科学记者组织：专业科学记者的兴起与发展 / 184

五、媒体与大众科学 / 190

第七章

**公众科学素养的研究起源与发展** / 211

一、起源与发展 / 212

二、调查与测量 / 224

三、美国青少年科学素养纵向研究 / 227

四、对科学素养知识测试的争论 / 231

五、提升科学素养的根本措施：科学教育改革 / 237

第八章
**公众理解科学运动** / 249

一、科学事件与公众担忧 / 250

二、《公众理解科学报告》引发的讨论 / 255

三、公众理解科学组织与活动 / 262

四、公众参与 / 264

第九章
**中国科学技术普及** / 273

一、西学东渐 / 274

二、明清时期 / 279

三、晚清时期：新文化运动时期 / 288

四、科学组织：科学研究与科学普及 / 295

五、政府管理下的有组织的科普活动 / 310

六、稳定发展的新阶段 / 313

**主要参考文献** / 315

**后　记** / 331

# CHAPTER 1

## 第一章

# 希腊化时代

希腊化是指在亚历山大大帝东征后的三个世纪里，古希腊文明和小亚细亚、叙利亚、美索不达米亚、埃及以及印度的古老文明相融合的进程。所谓希腊化时代通常认为开始于公元前 323 年亚历山大去世到公元前 30 年罗马吞并最后一个希腊化国家托勒密王朝为止。在这个时代，托勒密一世（Ptolemy I Soter）在亚历山大里亚城建立的图书馆和博物馆是早期文献收藏和供学者学术活动的场所。希腊化时代将希腊文明和亚洲文明融合为一体，希腊的科学、哲学、宗教与文学在西亚各地扩散和传播。

## 一、国际帝国：希腊化时代的创立

在公元前 480 年到公元前 360 年的一个多世纪时间内，希腊各城邦从没有受到外部严重的挑战。公元前 359 年后，马其顿的腓力二世（Philip II，在位时间公元前 359—公元前 336 年）势力逐步扩大。希腊开始衰落。没有希腊的衰落可能就没有希腊化的产生。马其顿国王腓力二世于公元前 338 年 8 月赢得海罗尼亚战役后，最终结束了希腊的独立。但是，仅仅两年之后，腓力二世遇刺身亡。他最欣赏并认为最有出息的儿子亚历山大三世（Alexander III，公元前 336—公元前 323 年）接替他的权位。

亚历山大大帝① 组建了自己武器均衡的军队，从而成为强大战斗力的横扫世界的军事力量。包括弓箭手、标枪手以及攻击部队骑兵的多兵种武装将腓力大帝的组建的“马其顿方阵”几乎所向披靡。但是，亚历山大大帝与他的父亲不同的是，除了精锐的军人，其军队中还有观察家、工程师、建筑师、科学家、法庭官员和史学家。[1]他摒弃了马其顿传统，确立了在全希腊的独裁专制统治地位，灭亡了波斯帝国。在横跨欧、亚的辽阔土地上，建立起了一个自喜马拉雅山的支脉和印度的西北边陲，直抵西方的意大利，北从中亚细亚、里海和黑海起，南达印度洋和非洲今日的苏丹边境与撒哈拉大沙漠的以巴比伦为首都的疆域广阔的国家。骁勇善战的亚历山大大帝在 13 年时间内建立了希腊历史从未有过的伟大帝国。

希腊化时代的历史大约从公元前 330 年到公元前 30 年，即奥古斯都一世（Augustus，公元前 63 年—公元 14 年）建立罗马帝国之时。在 300 年的时间内，亚历山大大帝创造了一个遍及世界的国际帝国，这个帝国在马其顿人的统治下把不同种族、肤色、语言和宗教的人联合在一起，但具有至高无上地位的文化和语言却是希腊的。东方和西方走到了一起，而且在这些地区——东南欧、东北非和西亚，总有或多或少的融合，并且融合从未停止。乔治·萨顿（George Sarton，1884—1956）② 认为：“亚历山大大帝结束了一个时代又开启了一个新时代；他创造了一个遍及世界的国际帝国，这个帝国在马其顿人的统治下把不同

① 亦称马其顿的亚历山大三世（Alexander III of Macedon，在位时间公元前 356—公元前 323 年）。

② 美国化学家、历史学家。被认为是科学史专业奠基人。

种族、肤色、语言和宗教的人民联合在一起，但具有至高无上的地位的文化和语言却是希腊的。”[2]

德国史学家德罗伊森（J. G. Droysen，1808—1884）最先揭示出亚历山大大帝对全世界的影响，也是他开创了希腊化时代的历史研究。他的《亚历山大大帝传》（*Geschichte Alexander der Grossen*）于1833年在汉堡出版。他又在1836年出版了《希腊化史》（*Geschichte des Hellenismus*）。在这本书中，他首先赋予“希腊化”（Hellenism）一词以新意，认为是“古希腊政治、教育制度在东方民族中的扩散”。以后的学术界就采用了这个术语——“希腊化”。现在史学界在谈到“希腊化时代”时采用的是“Hellenistic Age”，或者“Hellenistic Period”。[3]

希腊化时代的出现不是偶然的。亚历山大据说是亚里士多德（Aristotle，公元前384—公元前322年）的学生，尽管在很多研究文献中认为没有证据证明这一点，但是萨顿给予了肯定的回答。英国史学家弗朗西斯·麦克唐纳·康福德在他的《苏格拉底前后》一书中，同样确定了这一说法。[4]亚里士多德受腓力二世之约，从公元前343年至340年担任亚历山大的私人教师。当亚历山大继位以后，亚里士多德仍然担任他的顾问，同时也是他的朋友。大约在公元前335年，亚里士多德回到雅典，创建自己的“吕克昂学院”（Lyceum）。虽然现在史学界无法确定作为老师的亚里士多德对年幼但是聪颖的学生教了什么知识以及这对师生之间的学术活动和交流方式，但是，毫无疑问，亚历山大受到了这位令人尊重的老师的重要影响，否则也不会有后来的希腊化，也不会有后来的文学、科学和艺术的大融合。东方和西方走到了一起，而且在这些地区——东南欧、东北欧和西亚，总有或多或少的融合，而且这种融合从未停止。

公元前323年6月，亚历山大大帝得急病突然死亡，享年32岁。而他的老师亚里士多德比他晚死1年，即公元前322年。亚历山大死后，他的帝国被部下们继承和分割。开始还保持了帝国形式上的统一，不久后统治各块领地的领主们陷入公开的争斗。他的三个主要将领争夺大帝遗留下的领地，形成三个主

（亚里士多德与亚历山大，*Aristotle tutoring Alexander*，by Jean Leon Gerome Ferris，图片来源：http://en.wikipedia.org）

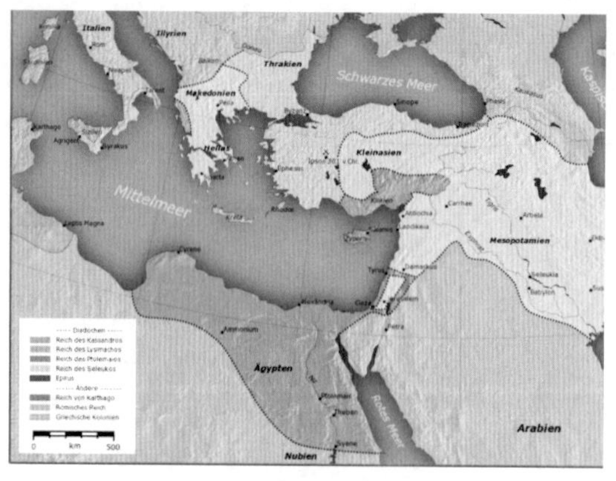


（托勒密王朝。图片来源：Ptolemaic Kingdom in blue，300 BC.）

要部分：（1）由安提克（Antigonids）统治的马其顿和希腊；（2）塞琉西（Seleucids）控制的西亚；（3）托勒密（Ptolemies）控制的埃及。这三个王国都是按照不同于马其顿王国和亚历山大大帝的统治方式发展的。三个帝国之间时而分裂，时而统一。这种不稳定的政治形态使得罗马有机可乘，利用它们之间的分裂乘机发展自己的势力，推进自己的帝国主义，最终于公元前 130 年成为它们的继承者。希腊化的那些时代大致延续到基督时代，它们大约是在基督纪元开始之初逐渐被罗马体制取代的。

## 二、世界历史上第一个博物馆

亚历山大在其征战生涯期间，建立了 20 多个城市。在这 20 多个城市中，多数命名为亚历山大。其中最著名的是埃及的亚历山大里亚市（City of Alexandria）。在托勒密一世索泰尔（Ptolemy I Soter）[①] 和托勒密二世菲拉德尔福（Ptolemy II Philadephos，约公元前 309—约公元前 247 年）的管理下，很快便成为世界主要的城市和著名学术与文化中心。同时，亚历山大里亚也开创了将艺术、教育和各种知识进行收藏和研究的学术中心和教育中心。在埃及亚历山大里亚，世界上第一个知识宫和图书馆的建立，对哲学辩论，科学研究以及知识的传播具有重要的意义。

亚历山大里亚市能够成为世界学术、文化、艺术和科学中心毫无疑问地归功于托勒密一世。托勒密崇拜他的君王亚历山大大帝并崇尚希腊文化，这是希腊化诞生的基础，也是亚历山大里亚博物馆和图书馆出现的原因。希腊安全的环境，埃及优越的地理位置以及王室对图书馆和博物馆的财政支持和统治者们的雄心和见识，是希腊化繁荣的保证。

托勒密一世和他的儿子托勒密二世菲拉德尔福像所有的统治者一样都注重政府的管理，但是，父子俩与其他统治者不同的是，他们更关注

① Soter，希腊语“救主”。

托勒密（Ptolemy I，Soter，图片来源：http://cn.bing.com）

这座城市的精神和文化繁荣。他们在塑造这座城市的精神过程中，最伟大的创造就是建立了亚历山大博物馆和图书馆。“亚历山大博物馆的建立非常重要，不仅因为那里开展的研究具有重要意义，而且因为它是通过公众或皇家赞助而支持高级学问的一个先例。”[5]在这个希腊化过程中，具有决定性作用的是博物馆和图书馆。

亚历山大图书馆总馆设在布鲁却姆（Brucheium），此图书馆与亚历山大博物馆及一所学术院同在一大栋建筑物内。不久，总馆发展迅速，托勒密二世又在塞拉比斯神庙（Temples of Serapis）另设一分馆。

古罗马地理学家斯特拉波（Strabo，公元前64年或63年—公元前23年）[①] 在其《地理学》第十七卷第一章中这样描述亚历山大博物馆：“城市（亚历山大里亚城——译注）容纳了最漂亮的公共建筑和皇家宫殿，这些建筑占据了整个城市的四分之一，甚至三分之一的面积。历任国王都喜爱豪华显赫，他们喜欢将公共纪念建筑进行豪华装饰。尽管历任国王已经建了很多建筑，但是新任国王们仍不惜花大价钱增建官邸。可以这样形容这个城市：‘群楼相连，绵延无际。’但是，所有的建筑都迂回相连，直通港口。即使那些远离港口的建筑也与之相连。博物馆也是皇家宫殿的一部分。宫殿内有公用通道，休息之处设有座位。一个巨大的房子是为那些到博物馆进行学术活动的学者们聚餐的食堂。这些人不仅有共同财产，而且还有一个过去由国王，现在则由恺撒任命的祭司进行管理。墓地也是皇宫的一部分。那是一个封闭的埋葬君王的地方，当然，亚历山大也葬在那里。”[6]

据说，亚里士多德的学生，提奥夫拉斯图斯（Theophrastus，公元前371—公元前287年）[②] 对托勒密的图书馆提出建议，使得亚历山大图书馆在很大程度上借鉴了亚里士多德图书馆结构风格。斯特拉波在其《历史学》[③] 中谈到，是亚里士多德教导埃及国王建立图书馆。因此，亚历山大图书馆可能是典型的希腊化文化的产物。

目前，几乎所有的人都承认，今天博物馆的英语“Museum”一词与希腊语的“Mouseion”（缪斯神庙）为同一词源。萨顿认为，“欧里庇

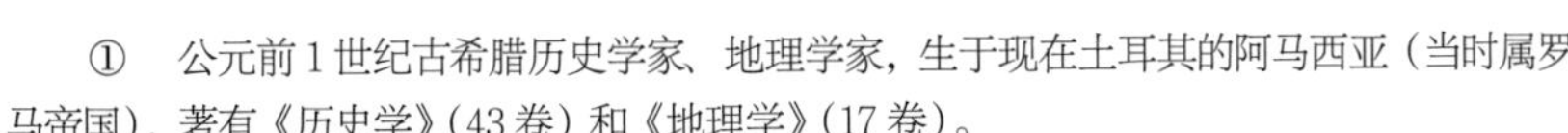

① 公元前1世纪古希腊历史学家、地理学家，生于现在土耳其的阿马西亚（当时属罗马帝国），著有《历史学》（43卷）和《地理学》（17卷）。

② 希腊植物学家。公元前约372年生于莱斯波斯岛；公元前约287年卒于雅典。植物学奠基人。

③ 斯特拉波所著的《历史学》差不多已经完全散佚。尽管他会在自己的著作中引录，其他的古代作家亦有提及此书，目前仅存的写于纸莎草的残片存于米兰大学。

得斯”（Euripides，公元前480—公元前406年）创造了Museum这个词。博物馆就是缪斯女神的神庙。其实，在希腊的许多地方都有供奉缪斯女神的神庙。在柏拉图学园中也有一个“博物馆”。但是，无论在规模或者学术影响，没有任何博物馆可以与埃及亚历山大博物馆相媲美。欧里庇得斯创造了“museum”这个词是他曾经提到鸟的museia（展示厅），是鸟儿们在一起唱歌的地方。可见最初博物馆的创意并不是对外展出科学技术的场馆，而是学者们讨论的场所，与今天的科技馆没有直接的，但是具有间接的关系。

很多西方教科书中都将亚历山大博物馆的属性和作用与今天的科学技术博物馆等同看待，或者认为今天的博物馆的前身就是亚历山大博物馆。但是，在查阅有关文献的时候却发现，两者具有重要的差异，甚至是本质上的差异。在《希腊化时代的科学与文化》中，萨顿通过文献档案以及考古研究结果推断，“这个博物馆是一组准备用于各种科学目的的建筑，它的成员们像一所中世纪的学员中的同事或辅导教师那样生活在一起。”“据我们所知，这是最早的有组织的集体研究机构，而且它不是根据政治或者宗教命令组织起来的，它除了追求真理外没有别的目的。”

关于埃及亚历山大博物馆的建筑，由于文献的缺失，无人知晓其准确位置和结构。萨顿认为：“这个博物馆不仅是一个皇家机构，而且还是‘皇家宫殿的一部分’”。“博物馆占据了靠近大港的皇城中的某些建筑。”“简而言之，这个博物馆的成员是一组准备用于各种科学目的的建筑，它的成员们像一所中世纪的学院中的同事或辅导教师那样地生活在一起。”萨顿认为这个博物馆就是一个研究机构，而非教学机构。如果有教学活动的话，也是高级的教师指导助手的研究活动。其评价标准也不是以分数确定，而是参与者的荣誉感和失败感。

博物馆规模宏大，是一组准备用于各种科学目的的建筑。博物馆中设有观象台（尽管仅仅有一些天文观测仪器），还有用于动物解剖或者生理学实验的房间，可能还有植物园和动物园。萨顿甚至认为可以以伊斯坦布尔的大宫殿和北京的故宫作为想象物，来理解博物馆在当时的作为政府建筑和公共建筑的宏大规模，巴黎博物馆也许与亚历山大博物馆最为相似。

尽管有些史学家对图书馆和博物馆之间是相互独立的，还是综合一体的存有争议，但是，更多史学家认为，图书馆与博物馆是一个综合的建筑。至少亚历山大博物馆是这样的。这个博物馆吸引了全世界最知名的学者。他们可以向有关机构申请在博物馆中做研究所需要的费用，这样，他们在博物馆中就可以无忧无虑地从事研究。

## 三、图书馆的诞生

在希腊化过程中似乎起到更重要作用的是附属于博物馆的图书馆。萨顿认为："我们可以假定，希腊化时代的几乎每一个城市都有自己的图书馆。这些图书馆一般都由统治者和艺术家拥有，并且对他们的家族开放。那些能给宫廷增光的学者、诗人和艺术家可以使用图书馆，但没有一家图书馆是现代意义上的'公共'图书馆。"

萨顿认为："亚历山大图书馆（Library of Alexandra）是自然科学的研究中心，附属于它的亚历山大图书馆是人文科学的中心，但它本身也是该博物馆必不可少的一部分。"仅仅是研究中心只要有廊柱和大厅供学者们讨论就足够了。图书馆则需要图书，也就是抄本。收集到足够的抄本，还要有足够的建筑和设备来储存这些抄本，并进行合理的摆放以供阅读，这样的建筑才能称其为图书馆。亚历山大图书馆的建立不是单凭想象创建的，其基础是希腊充足的学术成就和已经积累的珍藏品。

亚历山大图书馆于公元前295年（托勒密二世时代）建立于埃及亚历山大城，雄踞于地中海岸，面向碧蓝的大海。亚历山大图书馆并不仅仅是一个当今意义上的阅读图书的场所，而是希腊化的文化中心。

亚历山大图书馆的初建与藏书收集应该归功于图书馆的第一任馆长德米特里（Demetrius Phalereus，公元前350—公元前280年）。在他的领导下，图书馆的藏书迅速达到羊皮文稿40万卷。能够在短时间内使藏书达到如此惊人的程度，一种说法认为，德米特里是亚里士多德的学生，而这些羊皮文稿都是亚里士多德图书馆的私人藏书。

（亚历山大利亚图书馆，图片来源：*The Great Library of Alexandria*，O.Von Corven，19th century，http://en.wikipedia.org）

亚历山大图书馆藏书能够急剧增加的另一个主要原因是它充分利用了自己得天独厚的地理位置，他们将出入红海和地中海的船只扣押，搜走所有的图书，由学者们抄录下后，将原件留下，副本交还给主人。从希腊时代收集的文献和半抢夺方式积攒起来的图书馆藏书达到 50 万卷—70 万卷。这些图书多数是莎草纸（papyrus）书卷。[①] 这些强行盗版的图书仅仅在封面上注明“来自船舶”。

除了亚历山大图书馆，在帕伽马（Pergamon）的阿塔鲁斯国王也对图书馆建造给予了类似的赞助。这个图书馆仅次于亚历山大图书馆。另外还在罗德岛、科斯岛都相继建立了图书馆或者博物馆。

尽管萨顿认为，没有证据表明博物馆具有与我们今天的教育模式相似之处。但是，在“帕伽马的体操生活中心”（Pergamon，Center of Gymnastic Life，281—133）有对男孩、年轻人和成人的教育。主要教育内容为文学、田径运动、音乐和有奖竞赛。体操老师具有至高无上的教育权力，相当于现在的校长。弗兰克·威廉·沃尔班克（F. W. Walbank，1909—2008）在他的“*The Hellenistic World*”（《希腊化世界》）一书中描述了体操馆的教育：“希腊教育传统是在城市里得到培育的。这种传统是在体育馆为富家子弟（有时是一般的子弟）提供教育这种方式来表达的。体操馆主要是一种体育教育，它总是把音乐训练当作非常重要的事情，现在已经发展成为中学了。以帕伽马的体操馆为例，以三个层次为基础建立起来的以适合孩童、18—20 岁的青年人以及年轻人，体操馆通常有演讲室、柱廊和图书馆以适应这一场馆的主要功能。课程主要是文学，主要关注的是诗歌，特别强调欧里庇得斯和荷马的诗歌。”虽然教师的地位不是很高，但是，上层市民认为体育馆是非常重要的。许多法令确定体操馆具有很高的官职级别，体操馆的馆长就是校长。

埃及的国王们为了使图书馆藏书不断增加，而采取了不择手段的办法。托勒密三世埃维尔盖特（Pta Lemy Ⅲ Euergetes Ptolemy，公元前 247 年—公元前 222 年）下令，所有到亚历山大旅行的人都必须把携带的书籍交出来。如果发现他们交出来的书图书馆中没有藏书，就会被强行收藏。如果是廉价的莎草纸抄写的副本，就可以退回。托勒密三世要求雅典图书馆馆长把重要的国藏本借给他们，答应抄录后还回，但是，后来却反悔，返还的是抄本，将原本收藏。

---

① 莎草纸是古埃及人广泛采用的书写介质，它用当时盛产于尼罗河三角洲的纸莎草的茎制成。大约在公元前 3000 年，古埃及人就开始使用莎草纸，并将这种特产出口到古希腊等古代地中海文明地区，甚至遥远的欧洲内陆和西亚。莎草纸一直使用到 8 世纪左右，后来由于造纸术的传播而退出历史舞台。在埃及，莎草纸一直使用到 9 世纪才被从阿拉伯传入的廉价纸张代替。在此之前，羊皮纸和牛皮纸已经在很多领域代替了莎草纸，因为它们在潮湿的环境下更耐用，而且它们在任何地方都能生产。

亚历山大图书馆在科学研究上的作用是科学家查找以前的科学家所做过的研究结果。医师们需要查找希波克拉底（Hippokrates of Kos，公元前460—公元前377年）的著作，天文学家需要查找天文观测记录。从这个角度说，图书馆是博物馆的知识存储器。从人文学科来说，图书馆更加重要。如果人文学者要阅读《荷马史诗》（*Homer Epic*）、抒情诗、悲剧剧本、喜剧剧本或者哲学著作，就可以在图书馆里找到。

这些图书大多数收藏在被称为“母图书馆”（Mother Library）的亚历山大图书馆，它与古老的博物馆通过廊厅相连接。还有一些书收藏在历史短暂些的塞拉皮雍（Serapeum）神庙（Temple of God Serapis）的“子图书馆”（daughter library）。将图书馆与博物馆连接为一体的廊柱用大理石砌成，富丽堂皇，庄严宏伟，整体建筑浑然一体，体现了托勒密一世的智慧。除了塞拉皮雍图书馆，还有安蒂奥基亚（Antioquia）、帕伽马（Pergamon）、罗德岛（Rhode Island）、士麦那（Smyrna）、科斯岛（KOS Island）以及其他地方也都建有公共图书馆。

亚历山大图书馆毫无疑问是最大的。尽管这个世界上曾经最伟大的图书馆，对世界文明作出了不可磨灭贡献的文化中心没有给后人留下片瓦。但是，由于它在学术活动中的巨大影响，至今仍然是史学界的研究热点。

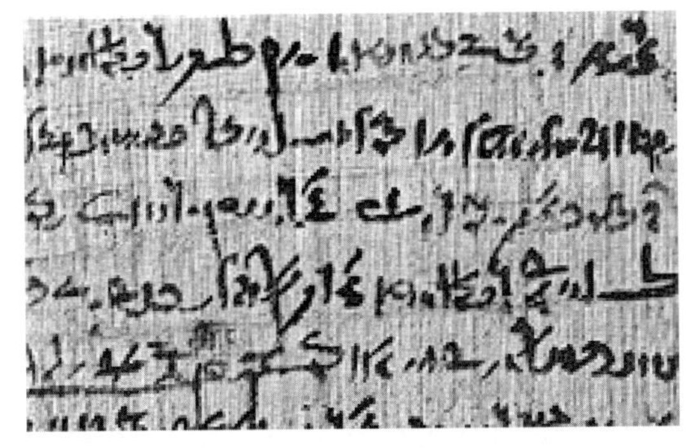

（莎草纸书卷。图片来源：Papyrus，http://en.wikipedia.org）

亚历山大图书馆有10个大厅构成。墙上排列着宽大的有编号和标题的圣物壁龛，其中装满希腊化时代的天才们积累起来的充满智慧、知识和信息的手稿。亚历山大图书馆的每一个大厅中的手稿按照卡利马科斯（Callimachus，约公元前305—公元前240年）[①] 目录分列出的10个希腊化知识体系分类收藏。大厅供学者们讨论和辩论时使用，大厅中的单独的小房间供专业领域问题或者小群学者使用。

2004年，一个由波兰和埃及研究人员组成的研究小组声称在普鲁欣地区

① 卡利马科斯出生在古希腊的殖民地利比亚。他是古希腊著名诗人，学者以及目录学家，同时他也在亚历山大图书馆工作过。尽管他并未能担任馆长的职务，但是他为亚历山大图书馆编写了一本详尽的书册总录“Pinakes”。同时，卡利马科斯也被认为是古代最早的评论家之一。

（the Bruchion region）考古发掘出亚历山大图书馆部分遗址。考古学家认为他们发现了13个“演讲厅”，每个厅中央都有一个讲台。每个厅大约能够容纳5000个听众。

希腊化时代的主图书馆以及其他图书馆在图书管理和文献管理方面开创了先河。当那些小图书馆开始变得独立后，就自然形成了管理员制度和馆长制度。在这些图书馆内，第一次有专门人员对所收藏书籍进行标记、分类、整理和研究，以提高文献资料的利用效率，并编制了初步的图书分类法。当时学者认为该馆的重要任务在于编纂具有权威性的希腊文学书目，以及整理、校勘前代作家的著作成为标准的纸卷样式，以便大量的储存。但有关图书文献收集、藏书规模、文献整理、目录分类等详细情况却知甚少，一直是图书馆学者研究的焦点之一。但是，至少我们知道文献管理者们需要对大量的莎草纸卷进行鉴别、分类、编目和编辑。除此而外，文献的抄录、整理、各种语言的翻译规范、目录、查询系统以及阅读方式。这些工作如果没有对这些文献的熟悉和了解，整理和管理工作是不可能的。因此，大量的学者被委派来为图书馆服务。

亚历山大图书馆和极其翔实的图书目录已经不复存在。但是，在埃及发现的成千上万卷纸草纸书揭示了埃及的希腊移民对希腊文献非常熟悉。目前，我们至少知道：亚历山大图书馆收藏了当时最伟大的著作手稿：第一本希腊文《旧约圣经》的译稿在西元前270年左右由70名犹太学者编译完成；公元前9世纪古希腊著名诗人荷马的全部诗稿，首次在图书馆复制和译成拉丁文字；包括《几何原本》在内的古希腊数学家欧几里得的许多真迹原件；古希腊天文学家阿里斯塔克（Aristarchus of Samos，公元前310—公元前230年）之“日心说”理论相关著作；希腊三大悲剧作家的手稿真迹；古希腊医师、有西方医学奠基人之称的希波克拉底（Hippocrates of Kos，公元前460—公元前370年）的许多著述手稿；古希腊哲学科学家亚里士多德（Aristotle，公元前384—公元前322年）和学者阿基米德（Archimedes of Syracuse，公元前287—公元前212年）等以及对医学也有贡献的学者均有著作手迹留此。另外，还有狄摩西尼（Demosthens，公元前384—公元前322）[①]、欧里庇得斯（Euripides，公元前485年或480年—公元前406年）[②]、米

① 古代希腊最伟大的雄辩家之一，主派政治家。其辩论演说被称为《金冠辩》，至今仍被公认是历史上最成功的雄辩艺术杰作。

② 悲剧作家。与埃斯库罗斯和索福克勒斯并称为希腊三大悲剧大师，他一生共创作了九十多部作品，保留至今的有18部。

南德（Menandros，约公元前432—公元前291年）[①]、柏拉图（Plato，公元前427—公元前347年）、修昔底德（Thucydides 公元前460年或公元前455年—400或395年）[②]、赫西俄德（Hesiod，约公元前8世纪）[③]、伊索克拉底（Isocrates 公元前436—公元前338年）[④]、雅典的阿里斯托芬（Aristophanes，约公元前446—公元前385年）[⑤]、色诺芬（Xenophon，公元前约430—公元前354年）[⑥]、索福克勒斯（Sophocles，公元前496—公元前406年）[⑦]、品达罗斯（Pindaluosi，约公元前518—公元前442年或438年）[⑧]、萨福（Sappho，约公元前630年或612年—约公元前592年或者560年）[⑨] 等人的纸草书。目前在大英博物馆中发现了亚里士多德的完整的《雅典政制》（*Constitution of Athens*）弥补了收藏的残篇。

埃及国王们唯恐自己图书馆内的重要手稿被窃或者逸散，就有意制造赝品。手稿赝品是希腊化时代长期存在的问题。各个城市的图书馆宁可花大价钱购买手稿，也不愿意赝品落到自己的手里。但是，很多人认为，花钱反而助长了赝品的增加。

---

① 亚里士多德的吕刻昂学院的继承人泰奥弗拉斯托斯的弟子，米南德写了105部剧本，得过8次奖。古希腊新喜剧只传下米南德的两部完整的剧本《恨世者》、《萨摩斯女子》和残剧《公断》、《割发》、《赫罗斯》、《农夫》等。伯罗奔尼撒战争。

② 古希腊历史学家。主要著作《伯罗奔尼撒战争》。

③ 古希腊诗人。作品长诗《工作与时日》以及其他作品是研究希腊神话、古希腊农业技术、天文学和计时的重要文献。

④ 希腊古典时代后期著名的教育家。他一生写了许多演说词，其中最有名的是《全希腊盛会献词》、《泛雅典娜节献词》等。

⑤ 古希腊早期喜剧代表作家，相传写有44部喜剧，现存《阿卡奈人》、《骑士》、《和平》、《鸟》、《蛙》等11部。有“喜剧之父”之称。公元前5世纪，雅典产生三大喜剧诗人：克拉提诺斯、欧波利斯和阿里斯托芬，只有阿里斯托芬传下一些完整的作品。

⑥ 古希腊历史学家、作家。苏格拉底的弟子。著有《远征记》、《希腊史》（修昔底德《伯罗尼撒战争史》之续编，叙事始于公元前411年，止于公元前362年）以及《回忆苏格拉底》等。

⑦ 雅典三大悲剧作家之一。一生写过120多部剧本，得过24次奖，跻身于世界上最伟大剧作家的行列。现存完整的剧本7部：《埃阿斯》、《安提戈涅》、《俄狄浦斯王》、《埃勒克特拉》、《特拉基斯少女》、《菲罗克忒忒斯》、《奥狄浦斯在科洛诺斯》。

⑧ 希腊合唱琴歌的职业诗人。主要作品《奥林匹亚竞技胜利者颂》，《皮托竞技胜利者颂》，《涅墨亚竞技胜利者颂》，《伊斯特摩斯竞技胜利者颂》。

⑨ 古希腊著名的女抒情诗人，一生写过不少情诗、婚歌、颂神诗、铭辞等。古希腊人十分称赞她，说男诗人有荷马，女诗人有萨福，柏拉图曾誉之为“第十位缪斯”。她的诗对古罗马抒情诗人卡图卢斯、贺拉斯的创作产生过不小影响，后来在欧洲一直受到推崇。1898年学者们出土了一批含有诗人诗作残片的纸草。现代的各种版本中，诗人诗作的残片累计已达264片，但仅有63块残片包含完整的诗行，只有21块含有完整的诗节，而迄今能让我们作为文学作品来欣赏的近乎完整的诗作仅有4首。第4首是2004年新发现的，这首12行的诗作是在一具埃及木乃伊上面的纸草上发现的。

还有学者认为，亚历山大时代国王们支付给学者的奖学金过多，甚至影响了学者们的做学问的积极性和自主性。菲里乌斯的提蒙①（Timon of Phlius，公元前320—公元前230年）在他的讽刺诗“*Silloi*”中讥讽道：“在我们拥挤的埃及，有一种鸟笼叫博物馆。在那里，豢养着一群舞文弄墨，埋头故纸堆，无休止争吵的鸟。”[7]

（亚历山大里亚图书馆大火。图片来源：The Burning of the Library at Alexandria in 391 AD, an illustration from ‘Hutchinsons History of the Nations’, c.1910, http://en.wikipedia.org）

历史学家们根据考古和文献研究，多数人认为亚历山大图书馆毁于恺撒征服埃及时的大火。亚历山大图书馆在人类历史上对文化、科学和技术方面的贡献使得后人对这场大火对人类文化的贡献的毁灭哀叹不已。但是，导致亚历山大图书馆的消亡原因仍有很多未解之谜。

根据为数不多的史料记载，现今人们只知道它先后毁于两场大火。公元前48年，恺撒大帝（Julius Caesar，约公元前100—公元前44年）在罗马内战时，追杀庞贝（Pompey，公元前106—公元前48年）至埃及，在亚历山大里亚遇到埃及舰队的阻拦，由于实力相差悬殊，又在敌人境内的危险地带，恺撒下令烧毁港口内的船舶。大火迅速蔓延吞没了整个舰队。但是，不幸的是，大风将火引致城市，焚毁了部分图书馆，全部珍藏过半被毁。但是，关于这个说法，也有很多学者表示质疑，因为，亚历山大图书馆总馆距离码头很远，萨拉匹斯图书馆则处于更远的山上。

古罗马执政官马克·安东尼（Marcus Antonius，约公元前83—公元前30年）在公元前41年把从帕伽马图书馆（The Library of Pergamon）掠走的20万卷书送给了克莱奥帕特拉七世（Cleopatra，公元前70—公元前30年）②，以赔偿恺撒所焚毁之损失，但不久复被损毁。

① 希腊怀疑论哲学家。

② 古埃及克罗狄斯·托勒密王朝的最后一任女法老。她让一条毒蛇咬死自己来同时结束自己和埃及的生命（不过，研究却证明她死于屋大维谋杀的可能性更大些）。从此以后，埃及成为了罗马帝国的一部分，直到5世纪西罗马帝国的崩亡。她被认为是为保持国家免受罗马帝国吞并，曾色诱盖厄斯·儒略·凯撒大帝及他的手下安东尼，因此又通译称为埃及艳后。

史学界研究还认为，宗教因素的可能性也是存在的，而且可能性更大。图书馆的主要敌人不是罗马人，而是基督徒。到了 4 世纪末，异教在亚历山大衰落，旧基督徒和皈依者憎恨亚历山大图书馆，因为其鼓吹的学说主要为怀疑论和不讲道德。后来，被逐渐破坏，最终彻底毁灭了。也有研究将这场灾难归罪于穆斯林。当穆斯林于 640 年占领亚历山大以后，于 645 年再次洗劫这座城市的时候，将亚历山大图书馆毁掉了。这是因为异教书籍对穆斯林来说，其威胁比基督教本身更大。

对亚历山大图书馆的毁灭，说法迥异，不一而足。按照奥罗修斯（Paulus Orosius，公元 375—418 年）的说法，亚历山大图书馆在 416 年已经不存在了。

## 四、文化、科学与技术

萨顿在他的《希腊化时代的科学与文化》除了介绍自然科学领域的发展以外，也用很多篇幅谈论哲学、宗教、史学、语言、文学和艺术等人文学科领域的知识发展。这与中国和早期的东方国家对科学的认识有很大差距。英语中的“science”来自拉丁语的“scientia”，后者的涵义更为广泛，其中包括科学、哲学、宗教、神话、历史、文学、艺术等人类的所有知识。14 世纪“science”一词引入英语，后来的“自然科学”（Natural Science）则是更晚的事情。现代科学对东方的影响则更晚（虽然希腊科学和哲学受到早期东方国家的影响），在接受科学的概念的过程中，产生误解。这种误解影响到中国文化和管理体制。以至于导致中国早期的“科学”概念中排斥除了“自然科学”以外的所有人类知识。这种对“科学”的认识，在科学传播中不仅会产生知识一元化的倾向，还会导致传播方法上的局限。萨顿在《希腊化“时代的科学”与文化》“前言”中说：“人文学与人类的创造活动是分不开的，无论这种创造是哲学、科学、技术还是艺术和文学的创造。在人类借以表达他们的善与恶、快乐与痛苦的任何事物上，都有人文科学的存在。”本书讨论的是科学传播，因此，在此主要讨论希腊化时期哲学思想对科学和技术的影响，以及对人类历史上最早出现的学术中心和文献中心的影响。而埃及托勒密时期的科学文化与雅典早期的科学的不同是，后者将知识通过知识管理手段进行收集和集中，通过学术活动将知识分子集中，从而在某种程度上达到知识的扩散。尽管我们还不是十分确定其传播的程度以及影响。关于科学与生活之间的关系，萨顿再次谈到：“没有科学，人就不能理性的生活；而没有艺术和文学，人就不能高雅地生活。”希腊化文化的知识的追求和扩散，尽管没有证据证明博物馆和图书馆的开放程度，却是早期人类的科学传播的学术行为。如果没有托勒密的专制管理体制以及对科学，尤其是工程机械和解剖学的支持，希腊化则是不可能的。

### 1. 哲学

雅典时期的哲学流派主要有 4 个：柏拉图学派、吕克昂学派、花园学派和柱廊学派。除此而外，还有犬儒学派和怀疑论学派。在希腊化时期，雅典的政治和经济已经趋于衰败和没落。尽管如此，希腊化时期的哲学、文学与艺术仍然要追溯至雅典时期，雅典的哲学是希腊化时期哲学思想的根源，对希腊化时期诸王的统治以及博物馆和图书馆建设具有重要的影响。

在马其顿统治以后的希腊化时期，由于列国之间彼此的战争，导致社会动荡不安，哲学家将精力用在探讨伦理学与人生哲学。希腊化时代哲学主流是伊比鸠鲁学派、斯多亚学派和犬儒学派。

（伊壁鸠鲁，Epicurus，图片来源：Small bronze bust of Epicurus from Herculaneum. Illustration from Baumeister, 1885）

伊比鸠鲁（Epicurus，公元前 341—公元前 270 年）大约在前 307 年或前 306 年在雅典建立他的学派。他的众多的追随者形成了一个紧密的团体，这个团体包括妇女和奴隶。伊比鸠鲁学派主要的学说是隐居和快乐主义学说。他认为人生最高的目的在追求快乐，但要达到快乐的境界，应具备独立的精神，祛除虚伪、恐惧等意念，养成公平正直的宁静心态。“幸福”在于人之愿望的满足，不过不是以行动满足愿望，幸福源自安静的心灵，源自“宁静”，宁静远远高于自己的意志而得到确认，也就是说人死后身体是不存在的，构成身体的原子是要解散的，遥远的神灵是不干涉或对我们的世界是不感兴趣的。人应该回避所有的政治活动和避免可能会引起情绪波动的所有情况。一种亲密无间且又低调的高尚友谊是真正的理想。伊壁鸠鲁学派的以“原子论”为中心的唯物主义观点无疑对于科学探索具有重要的影响。

在所有学派中，最有影响的是柱廊学派或斯多噶学派（Stoicism）。这个学派由于芝诺（Zeno of Citium，公元前 334—公元前 262 年）[①]经常在公共建筑的柱廊下讲学而被称之为斯多噶学派（Stoicism），而“Stoic”即古希腊文中柱廊之意。斯多噶学派强调良心和责任，对天意

① 埃利亚的芝诺（Zeno of Elea，生于大约公元前 500 年），希腊哲学家，巴门尼德的学生。芝诺在逻辑论证技巧，或者辩证方法论方面的贡献而著称。

的信仰，对个人命运的服从，个人生活与宇宙的协调以及对神的服从。其学说主张抑制内心的欲望与外界环境的追求，并主张四海皆兄弟、宽恕待人、重视伦理等。芝诺认为，人所掌握的全部知识都来自于对真实的理解，能够通过感觉获得真实，感知表达直接的理解，就是接受感觉的证据。这种美德是唯一的善，所有的其他东西（假如不全部是邪恶）都是无关紧要的。这些学说很容易被人理解和掌握。因此，其学说得到广泛的传授和狂热的追捧。该学派对后来的罗马，至于整个西方文化均有深远的影响。柱廊学派主要指的是在建有柱廊的建筑的学园内，学生与老师在柱廊间漫步或者围坐在一起讨论问题的方式而形成的学派。亚里士多德的花园学园与柱廊学派之间具有很大相似之处。这种教学方式可能对博物馆的建造方式和学术讨论模式都有一定的影响。

（芝诺，Zeno，图片来源：Zeno of Citium，http://en.wikipedia.org）

与其他学派不同，犬儒学派（Cynicicsm）与怀疑论学派（Scepticism）没有组织形式，而只有精神形态和思想形态。他们存在于各个时代的信仰这种学说的人内心之中。最著名的犬儒学派哲学家是狄奥尼根（Diogenes，公元前 412—公元前 323 年）他否定社会与文明，提倡回归自然，清心寡欲。后来对罗马和基督教苦修主义均有影响。第一个怀疑论者是皮浪（Pyrrho，公元前 360—公元前 270 年），他的主要思想是不能根据任何表明价值而接受任何说教和理论，拒绝相信没有适当证据的任何事情。

犬儒主义和怀疑论都倾向心灵的宁静，追求冷静和无偏见甚至漠然。这些学说之所以能够产生于那个时代，可能与那个时代的混乱和周围的不安宁有关系。他们呼唤人们的精神应该躲到自己的灵魂中，只有心灵是安宁的。犬儒主义和怀疑论的学说对于从事科学研究的人来说，有一定的积极意义。

（狄奥尼根，Diogenes，A 17th century depiction of Diogenes，图片来源：Diogenes of Sinope，http://en.wikipedia.org）

### 2. 科学、技术与博物学

亚历山大博物馆的科学贡献是深远的：历史学、应用科学、数学、光学、心理学、应用医学、植物学、水力学、工程学以及机械学。历史学开创于希腊化时代。第一个真正的历史学家是波利比奥斯（Polybios，前 200 年—前 118 年）[①] 在其浩瀚巨著《历史》中详细描述了罗马的兴起和马其顿之战的过程。只可惜的是其大部分作品都丢失了。

（欧几里德，Euclid，http://cn.bing.com）

欧几里德（Euclid，约公元前 300 年）发明了几何学并写了《几何原本》（*The Elements*），是欧洲数学的基础，被广泛的认为是历史上最成功的教科书。书中第 1 卷至第 6 卷为平面几何，包括三角形、平行线、平行四边形等定义和公设以及论述；“几何代数学”；关于圆的几何学；正多边形；应用于可公度和不可公度的量的比例论以及该理论在几何中的应用。在第 7 卷和第 10 卷中主要是算术和数论；第 10 卷为无理线段，这是欧几里得的杰作；第 11 卷到第 13 卷中主要为立体几何。欧几里得还写了一些关于透视、圆锥曲线、球面几何学及数论的作品。

希帕恰斯（Hipparchus of Nicaea，约公元前 190—公元前 120 年）是古希腊最伟大的天文学家，他制出 1022 颗恒星的位置一览表，首次以“星等”来区分星星。他发现了岁差现象，使得他能够把恒星年与回归年区分开。希帕恰斯对太阳和月球之间的距离与规模进行了研究，修正了阿利斯塔克的研究结果。尽管计算结果正确值相差很远，但是，他们都认识到了计算的可能性。希帕恰斯在巴比伦人观察结果的基础上绘制出最早星座图表，星表不仅包括超过 850 颗星球，而且对于每颗星都给出了黄道坐标。他发明的天文仪器直到近代仍然在使用。

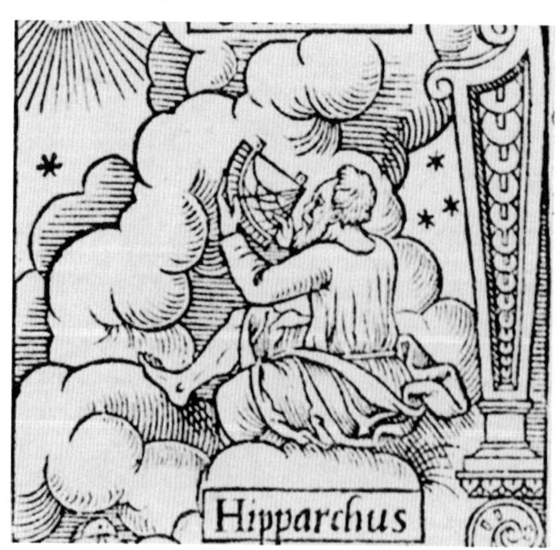


（希帕恰斯，Hipparchus，图片来源：http://cn.bing.com）

① 波利比奥斯（Polybios，公元前 200—公元前 118 年）生于伯罗奔尼撒的梅格洛玻利斯（Megalopolis），古希腊政治家和历史学家，以《历史》（Ιστορίαι）一书留名传世，原书 40 卷，只有 5 卷传世，记叙地中海周边的历史，尤其著中关于罗马帝国的崛起。他在密码学上也有建树，“波利比奥斯方表”即以他命名。

（萨摩斯的阿利斯塔克斯，Aristarchus of Samos，图片来源：http://totallyhistory.com）

萨摩斯的阿利斯塔克斯根据阿基米德记载，提出太阳和恒星是静止的，地球以太阳为中心沿着一圆周旋转的思想。阿利斯塔克如何得出这个结论目前尚不可知。阿利斯塔克认为宇宙的中心是太阳而不是地球，并且假设，地球每天围绕自己的轴自转，每年围绕太阳公转。除了月球以外，所有的行星都在围绕太阳运行，只有月球环绕地球运动。在当时被认为是邪恶的。直到中世纪晚期，这个观点才获得支持。阿利斯塔克的一篇短文《论太阳同月球的大小和距离》（*On the Sizes and Distances of the Sun and the Moon*）保留下来了。在此文中，他计算了地球到太阳的距离比地球到月球的距离远 18 倍。他的方法是基于下列事实：当月亮正好在下弦时，它与地球和太阳正好形成直角三角形，三角形的相对边长可以从角度测量确定。阿利斯塔克的方法是正确的，但是他的测量不准确（日地距离大约是月地距离的 400 倍）。虽然误差很大，但这是第一次用比较严谨的方法来解决天体距离而不是根据神的意志或猜想的极为费力的尝试。

曾担任亚历山大博物馆馆长的埃拉托斯托尼（Eratosthenes，公元前 276 年—公元前 194 年）是希腊数学家、地理学家、历史学家、诗人、天文学家。埃拉托斯特尼的贡献主要是设计出经纬度系统，计算出地球的直径。算出地球的周长是 24700 英里，与 18 世纪证实的结果仅相差 280 英里。前 236 年，托勒密三世指定他为亚历山大图书馆的图书管理员和馆长。他跟阿基米德是好朋友。约公元前 255 年，他发明了浑仪，一直用到公元 17 世纪。约公元前 240 年，他根据亚历山大港与赛印（Syene）（现在埃及的阿斯旺（Aswan））之间不同的正午时分的太阳高线及三角学计算出地球的直径。他的这种计算是基于太阳足够远而将其光线看成平行光的假设。他知道在夏至日正午时分从北回归线上看，太阳正好在天顶的位置；阿斯旺其实是在回归线稍北。他还测量出在他的家乡亚历山大港，这个时候太阳应该在天顶以南 7°。这个角度是 7/360 个整圆。假设亚历山大港在阿斯旺的正北——实际上亚历山大港在阿斯旺

（埃拉托斯托尼，Eratosthenes，图片来源：http://cn.bing.com）

（希罗菲勒斯，Herophilus，图片来源：http://cn.bing.com）

（埃拉西斯特拉图斯，Erasistraus，http://cn.bing.com）

偏西一个经度——他推断出亚历山大港到阿斯旺的距离一定是整个地球圆周的 7/360。从商队那里可以知道两个城市间的实际距离大概是 5000 视距（stadia，又译作“斯塔德”“斯泰特”）。他最终确立了 700 视距为一度。从而得出一个圆周为 252000 视距。虽然视距的确切长度我们现时已经无法考证（现在雅典的视距一般是指 185 米），但是现在普遍认为他推断出的距离应该在 39690 千米到 46620 千米之间。经过两极的确切地球圆周是 40008 千米。150 年后，波希多尼使用了他的这种方法。大约前 200 年，他采用了“地理学”（geography）一词来表示研究地球的学问。公元前 195 年，他失明了，一年后绝食而死在亚历山大港。埃拉托斯特尼其他的贡献还包括：埃拉托斯特尼筛法，寻找质数的方法。日地间距的测量，现在称一个这样的距离为一个天文单位（804000000 stadia）。地月间距的测量，为 780000 stadia。测量赤道与黄道之间的偏角，精确度达 7′。他编排了包含 675 颗星星的星图，现已经失传。沿尼罗河一直到喀土穆的地图。他还是第一个用地图投影法制作地图的人，他绘制出那时以地中海为中心的已知世界，从不列颠群岛到斯里兰卡、从里海到埃塞俄比亚。只有希巴恰斯、斯屈波和托勒密能做出比他更好的地图。

古希腊外科医师、解剖学家希罗菲勒斯（Herophilus，约公元前 335—公元前 280 年）与埃拉西斯特拉图斯（Erasistratus，公元前 276 年—公元前 195 年）追随亚里士多德的实证研究方法。解剖学家希罗菲勒斯在公元前 300 年左右做了解剖，据传他解剖了上百具尸体，甚至还解剖了活人，大部分为囚犯。他大大拓展了希腊人有关大脑、眼睛、十二指肠（这个名词是希罗菲勒斯确定的）、肝、生殖器官的知识。他在亚历山大里亚创办了世界上第一个医学院，吸引了数百名学生前来学习。

比他年轻一点的科学家埃拉西斯特拉图斯也参加了人体解剖工作。托勒密下令将囚犯交给他们，他们解剖了活人，以便能够更好地了解人的呼吸和心脏的活动。希罗菲勒斯和埃拉西斯特拉图斯两人对脑特别有兴趣，他们详细、准确地描写了人脑，包括脑室。他们毫不怀疑脑管理感觉、思想和运动，他们的这种看法完全与亚里士多德声称的

（希罗菲勒斯和埃拉西斯特拉图斯在解剖人体。图片来源 http://www.albion-prints.com）

心脏是一个智慧器官的说法相反。

在此之前，希波克拉底和他的弟子们也进行过解剖研究，但是其方法和研究深度远不及希罗菲勒斯和埃拉西斯特拉图斯。这是因为，只有在希腊化时期，不受宗教偏见影响，而且可以躲在亚历山大博物馆中尽情地进行人体解剖，而不会受到外界他人的干扰。更重要的是，他们得到国王的支持，能够用囚犯进行活体解剖。据传，他们解剖的活体多达600多具。甚至还在公开场合进行活体解剖。在今天，我们难以想象，活体解剖时，那种骇人听闻的场面是何等的残酷。无论如何，在那个绝好的机会里，他们开创了解剖学的黄金时期，也是大规模解剖学的真正开端。这个时期，大约只有2世纪下半叶的帕伽马的盖伦（Claudius Galenus of Pergamum，129年—200年）时代和16世纪的安德烈·维萨里（Andreas Vesalius，1514年—1564年）时代可以媲美。

希腊化时代的国王们如此促进科学发展，其主要目的是因为科学技术对军事发明及其在战略战术中具有重要作用。同时，工程机械对长距离运输兵力十分重要。阿基米德，据说他创立了流体静力学检验金属纯度的浮体定律。发现了螺旋、滑轮和杠杆原理。他在亚历山大里亚时期发明了阿基米德式螺旋抽水机，今天在埃及仍旧使用着。在数学方面，他利用“逼近法”算出球面积、球体积、抛物线、椭圆面积，后世的数学家依据这样的“逼近法”加以发展成近代的“微积分”。他研究出螺旋形曲线的性质，现今的“阿基米德螺线”曲线，就是为纪念他而命名。机械工程的发展对于建造战争机器、玩具以及运输吸引游客的众神塑像非常有用。因此，这些机械技术对于宗教和娱乐具有重要意义。亚历山大的机器对于后来的工业革命具有重要的作用。

（阿基米德，Archimedes，http://www.ancientgreece.com）

### 3. 大众科学的先驱者

#### （1）希罗多德和《历史》

希罗多德（Herodotus，约公元前484—公元前425年）的《历史》（*Historie*）被有争议的认为是第一本写给普通公众看的与科学有关的书。

（希罗多德，Herodotus，http://global.britannica.com）

希罗多德生于哈利卡那索斯，即现在小亚细亚的博德鲁姆。他在一次政变失败后被流放，并在萨摩斯岛隐居。至于什么原因被流放，至今不是很清楚。在流放中他周游了古埃及，并从尼罗河南下到阿斯旺，以及美索不达米亚、克里米亚半岛、黑海沿岸平原、亚平宁半岛和西西里岛。希罗多德提到了他在斯巴达访问了一个题材提供者，并肯定在雅典住过一段时间。他在雅典认识了伯里克利的家族，并提及了它的演讲家传统。在一段时间内他是个说故事者，并口述了不同战役、历史及外邦的故事。他游历了希腊城邦和参加了主要的宗教和体育活动。在公元前431年，雅典和斯巴达间的伯罗奔尼撒战争①爆发。可能正是这一冲突引发了希罗多德撰写《历史》，他在书中强调只有在一个雅典、斯巴达和各城邦联合了的希腊联盟的共同努力下，才可制止波斯帝国的扩张。

希罗多德被认为是世界上第一个开始用系统研究方式收集史料，在一定范围内确认其准确性，然后用适宜的结构和生动叙事方式进行陈述的学者。《历史》是他绝无仅有的杰作，也是他首创的“调查”（他创造的“inquiry”一词在希腊语中为“historia”，后进入拉丁语，后进入英语，逐步使其具有“history”的现代含义）方式进行的史实记录。在这部浩瀚巨著中，详细记载了他对“希波之战”（the Greco-Persian Wars）起源的研究的结果，其中还记载了大量的地理学和民族志学的信息。虽然有人说，其中有些故事是他凭空想象的，但是他声称他所陈述的都是他人告诉他的，而非自己的杜撰。

哈利卡那索斯的希罗多德最早使用“inqury”一词用来描述将对过去的记忆用记录的方式记载下来，其记录的内容不仅有自己所处时代的令人惊讶的收获，也有别人的记忆。他将他人的收获记录保持其原意不变，尽管有些拓展的内容引起了一些争论。依据他的研究的传统方式，他在历史学的地位及其重要性得到公认。由此，他被称为“历史学之父”。

希罗多德的著作是迄今为止保存最好，完整无缺的最早期的希腊散文。希腊化时代缪斯宫抄录者们为收藏方便，将公元前430—前424年发表的《历史》分为9章，以缪斯女神名字命名。前六章大致讲述的是波斯帝国的崛起，从利底亚的克罗伊斯，第一个亚细亚的希腊征服者的故事说起。波斯帝国的创始人居鲁士大帝（Cyrus the Great，公元前576—公元前530年）击败了克罗苏斯并吞并了整个亚细亚。前6章记载到公元前

① 伯罗奔尼撒战争（Deloponnesian War，公元前431—公元前404）是提洛同盟与伯罗奔尼撒联盟之间的战争，战争双方为雅典和斯巴达。这场战争结束了雅典的经典时代，也结束了希腊的民主时代。

490 年当波斯在马拉松战役兵败于希腊联盟为止。后 3 章记载的是波斯王泽克西斯一世十年后企图雪耻马拉松战役并再次侵略希腊的事迹。《历史》记载到公元前 479 年当雅典在萨拉米海战和希腊联盟在普拉提亚战役再次将波斯击败，并使波斯帝国的国界退回到爱琴海对岸结束。

希罗多德在《历史》中有很多关于世界的本质的观点以及那个年代科学的基本情况，同时，也有很多他自己的看法。比如，他认为尼罗河的洪水是远在南方的雪山融化形成的。他同时也提到，他无法理解在非洲这个世界上最热的地方怎么会有雪。他对沙漠大风对太阳对这个地区的影响进行了详尽的描述。尽管由于科学发展的局限，他无法从科学角度和科学发现对世界进行解释，但是，在哲学家用自己的原则进行对世界的解释的时候，希罗多德的研究方法对所有的人，世界上的所有的事物的研究都具有同等重要意义。①

19 世纪末的一些发现证明了希罗多德的证据的准确性。他对塞西亚（Scythia，古代位于欧洲东南部地区，位于黑海和里海之间）的盖洛诺斯（Gelonus，相传是一座主要以木材建造的城市）大于特洛伊城数千倍的描述在 1975 年再次被发现和证实。而在此之前一直被认为是不可信的。

对后来淹没在水中的古埃及城市希拉特利翁（Heracleion）的考古学研究以及一直被称为“瑙克拉提斯石柱”（“Naucratis stela”，位于埃及北部的古希腊城市）的发现证明了希罗多德对埃及新王朝（指公元前 1580—公元前 1085 年的埃及第 18—20 代王朝）的发现是正确的。但是，他的发现证据在此之前一直没有得到支持。

但是，希罗多德有些观点与考古学和楔形文字的记录不一致。比如，米底王国（The Medes，又称玛代王国、米底亚王国。古伊朗王国，领土面积最大时西起小亚细亚以东，东至波斯湾北部）与亚述和拜占庭的历史记录和考古学研究结果不相一致。[8]

法国民族学和人种学者迈克尔·弗朗索瓦·佩塞尔（Michel Georges Francois Peissel，1937—2011）② 在他印度和巴基斯坦的探险旅程中的发现证实了希罗多德的观点。佩塞尔对于动物种群的发现最终证明了希罗多德在其《历史》中令人感到最奇异的内容是真实的。在其第三卷的 102 页到 105 页中希罗多德声称他发现了一种生活在印度东部地区的动物，这种动物是一种与狐狸体积大小差不多的身上长毛的“蚂蚁”。

---

① http://www.thefullwiki.org/Herodotus（2013）.

② 著名探险家、人种学者和地理学家。曾经到喜马拉雅和西藏以及三江源头进行考察。写有 20 本书。皇家地理学会（Royal Geographic Society）会员。

希罗多德认为，这个地区是沙漠，沙中蕴藏有大量的“金粉”。这些巨大的蚂蚁在挖掘土丘或者洞穴的时候会将金粉挖出来，在那个地区生活的人会将这些珍贵的金粉收集起来。佩塞尔说，在巴基斯坦北部人烟稀少的吉尔吉特—巴尔提斯坦省（Gilgit-Baltistan province）的德沃塞依高原（Deosai Plateau）确实有类似的动物存在，即土拨鼠，也称喜马拉雅土拨鼠。这就是希罗多德所说的巨型“蚂蚁”。同时，正如希罗多德所说，他在那个地区与当地人进行交谈的时候，证实了正是这种土拨鼠在掘洞的时候将将金粉抛到地表。当地人在过去的数个世纪中收集金粉。关于金粉和土拨鼠的传说在古代社会可能广为传播。

尽管希罗多德的《历史》的准确性一直受到质疑，尤其受到西塞罗（Cicero，公元前106—公元前43年）、亚里士多德、约瑟夫（Josephus,37—100）① 和普鲁塔克（Plutarch,46—120）② 的批评，认为他的证据都是传说或者寓言。但是，正是这些著名的学者对他的批评成就了他的名声，也使得他的《历史》广为传播。

使希罗多德产生史学研究灵感的是荷马。荷马用流浪艺人唱诗形成的口头诗歌传统拓展了自己的阐述故事模式。希罗多德则用艾奥尼亚讲故事的传统，将他旅途中听到的历史故事进行收集并阐述。这些口头传播的历史故事经常是民间传说并隐含着特定的寓意。但是，同时也有大量的地理学、人类学和具有史学价值的事实。希罗多德的《历史》用娱乐和具有强烈希腊语言色彩的方式的陈述方式使其得以广泛流传，同时，得以保存。乔治·罗林森（George Rawlinson,1812—1902）③ 说：“从他写作的计划和方案中，从各章的安排和结构中，从其陈述的语气以及思维的特征中，在其数以万计的细微描述和词语中，我们可以看到一个荷马的学生的影子。”[9]

尽管许多古希腊学者认为希罗多德的《历史》中的内容具有偏见、不准确甚至有剽窃的嫌疑，但是，现代史学家和哲学家对他的研究方法，特别是客观的历史写作范式持多数积极和肯定的看法。

在希罗多德时代，“出版”他的作品的最方便简单的方式就是公共

---

① 犹太历史学家。认为西汀谷（四王与五王战役地）之又称为“矿泥坑”（Slime pit）是因它充满了柏油沥青。圣经上也有“西汀谷就是盐海”的记载。主要著作包括《犹太战争史》(History of the Jewish War，公元75—79年问世）和《犹太古事记》(Antiquities of the Jews, 西元93年问世）。

② 生活于罗马时代的希腊作家。主要著作有:《比较列传》，常称为《希腊罗马名人传》或《希腊罗马英豪列传》。他的作品在文艺复兴时期大受欢迎。莎士比亚很多剧作都取材于它的记载。

③ 19世纪的英国学者和历史学家，基督教神学家。将希罗多德的“历史”翻译成英文“The History of Herodotus”，于1859年在美国出版。

集会上朗诵。他曾将自己完成的作品从小亚细亚带到奥林匹克运动会场，向坐在观众席上的观众朗读他的《历史》，朗读结束后，他赢得了热烈的掌声。[①] 他的朗诵成了奥林匹克运动会上的大受欢迎的主题之一。

（卢克莱修，Titus Lucretius Carus，图片来源：http://en.wikipedia.org）

**（2）卢克莱修和《物性论》**

卢克莱修（Titus Lucretius Carus，约公元前99—约公元前55年）是古罗马末期的哲学家和诗人。关于他的生平历史学家所知甚少，他的生卒时间也都是根据后人对他与他人的通信推测的。连他的真实名字都是根据他的手稿上的全名（T. Lucretius Carus）得知的。但是他的哲理长诗《物性论》（*De Rerum Natura*）却是后人研究那个时代哲学家思想的重要著作之一。在后来的英文翻译中，多数译为“*On the Nature of Things*”或者“*On the Nature of Universe*”。

关于《物性论》的评价甚多。古罗马政治家、哲学家和作家西塞罗认为《物性论》闪烁着天才和技巧的光芒。

2011年斯蒂芬·格林布拉特（Stephen Greenblatt，1943—）的《偏离，世界是怎样变成现代的》（*Swerve，How the World Became Modern*）获得美国国家图书奖和普利策非虚构图书奖。在斯蒂芬采用他创建的“新历史学”（New Historicism）观点详细阐述了《物性论》如何改变了世界历史进程。文学批评家德怀特·加纳（Dwight Garner）在《纽约时报》书评[②] 中认为，格林布拉特用“博学的学术造诣和轻松的技巧”使读者“心跳”，并深刻的阐述了《物性论》对“文艺复兴”和“启蒙运动”的主要贡献。

格林布拉格在书中认为:《物性论》是“一部大胆的哲学巨著，当其在文艺复兴时期开始再次流传的时候，再次改变了人们的思想。崇拜并借鉴其思想的人中有伽利略、弗洛伊德、达尔文和爱因斯坦。”

卢克莱修的《物性论》是一部长达7400余行的诗体鸿篇巨制。全诗融宗教、文学、科学、哲学、心理、教育、政治、伦理等为一体，充满理性思维。如果说《荷马史诗》是文学和历史巨著的话，那么，卢克莱修的《物性论》就是建立在伊壁鸠鲁哲学体系上的科学和哲学巨著。如果说《荷马史诗》是口口相传的希腊故事的集萃的话，那么，卢克莱修的《物性论》就是在古希腊和古罗马时期哲学家，尤其是伊壁鸠鲁

---

① 19世纪的英国学者和历史学家，基督教神学家。将希罗多德的“历史”翻译成英文“The History of Herodotus”，于1859年在美国出版。

② Garner，Dwight. “An Unearthed Treasure That Changed Things”. New York Times.（2011-09-27）.

思想基础上的大胆假设和猜想。它是在哲学思考的基础上对世间万事万物，包括精神和心理领域的全面思考。

准确些讲，《物性论》就是原子论。在整部诗集中共由6卷组成。虽然每一卷侧重点不同，但是，总体是围绕物质的形成、物质的基本元素、物质的变化等。其中，最重要的是卷一和卷二。这两卷集中阐述的原子论。原子论中涉及哲学中的虚无与有、微粒、以太、空间、原子的运动以及原子世界的形成等。在卷一里，卢克莱修这样讲解原子：

继续论证：每一个物体里
有一个很小的点，小得眼睛看不见。
这个点没有组成的部件，是有可能
存在的最小的东西。
它从来没有单独存在过，将来也不会，
而只能作为另外某物的一部分存在；
于是别的，另外的类似部分按照
适当的序列，以密集的队形把原子填满。
既然这些不能有独立的存在，
它们必然紧贴在一起形成一个整体，
它们没有任何办法与整体分离。
因此原子是坚实的单一整体，
由紧密挤在一起的最小部分粘连而成，
它们不是通过各部分聚集形成的混合物，
而因具有经久不衰的单一性更显坚强。
虽然不允许它们缩减、分割，
而是作为万物的种子保存着。

卢克莱修是用形象比喻阐述复杂原子论的大师。他善于用人类日常生活中的事物和社会生活以及经济生活的中的经验阐述原理。

再者，显得坚硬、致密的东西
必定是由更多勾连在一起的原子构成，
被树枝似的粒子紧紧地深绊在下面。
此类物体钻石名列第一，
习惯于藐视任何打击。

其次就是坚固的燧石的铮铮铁骨，
以及乱箭射来时响当当抵抗的青铜。
然而具有流动结构的流体，
必定由更多的光滑、圆溜的原子组成。
你能把罂粟籽像水一样容易的倒掉，
那些小小的球互不阻挡，
如果你把一堆罂粟籽敲打一下，
它们就像水一样流下山去。

关于自己的阐述方法，卢克莱修坦言：

……因为我的学说，
对于那些没有取样检验的人，
似乎往往不合口味，
大多数人望而却步，
我的目的是用皮厄里斯的甜美歌声来阐述我的学说，
可以说是给它抹上缪斯们的香甜的蜂蜜；
用这种办法，也许我的诗能抓住你的心，
当你试图掌握世界的性质、
理解它的价值和它对人们的用处的时候。[10]

可以说，卢克莱修的《物性论》可以说是让普通人理解科学的早期典范和写作范本。建立在原子论基础上的哲学观和世界观以及对人类面临的问题的认识与生动阐释，让读者能够通过普通事物彻底理解世界万物的构成，进而建立一种生活观。斯蒂芬·格林布拉特所说："古罗马哲学长诗《物性论》令人信服地提出了一种似乎具有惊人现代性的世界观，诗中每一页都围绕一个核心的科学想象——原子在无限宇宙中随机运动，这想象引发出诗人的惊奇感。我们与星辰、海洋、万物是由同样的物质构成，由此诗人认为我们应该摆脱恐惧，以坦然的方式生活。"[11]

长诗《物性论》在 9 世纪时被收藏在少数几个图书馆中。1417 年波焦·布拉乔利尼（Gian Francesco Poggio Bracciolini 或 Poggio Bracciolini，1380—1459）① 再次发现该长诗。但是他发现的长诗版本并没

① 意大利知名的学者、文学家、哲学家，文艺复兴时期人文主义者，政治家，于 1453 年至 1458 年间任佛罗伦萨共和国执政官。

有保存下来，而是波焦的朋友尼科利（Niccolò de' Niccoli，1364—1437）将其保存了下来并一直收藏在佛罗伦萨的劳伦森图书馆。约翰·伊夫林（John Evelyn，1620—1706）首次将其翻译为英语。收藏《物性论》的还有英格兰文艺复兴剧作家、诗人和演员本·琼森（Ben Jonson，约 1572—1637）；哈佛大学；托马斯·杰斐逊至少保存有 5 个拉丁文版本的《物性论》和英语、意大利语以及法语译本；启蒙运动思想前驱蒙田（Michel de Montaigne，1533—1592）在他的《随笔》（*Essays*）中引用了上百条《物性论》中的诗句。[①]

尽管有人认为,《物性论》并未完稿，但是，其思想价值对人类的文明和思想解放，乃至对文艺复兴运动和启蒙运动都具有重大的影响。卢克莱修的长诗不仅符合古罗马人的阅读喜好，而且为后来人的科学书籍的写作具有重要的参考价值。

### 4. 艺术

（"拉奥孔和他的儿子们"，"The Laocoon and His Sons"，作者 2012 年 7 月拍摄于卢浮宫）

希腊化时代的艺术最令人惊叹的就是雕塑。早期希腊的雕塑风格追求的是形式的完美。在希腊化时代，雕塑风格则更追求理想化和情感内涵。希腊化时代最具代表性的雕塑是"拉奥孔和他的儿子们"（The Laocoon and His Sons），又名"拉奥孔"，大理石群雕，高约 184 厘米，阿格桑德罗斯和他的儿子波利佐罗斯、阿典诺多罗斯三人创作于约公元前一世纪，1506 年出土于罗马，现收藏于罗马梵蒂冈美术馆。

罗得岛位于爱琴海东部，很早就有灿烂的文明史。希腊化时期，罗得岛社会繁荣，成为当时希腊一个重要的经济文化中心。罗得岛人以他们的财富和智慧，修建了大量的建筑和雕塑美化他们自己的城市。雕塑艺术在那里尤为发达，曾经出现的被誉为"世界七大奇迹"之一的罗得岛太阳神巨像和这尊鼎鼎大名的雕塑"拉奥孔"，都显示了当时罗得岛雕塑艺术的高超水准。

"拉奥孔和他的儿子们"雕塑的思想背景是，特洛伊人采用了著名的木马计，毁灭了特洛伊城的故事。拉奥孔是当时阿波罗在特洛伊城的一个祭司，他曾警告特洛伊人不要将木马引人城中。这触怒了希腊的保护神雅典娜想要毁灭特洛伊城的意志，于是雅典娜派出了两条巨蛇先将正在祭坛祭祀的拉奥孔的两个儿子缠住，拉奥孔为救儿子也被雅典娜派的蛇所咬死，特洛伊人见拉奥孔死去，以为是拉奥孔当初的警告触怒了

---

① 参见 http://en.wikipedia.org/wiki/De_Rerum_Natura。

神灵，于是特洛伊人更加深信不疑地将木马运进城里，在进城之后特洛伊人还遭到了特洛伊预言家卡珊德拉的警告，但一切都被由希腊人奥德修斯所派去的间谍西农所编的谎话遮掩的天衣无缝，连当时特洛伊国王普利阿莫斯也深信不疑，接着就是士兵的庆祝，喝的迷醉，完全破除了戒备，夜里在冲天的火光里古老的特洛伊帝国走向了毁灭。

“拉奥孔和他的儿子们”十分形象地表现出拉奥孔和他的儿子们在被蛇缠住以后的内心的痛苦和挣扎。通过拉奥孔和他的儿子们三个人物的动作、姿态和表情相互呼应，层次分明，充分体现了扭曲和美的协调，显示了当时的艺术家们非凡的构图想象力。作品中人物刻画非常逼真，表现了雕塑家对人体解剖学的精通和对自然的精确观察，以及纯熟的艺术表现力和雕塑技巧。这是一组忠实地再现自然并善于进行美的加工的典范之作，被誉为是古希腊最著名、最经典的雕塑杰作之一。

希腊化时代另一个最著名的，同时也是最大的雕塑就是“罗德岛太阳神”（Colossus of Rhodes）铜像。罗德岛太阳神铜像是一尊太阳神海利欧斯的青铜像，曾经矗立在希腊罗得岛上的罗得港港口，也是古代世界七大奇观之一，约建于西元前 292 至 280 年，由雕塑家林多斯的查尔斯（Chares of Lindos）所设计。罗德岛太阳神铜像是为了庆祝安提柯王朝国王德米特里一世在西元前 305 年包围罗得市失败而建造的。

（罗德岛太阳神，Colossus of Rhodes，http://en.wikipedia.org）

罗德岛太阳神铜像是由无数镕化的武器和铜制品所铸成的。铜像内部位于 15 米（50 英尺）高的大理石底座上方，并随着建筑过程被石块所填满。另有其他记录说罗德岛太阳神铜像是位在港口防波堤的上方。这一尊太阳神海利欧斯的青铜像高度超过 30 米（107 英尺），也是当时世界上最高的青铜像。当时使用巨大的土坡来建造铜像上层。在罗德岛太阳神铜像的建造期间，工人在铜像周围堆栈巨大的土堆，然后在完工后移除，只剩下太阳神铜像独自站立在港口上。在动工 12 年后，太阳神铜像于公元前 280 年完工。

**关于希腊化的意义，许多史学家和各个领域的学者从自己的研究角**

度进行了解释和探讨。在这里，我们从科学的传播和扩散的意义和影响进行一些初步探索。

首先，希腊化时代采用专制主义的统治体制，打破了历史上形成的东、西方各自独立发展的模型，使它们合二为一，成为一个文化高度发达的文明核心区。

马其顿人以统治征服东方为目的，强制推行希腊化文明，但是在这个过程中，他们自己也发生变化，使得后来产生的希腊化文明成为一个混合物。与地中海其他国家、斯巴达、迦太基、罗马相比，这些国家可以被视作是军事中心，而亚历山大里亚则是思想之城。

在《希腊化时代的科学和文化》的“译者前言”中对希腊化与古希腊黄金时代的差异进行了探讨。在政治方面，黄金时代由于是城邦政治，因此，民主思想是主流。而希腊化时代，世界帝国的形成导致专制主义。但是，这种专制主义恰恰有助于将学术思想和以前散乱的学术文卷得以收集和收藏。同时，也导致了对古文献的收集，甚至不择手段的掠夺。这种抢夺方式的收集，整理和不断补充最终形成了世界上第一个学术和研究中心以及教育中心。

希腊化现象的出现除了埃及托勒密王国的安全、财富以及统治者的野心以外，学术思潮导致学术活动都集中在帕伽马和亚历山大等皇家城市。另外，王室赞助也是非常重要的因素。王室和诸王的资助不仅仅体现在赞助方面，更多的是直接操纵和指挥对文献和文物的收集、抄录，甚至动用狡猾的手段骗取。在科学技术方面，由于战争和宗教的需要，使得阿基米德的工程技术得以发展；为了探究人体的奥秘，王室甚至下令将囚犯送给希罗菲勒斯和埃拉西斯特拉图斯进行活体解剖，促进了解剖学的发展。关于大脑的秘密和人体内脏的功能对文艺复兴前的医学都具有极其重要的影响和贡献。

从科学传播的角度讲，希腊化最伟大的贡献就是博物馆和图书馆。如果没有图书馆，大约 80% 的古代文献就将消失。亚历山大博物馆是自然科学研究中心，而附属于博物馆的图书馆则是人文学科研究的中心。博物馆中的天文观测台、植物园、动物园以及图书馆是科学研究的主要场所。这种学术活动物质条件以及图书馆中丰富和数量巨大的书卷使得世界各国的学者聚集一处，在优厚的条件支持下，学术思想得以交流和碰撞，从而产生新的思想。博物馆中的学术活动得以传播和扩散，形成了世界科学交流和扩散的中心。

很多学者认为，希腊化时代的博物馆与今天的博物馆之间没有任何联系。确实，在后来的数次重大的人类思想解放运动和民主思潮的冲击下，博物馆经历了仅仅对贵族和少数知识分子开放到对所有公众开放的漫长过程。但是，希腊化时代至少提出了两个名词，即“书库”（the *Bibliotheke*，“book warehouse”）和“缪斯宫”（the *Musaion*，“home of the Muses”）。提出了一个理念，即科学的组织化。这种科学的组织化就是在王室的资助下，科学家由古希腊时代的科学家的孤军奋战转变为有组织的研究活动。而这种组织的体现就是博物馆和图书馆。

人类思想的传播最重要的机制就是开放以及由开放而导致的多元化。古希腊的科学与哲学起源于东方的埃及和巴比伦。在希腊化时代，托勒密一世以及其后的诸王们，利用优越的地理条件，将埃及变成了东西方文化的交界和融合中心。希腊的科学、哲学、艺术、宗教、文学传播到世界各地，融入到各种文化之中。而在这种交流中，外来文化通过通商、求学以及旅游等各种活动融入到希腊文化中。这种交流和融合是传播的最主要特征。而希腊化时代给世界做了一个示范。

# CHAPTER 2
# 第二章
# 科学革命时代

哥白尼和伽利略的理论不仅仅在天文学称得起革命性的，而且他们试图通过出版自己的图书向大众讲述自己的理论，尤其是《天球运行论》和《关于托勒密和哥白尼两大世界体系的对话》，以及他们与坚持“地心说”的哲学家和罗马教廷的争论，使得他们的理论迅速传播。如果我们说以英国皇家学会为代表的科学家团体在 17 世纪开始有目的有组织的进行科学传播的话，那么，哥白尼、伽利略和维萨留斯等人就是大众科学时代的先驱代表。

如果说上述的先驱们传播自己的学说就是为了陈述自己的观点的个人行为的话，那么，皇家学会、英国科学协会和皇家研究院在成立之初就将大众科学传播作为自己的宗旨，成为有组织、有目标、有计划的传播团体。这些机构在过去长达200年的时间内，始终如一，这些一流科学家们坚持不断地将自己的研究成果告知公众，掀起了大众科学传播的第一轮高潮。

## 一、大众科学的先驱

科学技术的发展与社会经济和政治模式关系密切。科学技术的传播与科学技术的发展密切相关。没有科学技术的发展，当然也就没有科学传播。但是，科学技术的传播不但与科学技术大众化相关还与宗教、文化以及大众教育与意识相关。从这个角度讲，科学技术大众化面临的阻力甚至大于或者多于科学技术发展中遇到的阻力。

科学的大众化的主要特征就是交流，或者说，秘而不宣是科学发展的阻碍力量，而思想和成果的交流能够纠正谬误，加速科学发现的过程。第一次科学革命之前，科学交流的早期，主要的手段就是出版。哥白尼、维萨留斯、伽利略、培根、笛卡尔、波义耳等人就是靠出版表达自己的思想和发现。但是，哥白尼、维萨留斯和伽利略的书出版的目的却不仅仅是在科学家或者哲学家小圈子内以通讯的方式的交流，而具有了向大众文化进行传播的功能。也正因为如此，他们的书的出版遇到了更多的挫折，甚至是人身监禁。至少，在他们活着的时候，没有获得科学家所应该得到的荣誉。

**（1）1543 年：改变人类对天体和人体认识的两本书**

哥白尼（Nicolaus Copernicus，1473—1543）与他的《天球运行论》（*De Revolutionibus Orbium Coelestium*）和维萨留斯（Andreas Vesalius，1514—1564）与他的《人体构造》（*De humani corporis fabrica libri septem*）分别描述了两个系统，一个是天体运行系统，一个是人体运行系统。这两部著作都是在 1543 年出版的。“这两书最初描绘了诸天球或人体，在凡有眼能见的人都会看出是怎样一回事，而不要通过古代权威的眼镜。这两部著作问世，一开始就被一个新的凡人社会所接受，而这个社会也正是学习着亲自察看和亲自经验。只是到后来，这个新眼界在政治上产生的后果开始显现时，当局在感到惊惧，而设法关拦，但已经太迟了。”[1]

（哥白尼，Nicolas Copernicus，图片来源：http://cn.bing.com）

哥白尼出生在一个家境殷实的家庭，这使得他能够接受很好的教育。1491 年，在他 17 岁的时候，他进入了克拉科夫大学（the University of Cracow）学习数学和绘画。1496 年，他到意大利学习了 10 年医学和宗教法。1500 年，他遇到了历法改革和月食（1500 年 11 月 6 日）两大事件。那时，人们使用的行星位置图表不完整也不准确。哥白尼意识到行星位置图表可以做得更准确也更容易查找。他假定是太阳，而不是地球，是太阳系的中心，而其他包括地球在内的行星都围绕太阳转。他于 1507 年提出了自己的理论。

哥白尼不是第一个提出这个激进的观点的人。本书第一章中提到的希腊化时代的阿里斯塔库就已经提出了这个思想，但是，托勒密（Claudius Ptolemy，90—168）的地心说却统治了大约 1300 年。托勒密认为地球是宇宙的中心，而包括太阳和月亮在内的所有行星都围绕地球转。哥白尼不仅否定了托勒密的宇宙观，而且声称地球本身非常小，地球到太阳的距离同天穹高度之比是微不足道的。哥白尼的学说意味着长达千年的古希腊科学家关于宇宙的观点影响的结束。

但是他也和前人一样严重低估了太阳系的规模。他认为星体运行的轨道是一系列的同心圆，这当然是错误的。其他的错误还有：太阳并非宇宙中心，而是太阳系的中心；地球并非是引力的中心；天空中看到的任何运动，不全是地球运动引起的；地球和其他行星的运行轨道是椭圆而不是圆，不做圆周运动。他的学说里的数学运算很复杂也很不准确。但是他的书立即引起了极大的关注，驱使一些其他天文学家对行星运动作更为准确的观察，其中最著名的是丹麦伟大的天文学家第谷·布拉赫（Tycho Brahe，1546—1601），开普勒（Johannes Kepler，1571—1630）就是根据第谷积累的观察资料，最终推导出了星体运行的规律。

哥白尼不愿意发表他的观点。他意识到自己的理论不仅与希腊科学家的思想相悖，而且与教会的说教也相反，如果发表，其后果将十分严重。1530 年，他将自己的观点总结成一本小册子，在学者中间交流。学者们怀着极大的热情接受了他的思想。但是，直到 1543 年，他在临死之前，他的书才正式出版。奥地利天文学家、数学家雷蒂库斯（Rheticus,1514—1574）费尽心思劝说哥白尼授权出版《天球运行论》。但是不幸的是，雷蒂库斯本人也与官方观点相悖而难逃责难，就逃到乡下躲藏。监督哥白尼的书的出版之事就转给了一个叫做安德烈亚斯·奥西安德（Andreas Osiander，1498—1552）的路德教会牧师的手里。奥西安德发现自己处境险恶。马丁·路德（Martin Luther，1483—1546）坚决反对哥白尼的新理论，而奥西安德不得不听从他的意愿。路德说：“这个蠢货想将整个天文学艺术翻个底朝天。”哥白尼致信保罗三世（Pope Paul Ⅲ，1468—1549），可能是为了获得他的好感。但是，奥西安德却走得更远。他为这本书写了一个序，序中认为，日心说不是事实，而是一种更好的计算行星位置的方法。他没有在序中署名，看起来像是哥白尼自己写的，坦诚自己的理论是虚假的。这时的哥白尼已经中风，面临死亡，无力保护自己。据说，他在看到书后几个小时就去世了。

《天球运行论》由于奥西安德写的序而没有得到关注，从而使哥白尼的声誉受到损害。另外，由于出版数量有限，而且价格昂贵导致发行量很小。书中的观点确实也使一些人改变了自己的信仰，但是，只有数学家才能真正理解他的理论。哥白尼的《天球运行论》一直被列为罗马天主教会的禁书单中，直至1835年才解禁。

（安德雷亚斯·维萨留斯，Andreas Vesalius，图片来源：http://cn.bing.com）

安德雷亚斯·维萨留斯（Andreas Vesalius，1514—1564）的七卷《人体构造》（*De humani corporis fabrica libri septem*）也是在1543年出版发行的。这本书是维萨留斯在意大利的帕多瓦（Paduan）的讲课内容编辑而成。为了使普通读者能理解他的解剖学理论，他采用了大量的精细的解剖绘画，形象地表现了人体的各个器官和完整结构，使得《人体构造》成为人人都能够读懂的医学著作，同时，也是医学教材。如果没有文艺复兴时期的医学和科学进步，艺术以及印刷技术的发展，这部医学巨著中的精细绘画是不可能超越他人医学作品的。

维萨留斯的《人体结构》是在他28岁出版的。第一卷叙述了人体的骨骼系统，附有极为详细的骨骼标本插图。他在书中通过对男女骨骼系统的比较研究后，告诉读者：男人和女人的肋骨是一样的，不存在上帝用亚当的肋骨造夏娃的事。在人的骨骼系统中，没有《圣经》故事说的“复活骨”，因此，死后的耶稣也无法通过“复活骨”复活。第二卷讲述人体肌肉系统。第三卷描述血管系统。第四卷则是描述神经系统。第五卷人体腹部和生殖器官。第六卷胸部内脏器官。第七卷描述脑、脑垂体和眼睛。最后一章讲解了将动物喉头切开可以用人工呼吸维持生命。

《人体结构》纠正了盖伦的一些致命错误，包括人体血管由肝脏生成的观点。尽管维萨留斯取得了重大发现，但是，他还是忽略了盖伦的一些错误，比如不同的血脉在不同的血管流动，而不是动脉中流动。只有威廉·哈维（William Harvey，1578—1657）的血液流动理论才纠正了在欧洲流行的盖伦错误理论。[2]

《人体结构》在出版过程中，为确保质量，历尽艰辛。有人认

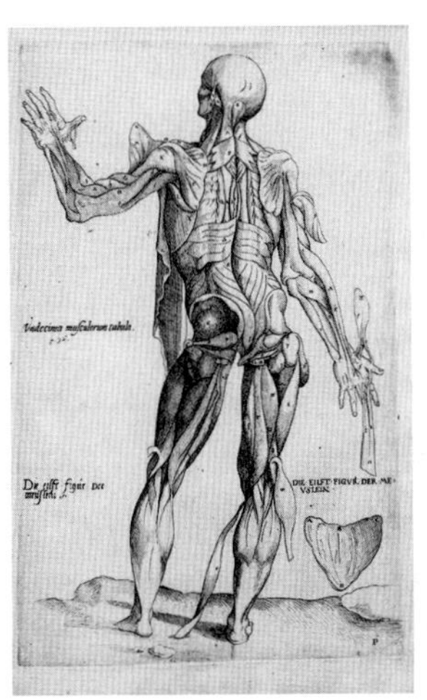
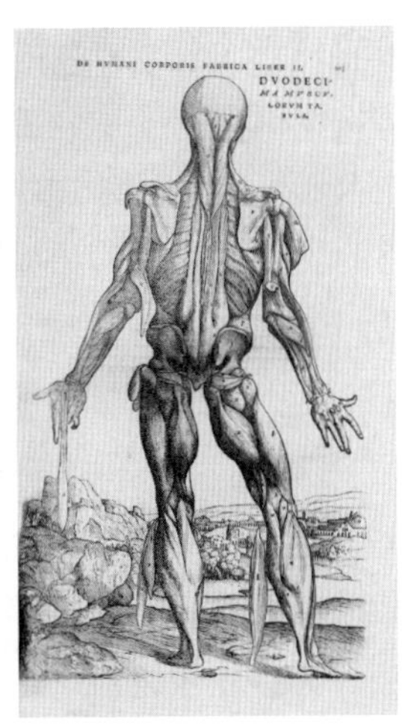
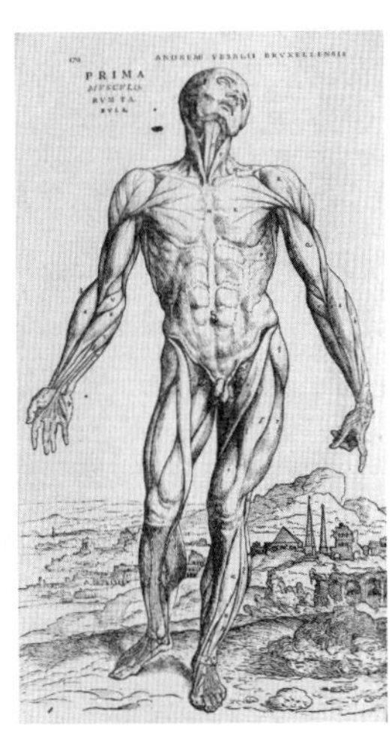

（图片来源：http://cn.bing.com/images/search?q=Andreas+Vesalius，2014-6）

为，那些精细的人体解剖图是让·斯迪法努斯·加尔加（Johannes Stephanus of Calcar,1499—1546）绘制的。但是，近代学者研究证实，这些绘画应该归功于意大利文艺复兴时期威尼斯画派画家提香（Tiziano Vecellio Titian，约 1490—1576）。而加尔加仅仅提供了一些神经束绘画，而且画质粗糙。由解剖学家亲自制作的木刻在描绘当时解剖学图方面则更胜其他插图。这些木刻被送往瑞士的巴塞尔，由维萨留斯期望的当时印刷水平最高的约尼·欧帕里尼（Joannis Oporini）印刷厂印制。在印刷过程中创造了雕刻凹铜版（又称凹雕）技术，这种技术使绘画非常精美细腻。[3]

《人体结构》使得维萨留斯的医学体系取得成功，同时他也获得巨大声誉，同时，他在书中对盖伦的批评也激怒了教会和盖伦信徒，维萨留斯受到用活体进行解剖的指控，他不得不退出医学领域。但是，与此同时他被神圣罗马教皇查理五世（Holy Roman Emperor Charles V：Charles Quint，1500—1558）钦定为御医。维萨留斯将第一版《人体结构》送给皇帝。这本书用皇家紫色丝绸包装，书中绘图为特别手工绘制。到目前为止，这是唯一版本。《人体结构》再次出版是在 1555 年。

1563 年，维萨留斯被宗教裁判所判处死刑。西班牙国王出面相救，后被改判为去耶路撒冷朝圣以赎“故意杀人”之罪。维萨留斯后病死于朝圣回家路上，时年 50 岁。

《人体结构》“是当时对人体一切器官最完备的叙述。”[4]维萨留斯不仅是解剖学的创始人，而且竭尽全力为所有普通人写的《人体结构》开创了精细绘画技术解读人体结构的先河。他还在 1537 年创办了医学院，造就了很多解剖学家，直至哈维。

**（2）伽利略的“罪过”:《两个体系的对话》**

伽利略（Galileo Galilei，1564—1642）事件是自1610年以来，哥白尼天文学新理论与天主教廷冲突日益激烈事件中其中之一。但是，与其他冲突不同的是，伽利略的“罪过”是因为他将日心说向公众进行普及。

1610年，伽利略发表了在当时肯定是最畅销的书《星界信使》（*Sidereus Nuncius*），描述他用新望远镜的惊人发现，即金星像月球一样有盈亏；月球表面有“海”和“山”；木星有卫星。伽利略的伟大之处在于将哥白尼体系通过自己的望远镜缩小为一个可以观察和供人理解的现象。他提出1616年的潮汐理论和1619年的彗星理论。他还认为潮汐是地球运动的证据，进一步证实了哥白尼在《天球运行论》中的日心说理论。

耶稣会天文学家、基督教教义和科学专家以及自然哲学家们在最初都对新理论持怀疑态度，甚至是敌对态度。但是，在望远镜诞生以后的一到两年之内，原来的假设都得以证实，而且可以重复观察。1611年，伽利略到了罗马学院（Collegium Romanum），耶稣会天文学家们重复了天文学观察。耶稣会士、奥地利天文学家克里斯多夫·格林伯格（Christoph Grienberger，1561—1636）虽然同情和支持伽利略的理论，但是意大利耶稣会神父和时任耶稣会修道会总会长（Superior General of the Society of Jesus）的克罗迪奥·阿奎维拉（Claudio Acquaviva，1543—1615）却要求伽利略支持亚里士多德的观点。

《关于托勒密和哥白尼两大世界体系的对话》（*Dialogue Concerning the Two Chief World Systems, Ptolemaic & Copernican*）于1632年出版。[5]这本书是为普通大众写的，采用的形式是三个熟人之间的对话方式。三个人不期而遇，时间跨度为四天，像一出四幕戏剧，这三个人对他们所持有的理论注入了各自的个性。他称之为萨尔维亚蒂（Salviati）的角色是哥白尼学说科学家，他说的是伽利略想要说的话。而萨格雷多（Sagredo）是一个主持公正并诙谐幽默的有钱人，通常都站在萨尔维亚蒂的一边。另一边的是辛普利奇奥（Simplicio），他是一个自命不凡的亚里士多德派哲学家，喜欢随口来两句拉丁语，引用大堆的观点支持地心说。在书中，他被描述为智力迟钝，思维混乱的人。伽利略把自己也加到书中去当一个小角色，让那些人不时地引证学园成员的权威意见，或间接提到我们“共同的朋友”的一些发现和观点。辛普利奇奥的观点被另两个人物用系统理论不容置疑的否定，使得他无话回答，最终气急败坏。作者的意图和观点鲜明无误的进行了阐述。

伽利略是用意大利文为广大读者写作的，他在这本 500 页的书中巧妙地交替使用堂皇华丽的语言，时而诗意盎然，时而一本正经，时而虔诚谦逊，时而气势汹汹，时而滑稽逗人。他还在书中加上插图，但数量很少，他让他的人物在必要时用简单的线条为彼此画像。他给代表地心说观点的代表人物起名为辛普利奇奥无论在拉丁语还是意大利语都暗示着“笨蛋”（Simpleton）的意思。

（伽利略在罗马宗教裁判所。克里斯提那·班提绘，1857 年。图片来源：http://en.wikipedia.org/wiki/Galileo_galilei，2014-6）

《关于托勒密和哥白尼两大世界体系的对话》出版几个月后，教宗乌尔巴诺八世（Pope Urban Ⅷ，1568—1644）禁止该书销售，并由特别委员会对该书进行审查。尽管书中将罗马教皇的话借用辛普利奇奥之口讲述是事实，但是，一些历史学家还是认为伽利略并非出于恶意。

《两大世界体系的对话》发表后，虽然在公众中广泛传播，但是，由于内容与写作方式具有强烈的影射意义，在罗马，伽利略丢失了很多支持者。1633 年，宗教裁判所令伽利略接受裁判，其罪名是：“……将太阳是世界中心的错误学说当成正确理论”，与 1616 年 2 月 25 日的定罪相违，即宗教法庭严令你放弃自己的学说，不得教授于他人，不得为自己辩护，也不得在公开场合讨论。如果你不默许这个禁令，你将被判入狱。[①] 1633 年 6 月 22 日，伽利略被判有罪，罪名主要为：对异端邪的笃信坚持不改。坚持认为太阳在宇宙中静止不动，地球并非宇宙的中心而且本身在转动。在宣布其学说与《圣经》内容相抵触之后，仍然坚持己见并为其辩护。宗教法庭要求他对这些学说“发誓放弃，诅咒，并憎恶”。[②] 宗教法庭按照自己的意愿将伽利略判处正式监禁。后来减刑为在家软禁，直至逝世。[③]

---

① 参阅 Texts From Galileo’s Affaire, *A Documentary History, edited and translated by Maurice A. Finocchiaro.* http://web.archive.org/web/20070930013053/http://astro.wcupa.edu/mgagne/ess362/resources/finocchiaro.html#sentence（2013）。

② 参阅 Texts From Galileo’s Affaire, *A Documentary History, edited and translated by Maurice A. Finocchiaro.* http://web.archive.org/web/20070930013053/http://astro.wcupa.edu/mgagne/ess362/resources/finocchiaro.html#sentence（2013）。

③ 参阅 http://law2.umkc.edu/faculty/projects/ftrials/galileo/condemnation.html（2013）。

伽利略的《对话》被禁，其他所有的已经出版的书禁止销售，未来所有的作品都不得出版。尽管这些判决都没有经过诉讼程序。

传说伽利略发誓不再发表任何学说并传说中其著名“地球仍然在转动”的反抗短语，目前没有任何证据证明其真实性，甚至能够证实其说过近似的话。① 这句短语仅仅在1640年代西班牙画家巴托洛梅·埃斯特万·牟利罗（Bartolomé Esteban Murillo，1618—1682）或者其画派的其他人在其绘画中出现过。其作品体现了被关在土牢中的伽利略用手指着墙上的这句话。②

根据女科学作家达瓦·索布尔（Dava Sobel，1947—）③ 在其作品《伽利略的女儿：科学、信仰与爱的历史记忆》（*Galileo's Daughter: A Historical Memoir of Science, Faith and Love*）[6]中认为，意大利锡耶纳大主教皮克罗米尼（Archbishop Ascanio Piccolomini in Siena，1590—1671）同情伽利略，允许他返回在佛罗伦萨附近的阿切特里（Arcetri）的别墅居住。在软禁期间，他继续进行力学和静力学的研究。1638年，他在荷兰发表了力学著作《两种新科学的对话》（*Discourses and Mathematical & Demonstrations Relating to Two New Sciences*）。

在宗教裁判所和其他亚里士多德学派哲学家的重压下，伽利略的立场在几个关键阶段可能是不确定的。1641年3月，伽利略的追随者和学生维森第奥·雷尼利（Vincentio Reinieri，1606—1647）写信给伽利略，告知他，一个审判官逼迫一本书的作者将“最著名的伽利略”（most distinguished Galileo）改为“伽利略，一个著名的人。”（Galileo，man of noted name.）④

1657年，伽利略的学生乔瓦尼·阿方索（Giovanni Alfonso Borelli，1608—1679）和文森佐·维维安尼（Vincenzo Viviani，1622—1703）在阿切特里成立了可能是世界上第一个科学协会“试验学院”（The Accademia del Cimento）。学院的主要目的就是从事实验科学研究。该学院出版了科学实验手册（*Saggi*），开创了实验过程、仪器以及试验方法的标准化。科学实验手册传遍整个欧洲。学院的格言“实验，

---

① “According to popular legend, after his abjuration Galileo allegedly muttered the rebellious phrase” *and yet it moves (Eppur si muove)*, but there is no evidence that he actually said this or anything similar. Galileo Affair, http://en.wikipedia.org/wiki/Galileo_affair (2013).

② 参阅 http://law2.umkc.edu/faculty/projects/ftrials/galileo/condemnation.html (2013)。

③ 参阅 http://en.wikipedia.org/wiki/Dava_Sobel (2013)。

④ 参阅 http://en.wikipedia.org/wiki/Galileo_affair (2013)。

再实验”和“实验与确认”影响了这个世界的科学研究方法论。在这个科学协会的影响下，“意大利猞猁之眼国家科学院”（Accademia dei Lincei）于1603年建立；英国皇家学会（Royal Society of London）于1660年建立；法国皇家科学院（Academie Royale des Sciences）于1666年建立。

1758年，天主教会（Catholic Church）将拥护日心说的书从“禁书目录”中取消。但是，却没有明确取消1633年宗教裁判所对伽利略的审判决定，也没有取消对哥白尼的《天球运行论》和伽利略的《两个世界体系的对话》的出版禁令。1820年，神圣宫殿大师（教会首席检察官）菲利普·安弗索（Filippo Anfossi，1815—1825在位）坚持按照天主教规则不批准任何违禁图书出版权。古塞佩·赛托尔（Giuseppe Settele）请求教皇庇护七世（Pius VII，1742—1823）放松禁令。经过“禁书审订院”（Congregation of the Index）和宗教法庭重新审议，安弗索的决定被推翻。哥白尼的《天球运行论》和伽利略的《两个世界体系的对话》在1835年新审订的“禁书目录”（Index Expurgatorius）中被取消。

1990年2月15日，拉辛格枢机（Cardinal Ratzinger），后来的教皇本笃十六世（Pope Benedict XVI）在罗马大学的演讲中谈及关于伽利略事件的看法时表示：这是“一个具有代表性的案例，说明了对现代性的自我怀疑范围今天已经扩展到科学技术。”① 作为支持自己观点的证据，他还举出诸如恩斯特·布洛荷（Ernst Bloch，1885—1977）、卡尔·冯·魏茨泽克（Carl von Weizsäcker，1912—2007）和保罗·费耶阿本德（P·Feyerabend，1924—1994）等几个著名哲学家的观点，他引述了保罗·费耶阿本德的话：伽利略时代的教会比伽利略本人更贴近理性。教会同时也对伽利略学说的伦理和对社会产生的效果都进行了审慎考虑。教会的裁决是理性和公正的，对于裁决的修正只是在政治条件适宜的基础上作出的。拉辛格枢机对于保罗·费耶阿本德没有表示赞同与否，他却说：“在这种观点基础上感情用事的作出道歉是愚蠢的。”②

1992年，媒体对天主教会转变态度，重新审视当年对伽利略审判进行的报道。2000年，教皇约翰·保罗二世正式表态，向天主教会2000

---

① “a symptomatic case that illustrates the extent to which modernity’s doubts about itself have grown today in science and technology.” http://en.wikipedia.org/wiki/Galileo_affair (2013) .

② “It would be foolish to construct an impulsive apologetic on the basis of such views.” http://en.wikipedia.org/wiki/Galileo_affair (2013) .

年历史上对伽利略的错误审判作出正式道歉。2008 年 1 月，教皇本笃十六世取消了对罗马大学的访问计划。1990 年他访问该校时接到一封该校 4500 名学者中的 67 人以及 13500 个学生中的几十人的联名抗议信。请愿信中简述了保罗·费耶阿本德的观点以及拉辛格枢机对其言论的重申，这些话对他们是“无礼的和屈辱的”。在本笃十六世取消了访问计划后，随即接到了那次讲话的全部记录。

伽利略事件对大众的科学意识影响深远。不仅仅是其重要著作采用的是普通人都能读懂的方式写作，更重要的是，伽利略的力学实验地点和直筒望远镜的观察场所至今成为著名旅游景点，渗透入人们的日常生活，成为大众文化的组成部分。他的实验学说和科学方法对于牛顿力学和后来的科学技术的影响深刻而久远。

## 二、第一篇科学报道

在 15 世纪印刷术出现之前，人类的文字记录基本是人工抄写在兽骨、龟骨、岩石、兽皮、各种犊皮和牛内脏膜上。“从大约公元 6 世纪，直到 15 世纪末 16 世纪初印刷本取代手抄本，书籍都是由抄写员依据一系列常规复制的。”[7]与大多数技术是随着社会经济生活和文化发展，由民间生产工艺逐步发展起来一样，大概不能简单地将某一个发明归于某一个人的功绩。影响了人类文明进程的印刷术也是同样不能都归功于古登堡（Johannes Gutenberg，1395—1468）。15 世纪中叶，欧洲出现了在造酒和制作橄榄油中使用的螺旋式挤压机以及匹配的模具。金匠、书法高手以及木刻工人的技艺在古登堡制造出印刷机之前，已经十分成熟。那些结构紧密的机械和刻字技术使得古登堡的印刷机应运而生。虽然中国的毕昇早在公元 11 世纪 40 年代就已经发明了泥活字版印刷术，但是，是否对古登堡的印刷术产生影响尚未可知。

宗教改革家、德国威登堡大学（University of Wittenberg）《圣经》学教授马丁·路德宗教改革纲领性文件《关于赎罪券功能的辩论》（*Disputatio pro declaratione virtutis Indulgentiarum*）（通常简称为《九十五条论纲》（*Ninety-Five Theses*）于 1517 年 10 月 31 日张贴在威登堡教堂门口，掀开了宗教改革的序幕。《九十五条论纲》在两个星期之内由原文的拉丁文翻译为德文，争相传抄，不胫而走。在受到教皇的迫害和压制下，他躲到瓦堡（Warburg），在1534年，翻译完《圣经》全文，于 1542 年出版。宗教改革的意义不仅仅是引发对赎罪券的讨论，而是引发了人类历史上最重要的思想改革。[8]

宗教改革的思想能够得以迅速传播，主要得益于技术的普及。在15世纪中叶的时候，古登堡的手摇印刷机遍及欧洲各国。在1517年路德提出《九十五条论纲》至1520年，短短的3年时间内，科隆、纽伦堡、斯特拉斯堡和巴塞尔等印刷中心印出了超过30万份路德的小册子。印刷工人、传教士、神父等首先享受到新技术提供的福音传道的机会，以及由新信息技术所突破的障碍，受到良好教育的人将多数人都能够读懂的德文福音书传播给普通人。各国语言印刷的《圣经》和宗教书籍，社会和政治讽刺作品的数量迅速增长。1520年代，德国的书籍产量增加了10倍。

在古罗马时期就有刻在金属或者石头上，放在公共场所的政府公报《通告》（*Acta Diurna*）。在大约公元2世纪和3世纪的中国汉代，出现了早期中央政府和地方政府发布的消息报《邸報》。公元713年到734年，中国唐代出版了朝廷发行的《开元杂報》，这是抄写在丝绸上供官员们阅读的一种官报。在16世纪的明代，中国有了第一份私人出版的消息报。这些报纸主要刊登的都是政府通知和消息，多数是给官员们看的。政府公报的内容经常通过口口相传或者发布的公告透漏给普通百姓。欧洲报纸的新闻将新式的报纸出版模式引入中国，国际新闻和中国当地新闻的交叉报道使得《邸報》等中国官方报纸受到冲击和压力。《京報》最初是清朝在北京出版的半官方性质的中文期刊，也称《邸報》。由官方特许经营的报房投递。由于《京報》只是从政府专设机构中誊抄官方以向公众传递的资讯，只能起到公告板的作用，故不能算作现代意义上真正的报纸。1912年，清政府灭亡的时候，数以千计的报纸一同消亡。民国初年，影响巨大的《京報》则由邵飘萍创刊于1918年10月5日。1926年4月，《京報》揭露事件真相惹怒了当权军阀，招致邵飘萍被杀害而停刊。1929年，在邵飘萍夫人汤修慧女士的主持下，《京報》得以复刊，并一直坚持到“七七事变”后而正式停刊。[9]

现代欧洲的初期，各国边界的交往自由导致对信息的需求的增长。一种语言简明的报纸《通报》（*Avvisi*）出现。1556年，威尼斯政府出版发行了第一份月报《手抄新闻》（*Notizie scritte*）。《手抄新闻》是手写的时事通讯类报纸，主要报道政治、军事和经济新闻，这份报纸新闻报道在意大利城市中出版速度快效率高，在1500年到1700年之间存活了200年。这份报纸尽管仍然不是现在意义上的报纸，却已经具备了报纸的主要特征。

Relation:
Aller Fürnem-

（《著名而值得纪念的新闻集》，1605 年 http://en.wikipedia.org）

由约翰·卡罗洛斯（Johann Carolus，1575—1634）创办的德文版的《著名而值得纪念的新闻集》（*Relation aller Fürnemmen und gedenckwürdigen Historien*），于1605年在斯特拉斯堡（Strasburg）开始发行。这份报纸被认为是世界上最早的报纸。[①]

17 世纪到 19 世纪期间，欧洲的报纸大约发行 30 多份；18 世纪初到 19 世纪末，美国共发行报纸 50 多份；非洲在几乎同一时期发行报纸 10 多份；东亚在 19 世纪发行报纸大约 10 份，其中接近半数为日文报纸，中国 1850 年发行一份英文报纸《北华捷报》（*North China Daily News*）；南亚大约有 10 份报纸，全部在印度发行的印地文报纸。[②]

还是把话题转回科学报道上面来。1690 年在英属北美殖民地已经出现了私人报纸。其中，比较早的有《国际公众事务报》（*Publick Occurrences Both Foreign and Domestick*）。该报主编为本杰明·哈里斯（Benjamin Harris，1673—1716）因为涉嫌加入英格兰的“天主教阴谋案”（Popish Plot）[③] 而移居新英格兰，成为早期记者。他在英属北美出版了第一本《新英格兰初级读本》（*New England Primer*），1690 年 9 月 25 日创刊了北美第一个多页报纸《国际公众事务报》。由理查德·皮尔斯（Richard Pierce）的印刷厂印刷。

本杰明·哈里斯创办的这个报纸为 3 版小报，其中第三版为空白，由传阅报纸的人在上面写自己获知的消息。这些消息主要是当地的新闻或者人们聊天的内容。在其发行的第一天的新闻中刊登了当时在波士顿肆虐的瘟疫的消息。由于报纸登载了英国军队在英属美洲的野蛮行径，该报仅仅发行了一期就被英殖民地政府关闭。本杰明·哈里斯也被关进监狱。直到 1704 年第二份报纸才出现。

---

① “Johann Carolus”，http://en.wikipedia.org/wiki/Johann_Carolus (2013).

② “List of Oldest Newspapers,” http://en.wikipedia.org/wiki/List_of_the_oldest_newspapers (2013).

③ “天主教阴谋案”是由骗子提图斯·奥兹（Titus Oates, 公元 1649—1705）捏造的阴谋。他造谣说，在 1678—1681 年间，在英格兰和苏格兰有人要暗杀英格兰国王查理二世（Charles II，1630—1685）。此案导致至少 22 人被执行死刑。最终，奥兹的阴谋败露，导致被捕并判为“伪证罪”。

在1690年9月25日的《国际公共事务报》上刊登的《瘟疫与看法》（*PLAGUE AND ARGUES*）被科学传播史界认为是世界上第一个与科学有关的消息。

**“瘟疫与看法”**

（《国际公共事务报》，“*Publick Occurrences Both Forreign and Domestick*”.*Sept*。*25*，*1690*. 图片来源：http://en.wikipedia.org）

流行性的热病和疟疾正在全国部分地区蔓延，它倒不至于致死。然而，在某些地区，恶性的热病则似乎在家人中彼此传染，并已造成许多人死亡。

“曾一度受到天花肆虐的波士顿地区，目前天花已渐趋减少。12年前，天花曾流行一阵子，虽然它不是致死的疾病，但当时造成很多人死亡。最近这次流行的天花已造成波士顿地区大约320人死亡，而这还不到12年前一半的死亡数。天花多在6、7、8月间流行，通常主日的聚会时平均大约100人得病，而且所有的人都有可能传染到天花。许多年前，即使是母亲肚子里的孩子也会患此病，在瘟疫横行之地，有些人出生时就已经患瘟疫。如果可怜的波士顿没有受到大瘟疫的侵入，怎么会令人感到烦恼和悲伤呢？我们期盼在天花在12个月前未开始蔓延之际就能尽快扑灭它。令人悲伤的是，目前它已在波士顿以外的其他地区蔓延了，其中东部的驻军中已有人患病。”①

在这份报纸中，大多数内容都是当地百姓的街头新闻和各种民间流传的消息。“瘟疫与看法”登在第一页与第二页之间。虽然文字表达方式完全是百姓聊天，但是，消息不仅描述了正在蔓延的情况，而且讲述

① http://en.wikisource.org/wiki/Publick_Occurrences_Both_Forreign_and_Domestick（2013）.

了以前发生瘟疫的历史以及发生地点，甚至对襁褓中的婴儿的影响以及对军队的影响。其中不免夹杂有对瘟疫流行的忧虑和担心。

## 三、科学家团体的科学传播：肇始于英国

### 1. 英国皇家学会

17 世纪 40 年代中叶，英国自然哲学家开始经常聚会，讨论通过观察方法和实验方法促进对自然世界的认识的新哲学，也就是现在的所谓“科学”（Science）。后逐步形成了世界上最早的学术机构：英国皇家学会（the Royal Society）。

1660 年 11 月 28 日，12 位哲学家在格雷欣学院（Gresham College，1597 年成立）[①] 召开学术演讲会。在格雷欣学院天文学教授克里斯托弗·雷恩（Christopher Wren，1632—1723 年）[②] 讲座结束后的讨论会上，决定成立“自然科学—数学实验学习学院”（College for the Promoting of Physico-Mathematical Experimental Learning）。参加讨论和决定的有雷恩本人、罗伯特·波义耳（Robert Boyle，1627—1691）、约翰·威尔金斯（John Wilkins，1614—1672）、罗伯特·莫雷爵士（Sir Robert Moray，1608—1673）以及威廉·霍尔德（William Holder，1616—1698）和布朗克子爵（Viscount Brouncker，1627—1688）。约翰·威尔金斯被推选为主席，并起草了一个“被认为愿意并适合参加这个规划”的 41 个人的名单。不久，罗伯特·莫雷爵士带来了国王的口谕，同意成立“学院”，罗伯特·莫雷被推举为这个

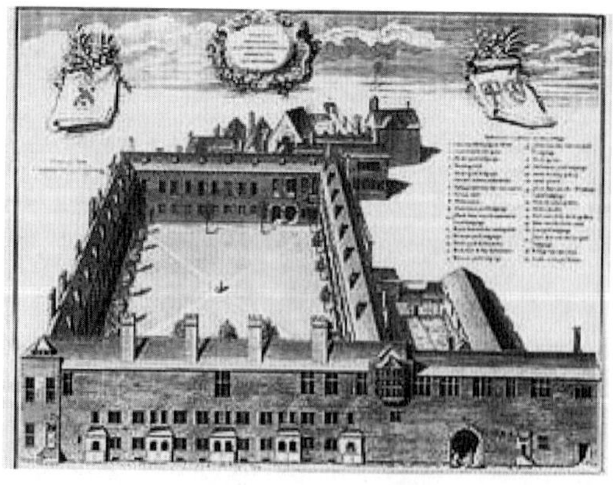

（格雷欣学院，Gresham College，1740 年，图片来源：http://en.wikipedia.org）

① 根据托马斯·格雷欣爵士托马斯·格雷欣爵士（Sir Thomas Gresham，1519—1579）的遗愿和捐赠建立的学院。按照他的遗愿，每周有 7 位教授进行天文学、几何、物理学、法律、神学、修辞学和音乐演讲。1597 年，格雷欣学院正式成立。

② 英国科学家和建筑师，他最重要的作品是在 1666 年伦敦大火后主持重建伦敦的教堂。

集会的会长。两年后查理二世（Charles Ⅱ of England，1630—1685）在许可证上盖了印，正式批准成立“以促进自然知识为宗旨的皇家学会”，罗伯特·胡克（Robert Hooke，1635—1703 年）[①] 担任英国皇家学会的第一任会长。英皇家学会的格言是：“不以任何人的话为最终结论”（Take nobody's word for it），表达了会员们不惧任何威权控制，追求建立在以科学实验结果为事实基础上的观点。

早在皇家学会成立之前，格雷欣学院在早期以及在其后来的 400 多年的历史中，就已经开始科学对公众的传播活动。最著名的是“自由公众论坛”（Free Public Talks）。科学家在规定时间内将自己的科学实验结果进行公开讲演。每年大约公众科学活动达到约 100 场。迄今为止，皇家学会组织著名科学家和媒体共同主办的有奖演讲（prize lecture）、科学咖啡馆讨论（Café Scientifique discussion）和科学史讲座（lectures on the history of science）以及其他各种科学活动从未停止，在 20 世纪后半叶达到高峰。

英国皇家学会正式使用 The Royal Society 这个名称是 1661 年。在 1663 年的第二个“皇家宪章”（Royal Charter）中，皇家学会被称为：“以促进自然知识为宗旨的伦敦皇家学会”（The Royal Society of London for Improving Natural Knowledge）。

皇家学会创立于格雷欣学院并随即建立起了学会文库。1661 年第一本书进入文库。随后建立了具有科学价值的标本馆或者储藏室。1666 年伦敦大火后，学会搬至诺福克公爵区的阿伦德尔大楼。一直到 1710 年，在艾萨克·牛顿（Issac Newton，1642—1727）担任会长期间，学会才在斯特兰德大街附近有了固定的办公场所。

（约翰·伊夫林，John Evelyn，图片来源：http://en.wikipedia.org）

皇家学会在过去的 400 多年时间内，在人类科学进步重大的科学发现中起到重要的作用。同时，这些杰出的科学家们同时也写出了具有重要影响的科学文化作品。

1662 年，皇家学会获准出版发

① 英国博物学家，发明家。他提出了描述材料弹性的胡克定律，而且提出了万有引力的平方反比关系。在机械制造方面，他设计制造了真空泵，显微镜和望远镜，并将自己用显微镜观察所得写成《显微术》一书，细胞（cell）一词即由他命名。他还在城市设计和建筑方面有着重要的贡献。

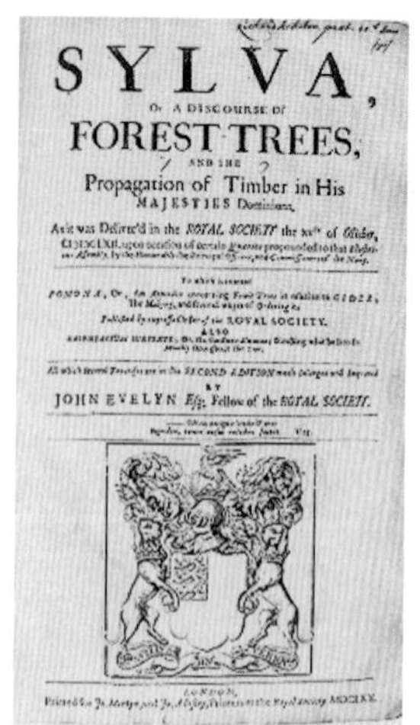
SYLVA,
Or A DISCOURSE OF
FOREST-TREES,
AND THE
Propagation of Timber in His
MAJESTIES Dominions.
JOHN EVELYN Esq; Fellow of the ROYAL SOCIETY.

（《森林志》，图片来源：http://en.wikipedia.org）

行约翰·伊夫林（John Evelyn，1620—1706）[1] 的《森林志》（*Sylva, or A Discourse of Forest Trees, 1664*）与罗伯特·胡克的《显微术》（*Micrographia*）。

约翰·伊夫林的书涉猎广泛：神学、钱币学、政治、园艺、建筑以及烹调。但是他的《森林志》体现了他丰富的博物学知识。在《森林志》中，他详细叙述各种树木的种类、培育方法及用途。这套林木专论在1670年和1679年还分别出版过经过修补和增订的新的版本。最后一个修订版发表于1706年作者去世之后不久。

罗伯特·胡克才华横溢。他是17世纪伟大的物理科学家、博物学家、发明家。他提出了描述材料弹性的基本定律——胡克定律，还提出了万有引力的平方反比关系。在机械制造方面，他设计制造了真空泵、显微镜和望远镜，并将自己用显微镜观察所得写成《显微术》（*Micrographia*）一书。同时，他还为生物学创建了“cell”一词，中文为“细胞”。胡克还在城市设计和建筑方面有着重要的贡献。

（罗伯特·胡克，Robert Hooke，图片来源：http://cn.bing.com）

《显微术》的意义远不仅仅是观察结果的集成，甚至可以说是论述科学实证主义的杰作。这本书用普通人所熟知的事物为例阐述他的科学思想。

> 通过望远镜，无论对象距离我们都多遥远，我们都能尽收眼底；借助望远镜，无论所观测的目标多么渺小，都无法逃脱我们探究的眼睛。所以，我们的认识中便有了一个最新发现的可见世界。以这种方式看待世界，宇宙豁然洞开了，在这里面，我们看到难以计数的新行星、新运动和新形成的天体，这些是所有古代天文学家所完全陌生的。借助这种观察方式，地球本身，即近在我们脚下的地球，为我们呈现了全新的模样……我们无法彻底弄清自然界所有不为我们所知的运行机制。如果不能因此展开彻底的探究，我们又能如何指望自然造福于我们呢？而一旦利用这种方式，观点的探讨和辩论不久就会产生实际的成果；人类因为乐趣而形成的所有最美妙的梦幻和无所不在的神秘自然，将会迅速化为乌有，取而代之的则是实实在在的历史、实验和论著。与以前一样，人类因为偷尝了智慧树的禁果而

① 英国作家，英国皇家学会的创始人之一，曾撰写过有关美术、林学、宗教等著作三十余部。其《森林志》将在2014年纪念他诞辰350周年的时候再版。

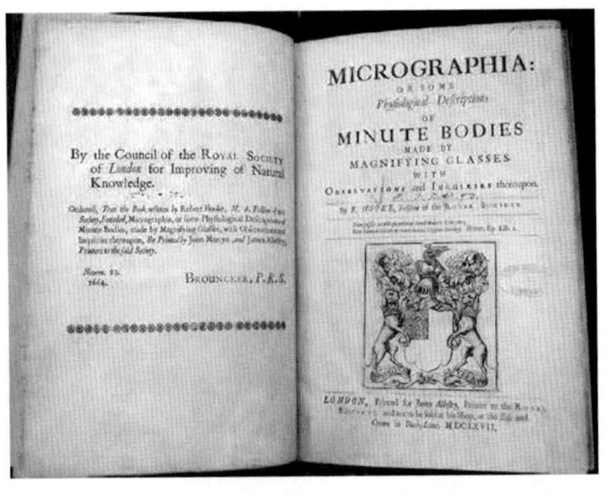

（《显微术》，“*Micrographia*”，http://cn.bing.com）

堕落，而我们——他们的子孙，也在以同样的方式在一定程度上重归纯洁，这不是因为注视、凝视，也在于尝试这些永远无从禁止我们去尝试的博物学知识的果实。由此，世界或许可以因为各种各样的发明而更精彩，有利于科学发展的新事物会被利用，而落后的方法会被改进，斑斑锈迹会被清除干净……

（罗伯特·波义耳，Robert Boyle，http://cn.bing.com）

胡克发明的显微镜将人类带入无法认识的世界，科学将人类带入到一个新的领域。这个领域就是通过实证方法探究未知世界。而胡克的《显微术》的伟大贡献在于：他告诉公众，世界的神秘通过科学的手段是完全可以认知的，而这种认知就是精确的试验方法。

罗伯特·波义耳在1661年出版了《怀疑派化学家》（*The Sceptical Chemist*）。这本书被认为是历史上最具有价值的科学文化著作之一。他在这本书中采用了对话方式。他认为物质是由运动着的原子和原子团簇组成，所有的现象都是运动中的微粒子碰撞的结果。在书中他呼吁，所有的化学家都要从事实验研究，并下结论说，实验证明化学元素不仅仅为土、火、空气和水四元素。他还认为，化学应该停止向炼金术卑躬屈膝，应树立自己的科学地位。他认为最重要的是，科学界应该有严格的科学实验方法准则，即所有的被认为是准确无误的理论都应该是通过严格的实验进行证明的。[10]詹姆斯·帕廷顿（J. R. Partington，1886—1965）认为波义耳是化学的奠基人。

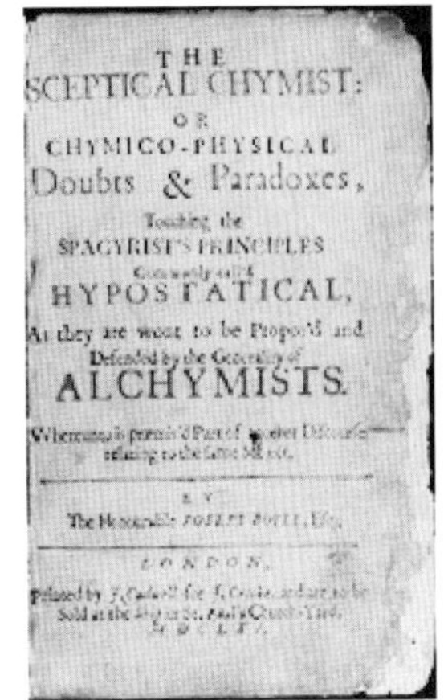

（《怀疑派化学家》，“*The Sceptical Chemist*”，http://cn.bing.com）

《怀疑论的化学家》被认为是为受过良好教育的贵族们写的科学书。这本关于科学研究的规则和复杂的化学理论的书，通过波义耳用幽默的对话方式的陈述方法，使其具有常人闲聊的感觉。但是，读者不仅了解了化学的标准试验方法和化学术语命名法，而且将科学研究的价值和实验的意义进行了清晰的表述。

皇家学会的第二任会长艾萨克·牛顿的《自然哲学的数学原理》（*Philosophiae Naturalis Principia Mathematica*）是牛顿最重要的著作，1687 年出版。该书总结了他一生中许多重要发现和研究成果，其中包括上述关于物体运动的定律。他说，该书“所研究的主要是关于重、轻流体抵抗力及其他吸引运动的力的状况，所以我们研究的是自然哲学的数学原理。”该书传入中国后，中国数学家李善兰（1881—1882）曾译出一部分，但未出版，译稿也遗失了。

（艾萨克·牛顿，Isaac Newton，图片来源：http://cn.bing.com）

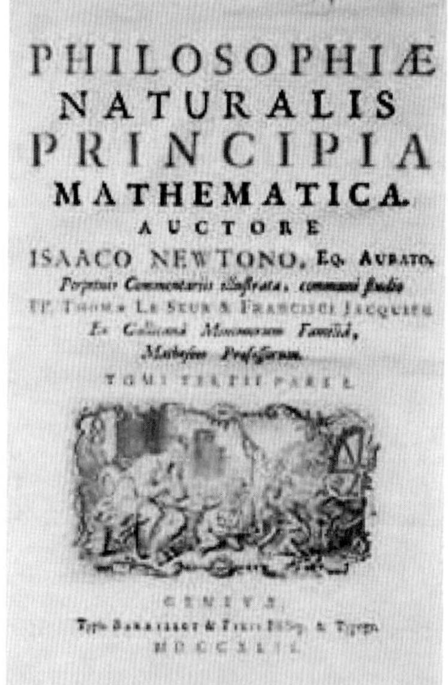

PHILOSOPHIÆ
NATURALIS
PRINCIPIA
MATHEMATICA.
AUCTORE
ISAACO NEWTONO, Eq. AURATO.
Perpetuis Commentariis illustrata, communi studio
Ex Gallicana Minimorum Familia,
Matheseos Professorum.

《自然哲学的数学原理》，（*Philosophiae Naturalis Principia Mathematica*，图片来源：http://cn.bing.com）

皇家学会会员查尔斯·巴贝奇（Charles Babbage，1791—1871）是一位颇具争议的人物。他是一位数学天才，却又在数学领域的发展中转向了研究经济。他以计算机的发明闻名于世，但他设计的解析机却从来没有真正完成过。他的一生都在为计算机的发明卧薪尝胆，却因为好奇心和广泛的兴趣提出了新的管理思想。这些因素，使他在泰罗创立科学管理之前，就已经提出了与科学管理密切相关的理论和方法，成为管理思想领域中的一位重要人物。1816 年，25 岁的巴贝奇被选为英国皇家学会会员，他参与了英国天文学会和统计学会的创建，并且是天文学会金质奖章获得者，同时还是巴黎伦理科学院、爱尔兰皇家学会和美国科学院的成员。巴贝奇的主要著作和论文有:《机器在

（查尔斯·巴贝奇，Charles Babbage，图片来源：http://cn.bing.com）

数学表计算中的应用》(1822)；《论用符号表示机器动作的方法》(1826)；《各种人寿保险机构的比较观点》(1826)；《关于调节机器应用一般原则的论文》(1829)；《关于科学在英国的衰落及其某些原因的思考》(1830)；《论机器和制造业的节约》(1832)；《有关征税原则的思考，关于财产税及其减免》(1848)；《一个哲学家生涯的片段》(1864)等。他的关于管理的书对于大工业时期的工厂管理和技术管理具有极其重要的意义。

(查尔斯·达尔文，Charles Robert Darwin，图片来源：http://cn.bing.com)

查尔斯·达尔文(Charles Robert Darwin，1809—1882)和他于1859年写的《物种起源》(*On the Origin of Species by Means of Natural Selection, or the Preservation of Favoured Races in the Struggle for Life*，完整书名为《依据自然选择或在生存竞争中适者存活讨论物种起源》)一书并非仅仅揭示了物种的选择、遗传、自然选择和演化的过程，而且改变了人类对生命的认识。由此，引发了长达200年的争论。达尔文的进化论同时对生物伦理学、遗传学、社会学等各个领域都产生了重大影响。19世纪末，严复将“达尔文的斗犬”赫胥黎的“*Evolution and Ethics and other Essays*”(应直译为《进化论与伦理学》)，以《天演论》译介给国人，译本中夹杂着社会达尔文观点的理论对处于整个民族在遭遇到甲午战争失败后的沮丧和迷惘中起到惊醒和反思的作用。2012年9月《新科学家》杂志评选出迄今为止最有影响力的大众科学书中，《物种起源》名列第一位。① 本书在第四章中将详述。

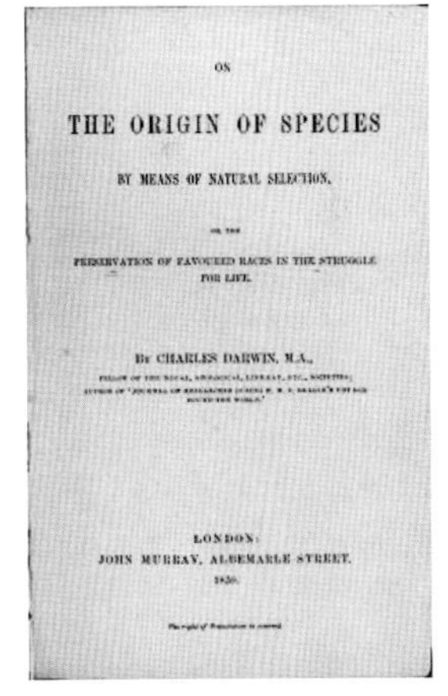

ON

THE ORIGIN OF SPECIES

BY MEANS OF NATURAL SELECTION,

OR THE

PRESERVATION OF FAVOURED RACES IN THE STRUGGLE FOR LIFE.

BY CHARLES DARWIN, M.A.,

LONDON:
JOHN MURRAY, ALBEMARLE STREET.

(《物种起源》，“On the Origin of Species by Means of Natural Selection, or the Preservation of Favoured Races in the Struggle for Life”，2014-6)

科学作家还有理查德·道金斯(Richard Dawkins，1941—)。他的《自私的基因》(*The Selfish Gene*)于1976年出版后就一直畅销。到目前为止，这本书已经被翻译成十几种语言(其中包括汉语)。道金斯在1996年被牛津大学授予“公众理解科学教授”(Professor of Public Understanding of Science)。《自私的基因》与达尔文的《物种起源》同被《新科学家》(*New Scientist*)杂志评选为②“迄今为止最有影响的大众科学书籍”，排名第三，仅次于达尔文的《物种起源》和霍金的《时间简

① “New Scientist”，Volume 215，Issue 2884，29 September，2012,page 48 (2013).

② “New Scientist”，Volume 215，Issue 2884，29 September，2012,page 48 (2013).

史》(*A Brief History of Time*)。

如果谈起大众科学书的名气和影响的话，大概皇家学会会员史蒂芬·威廉姆·霍金（Stephen William Hawking，1942—）的《时间简史：从大爆炸到黑洞》(*The Brief History of Time: From Big Bang to Black Hole*)要位居榜首。1988 年，霍金的这本令出版界震惊的科学书，带领着读者从研究黑洞出发，探索了宇宙的起源和归宿。关于这本书畅销的原因，世界著名图书网站“亚马逊”认为：“斯蒂芬·霍金的把科学讲得通俗易懂并激发非科学家的兴趣的能力”。[①] 该书被译成 40 余种语言，出版逾 1000 余万册。但因书中内容极其艰深，在西方被戏称为“难懂的畅销书”（Unread Bestseller），有学者曾指这种书之所以仍可以如此畅销，是因为该书尝试解答过去只有神学才能触及的题材：时间有没有开端，空间有没有边界。更有可能是，在这本书的畅销所带动的“霍金热”中，藏有一本霍金的书不是意味着对他的理论的理解，而是品位的象征。霍金 2001 年出版的《果壳中的宇宙》(*The Universe in a Nutshell*)和 2010 年出版的《大设计》(*The Great Design*)似乎在不断的掀起一个接一个的科学书的浪潮，在科学文化的兴起中起到惊人的作用。但是,《时间简史》的影响似乎是最大的。该书在伦敦的《太阳时报》(*London Sunday Times*)的畅销书排行榜上居首位长达 4 年之久。《时间简史》在 2012 年《新科学家》杂志进行的迄今为止最具影响力的十大大众科学书中名列第二，仅次于达尔文的《物种起源》。

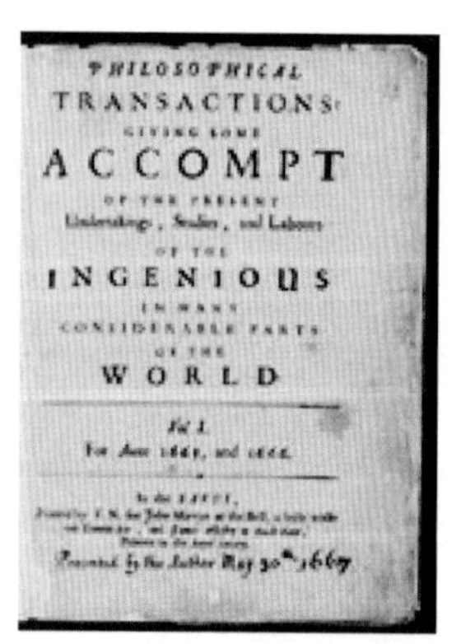
PHILOSOPHICAL
TRANSACTIONS:
ACCOMPT
INGENIOUS
WORLD

(《哲学学报》(*Philosophical Transactions*，图片来源：http://en.wikipedia.org)

1665 年,《哲学学报》(*Philosophical Transactions*)正式创刊。创刊由学会秘书亨利·奥尔登伯格（Henry Oldenburg，1619—1677）编辑。皇家学会在数年以后接管此刊物。该刊从创办至今从未停刊，成为世界上历史最为悠久的哲学刊物。

英国皇家学会从成立之日起就确定机构的本质是科学研究机构，从某种意义上讲，从那个时候开始，人类似乎第一次将科学活动与人类的其他活动相分离。科学家的研究与学术活动以其科学实验和研究的性质决定了其活动方式和运作模式。学会所有的会员（Fellows of the Society）都必须选举产生。但是，选举准则却是模糊的，而大多数会员都不是专业科学家。1731 年，新会员选举制度产生。所有的候选人都必须递交书面申请，其会员证书必须得到候选提名人的签字。1847 年，对

① http://www.amazon.com/Brief-History-Time-Stephen-Hawking/dp/0553380168 (2013).

候选人的入选标准完全以其科学成就为唯一标准。

这种以科学专业的水准作为会员录取的标准表明，英国皇家学会已经不是一个学术机构，而是一个事实上的科学家学会（Academy of Scientists）。1850 年，政府给学会拨款 1000 英镑作为其科学研究和购买设备的经费。虽然政府拨款体制决定了政府与学会之间的密切关系，但是，学会仍然具有自主权，特别是科学研究的自主权。

英国皇家学会多渠道获得经费，以保证自己的独立性。目前，其经费 68.2% 来自国会拨款用于特别研究项目；13.1% 来自公司或基金会；9.5% 来自商业（比如刊物销售和场所出租）；8.1% 来自投资和捐赠资金；0.8% 来自其他公共机构；0.3% 来自会员费。

机构的管理方式决定了其活动方式。英国皇家学会的活动主要为：推进科学研究和效益确认科学优秀成果；支持杰出的科学研究项目；为政府决策提供科学咨询；促进国际和全球合作；教育和促进公众对科学的参与。

1915 年中国的科学家受到英国皇家学会的影响，模仿英国皇家学会，在美国康奈尔大学成立了“中国科学社”，并创办了《科学》杂志。本书将在后面关于中国科学传播部分详述。

### 2. 英国皇家研究院

1799 年，皇家研究院（The Royal Institution）在约瑟夫爵士银行的苏豪广场（The Soho Square House of Sir Joseph Banks）成立。该机构的主要宗旨是“传播知识，通过课程讲座，促进公众对机械发明和进步，哲学和科学实验，以及为提高生活质量而进行的科学应用的理解。”① 在长达 214 年的发展历史中，皇家研究院树立了巨大的声望。

汉姆雷·戴维（Humprhy Davy，1778—1829）② 开创了系列的科学讲座以后，他花费了大量的精力进行组织和管理工作。皇家研究院的科学讲座能够成功，在很大程度上取决于科学家的研究工作的合作和他们在科学上的声望。汉姆雷·戴维是皇家学会化学实验室的主任。在电化学领域有许多重要发现。他选择了年轻的迈克尔·法拉第（Michael Faraday，1791—1867）做他的助手以后，使戴维的声望受到一定的挫折。法拉第的研究工作改变了人类的生活。在地下室的实验室里，他的

① http://www.rsc.org/chemistryworld/News/2010/January/26011001.asp（2013）.

② 英国化学家。是至今发现化学元素最多的人，被称为“无机化学之父”。是真正发明灯泡的人。也是第一代矿工灯发明人。

（皇家研究院公众演讲，图片来源：http://www.rigb.org）

研究生涯由一系列成功连接了起来，其中包括电磁效应的发现，电动机和光的电磁效应原理是现代能源工业发展的基础。而法拉第的后继者约翰·廷德尔（John Tyndall，1820—1893）[①] 的红外线辐射的研究工作为微粒辐射吸收率，即导致全球变暖的过程的原因打下了基础。19 世纪初，詹姆斯·杜瓦（James Dewar，1842—1923）[②] 开创了低温科学领域。在其后的历史中，英国的科学领域中具有重大贡献的科学家同时也是皇家研究院的主要成员。

1831年 9月该协会与英国科促会（British Association for the Advancement of Science）合并。长期以来，两个机构秉承一个共识，即科学与工程学应持续发展以提高人类的生活质量，同时，在大众的社会生活中应该占有重要的地位。

如果说英国皇家学会是专业的科学研究机构，科学传播仅仅是其活动中的一部分，那么，皇家研究院的目的和宗旨则是通过演讲和各种展示活动进行科学教育。19 世纪初，该协会购买了阿尔伯马尔街（Albemarle street）21 号，将其建成剧院形式，以便随时进行公开演讲。

（英国皇家学会，阿尔伯马尔街，Albemarle street，21 号，图片来源：http://www.rigb.org）

该协会长年举办的下午演讲会的内容事先进行预告和宣传，听众可以进行短期或者长期（一年，

① 19 世纪伟大的物理学家。1850 年因反磁性研究而声誉鹊起。后来他研究的热辐射以及大气形成过程中的主要发现而奠定了其物理学领域的地位和声望。大众科学作品有 17 本，将实验物理学的最新进展传播给了普通公众。1853 年到 1887 年任英国皇家研究会物理学教授。

② 苏格兰物理学家，化学家。他设计了杜瓦瓶，成功液化了氧气，氢气等多种气体，为低温物理的研究提供了条件。杜瓦曾多次获得诺贝尔奖提名，却未曾得奖。他曾获得过英国皇家学会的 Rumford 奖章、戴维奖章和科普利奖章。1904 年他被封为爵士，并获得了法国科学院的拉瓦锡奖章，他是第一个获此荣誉的英国人。

甚至终生）听课的预约登记。早期的协会邀请的专家们演讲的内容不适合听众的意愿和喜好。汉姆雷·戴维打开了这种尴尬的局面。1802 年，他开创了系列科学家演讲。他以生动的演说和出色的表演赢得了听众。阿尔伯马尔街的演讲名声大噪，以至于不得不设置单行道以应付由于不断增长的听众而导致的交通拥挤。演讲不仅具有教育意义，而且还很多有娱乐性的展示活动。所有的观众都对演讲留下深刻印象并因各种表演而震惊。

为公众演讲的传统持续不断的贯穿皇家研究院的历史，演讲的内容涉及所有科学和技术领域。除了科学技术以外，还有艺术、语言、历史、建筑和音乐。最近几十年，演讲活动集中在个人演讲，演讲内容确定为某一个领域。

在皇家研究院的诸多活动中，历史最为悠久和最有影响的是圣诞科学演讲会（The Royal Institution Christmas Lectures）。1825 年，迈克尔·法拉第开始了这个影响深远，至今仍然在继续的演讲。该活动的主要目的是通过形式多样和场面壮观的演示和讲演向青少年和成人介绍科学知识。这个影响巨大的活动因为第二次世界大战纳粹发动的闪电战中，儿童到伦敦市中心非常危险而于 1938 年和 1942 年停止过两次。

演讲会在刚刚开始举办的时候非常低调，形式简单。因为无人能够预测可以吸引多少观众和听众。到 1820 年代，对青少年有组织的教育活动，特别是科学教育活动还很少。迈克尔·法拉第被迫离开学校的时候仅仅 13 岁。只要有可能，他就参加科学演讲会，以接受科学教育。

从 1800 年开始，皇家研究院开始了“下午成人讲座课程”（Afternoon Lecture Courses for Adults）。成人经常带着他们的孩子来听讲座。1825 年，有人提议并开办了完全为了青少年听众的“假日讲座”。在圣诞节、复活节和圣神降临周（Whitsuntide）① 的假日讲座已经声名显赫。但是，1827 年，当法拉第开始他的第一个系列讲座的时候，圣诞节系列讲座变成短小的系列演示讲座。19世纪时，

（迈克尔·法拉第在“圣诞科学演讲会”上。图片来源：http://en.wikipedia.org）

① 复活节后的第七周，尤指前三天。

讲座者大多数是皇家研究院的教授。

法拉第是讲座的创办人和积极演讲者。他进行了19次讲座。这是一个学者连续讲座最长的纪录。但是，他经常讲同一个主题，而且重复使用他的讲座大纲。1861年，法拉第进行了最后一个系列讲座，题目是"蜡烛的化学史"（*On the Chemical History of a Candle*），由于讲座精彩，其讲座被编写成一本书出版。《蜡烛》（*Candle*）不断再版，从未停止。在纪念法拉第诞辰150周年的时候，新版再次推出。在整个20世纪的圣诞节系列演讲中，多数演讲被编辑成书，将某一个科学领域知识普及给普通读者。1966年，讲演内容被搬上电视。许多著名科学家和科学传播者都参与了演讲，其中包括卡尔·萨根（Carl Sagan，1934—1996）[①] 大卫·阿滕伯勒（David Attenborough,1926—）[②] 和乔治·波特（George Porter，1920—2002）[③]

从圣诞节讲座的历史记录中，记录了法拉第演讲的时间和题目：化学（1827年）；化学（1829年）；化学（1832年）；电学（1835年）；化学（1837年）；化学基础知识（The rudiments of chemistry，1841年）；电学第一定律（1843年）；化学基础知识（1845年）；蜡烛的化学史（1848年）；引力（1851）；化学（1852）；伏打电（1853）；燃烧的化学原理（1854）；普通金属的特殊属性（1855）；引力（1856）；静电（1857）；金属的性能（1858）；物质的多种力与相互关系（1859）；蜡烛的化学史（1860）。[④]

（约翰·廷德尔在演讲，图片来源：http://cn.bing.com）

关于法拉第的大众科学活动，在后面的维多利亚时期的大众科学家活动中再详细讲述。

皇家研究院公众演讲中的另一个著名人物是约翰·廷德尔。1861年，廷德尔进行了第

① 美国天文学家。非常成功的天文学、天体物理学等自然科学方面的科普作家。行星学会的成立者。小行星2709、火星上的一个撞击坑以他的名字命名。

② 英国电影制片人和著名自然主义者。

③ 化学家。1967年诺贝尔化学奖获得者。

④ http://www.rigb.org/contentControl?action=displayContent&id=00000003534 (2013).

一讲，内容为“光”“静止与运动中的电”（1863 年”“声”（1865 年）；“热与冷”（1867 年）“光”（1869 年）“冰、水、蒸发与空气”（1871 年）“声音的运动与感觉”（1873 年）“实验电学”（1875 年）“热，有形与无形”（1877 年）“水与空气”（1879 年）“光与眼睛”（1882 年）“电的来源”（1884 年）。廷德尔的演讲达到 11 场。

皇家科学传播演讲从 1825 年开始至 2012 年的 187 年间，除了 1938 年和 1942 年由于战争而暂停以外，从未间断。参加演讲的科学家大约有 200 多位。其中，在 1958 年的“国际地球物理年”（The International Geophysical Year），1965 年，1980 年和 1987 年的演讲会上都是多位科学家进行演讲。1958 年的演讲会上，演讲者为 5 人。

### 3. 英国科学协会

“英国科学协会”（British Science Association）于 1831 年 9 月 27 日在约克郡（Yorkshire）成立，原名为“英国科学促进协会”（British Association for the Advancement of Science）。这个学术团体的宗旨与目的是促进科学发展，引导公众对科学问题的关注，促进科学工作者之间的交流。①

“英国科学协会”是模仿“德国自然研究与医学协会”（Gesellschaft Deutscher Naturforscher und Ärzte）创办的。大卫·布鲁斯特爵士（Sir David Brewster，1781—1868）认为英国皇家学会过于追求贵族化和趋于保守，提议创办更有活力和开放的学术机构进行科学与公众之间的交流。科学家威廉·弗农·哈考特（William Vernon Harcourt，1789—1871）和化学家詹姆士·芬利·威尔·约翰斯顿（James Finlay Weir Johnston，1796—1855）是该机构创办的主要推动者和奠基人。

协会成立之初正值英国赢得半岛战争，1815 年战胜拿破仑。战后的英国国力衰弱不堪，陷入沉重的通货膨胀之中。战后重建时期的英国不仅经济落后于欧洲其他国家，无论国家财力还是科学的发展都处于衰退状态。1830 年，剑桥大学教授、计算机科学家查尔斯·巴贝奇出版了《英国科学衰落及其原因的思考》（*Reflections on the Decline of Science in England and on Some of Its Causes*）[11]科学家和学者们对英国科学的发展状况的担忧促进了该协会的创立。大卫·布鲁斯特召开了协会的第一次会议。会议于 1831 年 12 月 26 日在三个王国的中心城市约克郡

① http://en.wikipedia.org/wiki/British_Science_Association（2013）.

召开。召开的地点是约克郡哲学协会。那时，这个协会已经在约克郡市中心拥有一个博物馆和一个漂亮的公园。按照惯例，会议的第二天，时任哲学协会主席的威廉·弗农·哈考特宣布："英国科学促进协会的发展目标是：有力推动和更系统的引导科学探究，争取国家对科学发展目标的更大关注，消除阻碍科学发展的障碍，促进科学的耕耘者之间以及与国外哲学家之间的交往。"① 从那时起，该协会的年会仅仅在战争年代暂停，一直持续了接近 180 年。

英国科学协会巨型的年会从一开始就吸引了这个国家的一流科学家。在年会的公开论坛上，宣布重大的科学成果和进展。比如，詹姆斯·普雷斯科特·焦耳（James Prescott Joule，1818—1889）② 在 1840 年代做的机械热当量试验；贝塞麦（Henry Bessemer，1813—1898）③ 的炼钢法；瑞利和拉姆塞（Rayleigh and Ramsay）于 1894 年发现惰性气体氩；奥利弗·洛基（Sir Oliver Lodge，1851—1940）在 1894 年进行的无线传输的公开表演以及汤普森（J. J. Thomson，1857—1940）④ 在 1899 年发现电子。

可能最著名的会议当属 1860 年在牛津召开的会议了。达尔文的《物种起源》（*The Origin of Species*）于 1859 年出版，但是，达尔文由于健康原因无法出席会议。托马斯·赫胥黎（Thomas Henry Huxley，1825—1895）参加了会议，在那次会议上，他与牛津大主教萨缪尔·威伯弗斯（Samuel Wilberforce，1805—1873）就达尔文的进化论进行了激烈的争论。威伯弗斯拒绝认为自己的祖先是猴子的观点。他愤怒的质问赫胥黎他是否是从"一个令人尊重的猴子"通过他的父亲或者母亲进化而来。赫胥黎对其观点的反驳为世人称颂，成为维护演化论经典。

英国科促会一直处于促进科学文献编辑和收藏的前沿，他们意识到专家们起草撰写的科学发展学术报告十分重要，从事某个领域研究的学

---

① 参阅 http://en.wikipedia.org/wiki/British_Science_Association（2013）。

② 英国物理学家，出生于曼彻斯特近郊的沙弗特（Salford）。由于他在热学、热力学和电方面的贡献，英国皇家学会授予他最高荣誉的科普利奖章（Copley Medal）。后人为了纪念他，把能量或功的单位命名为"焦耳"，简称"焦"；并用焦耳姓氏的第一个字母"J"来标记热量。

③ 又译为柏塞麦、俾色麦，英国工程师和发明家，他的名声主要来源于贝塞麦转炉炼钢法。

④ 英国物理学家，电子的发现者。1911—1913 年任英国皇家学会副会长，1915—1920 年任会长。1918 年起担任三一学院院长。1919 年他辞去长达 34 年的卡文迪什实验室教授职位，推荐他的学生卢瑟福继任，而自己留在实验室继续进行研究工作又长达 21 年。1940 年 8 月 30 日在剑桥逝世。

者通过这些文献可以知道如何与其他学者进行交流，从事研究的学生也能够知道从何处开始他们的研究。

英国科促会还激励其他国家和英国其他地区成立科学促进协会。英国科促会通过在英国各个城市举办年会的方法使得很多城市模仿成立同样的协会。比如，爱丁堡地质学会（Edinburgh Geological Society）。1855年，在格拉斯哥举办的年会导致格拉斯哥地理学会（Glasgow Geographical Society）成立；1868年诺维奇会议导致诺福克和诺维奇博物家学会（Norfolk and Norwich Naturalists' Society）成立。

在过去的接近200年的历史发展中，英国科学协会逐步发展建立起了专业科学家、各个领域科学家、技术专家和各个不同年龄段的非科学家们之间的交流，形成了专业科学家的小圈子与公众的大圈子的科学传播网络，科学家与非科学家都能够及时了解科学的新进展。

**科学革命带来的是大众科学高潮。其主要特点是，以科学家团体为主，有目的、有计划，演讲与演示相结合的方式持续不断地进行大众科学传播。**

**在17世纪大众科学传播高潮之前，哥白尼、伽利略和维萨留斯等人不自觉的大众传播方式掀起了大众科学传播的序曲。他们出版普通读者喜欢的图书。尤其是维萨留斯的书中的人体结构图，掀开了现今所称的“绘本”先河。**

**17世纪是人类大众科学传播的第一轮高潮，是孤胆英雄的奋斗与科学家团体有意识地进行科学讲解的时代。**

# CHAPTER 3
# 第三章
# 启蒙时代

英国内战以后，欧洲的政治革命进入到第二个阶段，这也就是 1789 年法国大革命之前一个世纪中的出现的所谓“启蒙运动”（The Enlihgtenment Movement）。目前对于启蒙运动的存在很少有人有异议，但是对于启蒙运动是以何种事实作为其存在的内涵却有不同的看法。多数人认为，这取决于当时处于这个思想高潮的领袖们认为自己确实生活在一个启蒙的阶段。他们认为，只有生活在他们那个时代的人们才终于从黑暗中走出来，而进入到一个光明的时代。启蒙的一个基本特点就是“进步”，这种“进步”一直持续到 20 世纪。在“启蒙时代”，科学教育和大众科学文化达到一个高峰。

# 一、科学教育大众化

## （一）理性时代

启蒙时代也称为“理性时代”，具体时间难以确定。这场人类历史上最伟大的理性运动首先发生于欧洲，然后传入英属北美殖民地，引发了美国革命。“这一运动的领袖们认为自己生活在一个启蒙的时代。他们基本上将过去看作一个迷信和无知的时代，认为只有在他们这个时代人类才终于从黑暗走进光明。因而，启蒙时代的一个基本特征就是出现了‘进步’这种一直持续到 20 世纪的观点。由于启蒙运动，人民开始普遍相信人类的状况会稳步地改善，因此每一代的景况都将比前一代好。”[1]启蒙运动的领袖们试图运用理性来改造社会，挑战传统思想和信仰，通过科学方法促进知识的进步。启蒙运动开创了人类历史上的第一次科学文化浪潮，即促进科学思想、怀疑主义、知识分子之间的交流、反对迷信和不宽容以及反对教会和国家滥用权力。

一般认为，启蒙时代指的是 16 世纪末到 17 世纪期间的科学革命到法国大革命和拿破仑时代（1799—1815），直至 19 世纪。科学革命期间，第一批科学协会建立，哥白尼学说的创立。18 世纪，科学的权威地位建立，逐步取代了宗教威权。炼金术和占星术丧失了科学的可信性。“启蒙运动主要是一场知识分子的运动，但是各国的启蒙运动都拥有强大的社会支持。这使得启蒙运动有别于以往的时代。”[2]

这场文化运动是在 1650 年到 1700 年间，由哲学家巴鲁克·斯宾诺莎（Baruch Spinoza，1632—1677）、约翰·洛克（John Locke，1632—1704）、皮埃尔·贝尔（Pierre Bayle，1647—1706）、物理学家艾萨克·牛顿以及哲学家伏尔泰（Francois Marie Arouet de Voltaire，1694—1778）发动的。可以说，启蒙时代是哲学家们在 18 世纪试图用激进的科学探求取代宗教信仰统治的一种哲学思想运动。启蒙运动后紧接的法国大革命推翻了许多传统观念，建立了新型的关于自然以及人类在自然界中的作用的新观点。大约在 1790—1800 年间，启蒙运动达到高潮，随后理性的强调被强调情感的浪漫主义所取代，反启蒙力量抬头。

美国历史学家斯塔夫里·阿诺斯（Leften Stavros Stavrianos,

1913—2004）在他的《全球通史》（*A Global History: From Prehistory to the 21st Century*, 1998）中认为，这种持续进步建立在当时一些哲人发觉和利用了人们的理性力量，因此，对理性的信任可以说是启蒙运动的一个基本特点。当时，牛顿的万有引力定律极大地影响了这些哲人，使得他们相信不仅存在着控制世界的自然法则，也存在着控制人类社会的自然法则。他们将理性应用到所有的领域，以便发现在各个领域中存在的有效的自然法则，包括所有的人、所有的制度和所有的传统。他们使得整个法国和欧洲都受到极大震动。他们在经济学领域提出自由放任主义，让自然界自由的发展。在这个时期的主要代表作就是亚当·斯密（Adam Smith，1723—1790）的《国富论》（*An Inquiry into the Nature and Causes of the Wealth of Nations*, 1776）。在宗教方面，他们寻求一种由理性支配的自然宗教观，彻底违背了宗教正统的观念。在政治方面，约翰·洛克在1690年发表的《政府论》（*Two Treatises of Government*）中第一次提出了“社会契约”的观点。他认为统治是统治者和被统治者之间达成的一种契约。而法国哲学家让·雅克·卢梭（Jean-Jacques Rousseau，1712—1778）却认为这种契约不是政治契约而是社会契约。也就是人民之间的一种契约。他在其《社会契约论》（*Social Contract*，1762）中，只将统治者看作一种“代办权”。

启蒙运动是在科学革命带来的理性思维而引发的人类历史上最伟大的思想解放运动。同时，也带动了科学家和哲学家对公众的思想传播运动。在启蒙运动时期，科学的传播以狄德罗（Denis Dideror，1713—1784）的《百科全书》的编辑与出版为契机，不仅传播了启蒙时代的理性思维，同时，也形成了以理性主义者为主的“百科全书派”以及他们的思想对法国大革命带来的巨大影响。

### （二）启蒙时代的科学

哥白尼、开普勒和牛顿创立的科学思想体系是启蒙运动的思想基础。18世纪的天文学家改进了天文望远镜，制作出星表，开始试图解释万有引力作用下的天体运行规律及其影响。那个时代著名天文学家是埃德蒙·哈雷（Edmund Halley，1656—1742）。哈雷于1705年准确地将历史上记录的特别发亮的彗星与后来再现的彗星确认为同一颗彗星，即后来以他的名字命名的“哈雷彗星”（Halley Comet）。俄国科学家米哈伊尔·罗蒙诺索夫（Mikhail Lomonosov，1711—1765）在1761

年的金星凌日出现的过程中，观察到这个行星的一束光，他认为这束光是日光折射，从而准确假设了金星的大气层导致的日光折射。1781 年 3 月 13 日，当时还是业余天文学家的威廉·赫歇尔（William Herschel，1738—1822）用他的反射望远镜发现了一颗新行星，这颗行星被赫歇尔命名为“乔治之星”（Georgium Sidus）。1783 年，约翰·米歇尔（John Michel，1724—1793）首次提出暗星的存在。米歇尔认为，质量足够大且致密的恒星有很强的引力场，以至于光都无法逸出。[3]

除了天文学的发现，由于化学研究领域的一系列重大进展，18 世纪而被称为“化学革命”时代。在 18 世纪中叶的科学革命时代，大多数科学已经基本成熟，化学还未形成系统理论结构和学说。炼金术在化学研究领域还占据主要地位。人们仍然认为自然世界是由土、水、空气和火构成。拉瓦锡（Antoine Lavoisier，1743—1794）“燃烧的氧学说”推翻了传统的“燃素说”。[4]

在植物学和动物学领域，瑞典科学家林奈（Carl von Linne，1707—1778）创立了植物分类学；布丰（Georges Louis Leclere de Buffon，1707—1788）的巨著《动物自然史》（*The Natural History of Animals, Vegetable, and Minerals*，1775—1776）的出版标志着现代动物学的第一阶段的结束。

虽然牛顿与莱布尼兹（Gottfried Wihelm Leibniz，1646—1716）关于微积分发明权的争论使得英国数学家和大陆数学家产生了分裂。但是，牛顿的成果还是由皮埃尔·路易·莫佩尔蒂（Pierre-Louis Moreaude Maupertuis，1698—1759）介绍到法国。伏尔泰与朋友夏特勒（Émilie du Châtelet，1706—1749）合作写了《牛顿哲学原理》（*Eléments de la philosophie de Newton*），将牛顿的光学和力学原理讲解给法国公众。夏特勒 1749 年完成了牛顿《自然哲学的数学原理》一书的法文翻译和自己的评注。[5]

比埃尔·西蒙·拉普拉斯（Pierre Simon de Laplace，1749—1827）用数学方法证明了行星的轨道大小只有周期性变化，这就是著名拉普拉斯定理。他于 1796 年发表的《宇宙体系论》（*Exposition du système du Monde*）、《天体力学》（*Mécanique Céleste*）将牛顿的理论体系进行了深刻阐述，同时，创造了“天体力学”这个术语。①

---

① 见 “Pierre Simon de Laplace (1749-1827),” http://www.hao.ucar.edu/education/bios/laplace.php (2013)。

地理大发现不仅使人们增长了关于地球表面的知识，同时，航海技术帮助了人类拓展了世界的视野，也促进了科学研究精神的发展。探险家和航海家威廉·丹皮尔（William Dampier，1651—1715）关于航海的一系列书引发了以旅行和探险为题材的其他文学作品，比如丹尼尔·笛福（Daniel Defoe，1660—1731）的《鲁宾逊漂流记》（*Robinson Crusoe*），斯威夫特（Jonathan Swift，1667—1745）《格列佛游记》（*Gulliver's Travels*）等。“这些文学作品对于一般人的影响，大概比哲学家和科学家的著作还大。”[6]

有人认为，18 世纪在科学史上并不是十分光辉的时代。但是，在医学实践、数学和物理学却取得了重要的进展；生物分类学以及电学和磁学都取得了重要进展，尤其是化学成为一个成熟的独立学科，创立了现代化学的基础。

## （三）科学教育与科学大众化

启蒙运动时期的科学和技术发展与以前最大的不同就是科学家们与哲学家们共同行动，将科学精神——理性，传遍欧洲和北美，带动了世界范围内的理性思维和思想解放。如果说过去的科学传播是传播知识的话，那么，理性时代传播的主要是思维方式。

启蒙时代的特征是，科学思想和理性思维并没有仅仅局限于某一个特定的学说或者是教条内，科学被理性带入到一个自由的思维模式内，科学在启蒙时代的话语和思想中起到引领作用和示范作用。许多启蒙时代的作家和思想家具有科学教育背景，他们崇尚经验论和理性思想，崇尚自由言论和自由思想。让·雅克·卢梭批判使人脱离自然，不能给人类带来幸福的科学。[7]

启蒙时代的科学的另一个特点是科学社团和研究院大量出现替代大学，成为科学研究的中心。各种协会和研究院成为科学专业成熟过程中的支柱。这些学术机构在受过教育的公众中进行科学技术大众化的工作。启蒙运动者们通过演讲和著书立说将科学理论介绍给公众，最著名的莫过于《大百科全书》（*Encyclopédie*）了。

### 1. 科学教育

启蒙时代的教育发展极其迅速。在整个 18 世纪，整个欧洲的大学数量持续增长。1700 年，欧洲大学数量达到 105 所，学院 1700 个。北美大学达到44所，其中包括哈佛和耶鲁。启蒙时代，包括英国在内的大多数西方国家，大学在校学生数相差不多，但是，英国的研究所和学生数量却一直在增长。各个大学的学生主要来自富裕家庭的男性，他们主要在医学、法律和教会中谋求职业。大学本身主要培养未来的医生、律师和牧师。自然哲学的课程有物理和化学，自然历史包括解剖学、生物学、地质学、矿物学和动物学。[8]大多数欧洲大学在18世纪初都教授笛卡尔（Rene Descartes，1596—1650）的机械哲学，在18世纪中叶缓慢的开始接受牛顿理论。只有西班牙大学有所不同，仍然处于天主教影响之下，直至18世纪中叶，其课程多为亚里士多德学派的自然哲学。这些大学是最后一批仍然教授这种课程的学校。

18世纪前，科学课程教学几乎都是通过正规讲座进行的。课程结构在18世纪初几十年内逐步发生变化，讲座中加入了物理演示。比埃尔·波利尼尔（Pierre Polinière，1671—1734）不仅在课堂上向学生演示物理原理，而且将自己的发明向公众进行实验演示。大约1700年，他在巴黎大学向学生进行实验演示。1722年，他给年轻的法国国王路易十五（Louis XV，1710—1774）演示了一系列的科学实验。1709年，他出版了《物理实验》（*Expériences de Physique*），书中详细的描述了磁、光和色、流体静力学、空气的特性等实验过程。这本书发行了5个版本。比埃尔·波利尼尔大概是在法国宣扬牛顿光学发现的第一人。

1745年，瑞典的“礼帽派”（the Hats Party）① 主张改革大学体制，将原来的自然哲学教师分为物理学和数学两类教师。尽管这个提案并没有真正实施，但是却导致了18世纪下半叶的教育机构改革。1777年，波兰的克拉科夫市（Cracow）和维尔纳市（Vilna）的艺术专业分为道德哲学和物理学。但是，这个学科改革在1795年和瓜分波兰后即停止。在法国大革命期间，法国在“大学帝国”（Université imperiale）单一制度下，于1808年，原有的学院和大学都彻底废除。大学教师分为艺术和科学两类。这种改革在欧洲是第一次。比利时和荷兰在1815年采用了同样的教育制度。但是，欧洲其他国家直到19世纪中叶才进行改革，实行了同样教育体制。

法国的大学在启蒙时代并不很重视科学研究。法国科学研究院等科学研究院（French Academy of Sciences）承担起科学研究的角色。英

① “礼帽派”是瑞典在“自由时代”（1719—1772）的一个政治派别。由于其官员和绅士都戴船形帽而获此名称。“礼帽派”与“便帽派”争夺权力，后取代“便帽派”于1738至1765执政。

国的大学在教育与研究方面的贡献是互补的。启蒙时代早期的剑桥大学开始教授牛顿学说，但是在科学发展中却未具有重要作用。与此同时，苏格兰的大学却具有很强的医学教学力量，同时也是科学研究的中心。在腓特烈二世（Emperor Frederick II，1712—1786）时代，德国大学开始促进科学研究。德国唯心主义哲学家克里斯蒂安·沃尔弗（Christian Wolff，1679—1754）独特的笛卡尔—莱布尼兹物理学被哈雷市以外的各个大学所采用。1734 年成立的哥廷根大学（University of Göttingen）比其他学校都更为自由，允许大学教授自己制订教学课程，确定教科书。同时，该大学还特别重视研究和学术著作出版。德国大学更具影响的改革是废除拉丁语教学，而采用德国本国语言。[9]

17 世纪，荷兰在科学研究中显示出领先地位。科学家与哲学家艾萨克·比克曼（Isaac Beeckman，1588—1637）的机械哲学和克里斯蒂安·惠更斯（Christiaan Huygens，1629—1695）的微积分和天文学的成就令人瞩目。荷兰共和国大学的教授们是首批接受牛顿力学理论的学者。从莱顿大学到威廉·雅各布·格雷夫桑德（Willem Jacob's Gravesande，1688—1742）的学生都到哈德威克大学（Harderwijk）和弗兰纳克大学（Franeker）以及阿姆斯特丹大学去传播牛顿力学。[10]

启蒙时代大学的数量增长并不是很快，但是很多私有的和公共的研究机构参与了教育。大多数新研究机构教育重点在数学，将数学作为一个独立的专业，普及到其他需要数学知识的职业，比如商人，陆军与海军官员，以及工程师。与此同时，大学仍然坚持将教育重点放在经典名著、希腊语和拉丁语，激励新研究院向没有受过正规教育的人进行科学普及。

与大学坚守的经验哲学相反，由于科学革命的巨大力量，新兴的科学知识带动的大量的科学院和科学学会不断出现，这是启蒙时代的一个重要特点。这些学会和研究院与大学建立或者保持了联系。然而，当代很多研究认为，大学与科学学会的不同是因为大学的功能是传递知识，而学会的功能则是创造知识。在体制化的科学过程中，大学的作用开始减少，学术团体成为组织化科学的基石。1700 年后，大量的官方研究院和学会在欧洲建立。1789 年，官方科学学会达到 70 多个。贝尔纳·德·丰特奈尔（Bernard de Fontenelle，1657—1757）将 18 世纪称为“研究院时代”（“the Age of Academies”）。

### 2. 科学学会和研究院

国家科学学会在启蒙时代的欧洲科学发展主要城市不断出现。17

世纪，伦敦皇家学会（1662），巴黎皇家科学研究院（1666）以及柏林科学研究院（1700）相继成立。18世纪初，在圣彼得堡的皇家科学院（1724），瑞典科学院（1739）成立。地区和省级的学会在18世纪也相继在意大利的博洛尼亚、法国的波尔多、第戎、里昂、蒙波利埃和瑞典的乌普萨拉等地出现。在1752年到1785年间，在巴塞罗那、布鲁塞尔、都柏林、爱丁堡、哥廷根、曼海姆、慕尼黑、帕多瓦和都灵都出现了科学学会。未经批准的学会也开始出现，比如，在波兰的丹泽成立了私立的"自然科学学会"（1743）和在伯明翰成立的"圆月学会"（Lunar Society，1766—1791）。

官方的科学学会由国家授权成立。这些学会能够为国家提供技术咨询。科学学会的咨询能力使得科学团体和政府机构紧密地结合在一起。国家资助使得学会有足够的经费，而且得到承认，同时，还享受着很大程度的独立自主。大多数学会有自己出版图书的特许权，拥有自己遴选新成员和自我管理的权力。某些学会的成员需要交纳年度会费成为会员。比如，英国皇家学会就是依靠会员的会费生存的。学会的活动主要包括研究、实验、实验奖励竞赛以及学会之间的合作项目等。学会间的正式交流对话是通过出版科学杂志进行的。期刊使学会成员有机会发表自己的文章，使自己的思想能够与其他科学学会和受过教育的公众分享。学术学会成员可以随时投稿，学术期刊是启蒙时代最重要的出版方式。

研究院和学会通过出版会员的科学论文和会议论文集传播启蒙时代的科学。18世纪初，英国皇家学会的《哲学汇编》(*Philosophical Transactions of the Royal Society*）是唯一定期出版的科学期刊（季刊）。1666年成立的巴黎科学院开始出版备忘录，这种以卷的形式，而非季刊的形式出版的刊物内容跨越过去数年的时间。除此而外，还有小一些的期刊，比如《北美哲学学会汇编》(*Transactions of the American Philosophical Society*）等，这些小期刊，稿件不多，等待稿件达到期刊需要量就出版。巴黎研究院通常需要等待长达3年时间才能出版一期，有时甚至要等7年时间。

这些学术期刊数量有限，使得其他独立期刊有了发展的余地。典型的例子有：约翰·厄恩斯特·依曼纽·沃尔克的《自然研究者》(*Der Naturforscher*，1725—1778)；《学术期刊》(*Journal des ssavans*，1665—1792）；耶稣会的《特雷武的记忆：科学与美术史记》(*Mémoires de Trévoux*，1701—1779），以及莱布尼兹的《学者活动报告》(*Acta Eruditorum*，1682—1782）。启蒙时代，独立期刊不断出现，引起了普通公众的兴趣。[11]学术期刊主要刊登科学论文，而独立期刊综合性内容，如评论、论点摘要、外国文献翻译，还有再登文章等。这些文章大多数使用当地语言，读者一般都是使用熟悉语言的本地人。比如，1761年，俄罗斯科学家米哈伊尔·罗蒙诺索夫关于金星凌日的观察文章。他的文章因为使用的是俄文，因此，他的发现直到1910年才传播到其他地区。[12]

在启蒙时代，期刊发生了一些变化。首先，无论是数量还是内容含量都急剧增长。文章语言也由拉丁文转为本国或者当地语言。科学实验描述更为详尽，同时还有评述。其次，到18世纪末，出现了一种新型的月刊，主要刊登科学共同体的新发现和新实验成果。这类刊物的首创是法国植物学家和农艺学家弗朗索瓦·罗泽尔（François Rozier，1734—1793）于1772年创办的《物理学、博物学与艺术观察报告》（*Observations sur la physiques，sur l'histoire naturelle et sur les arts*），一般简称为《罗泽尔期刊》（*Rozier's journal*，1772）。这类刊物发行速度比年度期刊和季刊能够更快反映科学技术新进展。第三个重要的变化就是新型的跨学科期刊的出现。这类期刊内容宽泛，读者更多。比如威廉·柯蒂斯（William Curtis，1746—1787）的《植物学杂志》（*Botanical Magazine*）（1787）以及《化学年鉴》（*Annals de Chimie*）（1789）。

### 3. 百科全书与科学词典

尽管在公元一世纪罗马帝国时期就已经出现了词典和百科全书，但是，在启蒙时代，其文本由简单的字词定义发展为对字词进行内容丰富得多的解释和探讨，这就是18世纪的“百科全书式的词典”（encyclopedic dictionaries）。启蒙运动的百科全书一改过去仅仅向知识精英进行教育的模式，而是将知识系统化后，“向广大公众传播知识”；在18世纪整个历史过程中，百科全书的内容也开始变化，适应普通读者的口味与需要。其内容侧重点也由过去的神学逐步转变为以世俗事件为主，特别是科学和技术。

读者们除了对世俗事件感兴趣，同时也钟爱字母排序，而非过去的题目排序方式。历史学家查尔斯·波塞特（Charles Porset）在谈到字母排序时说：“与分类没有等级的概念一样，字母排列使所有的阅读方式具有平等的权利地位。从这个角度说，这是启蒙时代的象征。”波塞特认为，摈弃主题分类和分级系统，采用自由的解释方式成为平等主义的范例。”

百科全书和词典在理性时代更为大众化，部分有钱购买词典和百科全书的受过教育的读者成倍增长。18 世纪下叶，词典和百科全书从 1760 年到 1769 年期间由 63 种，至法国大革命（1780—1789）期间增长到 148 种。[13]随着种类的增长，这些书也变得更厚，内容更多。从多种版本印刷也变为定期出版增订版本。

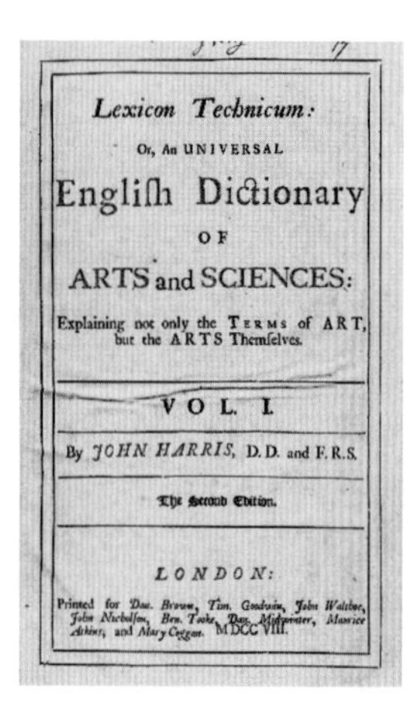
Lexicon Technicum: Or, An UNIVERSAL English Dictionary OF ARTS and SCIENCES: Explaining not only the TERMS of ART, but the ARTS Themselves. VOL. I. By JOHN HARRIS, D.D. and F.R.S. The Second Edition. LONDON: Printed for Dan. Brown, Tim. Goodwin, John Walthoe, John Nicholson, Ben. Tooke, Dan. Midwinter, Maurice Atkins, and Mary Cotgun. MDCCVIII.

（《技术词典：或艺术与科学通用英语》，（*Lexicon Technicum: Or An Universal English Dictionary of Arts and Sciences*，http://en.wikipedia.org）

第一本技术词典《技术词典：或艺术与科学通用英语》（*Lexicon Technicum: Or An Universal English Dictionary of Arts and Sciences*）是由英国作家、科学家约翰·哈里斯（John Harris，1666—1719）编撰。他的词典中去除了神学和传记类的条目，主要内容主要是科学和技术。

这本出版于 1704 年的词典是世界第一本用英语写作的科学书。词典采用的是系统方法描述数学和商业算术，同时还有物理科学和航海学知识。其他技术类图书纷纷仿效哈里斯的词典。伊法里安·钱伯斯（Ephraim Chambers，1680—1740）的《百科全书》（*Cyclopaedia*，1728）共出版了 5 个版本，其内容含量极大的超过了哈里斯的词典，对开版本书甚至还有版画插页。钱伯斯的《百科全书》主要内容为牛顿理论、约翰·洛克的哲学，以及几乎所有的当时的技术，包括雕刻、酿造和染色工艺。在这部《百科全书》中，“人类知识的形象系统”（Figurative system of human knowledge）中，将知识融合在一个知识结构中，由三个部分组成：记忆、推理和想象。

为未受教育的大多数人写的实用参考书在 18 世纪的德国已经随处可见。《马普·库里乌斯自然、艺术、山脉、建筑技术手册》（*Marperger Curieuses Natur-, Kunst-, Berg-, Gewerkund Handlungs-Lexicon*，1712）对贸易、技术和商业教育中十分有用的术语进行了详细解释。《雅布洛克斯大众词典》（*Jablonksi Allgemeines Lexicon*，1721）比技术手册更好，更加强调技术性科目，而不是科学理论。比如，文本中超过 5 个专栏内容介绍酿酒技术，而几何学和逻辑学却分别仅仅用 22 行和 17 行文字进行描述和解释。《大英百科全书》（*Encyclopédia Britannica*，1771）模仿了德国词典，用同等行数进行词目注释。

然而，启蒙时代使科学知识系统进行介绍的实用参考书还应该属通用百科全书，而非技术词典。通用百科全书的目的是用全面实用参考书的形式记录所有人类知识。最为著名的是丹尼·狄德罗和让·勒朗·达伦贝尔（Jean le Rond d’Alembert，1717—1783）的《百科全书，或科学、艺术和工艺评解辞典》（*Encyclopédie, ou dictionnaire raisonné des sciences, des arts et des métiers*)。这部百科全书的重要性需要我们单独论述。

启蒙时代科学技术发展中最主要的特征就是科学的大众化(popularization)。不断增长的受过教育的居民寻求艺术和科学的知识和教育，这种欲望促进了出版业发展和科学知识的传播。衣食无忧后涌现出的新一代知识群体有足够多的钱接受教育。科学大众化成为启蒙时代的首要理想。知识分子竭尽全力“满足最大多数人对知识的需要。”在18世纪，随着人们对自然哲学的兴趣日益增长，公开演讲课程和大众图书的出版成为新的利润来源，也成为大学和研究院外业余科学爱好者和科学家获得名望的好机会。

### 4. 科学咖啡馆

17世纪和18世纪的英国咖啡馆是公众的社交场所。人们在咖啡馆中边喝咖啡边聊天。获准进入咖啡馆的人只需要买一杯廉价的咖啡就获得参与咖啡馆活动的权利。

咖啡本身似乎就带有研究基因。英国大哲学家、科学家弗朗西斯·培根爵士(Sir Francis Bacon，1561—1626)是英国著名鉴赏家。他认为通过对大自然的收藏和分类，了解其特性能够促进人类知识。他通过实验，发现了咖啡在“治疗”忧郁、痛风、坏血病、天花和酗酒后遗症等小病方面的药用价值。[14]

17世纪初，旅行者将这种饮料带进英国，很快成为英国流行饮料。在此之前，咖啡只是用来作为药物研究的植物。咖啡馆除了提供咖啡，还有茶叶和巧克力。人们聊天的话题包括政治事件和政治丑闻、日常闲杂事、刚发生的事件以及哲学和自然科学事件。史学家经常将17世纪和18世纪的英国咖啡馆与启蒙时代的知识和文化历史联系在一起，认为咖啡馆文化是那个时代对大学教育的一个不可替代的补充。政治团体也经常将英国咖啡馆作为聚会场所。咖啡馆在促进金融市场和报纸业也具有重要的作用。

世界上最早的咖啡馆是在15世纪出现在阿拉伯地区。那时的咖啡馆是聚会闲聊的地方，有钱有闲的人每天会在咖啡馆里待上7、8个小时，咖啡馆成了交换信息的地方。1480年，天主教圣方济会的修士们在他们的游记中提到咖啡。16世纪大航海时代将咖啡从海路带入欧洲。1683年，意大利的第一家咖啡馆，波特加咖啡馆(Bottega Del Caffe)在威尼斯圣马可广场开张。1720年，法兰西斯科尼(Floriano Francesconi)在威尼斯圣马可开设了“意大利式咖啡宫殿”。1669 年，法国巴黎出现了具有东方风格的咖啡馆。

牛津由于其对异国学问的兴趣和有活力的科学研究团体相结合而形成的独特文化，而出现了英国的第一个咖啡馆。一个叫雅克布的犹太商人于 1650 年开办了名为“天使”的英国咖啡馆。牛津在 1650 年代创造了别具特色的咖啡馆文化。考恩在他的《咖啡的社会生活：英国咖啡馆的诞生》（*The Social Life of Coffee: The Emergence of the British Coffeehouse*）中说：“咖啡馆为志趣相投的学者提供了一个聚会的场所。他们在这里阅读，相互学习和辩论。但是这里与大学研究院又绝不相同，他们讨论的话题与大学中老师对学生的辅导毫无相同之处。”[15]

英国的咖啡馆是科学从官方研究机构转移至公共领域的早期例子。咖啡馆的诞生意味着政治、哲学和科学演说公共论坛的诞生。1652 年，牛津附近出现了咖啡馆，英国开始进入理性时代。学术团体开始利用咖啡馆进行不定期的公众交谈，开始进行科学演讲。一些学者利用这个新兴的社会场所，在官方研究院的实验室外讨论科学和实验。顾客们只要购买一杯咖啡就可以参加交流。教育是中心议题，演讲主要是部分学者。化学家彼得·斯特尔（Peter Staehl，？—1675）在 1660 年代早期在提利亚德（Tilliard）咖啡馆进行化学演讲。伦敦咖啡馆的顾客可以听天文学和数学演讲。到咖啡馆进行演讲的著名学者有皇家学会会员约翰·奥布里（John Aubrey，1626—1697）、曾担任英国皇家学会第一任会长的罗伯特·胡克、下院议员詹姆士·布里奇斯公爵（James Brydges，1674—1744）和 1864 年担任英国皇家学会会长的塞缪尔·皮普斯（Samuel Pepys，1633—1703）。此外，还有历史上最伟大的建筑师克里斯多弗·雷恩爵士（Sir Christopher Wren，1632—1723）、造船大师彼得·派特（Peter Pett，1610—1672）、医生托马斯·米林顿（Thomas Millington，1628—1703）、律师迪莫斯·鲍德温（Timothy Baldwin，1620—1696）以及约翰·蓝珀夏尔（John Lampshire，1614—1688）等人。

（17 世纪英国咖啡馆。图片来源：http://cn.bing.com）

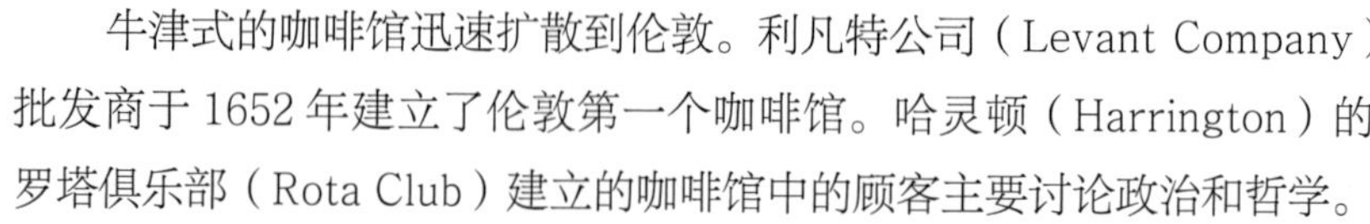
牛津式的咖啡馆迅速扩散到伦敦。利凡特公司（Levant Company）批发商于 1652 年建立了伦敦第一个咖啡馆。哈灵顿（Harrington）的罗塔俱乐部（Rota Club）建立的咖啡馆中的顾客主要讨论政治和哲学。

英国咖啡馆在君主专制后的 1660 年到 18 世纪末，咖啡馆的红火，使其成为“城市最新潮的事物”。尽管在 1665 年“黑死病”泛滥和1666年伦敦大火中，咖啡馆遭受到两次打击，但是，咖啡馆在恢复后一直处于兴盛状态。咖啡馆被认为是廉价大学（penny university），给所有来客提供绅士艺术和学院式学习的中心。学习课程涵盖法语、意大利语和拉丁语、舞蹈、击剑、诗歌、数学和天文学。 除了演讲、讨论和交流，咖啡馆还是重要的新闻传播中心。史学家们都认为咖啡馆是印刷和手抄书报阅读和散发的传播中心，同时也是新闻汇集中心。大多数咖啡馆都提供小册子和报纸，付过喝咖啡钱的人都能阅读。咖啡馆文化很快形成新闻文化。作家、政治家理查德·斯蒂尔（Richard Steele，1672—1729）英国散文家、诗人约瑟夫·艾迪生（Joseph Addison，1672—1719）合办的《旁观者》期刊（*The Spectator*，1711）和《闲话报》（*Tatler*，1710）是咖啡馆最有影响的报刊。这两个报刊明确的宗旨是对英国社会的轶事评论改良英国社会的礼仪和道德。

（1674年英国咖啡馆告示，"The Rules and Orders of the Coffeehouse"，图片来源：http://en.wikipedia.org）

德国当代著名社会学家、哲学家尤尔根·哈贝马斯（Jürgen Habermas，1929—）认为，"公共领域"（Public Realm）"是人们脱离臣民角色，在运用和交换他们自己观点和思想中获得自主权的区域。"[16]因此，"公共领域"不是一个简单和单一定义的概念，它包括在启蒙时代政治公共领域中知识分子的思想和文化活动。罗切斯特大学历史学教授多琳娜·奥特拉姆（Dorinda Outram）认为：英国咖啡馆"是一种商业经营模式，对所有人能够消费咖啡的人开放，因此，这种模式使得许多不同社会阶层的人能够接触到同样的思想。"因此，英国咖啡馆的位置应该属于"知识分子公共领域"。她还认为，启蒙思想是通过印刷文化传输的，这种文化是在18世纪末的"阅读革命"后对大多数人开放的文化。而英国咖啡馆就是提供报纸、期刊和新书的场所。这种文化应该属于启蒙时代的公共领域。历史学家詹姆斯·范·霍恩·麦尔登（James Van Horn Melton）将咖啡馆放入另一个视野进行审视，将启蒙时代的英国咖啡馆放在更政治化的公共领域中。他认为，英国咖啡馆"诞生于革命、王室复辟和更为激烈的党派对立时代。咖啡馆是为政治行动和党派论争脱离传统束缚着的官方机构提供了一个公共场所。"[17]

18世纪末，咖啡馆几乎从英格兰大众科学视野中完全消失。艾顿·艾力斯（Aytoun Ellis）认为，俱乐部出现和政府的殖民政策是导致英国咖啡馆衰落的主要原因。咖啡馆的经营者试图垄断新闻文化并将咖啡馆报纸确立为唯一的印刷新闻形式。咖啡馆的做法导致持续不断的嘲讽和批评，使得咖啡人社会地位持续下降。爱德华·布拉马（Edward Bramah）认为："追求绅士派头的文化开始冒头，特别是在知识分子中，他们认为自己是具有特别才能的人，不屑与普通群氓混为一体。不认识的庶民不再受他们的青睐。”比如，一些咖啡馆开始抬高价格，以留住享有更高社会地位的老顾客。图书馆和政治俱乐部在民间兴起，“喝咖啡的轻浮行为被排除在更为严肃的话题讨论之外。”[18]

随着对茶的需求开始增长，政府对18世纪英国咖啡馆的衰落也起到推波助澜作用。随着欧洲其他国家咖啡馆的增加，国际的咖啡竞争日趋激烈。英国东印度公司对茶叶的兴趣远大于咖啡的贸易。艾力斯认为，英国政府采取促进与印度和中国的贸易政策，采取了许多刺激茶叶贸易的激励政策。茶叶成为宫廷和茶室的时髦饮料。同时，与咖啡不同，女性对茶叶也同样青睐，导致茶叶的消费人口远远高于咖啡消费者。茶叶比起咖啡更容易泡制也是饮茶人增加的原因。泡制一杯茶仅仅需要在茶杯里倒进开水即可。而制作咖啡则需要烘焙、研磨和煮沸。艾力斯拿出英国社会消费茶叶的增长证据：1710年全年茶的消费量为80万磅（36万千克），到1721年，增长到1000万磅（4500万千克）。而咖啡文化却在消退。

英国咖啡馆的历史众说纷纭，不一而足。但是，英国咖啡馆在启蒙时代的自由主义和理性时代中，信息自由和科学文化的创立中，具有重要的价值和意义。

### 5. 公众演讲

启蒙时代的科学演讲形成风气。很多科学家以个人身份，而不是研究机构人员身份，参加科学论坛传播科学知识。他们有时是处于个人目的，利用这种公开演讲的机会获取社会声誉，有时也为了获得一种新的生活方式。公众则是为了通过参与这种科学演示能够获得科学知识和娱乐。从1735年到1793年间，大约有70多个通过物理实验方式为公众进行的科学讲座。每个讲座的听众100—400名，甚至达到500人。讲座课程会持续1周到4周，有时长达几个月，甚至一个学年。课程几乎在一天中的任何时间都会进行，最后一讲会在晚上8:00—9:00举行。公众参加听课最多的演讲是在下午6:00，这是工作人口，也是非精英分子能够出席的最好时间。被关在大学和其他教育机构门外的女人能够经常参加演示讲座，她们占据了听众的很大比例。[19]

这种讲座的与众不同之处在于其不是讲解复杂的数学和物理，而是通过演示解释物理学的原理，鼓励听众讨论和争论。科学家们通常不是只讲某个物理学的专门知识，而是将各种理论结合在一起解释科学原理。电学研究的新进展的演示给外行公众带来的吸引力和启发性远大于科学文献。法国牧师、物理学家让-安托万·诺蕾（Jean-Antoine Nollet，1700—1770）进行的大众演示和课程就是“带电男孩”。在演示中，一个小男孩被细丝线吊在天花板上，垂直于地板。一台发电机使男孩通电，产生磁力后，将身边的小物体吸附在他的身体上。有时，演讲者会让一个女孩触摸或者吻男孩的面颊，在两个孩子之间产生火花。这个演示被称为“电吻”。[20]这种奇异的现象使得观众觉得很有趣。但是，这种物理学原理的演示也起到了科学教育的目的。

### 6. 大众科学读物

在启蒙时代，日益增长的受教育人口使得科学通过出版物进入到大众文化中。出版包括科学原理讲解的更正规的著作，使得没有教育背景而无法理解原始科学文献的人能够理解科学。艾萨克·牛顿爵士著名的《自然哲学的数学原理》在启蒙时代前只有拉丁文版本，没有受过正规教育的人无法理解其内容。启蒙时代翻译成的当地语言版本，同时还有解释作品。1738 年，伏尔泰出版了第一本介绍牛顿力学原理和《自然哲学的数学原理》的书《牛顿的哲学原理基础》（*Eléments de la philosophie de Newton*）夏特勒翻译的《自然哲学的数学原理》是在她 1756 年逝世之后才出版。这个译本在大学和研究院外传播了牛顿理论。

但是，在伏尔泰介绍牛顿力学和其夫人的译本出版之前，科学取得了更大的进步。贝尔纳·德·丰特奈尔出版的《世界多样性的对话》（*Conversations on the Plurality of Worlds*，1686）是为科学外行人讲解科学原理和知识的具有标志意义的书。这本书不仅用当地语言讲科学知识，而且具有一定的娱乐性。该书出版后引发了大众科学书出版的热潮。大众科学书写作具有漫谈和聊天式的特点，但是，其中的知识给读者留下的记忆远比科学家和研究院的复杂的学术文章、论文和书要深刻得多。查尔斯·莱比特（Charles Leadbetter，1681—1744）的《天文学：或行星的真实体系》（*Astronomy：or the True System of the Planet*，1727）被认为是一本由“短小和易读的小章节以及天文学图表”构成的“全新作品”。莱比特的其他科学书还有：《日食与月食》（*A Treatise of Eclipses of the Sun and the Moon*，1731）；《星图表，或关于天的沉思》（*Uranoscopia，or the Contemplation of the Heavens*，1735）。意大利哲学家、诗人弗朗西斯·阿尔加洛蒂（Francesco Algarotti，1712—1764）为越来越多的女性读者写了《牛顿力学女性读本》（*Newtonianism per le dame*），英国诗人、古典主义者、作家和翻译家伊丽莎白·卡特（Elizabeth Carter，1717—1806）将其由意大利文翻译为英文。为女性读者写的内容接近的介绍牛顿力学说的科学书是英国医生和学者亨利·彭巴顿（Henry Pembarton，1694—1771）写的，题目是《对艾萨克·牛顿爵士哲学的思考》(*A View of Sir Isaac Newton's Philosophy*)。这本书是按照预约订书出版印刷，从现存订阅者记录看，女性读者来自各个社会阶层，表明了中产阶级中的女性科学书读者不断增长。[21]

启蒙时代的女性作家自己也开始撰写大众科学书。英国儿童作家和教育改革家萨拉·特里默（Sarah Trimmer，1741—1810）为儿童写的自然历史课本《自然知识轻松入门》(*The Easy Introduction to the Knowledge of Nature*)(1782)在许多年以后仍然不断再版，至今已经再版 11 次。她于 1876 年写的《有趣的历史》(*Fabulous Histories*)向儿童讲解动物世界的故事，畅销达一个世纪之久。

启蒙时代的科学对诗歌和文学也产生了广泛的影响。一些诗歌创作中也采用了科学比喻和形象化描述。也有一些诗歌直接就以科学作为写作题目。英国诗人和医生理查德·布莱克莫爵士（Sir Richard Blackmore，1654—1729）将牛顿体系用诗歌体裁写成《创新，7 本哲学诗》(*Creation, a Philosophical Poem in Seven Books*)(1712)。牛顿于 1727 年死后，纪念他的诗歌在其后的几十年内层出不穷，持续不断。苏格兰诗人与剧作家詹姆士·汤姆森（James Thomson，1700—1748）作诗悼念牛顿，诗中称颂了牛顿的科学和文化遗产。[22]

除了对科学持积极态度的文献以外，还有一些启蒙时代的作家批评科学家们执迷不悟和轻佻的职业生涯。还有一些反科学作家，比如英国浪漫主义画家、诗人兼雕刻家威廉姆·布莱克（William Blake，1757—1827）谴责科学家们试图用物理学、机械学和数学对宇宙，尤其是上帝创造的万事万物的复杂性进行简化解释。还有作家用浪漫传统文学手法描述科学家的罪恶特征。比如德国浪漫诗人厄恩斯特·特奥多·威廉姆·霍夫曼（Ernst Theodor Wilhelm Hoffmann，1776—1822）在他的作品中将科学家描绘成邪恶之人。

### 7. 科学中的女人

启蒙时代的女人被排斥在科学学会、大学和学术专业之外。但是，通过自学、求教他人和在开明父亲的教育下，很多女人也受到了很好教育。除了工匠的女儿在给父亲做助手中学到一些手艺以外，多数受过较好教育的女人都是贵族家庭的小姐。[23]女人被学术团体和大学排斥的结果使得她们不会使用科学仪器，比如显微镜等。[24]在男性占统治地位的医学团体中，对女性的限制则更为严格。在整个 18 世纪，男性开始逐步取代了产科医生的角色。一些男性讽刺作家还讥笑具有科学头脑的女人，把她们形容为忘掉家庭妇女角色的人。对女人在科学中的负面观点还反映在启蒙时代一些名人作品中，认为女人没有必要接受教育和根本不需要接受教育的看法明显的带有感情色彩。比如，在让・雅克・卢梭的《爱弥尔》(*Émile*)中，他认为："女人的教育必须按男人的需要安排和计划。她们应该让男人赏心悦目，尊重男人，爱男人。教养幼年时期的男人，照顾成年时期的男人，有事与他们商量，安慰他们，使他们的生活舒适和快乐。这就是女人一生的责任。这些需要在她们年轻的时候就应该教育她们。"

尽管有这些限制，但是，一些男人还是支持女人从事科学事业，有些女人在 18 世纪中对科学做出了杰出的贡献。劳拉・巴斯（Laura Maria Caterina Bassi，1711—1778）是意大利物理学家，她在 1732 年获得博洛尼亚大学博士学位并在该校担任教师。她是欧洲第一个获得物理学博士学位的女人。叶卡捷琳娜・芭丝科娃（Yekaterina Dashkova，1743—1810）是俄国公主，在莫斯科大学接受了很好的数学教育。由于其与女沙皇卡瑟琳娜大帝（Czarina Catherine the Great，1762—1796）之间的私人关系，芭丝科娃在 1783 年成为圣彼得堡俄国帝国科学院院长。她是女性管理科学团体的划时代的标志。她崇尚贝尔、孟德斯鸠、波瓦洛、伏尔泰和克洛德・阿德里安・爱尔维休（Claude Adrien Helvétius，1715—1771）。对启蒙运动思想家的热爱和阅读，使得她成为 18 世纪的开明君主并在《百科全书》出版过程中对狄德罗困难的时候伸出援助之手。

（劳拉・玛利亚・凯瑟琳・巴斯，Laura Maria Caterina Bassi，图片来源：http://en.wikipedia.org）

更为常见的现象是，女人通过与男性亲属或者配偶的关系获得参与科学活动的机会。卡罗琳・卢克雷蒂娅・赫歇尔（Caroline Lucretia Herschel，1750—1848），尽管在开始帮助其兄弟威廉・赫歇尔（William Herschel，1738—1822）时并不情愿，但是从那时开始了自己的天文学研究生涯。大多数人知道卡罗琳・赫歇尔的名字是因为她发现了 8 颗彗星和她的《弗拉斯蒂德恒星观察索引》(*Index to Flamsteed's Observations of the Fixed Stars*，1798)。1786 年 8 月 1 日，卡罗琳・赫歇尔发现了她的第一颗彗星。英国女作家范妮・伯尼（Fanny Burney，1752—1840）评价这个发现的时候说："这颗彗星非常小，看起来并不起眼也不

（叶卡捷琳娜・芭丝科娃，Yekaterina Dashkova，图片来源：http://en.wikipedia.org）

引人注意。但是，这是第一颗女人发现的彗星，我非常渴望看到它。”[25]

拉瓦锡夫人玛丽—安妮·皮埃里特·泡尔兹（Marie-Anne Pierette Paulze，1758—1836）与其丈夫合作从事化学研究多年。除了研究，她还为拉瓦锡翻译一些文献，多数文献是从英语翻译为法语。她还为其丈夫的书配图和文字说明，比如《化学论丛》，（*Treatise on Chemistry*，1789）。瑞典农学家、科学家爱娃·艾克布拉德（Eva Ekeblad，1724—1786）是皇家瑞典科学院的首位女院士。

还有许多女人成为科学著作的插图画家或者译者。在法国，花卉绘画教授玛德琳·弗朗索瓦丝·芭舍普（Madeleine Françoise Basseporte，1701—1780）被皇家植物园聘用从事绘画插图工作。英国女艺术家玛丽·德拉尼（Mary Delany，1700—1788）发明了独一无二的插图绘画技术。她使用成百上千个彩色纸片制成栩栩如生的植物插图。玛丽·索美赛（Mary Somerset，1630—1715）和玛格丽特·哈雷（Margaret Harley，1677—1830）等贵族妇女有时会将自己植物园开发成可供植物研究的园地。

启蒙时代，尽管英国咖啡馆对所有人开放，但是由于咖啡馆里男人的话题多数与政治、商业和文学批评有关，很少讨论与女人有关的话题，因此，英国女人不会进入咖啡馆。历史学家还认为，那个时代的男人将咖啡馆当做躲避女人的好地方。而女人则认为，如果要保持女人的尊严和颜面就不能进入咖啡馆。因此，咖啡馆引起了女人普遍的不满和抱怨。1674 年，她们发布了一个匿名请愿书，陈述她们反对咖啡馆的理由：“一种新奇古怪的、令人厌恶的、异教的，叫做咖啡的饮料正在无限制扩张……它使得我们的老公丧失了男性功能，勇武仁慈的男人正在消失，他们变得无能而衰老。”[26]尽管在咖啡馆中举行拍卖的时候，女人也参加男人的对拍卖品的赌博，有时也参与散布关于女性的新闻，甚至有些咖啡馆的老板也是女性，但是，总体上，女人被排除在男性占据的咖啡馆的公共领域之外。

如果说英国咖啡馆使得女人被排斥在外，那么，法国沙龙不仅仅是女人占统治地位，而且掀起了女权主义的浪潮。

近代早期和大革命时期的法国在法国文化和知识发展中具有极其重要的作用。当代作家将那个时代的沙龙比喻为文化中心和传播良好礼仪和社交文化的中心。与此同时，沙龙还是传播思想的知识分子活动中心，是法国文学界学者的中心。法国妇女在沙龙中具有重要而显而易见的作用。

沙龙的历史颇为复杂。研究女权运动、马克思主义、文化社会学和知识分子的史学家们按照自己的兴趣和侧重点对沙龙发展得出不同的结果。但是，多数认为沙龙在法国大革命和启蒙运动过程中具有重要的作用。丹娜・古德曼（Dena Goodman）的研究认为沙龙结束于法国大革命。[27]而斯蒂文・凯尔（Steven Kale）则试图将研究延伸至1848年法国革命时期。凯尔认为："法国沙龙存在的基础的全部社会安排和态度是：悠闲的贵族阶层，野心勃勃的中产阶级，积极的知识分子生活，大都市中心的社会人口密度，社会传统和一定程度的贵族女权主义。这个时代一直持续到1789年。"[28]

历史学家一般的传统研究重点会放在女人中在沙龙中的作用。但是关注的是沙龙里的丑闻和小阴谋。还有一些史学研究重点在沙龙中女性的角色。但是，总体来说，历史研究的重点忽略了女性的作用，而更专注启蒙时代的男人的角色。

在不多的历史学研究中，史学家将重点放在了沙龙女主人的角色上，他们的研究塑造出了一个与辉格党人（Whiggish）统治时代并驾齐驱的"伟大女性"形象。甚至到了20世纪70年代，史学文献主要还是围绕个人故事，并没有对女性在沙龙女主人独特的地位所产生的影响进行研究。只有到了20世纪后半叶，明确的女性主义编年史确定以后，女性在沙龙中的角色才进入到史学研究范围。

斯坦福大学历史学教授卡若琳・卢吉（Caroyln Lougee）认为，法国沙龙以"非常明显的女性的沙龙"为特征。妇女在法国社会中起着积极的公共角色作用。[29]

一般启蒙时代的史学文献，比如丹尼尔・罗氏（Daniel Roche）的《启蒙时代的法国》倾向于妇女在沙龙中占主要地位的观点，但是，她们的影响力并没有超越沙龙之外。古德曼认为："沙龙女主人不是巴结权贵向上爬的人，而是具有智慧和自我修养，受过良好的教育的人。她们选择和应用启蒙文学界的价值观重塑沙龙，以满足她们自己对社会知识和教育的需要。"但是，最近，少数历史学家对古德曼这篇论文评价并不高，他们认为，女人在沙龙中的作用并不像古德曼评价的那样具有创造性，但是，她们促进了与启蒙运动直接有关的思想和讨论。[30]

沙龙女主人在启蒙时代的知识界（the Republic of Letters）中建立秩序起到突出的作用。17世纪初，沙龙将贵族和知识分子在彬彬有礼和公正平等的气氛中聚集在一起，相互学习，在诚实正直的共享概念中建立一种文化交流的环境，而诚实正直则是学习、礼貌和交谈技巧的综合体现。巴黎沙龙女主人给知识界提供了一种管理秩序，即在沙龙宾客

（17世纪法国沙龙。图片来源：http://en.wikipedia.org）

交往和讨论中建立了一种社会关系。玛丽—特蕾丝·杰弗里（Marie-Thérèse Geoffrin，1699—1777）被认为是启蒙运动中杰出女性之一。从1750年到1777年，杰弗里夫人在自己的沙龙中接待了许多启蒙运动者和《百科全书》的编者，比如狄德罗和达伦贝尔等人。她与欧洲的显贵高官和公众知名人物交往密切，从而具有国际名望。她在圣奥诺雷路（rue Saint-Honoré）自己的沙龙中经常接待著名的哲学家和艺术家，让他们在高雅和彬彬有礼的气氛中进行讨论。古德曼写道："杰弗里夫人为其他沙龙女主人树立了一个导师和模范的形象。她是启蒙时代沙龙发明人。她创立了与她的前人和社会和知识分子集会不同的两个模式。首先，她建立了1点钟晚餐的联谊会制度，取代了传统的深夜晚餐。这样，整个下午就可以用来进行学术讨论。其次，她有时调整晚餐时间，在一周内确定一个特别的日子作为联谊会。自从杰弗里夫人发起了周晚餐后，巴黎沙龙即都采用了这种聚会方式，形成了启蒙时代知识界社会活动基本活动方式：女人在自己家里举办定期或者不定期的聚会，成为讨论会和知识分子活动的地点。"

（玛丽—特蕾丝·杰弗里，Marie-Thérèse Geoffrin，图片来源：http://en.wikipedia.org）

法国沙龙尽管在启蒙时代为知识分子开启了理性时代的思考和交流的机会，但是，许多学者对其在平等主义和公共领域中的作用仍然持有怀疑。知识分子利用沙龙寻求身份的维护和参加上流社会的场所，使得自己能够具有"上流社会"（hommes du monde）的名誉和地位。在思想家卢梭启发下，1770年后，出现了对世俗文化的激烈批评浪潮。激进分子批评上流圈子内的社交模式，呼吁独立撰稿人直面政治和国家问题的新文化模式。[31]尽管卢梭等人认为女人的角色局限于母性本质特征，是为她们的男人服务的，但是，女人在启蒙运动中的科学讨论确实拓展了她们自身的作用。[32]欧洲兴起的沙龙文化将哲学家、科学家聚集在亲密氛围的环境中讨论当时的政治、社会和科学问题。卢梭对女性统治沙龙导致男人女性化会窒息严肃的讨论的观点引发关注。18世纪，沙龙主人出现男性和女性并存的情况。[33]学者们和科学家们在沙龙的数学、物理学、植物学和哲学的讨论使得妇女在启蒙时代的影响也在扩展。女性的名字在科学研究领域也得到正式承认。

# 二、狄德罗与《百科全书》

启蒙时代最著名的大众科学书就是丹尼·狄德罗和让·勒朗·达伦贝尔的《百科全书，或科学、艺术和工艺评解辞典》（*Encyclopédie, ou dictionnaire raisonné des sciences, des arts et des métiers*）。这部在人类文明史上具有重要意义的《百科全书》从1751年开始出版，共35卷，71000多个词条。其中词条中很大部分与科学与工艺有关。达伦贝尔在《狄德罗的百科全书绪论》（*Preliminary Discourse to the Encyclopedia of Diderot*）写道："作为一部百科全书，其主要目的就是将人类知识种类和各个部分的关系解释清楚。作为一部'内容详尽的科学、艺术和工艺词典'，涵盖了构成每个科学领域、每种艺术、人文的或机械种类基础的普遍准则，以及每个领域知识体系和内容的最基本的事实。"[34]

这部浩瀚的巨著将知识体系按照一个"知识树"进行表现。知识树表现了艺术和科学之间的区别与关系，而这种关联是建立在经验主义发展的基础之上的。科学与艺术这两种知识由哲学体系结合在一起，形成了知识树的躯干。在知识树的设计中，宣告了启蒙时代的宗教祛神圣化，特别是构成外部分枝的披着魔法外衣的神学。"狄德罗和达伦贝尔给这棵树的主干贴的标签是：'哲学'。它出自'理性'，离它最远的被称为'天启神学'的小分支紧邻着'善恶精神的知识：占卜和巫术'"。"《百科全书》的编撰者认为他们的哲学等同于知识本身——有根据的知识来源于理性和大脑的其他功能，而不是教会和国家宣扬的知识。他们暗示，传统的知识除了偏见和迷信外等于零。所以，在《百科全书》28卷对开本的庞大体积和71818个条目、2885幅插图版的巨大数目下隐藏着认识上的转变，转变了人们熟知的万物的形貌。"

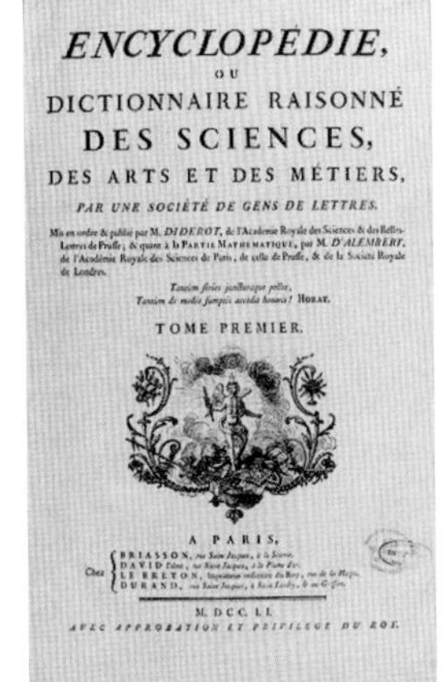


（《大百科全书》，"*Encyclopédie, ou dictionnaire raisonné des sciences, des arts et des métiers*"，图片来源：http://en.wikipedia.org）

《百科全书》之所以能够创作成功，不仅仅是科学和理性的启示和哲学家以及科学家们不可遏制的思想萌动和亟待传播的结果，同时也与当时的社会条件有关。法国的上层和中层阶级不仅受过很好的教育，而且能够在思想动荡的年代感悟到理性思维的力量和冲破迷信和宗教枷锁的渴望。这也是"《百科全书》变成畅销书的故事说明了启蒙运动在法国社会的上层和中层——如果不是在制造了1789年'大众'中的话——中间有巨大的吸引力。"[35]

狄德罗开始编辑和筹划《百科全书》时已经在自己的头脑中形成了

（丹尼·狄德罗，Denis Diderot，http://en.wikipedia.org）

关于科学体系的构成、艺术和科学的关系，以及科学在传播时的规律和方法。尤其是狄德罗关于传播科学的思想和知识的认识，可能是在启蒙时代最深刻的人之一。这一点达伦贝尔在其《绪论》中做了详尽的陈述。他的科学传播思想是《百科全书》编辑和写作，乃至能够在艰难过程中坚持下来，并取得成功的根源。

达伦贝尔认为，人类的意识的大门洞开的时候，可以直接获得知识。但是，经过思考的知识则是需要在头脑中将获得的知识进行综合和整理。而拓展人的思维方式的重要途径就是交流，而交流需要艺术。“如果把取得知识和交流思想归结为一种艺术，那将是很有用的。”而这种艺术就是逻辑。也就是说，人类通过感知认识客观世界获得的知识需要直接的观念组合和归纳，形成大体准确的顺序，交流给别人，这才是有效的传播方法。“几乎没有一种科学或技术，是不能以严密而合乎逻辑的方式来教给智力最不发达的人的；因为绝大多数领域中的命题和规则都可以被分解为简单的概念，并按照紧密联结的次序来安排；其维系的链条是绝不会被打破的。”他进而认为，人在交流的时候需要技巧，这种技巧就是将抽象的思想归纳为词，而这些词的次序应该与人认识世界和形成思想的过程相一致。同时，在传达思想的时候，也要传递感情，而传递感情的方法就是雄辩术。这些思想都早于直至20世纪初叶才出现的传播学基本原理。

达伦贝尔认为，人类知识传播的基本思想不是仅仅是技巧的或者是工具层面的，而是产生于对人类知识的进化过程的认识。他说：“思考一下自文艺复兴以来人类思想发展的进程，你就会发现，它正是按照最自然的次序来完成的。开始是无所不包，随后是纯文艺，最后才是哲学。”他批评黑暗年代大多数思想家，满脑子装的都是抽象的哲学概念，而不去对自然和人进行研究，抽象的概念不会引导人们的思维，

（达伦贝尔，Jean-Baptiste le Rond d’Alembert，图片来源：http://en.wikipedia.org）

如果再加上暴政，则极易导致迷信，迷信的结果就是无知。没有启蒙时期的理性就不可能有有效的传播和交流。他再次强调了人文学科的重要性："人文学科无疑是要使社会变得更加合理，但我们很难证实是否因为有了它，人类便活得更好些，真与善便能更加普及些。然而，我们却有幸争议：这也绝不是道德训条所能带来的结果。"这也是狄德罗的《百科全书》编辑的最重要的思想基础，也是他将人类知识系统用艺术和科学构建成知识树的思想基础。

《百科全书》的作者几乎囊括了当时所有的重要思想家，其中包括：伏尔泰、杜克洛（Duclo）、图森（Toussaint）、卢梭、孟德斯鸠、杜尔哥（Turgot）、圣朗贝尔（Saint-Lambert）、霍尔巴赫、多邦通（Daubenton）、马蒙泰尔（Marmontel）、布朗热（Boulanger）、莫列雷（Morellet）、魁奈（Quesnay）、达米拉威尔（Damilaville）奈吉翁（Naigeon）以及若谷和格里姆（Grimm）等人，参与词条写作的人大约为50人。《百科全书》写作和出版时期正是法国历史上的一个黑暗时期。1757年4月16日，国王路易十五（Louis XV，1710—1774）颁布公告，书写或印制任何反对教会和国家的文字的人将被处死。反百科全书者随即开始猛烈攻击《百科全书》中的"异端邪说"。克劳德·阿德里安·爱尔维休（Claude Adrien Helvétius，1715—1771）并未给1758年7月出版的《百科全书》撰稿，但是他写的《论精神》（*De l'Esprit, or Essays on the Mind and Its Several Faculties* by Helvétius）① 引发了关于无神论的学说使得攻击者们将《百科全书》与其联系了起来。1759年1月，法国高等法院的总检察长警告说，《论精神》的背后徘徊着毁灭宗教、侵蚀国家的阴谋。高等法院迅速禁止了《百科全书》的销售，并指定一个委员会开展调查。1759年，《百科全书》和《论精神》被罗马教皇克莱门特十二世（Clement XII，1652—1740）警告所有拥有此书的天主教徒将其焚毁，否则将被逐出教会。

作为编辑者肯定是承受着最大的压力。尽管达伦贝尔在其《绪论》（*Preliminary Discourse*）中承认教会的权威。他说："对于善与恶的纯理性的认识、关于法律的来源于需要、关于灵魂的精义，以及上帝的存在和我们对他的义务，一句话，所有这些最重要的、最不可少的真理，显然都是以我们的感觉为基础的最初的思考的结果。"但是，他明确地指出："理性是上天赐予人类的，自古以来它就当然地受到许多民族的崇

① English translation by William Mudford, 1807, Google Books (2013).

敬，并且得到上帝自己的永久担保”。这表明他在编写《百科全书》的时候政治条件并不好。他们明确知道改变当时人们对世界的认识是十分危险的事情。因此，他们利用各种“狡猾的托词、反语、对正统的虚假的强调”来掩盖自己的真实目的。尽管如此，他们还是暗示：“传统的知识除了偏见和迷信以外等于零。”为了对付审查，他们只能在条目中巧妙地塞进自己的观点，同时将大家熟悉的标志性的东西隐藏起来。狄德罗在其第八卷前言中写道：“曾经有过一些人，一心要使自己跻身于造福人类的行列。这是一种颇具诱惑力而又危险的竞争。在所有的时代和所有的民族中，这种人都曾受到过种种迫害。而这些又无一不曾被用来对付我们。我们领教了历史留给我们的，处于嫉妒、愚昧和盲从的种种卑劣行径。在长达二十年的时间内连续不断的日子里，我们几乎没有几个月是太平的。当日复一日地消磨在令人厌烦而又没完没了的工作之后，有多少夜晚，我们又是在等待中度过的啊，等的是那些恶毒的人横加给我们的凌辱！”

1777 年，《百科全书》按照四开本和八开本出版发行后受到普遍好评。由于这种开本的图书价格便宜，使得平民都能够购买阅读。罗伯特·达恩顿（Robert Darnton）估计，1789 年以前，所有的出版商一共印制了大约 24000 部《百科全书》。其中“至少 11500 部到了法国人手中……”从作者的统计表格看，在法国以外地区和国家发行的数量远多于在法国的发行量。在法国之外出版的总量达到 12054 部。而且还引发了其他各种模仿的辞书和百科全书。比如《方法百科全书》就取得了巨大的发行量。

《百科全书》能够在那样艰苦的时代得以出版，而且取得成功，不仅仅是狄德罗和达伦贝尔的坚韧和精神，而是启蒙运动中的思想家的思想掀起的不可抵挡的思想浪潮的结果。他们在撰稿和评论过程中，形成了“百科全书派”，他们在狄德罗的旗下聚集起大约 200 多人的思想家团体。他们中有虔诚的天主教徒、怀疑论者和无神论者。他们的思想直至今天仍然能够让我们清晰地感受到。

“《百科全书》的出版规模表明了百科全书主义的重要性，正如它的敌人和朋友都赞同的，这部书的象征意义超过了它本身，它代表了一种运动、一种‘主义’。它使启蒙运动具体化了。”狄德罗说：“我们始终认为，只要公众对《百科全书》感到满意，我们也就深以为荣了。”

《百科全书》留存千古，百科全书派的思想和精神值得今天仍然生活在专制体制下，却希望振兴自己的民族的人汲取和仿效。

# 三、启蒙运动科学传播对美国的影响

诞生于欧洲的启蒙运动是知识分子的文化运动，其深远的影响遍及欧洲各国和北美地区。尽管这场影响深远的理性运动在出现之初并没有任何人确实有意要开创这个运动，但是，科学革命带来的思想上的启蒙和在文化以及政治上的理性思维使得后人将其确定为启蒙运动。在17世纪至18世纪长达大约200年的时间内，其影响至深远至今我们仍然能够感受到。

科学革命导致的文化革命必定带动科学技术知识的传播。启蒙运动开创的科学传播活动在世界各个国家引发了科学教育和大众科学文化运动。科学的主要特征是突破传统观念和认识以及迷信，用科学方法不断取得进步。科学的进步理念对文化影响则是促进了科学的思想、怀疑主义、知识交流以及反对国家政体和教会滥用权力和不宽容。启蒙运动由科学思维方式引发，形成了世界范围内的思想大进步。

思想的传播没有限制，也无法限制。启蒙运动的形式从1650年出现的英国咖啡馆和稍晚些的法国沙龙的知识分子和贵族阶层的思想交流开始，到《百科全书》(1751—1772)的出版，直至法国大革命(1789)前，启蒙运动形成了一种新的文化力量席卷了欧洲，尤其是苏格兰、英格兰、德国、荷兰、波兰、俄国、意大利、奥地利和西班牙，这股强劲的文化浪潮冲进大西洋，进入欧洲殖民地，影响了本杰明·富兰克林(Benjamin Franklin，1706—1790)和托马斯·杰斐逊(Thomas Jefferson，1743—1826)以及其他许多科学家和思想家。他们在后来的“美国革命”(American Revolution，1754—1763)中起到极其重要的作用。启蒙运动的政治理念导致了《美国独立宣言》(*American Declaration of Independence*，1776)[36]、《美国人权法案》(*United States Bill of Rights*，1791)、法国的《人与公民权利宣言》(*French Declaration of the Rights of Man and of the Citizen*，1789)以及《波兰—立陶宛1791年5月3日宪法》(*Polish-Lithuanian Constitution of May 3*，1791)的制订，奠定了世界的民主和文明的重要发展阶段。

约翰·洛克被称为“古典自由主义之父”。他是英国哲学家和医生，也是最有影响的启蒙运动思想家。他继承了弗朗西斯·培根的传统，成为英国最早期的经验主义者。他的著作对认识论和政治哲学产生了巨大影响，同时也影响了伏尔泰和卢梭，其他苏格兰启蒙运动思想家以及美

（本杰明·富兰克林，Benjamin Franklin，图片来源：http://en.wikipedia.org）

国革命家。他的古典共和政治和自由理论体现在美国独立宣言中。约翰·洛克的自由思想理论和人的平等理论不仅对美国政治产生巨大影响，同时也对科学技术的发展具有潜在的影响。

本杰明·富兰克林是美国建国之父之一，同时也是著名学者、著名作家、政治理论家、政治家、科学家、音乐家、发明家、讽刺作家、公民活动家、外交家和邮局局长。作为科学家，他在美国启蒙运动中是重要角色。他的发明和与电学有关的理论在物理学史上占有重要地位。他发明了避雷针、远视近视两用眼镜、富兰克林壁炉、汽车里程表以及玻璃口琴。他还协助促进建立了许多公民团体，包括消防队和大学。

富兰克林于 1740 年创办了宾夕法尼亚大学；1743 年成立了美国哲学学会（American Philosophical Society）并担任第一任会长。他率先促使国会废除了不受欢迎的印花税法。他还曾经担任驻巴黎的美国外交官，在法国民众中受到广泛欢迎，同时建立了良好的法美关系。

在北美英属统治时期，他曾担任邮政局长，借助这个职位，他建立了第一个国家通讯网络。他还是社团活动、殖民政治和政府政治活动和国际活动的积极分子。1785 年至 1788 年，他担任宾夕法尼亚州长。在他生命的最后阶段，他废除了奴隶制并成为著名的废奴主义者。他在科学与政治成就方面精彩的人生和遗产以及美国最重要的建国领袖的形象，成为美国货币上的形象，战舰的命名，许多城市、镇、教育机构的名字，也成为许多公司的名字和崇拜者的名字。在他死后的 200 多年时间内，他的名字在无数的文献中被无数次的提及。

The PENNSYLVANIA GAZETTE.

Containing the Freshest Advices, Foreign and Domestick.

（宾夕法尼亚公报，"*Pennsylvania Gazette*"，http://en.wikipedia.org）

富兰克林为自己是工人阶级出身为自豪，这也是他能够成功地成为殖民地主要城市费城的报纸编辑和出版人的原因。他与其他两个人共同创办和出版了《宾夕法尼亚编年史报》（*Pennsylvania Chronicle*）。这份报纸以其对美洲殖民地的英国君主政体持批评态度，并具有鲜明的革命倾向而著称。他还出版了《穷理查德历书》（*Poor Richard's Almanack*）和《宾夕法尼亚公报》（*The Pennsylvania Gazette*）。

世界上大概所有的老师在讲到电的时候，大概都会提及本杰明·富兰克林的风筝实验。1752 年，富兰克林也许真的在雷雨天气中放风筝，以证明"雷电"是由电力造成。1753 年的《宾夕法尼亚公报》（*Pennsylvania Gazette*）报道了富兰克林的风筝试验。[37]这个报道对于激励学生进行科学实验具有一定的意义。本杰明·富兰克林还发明了避雷针。除了电以外，本杰明·富兰克林对气象学亦有所贡献。为了替他的报章寻找新闻，他经常到农夫市场去收集消息。他发现风暴经常在某地出现，然后在别的地方亦有风暴。他相信两者可能其实是同一个风暴，因此提出风暴会移动，最后衍生了日后出现的天气分析、天气图，改变了单纯依靠目测预报的方法。据说他还发明了双焦点眼镜，蛙鞋等。1753 年，英国皇家学会吸收他为会员。

作为讲述科学传播的书，我们更注重的是富兰克林在科学教育方面的贡献。他除了创办了美国第一个公共图书馆和大学以外，他还创办了《穷理查德历书》(*Poor Richard Almanack*)。为了达到所有的人都能接受和购买得起的书，他采用了普通人的名字作为书名："穷理查德"(Poor Richard)，有时还用"理查德·桑德斯"(Richard Saunders)和他夫人的名字"布里奇特"(Bridget)作为笔名。这套系列书从 1732 年开始出版直至 1758 年结束。每年以历书的形式出三版，印刷量达到 10000 册。[①] 几年以后，他将书中重要内容收集整理，再出版图书。《穷理查德历书》成为英殖民地美国最畅销的书。

《穷理查德历书》内容包括季节性天气预报、实用家务知识、谜语以及其他消遣娱乐新闻。刊物引用百姓常用俏皮可乐的话，拓展到知识内容。举例多采用当时殖民地当地人的生活习俗和语言习惯。具体内容有：日历、天气、诗歌、谚语、天文学和占星学信息。有时还会有数学练习等。他将统计资料中获取的知识发表在《历书》上。富兰克林还会发表一些关于工业和节俭的言论。有些言论则是借用早期作家哈利法克斯勋爵(George Savile, 1st Marquess of Halifax，1633—1695)具有怀疑论色彩的格言警句。1757 年，富兰克林将发布过的内容进行了选择和编辑，然后按字母排列重新出版，语言风格就像一个历经沧桑的老人对听众的谆谆教诲。后来，该书以《致富之路》(*The Way to Wealth*)为书名畅销美洲大陆和英格兰。其中很多警句今天仍然为人们所熟悉和应用。比如："不入虎穴焉得虎子"(There are no gains, without pains)；"今天一日胜过两个明天"(One today is worth two tomorrows)；"悠闲和懒惰是两种不同的生活"(A life of leisure and a life of laziness are two things)；"慵懒使人堕落，挥霍快于劳动所得。常用的钥匙不生锈"(Sloth, like rust, consumes faster than labor wears, while the used key is always bright)；"明日之事，不如今日动手"(Have you somewhat to do tomorrow, do it today)；"大

① 参阅 http://inventors.about.com/cs/inventorsalphabet/a/Ben_Franklin_3.htm (2013)。

（《穷理查德历书》，“*Poor Richard Almanack*”，图片来源：http://en.wikipedia.org/wiki/Poor_Richard%27s_Almanack，2014-6）

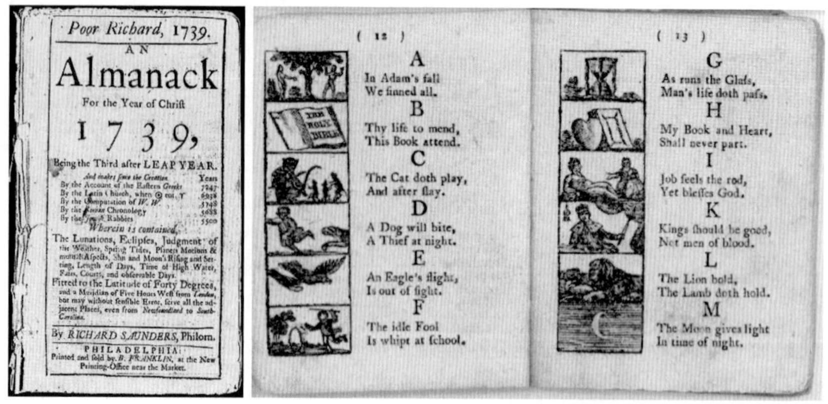
Poor Richard, 1739.
AN
Almanack
For the Year of Christ
1739,
Being the Third after LEAP YEAR.
And makes since the Creation — Years
By the Account of the Eastern Greeks — 7247
By the Latin Church, when ☉ ent. ♈ — 6938
By the Computation of W. W. — 5748
By the Roman Chronology — 5688
By the Jewish Rabbies — 5500
Wherein is contained,
The Lunations, Eclipses, Judgment of the Weather, Spring Tides, Planets Motions & mutual Aspects, Sun and Moon's Rising and Setting, Length of Days, Time of High Water, Fairs, Courts, and observable Days.
Fitted to the Latitude of Forty Degrees, and a Meridian of Five Hours West from London, but may without sensible Error, serve all the adjacent Places, even from Newfoundland to South-Carolina.
By RICHARD SAUNDERS, Philom.
PHILADELPHIA:
Printed and sold by B. FRANKLIN, at the New Printing-Office near the Market.

( 12 )
A
In Adam's fall
We sinned all.
B
Thy life to mend,
This Book attend.
C
The Cat doth play,
And after slay.
D
A Dog will bite,
A Thief at night.
E
An Eagle's flight,
Is out of sight.
F
The idle Fool
Is whipt at school.

( 13 )
G
As runs the Glass,
Man's life doth pass.
H
My Book and Heart,
Shall never part.
I
Job feels the rod,
Yet blesses God.
K
Kings should be good,
Not men of blood.
L
The Lion bold,
The Lamb doth hold.
M
The Moon gives light
In time of night.

师一双眼，胜过徒弟一双手”（The eye of a master will do more work than both his hands）；“早睡早起，健康、富有并聪颖”（Early to bed, and early to rise, makes a man healthy, wealthy and wise）；“在自己能力之内，做自己能做之事”（Get what you can, and what you get hold）。[①]

后来出版的《穷理查德历书》为了能够吸引读者，写作手法逐步转变为系列化。系列化的特点是将各种新闻故事用人物和情节贯穿为一体。故事情节与故事中的人物结合在一起。这样，读者每年都会购买阅读，以追踪了解主人公的命运。比如，最初出现的人物“预报”给读者的是作者自己的“好朋友和同事”泰坦先生将于那一年的 10 月 17 日死。随后则是利兹先生自己死，但是，死的那天不是 10 月 17 日，而是 12 月 26 日。富兰克林用这种写作方法吸引读者购买第二年，甚至以后连续再版《历书》。第二年，富兰克林表示道歉，他已经过于虚弱，无法确切告诉大家谁是正确的。这种策略达到了预期效果：读者不断购买《历书》以跟踪其结局。

《历书》与那个时代的哲学家托马斯·杰弗逊（Thomas Jefferson，1743—1826）[②]，约翰·亚当斯（John Adams，1735—1826）[③] 或者托马斯·潘恩（Thomas Paine，1737—1809）[④] 等给人们提供了争取新自由道路的思想的哲学文献不同，富兰克林的《历书》是那个时代道德规

---

① 参阅 Benjamin Franklin, “The way to wealth”, Banhttp://www.swarthmore.edu/SocSci/bdorsey1/41docs/52-fra.html（2013）。

② 美国第三任总统（1801—1809），参加起草《独立宣言》。

③ 美国第一任副总统，后来又当选为总统（1797—1801）。

④ 英裔美国思想家、作家、政治活动家、理论家、革命家、激进民主主义者。其主要作品《常识》。

范和社会习俗的反映。历史学家霍华德·津恩（Howard Zinn，1922—2010）[①] 认为《历书》仅仅是告诉人们要做忠实、强壮和擅长家务的女仆。反映了富兰克林忠实于主人的奴仆思想。[38]

但是，无论如何，富兰克林的《历书》在传播科学和技术方面具有重要的价值。拿破仑·波拿巴（Napoleon Bonaparte，1769—1821）在1797年建立奇斯帕达纳共和国（Repubblica Cispadana）时，认为《历书》十分重要，应该将其连同富兰克林参与起草的《宾夕法尼亚州宪法》（Pennsylvania State Constitution）一起翻译为意大利语。富兰克林的《历书》曾经两次翻译为法语，在英国再版印刷，作为市井歌谣进行传唱，同时，通过神职人员向贫穷的教区居民发放。《历书》也是第一本翻译为斯洛文尼亚语的英语书。

《历书》出版后的数年时间内对文化和经济产生了巨大的影响。在宾夕法尼亚州，《历书》出版后，州政府根据外汇支出而改变的货币政策就是受到《历书》中相关内容的影响。法国国王赠与约翰·保罗·琼斯（John Paul Jones，1747—1792）[②] 的舰船就以《历书》作者笔名“邦霍姆·理查德”（“Bonhomme Richard”）或者“好人理查德”（“Good man Richard”）命名。

在17世纪的英属北美殖民地，受到启蒙运动的影响，本杰明·富兰克林的《穷理查德历书》中的科学知识是向公众传播的，而这种传播意识与启蒙运动倡导的民主和平等的思想一致。虽然这些出版物可能没有明确的大众科学传播的目的和意识，但是，他们在早期的大众科学教育中的先驱地位不可否认。

**正如科学发现与技术发明会引发科学传播高潮，启蒙运动也是受到科学引发的思潮的影响。与其他科学传播高潮不同的是，经济自由、政治民主和理性思维成为启蒙运动的主要思想支柱。由理性思维带动而形成的热潮必定会进入到“公众领域”。在公众领域和自由讨论中，公众对公共决策进行理性思维和判断形成公众理性文化。启蒙运动说明，科**

---

① 美国左翼历史学者、政治学者、社会评论家、剧作家。20世纪60年代以来，在美国民权，反战活动中十分活跃。代表作:《美国人民的民主》(*A People' s History of the United States*)。

② 苏格兰裔海军军官，军事家。

学引发的公众理性是科学文化的基础。

在科学和技术迅速发展的过程中，规律意识和理性精神是由知识分子首先感悟，启动启蒙工具，如《百科全书》，传播信息和知识，促进大众科学文化的形成。密切关注科学发展趋势，启发大众科学思维，大概是科学文化人的责任。

# CHAPTER 4
## 第四章
# 维多利亚时代

英国历史上的“维多利亚时代”（Victorian Age）是1832年至1901年维多利亚女王执政时代。在这个时期，科学技术促进的工业化使整个世界都发生了巨大的变化。英国急剧的殖民主义扩张，使其版图延伸至非洲、亚洲和西印度，英国变成了无可匹敌的世界霸权中心，西方文明的中心从巴黎转移到了伦敦。由于工业化的急剧发展，使得以土地占有制为特征的生产方式转变为以贸易和制造业为主的现代城市经济方式。伦敦的迅速发展使得其人口到维多利亚女王去世的时候，达到650万人。在英国历史上，维多利亚时代是英国国泰民安、和平安宁、生活繁荣、情感典雅以及具有自信心的时期。同时，也是科学技术飞速发展的时期。影响最大的科学事件就是达尔文的演化论。

## 一、科学与文学

维多利亚时代，工业革命席卷欧洲大陆和英国。纺织工、木匠及发明家詹姆士·哈格里夫斯（James Hargreaves，1720—1778）、被称为英国工业系统之父的理查德·阿科莱特（Richard Arkwright，1732—1792）和发明家、纺织工业先驱萨缪尔·克朗普顿（Samuel Crompton，1753—1827）的发明导致棉纺织工业机械化。詹姆士·瓦特（James Watt，1736—1819）发明的蒸汽机是引发工业化革命的导火索，也开启了人类历史的新纪元，从而改变了人类文明的进程。19世纪中叶，英国铁路长度达到5000英里。整个世界被蒸汽机撼动，人们可以乘坐火车或者轮船在更短的时间内从世界的一个角落到达另一个角落。内陆交通带动了运河的建设和发展，英国建立了世界最早的铁路网。火车和轮船将工业产品和游人带往世界各地。

1850年，英国蒸汽机能够产生120万马力的动力，占整个欧洲总能量的一半。大约有250万吨铁矿在英国冶炼，超过德国10倍。大英帝国被称为“世界工厂”（the Workshop of the World），其机械加工产品占世界一半以上，世界工业产品的三分之一。英国成为世界上经济发展最快，最富有的国家。

蒸汽机仅仅是维多利亚时代最重要的发明之一。科学进步使得工业材料和人力以及原材料得到顺畅运输。工业化和工厂的发展对人类的进步带来了巨大的好处。成千上万的劳动力从农村急剧涌入大城市的工厂以及工业化城镇。工业化改变了人们的生活方式。铁路时间成了人们做事遵守的标准时间，人们根据火车时间调整手表和闹钟以及教堂的敲钟时间。大英帝国时期轮船广阔的国际航线交通网使得物资运输和人的旅行变得轻而易举。交通的快捷和便利使得人们的信息传播的速度变得空前迅速。科学技术的进步使得封闭的大门敞开，世界在科学技术的带动下，实现了交通的网络化和信息传播的国际化。

随着电影、照相技术、电话机、汽车的出现，信息传播方式发生了更大变化。1839年，法国人路易·雅克·曼德·达盖尔（Louis Daguerre，1787—1851）发明了摄影技术，并拍摄了第一张月球照片。同一年，英国人威廉·亨利·福克斯·塔尔博特（William Fox Talbot，1800—1877）发明了负片/正片摄影技术。1889年，手持照相机问世。19世纪中叶，在英国兴起的工程技术热使伦敦完成城市排水系统。

19 世纪工业化发展的一个重要特点是英国的技术、商业和金融人才向欧洲各国输出。从而带动了比利时、法国、德国的工业和经济发展。

（维多利亚女王雕像，作者于 2013 年 7 月拍摄于澳大利亚悉尼市乔治街头）

维多利亚时代是文学鼎盛时代。查尔斯·狄更斯（Charles Dickens，1812—1870）应该是在那个时代最有影响作家。他的第一部小说《匹克威客外传》（*Pickwick Papers*）于 1836 年出版，最后一部小说《我们共同的朋友》（*Our Mutual Friend*）出版于 1845—1846 年；威廉·萨克雷（William Thackeray，1811—1863）于 1848 年出版了他最著名的《名利场》（*Vanity Fair*）；勃朗特三姐妹夏洛蒂·勃朗特（Charlotte Brontë，1816—1855，代表作:《简·爱》（*Jane Eyre*）；艾米莉·勃朗特（Emily Brontë，1818—1848，代表作:《呼啸山庄》（*Wuthering Heights*）；和安妮·勃朗特（Anne Brontë，1820—1849），代表作:《荒野庄园的房客》（*The Tenant of Wildfell Hall*）的作品都是在 19 世纪 40 年代出版的。

维多利亚时代是科学文化重要的发展时期。维多利亚时代除了大学科学教育专业化的发展以外，许多维多利亚绅士研究博物学。博物学研究中，查尔斯·达尔文以及演化论和他第一本关于演化论的书《物种起源》（*On the Origin of Species*，1859）有力地推动了博物学研究。

达尔文的《物种起源》不仅仅对整个社会和世界文化产生重要影响，而且引发了维多利亚时代的科学家、博物学家、哲学家和基督教学者对演化论的争论。关于演化论的争论起源于维多利亚时代，在其后的 100 多年中，争论持续不断。演化论在被慢慢地广泛接受并承认，其影响力绝不仅仅在生物学领域，其对社会学、哲学、文学、自然神学以及宗教所产生的影响迄今为止还没有一本书能够超越。

# 二、“科学普及”的形成

维多利亚时代的工业化革命导致出版业的印刷和发行业的迅速发展。19 世纪的下半叶，图书读者迅猛扩展至大众读者，其中包括越来越多的产业工人。1830 年到 1850 年，长网纸机、蒸汽印刷机、精装技术的出现和“知识税”[①] 的取消，以及火车运输体系形成了“流通革命”。

---

① “知识税”（Taxes on Knowledge）是英国 1712 年开始对报纸的征税制度，该制度在 1855 年废除。

詹姆斯·斯考德（James Scord）将这个时代称为“传播革命”（the communication revolution），并断言，这个时代代表了“自文艺复兴以来人际传播最伟大的转变，”“打开了面向急剧增长的读者的水闸。”[1]19世纪40年代是印刷革命阶段的第一个10年。19世纪初，报纸和廉价期刊出版商都使用了当时的蒸汽印刷技术，但是，图书出版商却还是使用手工印刷技术。19世纪40年代，仅有一些图书出版商决定尝试着使读者数量达到廉价期刊的读者量，并开始采用蒸汽技术。1870年代开始，英国进入“大批量生产革命”年代，这场革命一直到19世纪末都保持着强劲的发展趋势。“大批量生产革命”的特征是滚筒印花技术、铸字排版技术、平版印刷和摄影技术，电力取代了蒸汽动力。与此同时，公共图书馆、6便士平装版本图书、专业图书馆代理商、专业学术协会、版税制度以及大批量发行日报体系的出现。[2]

在整个19世纪，随着新技术的涌现和在出版界的不断应用，图书的传播持续增长，图书的销售标价下降。1855年，图书销售价格急剧下降，最低价格图书销量占据第一位，中等价格的书居第二位，高价图书销量最低。尽管这种销售趋势在1860年代稍有变化，但是，从1875年到1905年，销售模式重归原形并持续呈现中等价格图书占据了大多数读者市场，而不仅仅是中上阶层的读者。出版和印刷量的增长以及价格的下降的结果，市场化的图书出版成为维多利亚时期大规模市场化产业。[3]维多利亚时代人口不断增长，成人识字率也达到60%，这些都促使了图书发行量的增长。[4]

出版革命对科学书的出版产生巨大影响。在19世纪40年代到50年代，科学书的种类比19世纪初增长了4倍。1850年之前，仅有很少科学畅销书。比如，乔治·康博（George Combe，1788—1758）的《人的结构》（*The Constitution of Man*，1828）在出版的8年时间内出版了11000册，到1859年出版了300000册。① 罗伯特·钱伯斯（Robert Chambers，1802—1871）出版的《创世的自然历史痕迹》（*Vestiges of the Natural History of Creation*，1844）在16年内出售了24000册。[5]托马斯·迪克（Thomas Dick，1774—1857）的《基督教哲学》（*Christian Philosophy*，1823）共销售了30510册;《太阳系》（*Solar System*,1846）卖出了26890册。1850年后，畅销书急剧增长。1890年，

① 参阅 http://www.gresham.ac.uk/lectures-and-events/the-victorians-religion-and-science，2013。

罗伯特·钱伯斯的《创世的自然历史痕迹》是非常成功的稳定畅销书。达尔文的《物种起源》在1899年时，销售量达到56000册。[6]

## 三、达尔文演化论与大众文化

出版商们除了竭力使科学书更加畅销以外，出版革命也使得更具有文学性的科学图书得以出版发行，同时，也需要更多的科学作家满足出版需要。1860年代，文学新闻成为吸引大批大学人才的专业。1871年，大约2500人在人口统计中将自己划入作家行业，这个数字是19世纪初的5倍。出版革命导致的急剧增长的对作家的需求使得作家的职业更具吸引力和更高收入，即使是在科学写作领域，同样如此。在19世纪中叶，依靠科学写作足以养家糊口。威廉·马丁（William Martin，1767—1810）和托马斯·米尔纳（Thomas Milner，1769—1809）年均收入为150—250英镑，虽然足够生活，但是无力存储。如果遇到得病，出版商破产或者图书贸易不景气等意外事件，生活将难以维持。同时也意味着他们不能退休。这就是那个时代的专业科学作家的境遇。

### 1. 查尔斯·罗伯特·达尔文

2012年，英国《新科学家》（*New Scientists*）杂志网络版评选出迄今为止最有影响力的大众科学书，《物种起源》位居第一，被誉为“有史以来最重要的思想”。但是，在19世纪，演化论思想的传播其实困难重重。

查尔斯·罗伯特·达尔文的《物种起源》出版于1859年的11月24日。刚出版时，书名为《论自然选择的物种起源，或在生存斗争中保存优良种族》。（*On the Origin of Species by Means of Natural Selection, or the Preservation of Favoured Races in the Struggle for Life.*）在1872年的第6版改名为《物种起源》（*The Origin of Species*）。达尔文在这本震惊世界的著作中宣扬了他的物种的演化是通过自然选择的学说。书中提供了完整的证据，证明生命的多样性是同一物种通过分支模式的演化而成。达尔文的所有证据都是在1830年代在“小猎犬号”探险中搜集，并通过研究、对比分析和试验的基础上得出的结论。但是，在此之前，已经出现了多种演化思想，因此，达尔文的新发现发表后，逐步得到持不同见解的解剖学家和普通公众的支持。但是，在19世纪上半叶，科学界与英国圣公会（Anglican Church）关系密切，科学是自然神学的一部分。关于物种变异的思想与物种是上帝设

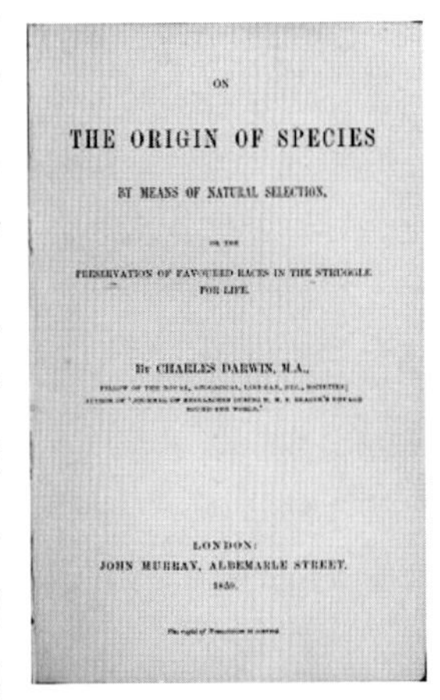
ON

THE ORIGIN OF SPECIES

BY MEANS OF NATURAL SELECTION,

OR THE

PRESERVATION OF FAVOURED RACES IN THE STRUGGLE FOR LIFE.

BY CHARLES DARWIN, M.A.,

LONDON:

JOHN MURRAY, ALBEMARLE STREET.

（《物种起源》，*“On The Origin of Species”*，图片来源：http://en.wikipedia.org）

（查尔斯·达尔文，Charles Robert Darwin，图片来源：http://en.wikipedia.org）

计的等级层次以及人是独一无二的思想与其他动物无关的物种的思想相抵触，而引发争论。政治与神学的思想在争论中处于重要的地位，但是，变异的思想在科学主流思想中并没有被接受。

《物种起源》是为非科学家读者写的，在出版过程中引起了广泛的关注。达尔文是杰出的科学家，他的发现得到学术界和科学家的认真研究和讨论，他在书中提供的证据引起了科学界、哲学界和宗教界的广泛讨论和争论。争论中唱主角的是赫胥黎以及“X 俱乐部”（X-Club）① 的成员，他们在争论中传播他们的科学自然论。在长达 20 年中，演化论作为科学结论得到基本赞同，但是，科学家对于达尔文认为的自然选择观点的重要意义在科学家中却一直没有得到完全承认。在 1880 年到 1930 年“达尔文主义的晦暗期”（eclipse of Darwinism）② 中，其他各种演化机理观点得到认同。在 1930 年到 1940 年，出现了“现代演化综合论”（the modern evolutionary synthesis），达尔文的自然选择的演化适应论观点成为现代演化理论的核心，成为现在生命科学中的组成部分。

20 世纪著名的演化论生物学家恩斯特·迈尔（Ernst Walter Mayr，1904—2005）对达尔文演化理论的主要事实和以事实为依据所得出的推论进行了总结：

> 达尔文的自然选择学说由三条推理组成，这三条推理是根据部分来自种群分态学和部分来自遗传现象的五项事实作出的。
>
> 事实一：一切物种都具有如此强大的潜在的繁殖能力，让如果所有的出生个体又能成功地进行繁殖，则种群的大小（个体数量）将按指数（马尔萨斯称之为按几何级数）增长。
>
> 事实二：除较小的年度波动和偶尔的较大波动以外，种群一般

① 19 世纪末由赫胥黎创建的组织，戏称“X-Club”。

② “达尔文主义晦暗期”（“The eclipse of Darwinism”）是朱利安·赫胥黎（Sir Julian Sorell Huxley）使用的短语，用来形容现代演化综合论前的现象，即演化论被科学界广泛承认，但是却仅有少数生物学家将认为自然选择是演化的主要机制的观点。

> 是稳定的。
>
> 事实三：自然资源是有限的，在稳定的环境中，自然资源一般是稳定的。
>
> 推理一：由于产生的个体数目超过了可供利用的资源的重载能力，而种群的大小却保持稳定不变，这就表明在种群的个体之间比如有激烈的生存竞争，结果是在每一个世代的后裔中只有一部分，而且是很少的一部分生存下来。
>
> 上述来自种群生态学的事实一旦与某些遗传事实结合起来，就导出了重要结论。
>
> 事实四：没有两个个体是完全相同的：实际情况是，每个种群都显示了极大的变异性。
>
> 事实五：这种变异的很大一部分是可以遗传的。
>
> 推理二：在生存竞争中生存下来并不是随意或偶然的，部分原因取决于生存下来的个体的遗传组成。这种并非一律的生存状态构成了自然选择的过程。
>
> 推理三：这种自然选择过程经过许多世代将使种群不断逐渐变化，也就是说，导致演化、导致新种的产生。[7]

达尔文在继续他的研究和修改他的理论的同时，将他在“小猎犬号”上研究的结果进行整理准备出版。1844 年 11 月，苏格兰记者、地理学家和演化论思想家罗伯特·钱伯斯（Robert Chambers，1802—1871）匿名出版了大众科学书《创世的自然历史痕迹》，引起了公众对物种演变概念的兴趣。在这本书中，作者用化石记录和胚胎学支持生物由简单形态向更复杂形态转变的断言。

在演化论学说的宣扬和解说中，查尔斯·达尔文本人应该算作最重要的传播者之一。在 1860—1900 年演化论争议最盛的时代，他在撰写《物种起源》一书的同时，与那些赞同他的思想和观点的朋友以及出版商保持着密切的联系。从 1838—1858 年，达尔文一直对出版自己的著作处于犹豫之中。其主要原因是他担忧招致宗教迫害和社会对他的观点的反感，同时，他也担忧引起其他牧师博物学家的不快。直到 1859 年 11 月 24 日，《物种起源》的第一版才面世，售价为 15 先令。当达尔文最初撰写《物种起源》的时候，他乐观地认为读者会对这本书感兴趣。1859 年 3 月 31 日，他给出版商约翰·默里（John Murray，1745—1793）写信认为：“会有很多具有科学知识和对科学感兴趣的人喜欢这

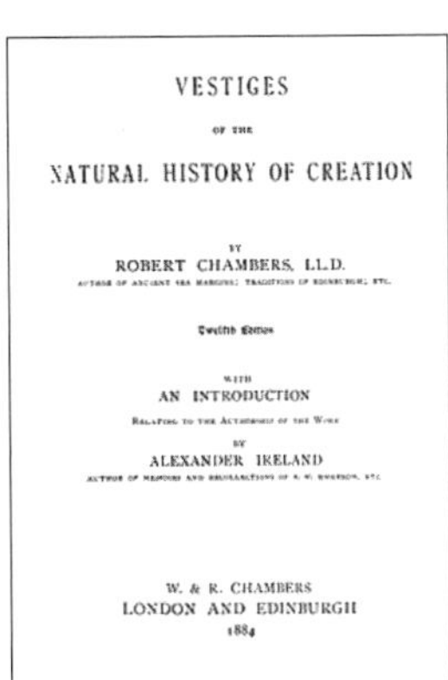
VESTIGES
OF THE
NATURAL HISTORY OF CREATION
BY
ROBERT CHAMBERS, LL.D.
Twelfth Edition
WITH
AN INTRODUCTION
BY
ALEXANDER IRELAND
W. & R. CHAMBERS
LONDON AND EDINBURGH
1884

（《创世的自然历史痕迹》，“*Vestiges of the Natural History of Creation*”，图片来源：http://en.wikipedia.org）

本书的，书中有很多农业和我们国家农产品的历史以及动物学、植物学和生物学的详细知识介绍。”“其中只有一小部分有点难懂。”但是，当达尔文开始证据审验过程的时候，他对自己是否能够向非科学家读者们讲清楚自己的思想产生了怀疑。1859 年 6 月 14 日，他为自己对证据做出了太多的修改而向默里道歉。他认为自己的写作方式“非常糟糕，在将自己的思想讲清楚并通俗易懂方面具有巨大的困难。”1859 年 6 月 22 日，他写信给约瑟夫·达尔顿·胡克爵士（Sir Joseph Dalton Hooker，1817—1911）① 写信抱怨为了写这本书，使得他的证据变得似是而非。胡克认为这本书会具有很大的吸引力，但是，达尔文却认为“这是仅仅是一个美丽的梦想，我担心读者会发现这本书不可容忍的枯燥、难以理解。”[8]在《物种起源》的写作即将结束的时候，他仍然认为，在说服科学家相信自己的演化论的正确性的同时，还要让普通读者理解是一件十分困难的事情。

在 19 世纪 60 年代，达尔文的《物种起源》的几个版本都进行了修改。其中的一些修改显然是针对某些科学家对他过分强调演化中的自然选择的反应而进行的。[9]1869 年，《物种起源》发行了第五版，出版量达到 9750 本。其中第一版印刷量达到 1170 本。[10]在那个时代，其出版量已经很好。但是，达尔文仍然担忧普通读者无力购买这本书。他一再要求默里将价格降下来。1871 年 6 月 3 日，达尔文在给默里的信中写到：“在兰开夏郡，工人俱乐部集体购买《物种起源》。”其后他在给默里的信中仍然提出降价的要求。随后，他又进行了一些扩充修改，以使得更多的人能够读懂他的书。1872 年，《物种起源》印数达到 11000 本，但是到 1875 年，印数仅仅增加了 4000 本。

在美国，最著名的美国植物学家阿萨·格雷（Asa Gray，1810—1888）与波士顿出版商协商获取美国出版准许，但是，这时美国已经有两个纽约出版公司在筹划出版达尔文的《物种起源》。达尔文听到这个消息，为自己的书能够到美国出版而感到高兴。他甚至写信给阿萨·格雷要注意获得自己应该得到的利益。格雷与纽约阿普尔顿出版公司谈判后最终以 5% 版权税签订协议。《物种起源》正式进入美国出版市场，在美国学术界和读者中广为流传。

在达尔文的一生中，其著作被广为翻译出版。但是，译著中的问题也很多。一些译者根据自己的理解和观点将一些概念和比喻译错。[11]达

① 19 世纪英国伟大的植物学家，地理植物学创始人，达尔文最亲密的朋友。

尔文将赠送文本发送到法国和德国，希望能够胜任的译者自行与当地的出版商取得联系并担任翻译。他欢迎知名科学家、德国博物学家、地理学家和古生物学家海因里希·乔治·布龙（Heinrich Georg Bronn，1800—1862）翻译他的书，但是，在1860年出版的德文译本中，布龙将自己的思想强加进书中，他将达尔文故意省略掉的有争议的主题添加了进去。布龙将“优越种族”（favored races）翻译为“完美种族”（perfected races），同时，还加入了一些关于生命起源和布龙坚信的“永恒自然法则论”（naturphilosophie）的观点。1862年，布龙根据第三个英文版本和达尔文建议增加的内容上翻译了第二个译本，但是，译本出版没有多久他就死于心脏病。[12]达尔文又与德国动物学家、比较解剖家和昆虫学家朱利叶斯·维克特·卡鲁斯（Julius Victor Carus，1823—1903）取得联系，1867年，卡鲁斯修改了译本。达尔文花费了很长时间终于找到法国译者女翻译家克莱门斯·洛伊尔（Clémence Royer，1830—1902）出版了法文译本。在这个译本中，译者增加了一个前言阐述达尔文的思想，认为达尔文的思想可以替代宗教启示的学说，并提出了“社会达尔文主义”和“优生学”先进的思想，同时，还对达尔文的未解一些疑问做出了自己的解释。达尔文写信给洛伊尔讨论了1866年第二译本和1870年的第三个译本，但是，没能说服她删除她自己在译本中的观点，达尔文为这几个译本所困扰。埃德蒙·巴比尔（Edmond Barbier，1834—1880）1876年的译本才使达尔文消除了对法文译本的不满。荷兰译本是荷兰解剖学家、动物学家和博物学家提比略·肯诺理·温克勒（Tiberius Cornelis Winkler，1822—1897）于1860年翻译出版的。1864年在意大利和俄罗斯也出版了译本。1871年出版了丹麦文译本，1873年出版了波兰文，1873年到1874年间出版了匈牙利文译本。1877年出版了西班牙译本。1878年出版了塞尔维亚文译本。1977年，另外18种语言译本问世。[13]

《物种起源》引起国际广泛兴趣，同时，也引发了科学界、意识形态领域、社会和宗教的广泛的争论。其中，许多直接反应具有敌意，但是，达尔文仍然被认为是科学界知名和受人尊重的人。各界对于达尔文思想的争论远不及对1844年出版的《创世的痕迹》的争论，这本书中的观点受到科学家的普遍排斥和反对，但是，书中关于自然和人类社会都是受到自然法则控制的思想对众多的读者产生了影响。[14]公众对《物种起源》的普遍兴趣与社会改革思想联系在一起。达尔文思想的支持者充分利用数量激增的评论期刊。尽管《物种起源》的发行量仍然不如销售量持续增长的《创世的痕迹》，但是，公众对其学说的关注程度远远高于其他科学成果。达尔文的书使得关于演化机制的科学讨论合法化，新的术语“达尔文主义”已经不是达尔文自己的思想，已经覆盖了整个演化论领域。1870 年代中叶，演化论取得全面胜利。[15]

达尔文的演化思想在其他科学领域也形成了重大影响。达尔文的自然演化理论的提出是以一种可以通过科学实验证实的机制，但是，与此同时，演化论也接受了可获得性状遗传理论。科学家们认为，达尔文建立的通过自然法则演化的思想具有科学研究的价值。1875 年，大多数科学家承认演化过程存在，但是，却很少有人认为自然选择具有重要的意义。科学家对达尔文的科学研究方法也观点不一。达尔文的支持者赞成约翰·斯图尔特·穆勒（John Stuart Mill，1806—1873）的《逻辑、推理和归纳系统：作为证据和科学调查方法的相互关联视界》（*A System of Logic，Rationative and Inductive：Being a Connected View of the Principles of Evidence，Methods of Scientific Investigation*）中的经验论观点，但是反对者却坚决支持英国科学家、神学家、科学史家威廉·惠威尔（William Whewell，1794—1866）的《归纳科学哲学：建立在它们历史上的学问》（*The philosophy of the inductive sciences：founded upon their history*）。唯心主义学派认为研究可以建立在凭直觉获知真理基础之上，根据这种观点推论，物种是由设计产生的固定物体。最早期支持达尔文思想的证据是田野博物学家在进行生物地理学和生态学研究中取得的发现，其中包括 1860 年约瑟夫·道尔顿·胡克的发现和阿瑟·格雷于 1862 年的发现。1861 年英国博物学家亨利·瓦尔特·贝茨（Henry Walter Bates，1825—1892）发表了他的用自然选择理论解释昆虫拟态的研究结果。英国博物学家、地理学家阿尔弗莱德·罗素·华莱士（Alfred Russel Wallace，1823—1913）发表了在马来群岛研究获得的证据，其中包括 1864 年发表的证明华莱士分界线的演化论证据。

正如达尔文自己所说，他自己的一生是“用无限的耐心长时间思考所有的科学问题。”[16] 在他的一生中拒绝了大多数荣誉称号。他死后被葬在牛顿等伟大人物长眠的地方：“威斯敏斯特修道院”（Westminster Abbey）①，以纪念他在生物学上做出的杰出贡献。

---

① 英国最大、历史最悠久和最著名的教堂，位于伦敦威斯敏斯特市，建于 1080 年。英国历史上许多重要人物都葬于此。

公众和各个领域的学者对达尔文的著作的兴趣在过去的150多年时间内一直持续不断，争论和讨论经久不息。学者们创造出了一个范围广阔的关于达尔文生涯和他的研究的文化领域，这个领域被称为“达尔文行业”。《物种起源》本身也受到类似于1959年出版的“集注本”等各种作品中大量分析和解释以及1981年出版的“重要用语索引”。2009年，世界范围内都举办了隆重的纪念《物种起源》出版150周年和达尔文200周年诞辰的纪念活动，再次掀起了达尔文学说的研究热潮。

### 2.“达尔文斗犬”赫胥黎

托马斯·亨利·赫胥黎（Thomas Henry Huxley，1825—1895）是英国生物学家和比较解剖学家。他由于坚定不移的支持达尔文的演化理论而获得“达尔文斗犬”的绰号。

（托马斯·亨利·赫胥黎，Thomas Henry Huxley，http://en.wikipedia.org）

赫胥黎几乎是自学成才的科学家。他的几乎所有的知识都是依靠自己读书获得，他的刻苦使得他成为19世纪末最优秀的比较解剖学家。他长期致力于研究无脊椎动物，阐述清楚了前人一直不甚清楚的族群之间的关系。他在脊椎动物方面的研究取得重要成就，尤其是猿类与人之间的关系。在对始祖鸟和秀颌龙进行对比研究后，他得出鸟是从小食肉性恐龙演化而来的结论。这个结论现在已经得到广泛接受。

赫胥黎为支持演化论而做出的积极的，但是具有争议的活动，以及在对公众进行科学教育产生的影响使得人们甚至忘记了他的解剖学上的成就。

伯纳德·莱特曼（Bernard Lightman）在他的《维多利亚时代的科学普及者们》（*Victorian Popularizers of Science*）[18]一书中详尽的研究了赫胥黎从科学研究者到科学普及者的转变过程。赫胥黎至少在1850年代到1860年代还没有将科学普及活动作为自己的优先工作，而是尽力使自己的学术生涯更加稳固。这与他出生的贫困的家庭以及无力完成学业，而不得不申请跟随加入皇家海军舰艇“响尾蛇号”（HMS Rattlesnake）参加考察，从而耽误了学业，因此更想通过科学研究获得学术地位有关。1850 年 11 月，当他从“响尾蛇号”考察回来后，他继续自己对海洋无脊椎动物的研究。

1853 年，赫胥黎接受了约翰・钱伯斯的邀请，为《威斯敏斯特评论》（*Westminster Review*）的科学栏目撰稿。这个刊物的主要读者是新兴中产阶级，赫胥黎对向这个阶层的读者传播科学知识很感兴趣。但是，赫胥黎在这个阶段仍然不情愿成为专职的科普工作者。他竭力避免自己成为知识浅薄的刊物作家，这与他对专业科学家追求真理的崇高理想相悖。赫胥黎以一个科学评论者的角色撰稿，而竭力使自己有别于一个科普者。在他的科学评论中，使公众对“大众科学”（Popular Science）意义的理解的模式逐步形成，同时也形成了一种新的写作风格。他建立了专业科学家和科学普及者区分标准，并确定了科普者的价值。

1857 年，尽管科学研究仍然是赫胥黎的主要任务，但是，他开始意识到科普者普及科学质量的重要性。他竭尽全力维护专业科学家的权威，并在权威的基础上向公众传播知识。科学普及的目的通过定期刊物可以实现。1858 年，他与胡克和廷德尔等人创办了给科学家看的《评论季刊》（*Quarterly Review*）。与给大众阅读的《威斯敏斯特评论》不同的是，这个刊物是对科学研究和科学家工作的评论。同年，赫胥黎给胡克写信，建议找 7—8 个不同学科领域的科学研究者，每三个月合作写至少一篇科学评论。他提议詹姆士・西尔维斯特（James Sylvester，1814—1897）负责数学；廷德尔负责物理学；斯多利・马斯克兰（Story-Maskelyne，1823—1911）和爱德华・弗兰克兰（Edward Frankland，1825—1899）负责化学和矿物学；拉姆斯（A.C.Ramsay，1852—1911）负责地理学；沃林顿・斯密斯（Warington W. Smyth，1817—1890）负责技术；胡克和他自己负责生物学。

从 1870 年起，赫胥黎从科学研究工作中抽出时间承担公共责任。从 1862 年到 1884 年，担任皇家专门调查委员会（Royal Commissions）的成员；1871 年到 1880 年，担任皇家学会秘书，1883 年到 1885 年担任主席；1868 年到 1870 年，他是地质学会主席；1870 年，他担任英国协会主席（British Association）；同年，他被选举为伦敦学校董事会成员（London School Board）；1877 年到 1879 年，他担任奎基特显微镜俱乐部（Quekett Microscopical Club）主席。他还是皇家学会改革的重要成员，为政府提供科学决策咨询，并在英国的学校和大学建立科学教育课程。在他提出的改革建议之前，科学多数是一种绅士的职业，改革后，科学是一种专业。

1869 年，赫胥黎使用了“不可知论”（agnoticism）这个术语来形容他自己对神学的看法。这个由他独创的词一直在今天都在持续使用。

尽管他是在达尔文的思想发表之前就已经了解其观点的少数人之一，但是，赫胥黎在接受达尔文的思想中一直持谨慎和迟缓的态度。从逻辑上讲，首先必须回答的问题是，演化的过程是否确实存在。达尔文在他的《物种起源》一书中做出了回答。1859 年，该书出版后，赫胥黎完全信服了演化理论，他认为不仅演化过程存在，而且他对达尔文积累和使用证据的方法十分钦佩。达尔文的书正式出版后，在面对各种质疑的争论中，赫胥黎坚定不移的支持达尔文的思想。

赫胥黎著名的 1860 年与英格兰教会主教萨缪尔·威尔伯福斯（Samuel Wilbertore，1805—1873）关于演化论的争论对于公众广泛接受演化论具有极其重要的意义。威尔伯福斯在 1847 年就曾攻击钱伯斯的《痕迹》。为了向《物种起源》中的演化论思想进行挑战，在辩论会前夜，他请理查德·欧文（Richard Owen，1804—1892）到他家里彻夜长谈。但是，在嘲笑赫胥黎的发言中，他似乎并没有精心进行发言内容的准备，随意且具有情绪化的质问赫胥黎他是从母亲还是父亲的猴子基因中演化而来。赫胥黎接受挑战，他回答道：“如果问我，我愿意从一个低智能，不能直立行走，咧嘴嬉笑和喋喋不休的可怜动物进化而来，还是愿意从一个具备巨大才能和显赫地位，利用这些天赋来诋毁和镇压追求真理的谦卑探索者进化而来，对此，我无法做出回答。”①

赫胥黎与威尔伯福斯的争论对演化论的传播起到重大作用。第一个大效应大概就是赫胥黎的形象通过报纸和期刊的描述以及讨论在知识分子中大大提升。同时也提醒了赫胥黎，公众辩论是具有重要意义的，关于这一点绝不应该忘记。第三个效应就是告知公众，达尔文的思想不会轻易地被否定，相反，支持者们将有力的反击正统的权威者们。第四个效应是提高了科学的专业地位以及科学课程中科学知识教育的重要性。第五个效应则是间接和具有潜在的意义的，正如威尔伯福斯所担忧的，对演化论的维护对《旧约》中提出的信仰具有诋毁作用，特别是《创世纪》（*Book of Genesis*）的学说产生的颠覆作用更大。倾听了现场辩论的许多自由神职人员对其结果甚为欣喜，他们是具有争议的《随笔和论

---

① “*1860 Oxford Evolution Debate*,” http://en.wikipedia.org/wiki/Huxley-Wilberforce_debate.（2013）.

文集》(*Essays and Reviews*)的支持者。这场辩论无论是对科学领域还是宗教界都产生了的影响，其结果是重要的。[19]

从1860年到1863年，赫胥黎一直在发展和完善自己的思想，将自己的思想通过讲座讲给工人、学生和普通公众，随后将讲稿出版。1862年，赫胥黎将各个演讲会上的系列讲座编写成小册子，其后又装订成绿皮书出版，在同年12月第一批书出版发行。[20]其他讲座内容编写入赫胥黎最著名的著作《人在自然界中地位的证据》(*Evidence as to Man's Place in Nature*，1863)，其中一些重要的观点早于1871年查尔斯·达尔文于1871年发表的《人类起源》(*Descent of Man*)。尽管达尔文直至1871年才发表他的《人类起源》，但是，在此之前的几年时间内，其观点和思想一直处于辩论之中。

1864年，赫胥黎组织的“X俱乐部”，其目的是将思想和看法接近的聚集起来为推动科学事业做一些事情。成员有“乔治·巴斯克(George Busk，1807—1886)，爱德华·弗兰克兰(Edward Frankland，1825—1899，皇家协会化学教授)，托马斯·阿切尔·赫斯特(Thomas Archer Hirst，1830—1892，伦敦大学学院物理学教授)，约瑟夫·达尔顿·胡克，托马斯·亨利·赫胥黎，约翰·卢博客(John Lubbock，1803—1865，银行家、生物学家、达尔文的邻居)，赫伯特·斯宾塞(Herbert Spencer，1820—1903，社会学家、《经济学家》(副主编)，乔治·巴斯克(George Busk，1807—1886，动物学家和古生物学家)，威廉·斯波迪伍德(William Spottiswoode，1826—1883，数学家、皇家印刷人)和约翰·廷德尔。除了斯宾塞，所有人都是皇家学会会员。在很多年内，他们经常聚会讨论科学问题。除了这些核心成员，还有一些外围的朋友参加活动。比如威廉·弗洛尔(William Flower，1831—1899)，乔治·罗斯顿(George Rolleston，1829—1881，赫胥黎的朋友)以及威斯敏斯特学院院长亚瑟·斯坦利(Arthur Stanley，1815—1881)。受到邀请的宾客还有查尔斯·达尔文以及德国生理学家赫曼·冯·亥姆霍兹(Hermann von Helmholtz，1821—1894)。

为了传播达尔文思想，X俱乐部创办了一个周刊《读者》(*Reader*)。1861年，又将赫胥黎与他人合作的《自然历史评论》(*Natural History Review*)[21]进行改组，内容为主要支持达尔文演化论思想，并于1861年重新创刊。后来，由于期刊市场竞争激烈以及赫胥黎工作繁忙，两个期刊一度停刊。

1869年11月4日，“X俱乐部”在积累了足够的办刊经验后，创立了世界著名学术杂志《自然》(*Nature*)。刊物的主编尽管还不是全时的，但是保持长期不变。英国科学家和天文学家约瑟夫·诺曼·洛克(Sir Joseph Norman Lockyer，1836—1920)担任第一任主编直到他去世的前一年，1919年。1925年为纪念赫胥黎百年诞辰，该刊发行了一期增刊，以纪念赫胥黎。[22]

(《自然》，“*Nature*”，1869年10月4日首页。图片来源：http://en.wikipedia.org/wiki/Nature_(journal)，2014-6)

约瑟夫·达尔顿·胡克、威廉·斯波迪伍德和赫胥黎担任皇家学会主席期间是“X俱乐部”的鼎盛时期。由于斯宾塞关于政府对科学的支持政策的看法与赫胥黎不同，于1889年退出“X俱乐部”。[23]1892年后，仅有其他创建时期的成员仍然在活动。1911年，胡克逝世。约翰·卢博客是最后成员。

赫胥黎在很多学术领域具有重要的影响。其中，他在英国教育改革和科学教育课程的创立中具有重大贡献。赫胥黎年轻的时代，英国大学中生物学课程还没有学位制度，课程也很少。大多数生物学家都是自学或者选修有学位制的医学课程。赫胥黎退休后，大多数大学建立了生物学领域设立了教席，同时设立了广泛共识的课程。赫胥黎在改革中是最有影响的科学家。

19世纪70年代，英国矿业与动物学学院合并入伦敦帝国学院(Imperial College of London)。[24]赫胥黎利用这个机会在生物学教学中加入了试验内容，这个教学思想是从德国教学实践中受到的启发产生的。赫胥黎一般会在早晨9点开始教学，然后在实验室技术员的指导下，学生进行实验。[25]赫胥黎的实验室技术员都由他精心挑选，后来都成为英国生物学界的领导者。他们在研究和教学中传播赫胥黎的思想。比如迈克尔·福斯特(Michael Foster，1836—1907)成为剑桥大学生理学教授；雷·兰克斯特(E. Ray Lankester，1847—1929)成为伦敦大学学院动物学教授(1875—1891)和自然历史博物馆的馆长(1898—1907)；迪塞顿—迪(W.T. Thiselton-Dyer，1843—1928)成为伦敦著名植物园裘园馆长成为胡克的继任人，也是胡克的女婿；杰佛瑞·帕克(T. Jeffery Parker，1850—1897)成为牛津学院比较解剖学教授；万斯(S.H.Vines，1849—1934)成为剑桥大学植物学教授；威廉·卢瑟福(William Rutherford，1839—1899)是爱丁堡大学生理学教授；威廉·富拉尔成为比较解剖学教授，后来任自然历史博物馆馆长。

赫胥黎对教育的兴趣不仅限于学校和大学，他在引发公众对科学的兴趣方面做出了巨大的努力。这可能与他自己自学成才的经历有关。他为以打工为生的领导者演讲，然后将演讲稿编辑成书出版。赫胥黎还积极为新闻媒体撰稿，除了能够赚取稿费，更重要的是给具有一定文化程度的公众讲授科学知识。在他的大多数生涯中，他为《威斯敏斯特评论》，《周六评论》(*Saturday Review*)，《读者》，《蓓尔美街报》(*Pall Mall Gazette*)，《麦克米伦的杂志》(*Macmillan's Magazine*)和《当代评论》(*Contemporary Review*)投稿。德国在正规教育方面处于领先地步，对科学感兴趣的维多利亚时代的英国人主动通过阅读期刊和到图书馆借阅图书了解科学的最新进展。[26]

1868年，赫胥黎担任位于黑修道士路的南伦敦工人大学（South London Working Men's College）校长。该大学策划人是杂务工人罗希特，由莫里斯的基督教社会党（Christian Socialists）提供经费。赫胥黎讲课收费一个课程6便士，一堂讲座1便士。工人大学图书馆图书免费。这种办学方式被广泛仿效。

赫胥黎在校外进行的讲座编写为教材，在刊物刊登，并出售给公众的方法是十分有效的普及方式。典型例子是赫胥黎在1868年在爱丁堡讲座的文章《生命的物质基础》(*The physical basis of life*)。另外，1869年2月，他在《半月评论》(*Fortnightly Review*)的文章也引起巨大轰动。刊物主编约翰·默里（John Morley，1838—1928）说："没有任何期刊文章能够像赫胥黎文章那样产生如此大的轰动。"[27]这期杂志重印7次，赫胥黎在讲座和文章中谈到的"细胞质"（Cytoplasm）也成为家喻户晓的单词。

赫胥黎在其学术生涯中，尤其是在他退休之后，写了很多与人文学科有关的著作。在他的这类书或者文章中，大概《演化论与伦理学》(*Evolution and Ethics*)是最著名的。该书主要讨论了生物学在道德哲学中是否具有特殊意义的问题。赫胥黎和他的孙子，演化论生物学家、优生学家朱利安·赫胥黎（Julian Huxley，1887—1975）在罗蒙斯讲座（Romanes Lectures）上都做过相关报告。赫胥黎首先否定宗教是道德权威的来源。他认为人的心理特征与生理特征一样都是演化的产物。因此，我们的情感，我们的智能，我们选择生活群体的倾向以及抚养后代的方式都是部分或全部演化并继承遗传的结果。但是，我们的价值观和伦理观念则是由我们的文化决定的，还有部分是我们自己的选择。道德与责任经常是与自然本能竞争的结果，而伦理不会产生自生存斗争。因此，我们的责任是做出伦理选择。在自由意志与决定论的争论中，赫胥黎似乎是兼容并包者。

赫胥黎的一生辉煌，获得很多荣誉。1851 年，当他仅仅 25 岁时被选为皇家学会会员，第二年（1852 年）即获得“皇家金奖”（Royal Medal），比达尔文获得此奖时间早一年，也是获得这个奖项最年轻的生物学家。1888 年，在他生命的晚年，获得“科普利奖”（Copley Medal）；1894 年，获得“达尔文奖”（Darwin Medal）。1876 年，地质学会授予他“沃拉斯顿奖”（Wollaston Medal）；1890 年，林奈学会授予他“林奈奖”（Linnean Medal）。他还谢绝了牛津大学林纳克动物学教授席位和牛津大学学院院长职务。

1873 年，瑞典国王授予赫胥黎、胡克和廷德尔“北极星系骑士”称号。赫胥黎还获赠英国和德国授予的各种外国学会荣誉成员、学术奖项和荣誉博士学位。

由于他在公共服务方面的贡献，政府给予他一笔养老金，并于 1892 年任命他为枢密院委员。

## 四、科学普及者群像

罗伯特·斯多威尔·鲍尔（Robert Stawell Ball，1802—1857）是爱尔兰博物学家。1844 年，鲍尔担任都柏林大学博物馆馆长。他还是皇家爱尔兰学院（Royal Irish Academy）会员以及爱尔兰地质学会会长。1851 年，都柏林大学授予他法学博士学位。1851 年，他成为新成立的爱尔兰昆士兰大学（Queen's University of Ireland）秘书，同时，他还是皇家学会会员。

（罗伯特·斯多威尔·鲍尔，Robert Stawell Ball，图片来源：http://en.wikipedia.org/wiki/Robert_Ball_(naturalist)，2014-6）

鲍尔的科学背景是动力学数学。在他的整个研究生涯中，大部分精力用于研究旋转和动力转化等专业动力概念。他自己将其称为“螺杆理论”。但是，他在动力数学理论方面的贡献似乎并没有他在传播天文学知识贡献更大。

他还是一个杰出的公共科学演讲家。英国历史文献网站“维多利亚剪贴簿”（“Victorian Scrapbook”）[①] 保存的维多利亚时期报纸关于“科

① Lecture in 1894, about invisible stars by Sir Robert Ball. http://www.nathanville.org.uk.

学与自然”讲座消息报道：“昨晚在‘商业投资技工学院’（Merchant Ventures' Technical College）大厅里，挤满了有鉴赏力的听众，他们怀着巨大的兴趣倾听罗伯特·鲍尔爵士的‘我们看不到的恒星’的演讲。他的演讲再次证实了他是广受欢迎的演讲大家。学院院长沃思米先生（Mr. J. Wertheimer）主持演讲。他简单介绍了演讲者的情况。鲍尔爵士解释了什么是‘隐形恒星’。他用镀锡薄板再现了肉眼看不到的星体。他说，大量的隐形星体比太阳大，也比太阳更加明亮。还有很多行星环绕着这些恒星旋转，从而形成了非常有趣的不同世界。这样的星体成千上万，难以计数。他随后讲述这些星体与地球之间的距离。他说，一个电火花围绕地球一周仅需一秒钟，也就是每秒大约 185000 英里。这个速度大约相当于光的速度。用这个速度向月球发送一个消息仅需一秒钟多一点的时间。但是，如果在伯利恒的第一个圣诞节时向隐形恒星发送一个贺信，这个喜讯尽管从 1894 年就发出，而且以每秒 185000 英里的速度飞奔，但是这个贺信直至今日还在途中。最后，他讲到通过摄影方法进行观察发现了一些恒星发射的光。在讲演中，罗伯特爵士用了很多时间展示摄影技术在观察天体的价值，用底版讲解摄影技术能够达到的速度。他在讲述知识过程中夹杂了许多幽默诙谐的故事，演讲不时被听众热烈的掌声打断。他的演讲引述了一些引人注目的观点。在晚上的讲座中，鲍尔爵士称赞了学校提供的照明条件。

到 19 世纪 90 年代，鲍尔已经是著名的科学演讲家和科学书作者。在这 10 年中，他是天文系列讲座的明星。他虽然生活和工作都在爱尔兰，但是，在 1870 年—1880 年，他在英格兰给各种不同身份和教育程度的公众做科学演讲。到 1884 年，他演讲的场次已经达到 700 多场。1874 年，他在伯明翰的米德兰学院（Midland Institute）开始了自己的科学演讲生涯。1880 年，他被邀请为吉尔克里斯特信托基金会（Gilchrist Trust）的科学演讲家。该基金会主要资助英国工业城市的科学系列讲座。鲍尔主要在约克郡和兰开斯特郡（Lancashire）向工人阶级听众讲解科学。1882 年 1 月，他在两个星期内，在各个城市演讲的主题为“望远镜及其应用”。他作为吉尔克里斯特信托基金会的主要科学演讲者长达 20 年时间。1881 年，他在皇家研究院的第一场演讲是“恒星的距离”。1884 年，1887 年和 1901 年，鲍尔在美国演讲了三次。在美的最后一轮演讲中，他在 9 个星期内，做了 48 场演讲。他的演讲给美国人留下了深刻的印象。《波士顿晚报》（*Boston Evening Transcript*）报道：“自从伟大的无与伦比的赫胥黎离开我们以后，没有任何人能够像他一样以舌头为媒介将自然科学更多的深植于人们的头脑之中。”

鲍尔成为积极的科学演讲者除了可以获得每场高达 25—40 英镑的酬劳以外，在大学的演讲可以极大地提高他的演讲水平。另外，他认为，对普通公众的科学演讲是一种有趣的事情，一种休息，也是一种生活方式的变化。

1890 年后，鲍尔的演讲内容转为地震、月球、金星和恒星。[28]鲍尔甚至还曾经想过尝试着讲解外星生命的主题。他的一次演讲内题目是“除了我们的地球以外的其他世界”。但是，在演讲中，他没有确定地认为在其他星球上存在有生命。他推断，在太阳系所有的行星中，仅有金星是唯一最有可能有类似地球有机物生存的星球。鲍尔在古尔市（Goole）做的一系列演讲中，题材多样，内容丰富多彩。据当地报纸报道，在演讲开始之前的 45 分钟，几乎所有的地方都挤满了人，门外还有很多人等待机会进入会场。在古尔市最大的会议厅，超过 1100 人购买门票，欣赏他的精彩演讲。

在鲍尔的科学演讲主题中，除了当时热门的天文学以外，他还像当时的著名科学演讲家伍德、裴波等人，可以根据基金会的要求，讲其他学科的知识。鲍尔经常倾听廷德尔在皇家研究院的演讲，他认为，廷德尔具有特殊的演讲才能。他尝试着使自己的演讲接近廷德尔的风格，尽力使自己的演讲语言具有惟妙惟肖的巨大感染力。鲍尔意识到视觉图像的重要性，尤其是对年轻的听众来说更为重要，其重要性超过实验演示。在 1870 年，在他早期的演讲生涯中，还很难找到好照片。1881 年，鲍尔开始使用照片。1884 年，他开始使用图表、立体感幻灯机。1890 年，他使用氢氧灯。除了借助当时最先进的技术进行演讲以外，他在演讲中不时地插入笑话、幽默的故事和奇闻轶事。

鲍尔认为自己的演讲中最出色，也是影响最大的就是“时间长廊一瞥”（A Glimpse Through the Corridor of Time）。他第一次做这个题目的演讲是在米德兰学院（Midland School）新建的一座建筑的建成仪式上。他选择这个题目是因为他认为，月球和地球之间的潮汐相互作用的长期效应对大家来说是一个耳目一新的话题。这个领域的研究成果仅仅在科学论文中出现过，还没有“脱去数学的外衣，”以一种“让普通公众都能理解”的形式出现过。作为一个博学家，鲍尔并没有迎合听众的宗教情感。但是，他却尽力避免在听众中产生恐惧和神秘感。与赫胥黎在演讲中有意将重点放在普通自然界一样，鲍尔的这种演讲风格和目的设计亦得到很多科学普及者的赞赏。

据鲍尔的儿子记载，至1884年，鲍尔科学演讲达到700多场。[29]鲍尔发现，演讲与写书完全可以结合起来。事实证明，他不仅是精力充沛的演讲者，同时也是多产作家。他发现，将演讲内容写成科学书是一件比较容易的事情。1885年，他的第一本大众科学书《天的故事》(*The Story of the Heavens*)出版即获得成功。1886年，由于他在科学和教育中作出的杰出贡献”而被授予爵士。他在1901出版的《地球初始》(*The Earth's Beginning*)和1889年出版的《星地之间》(*Star-Land*)都是皇家研究院的演讲内容。1892年出版的《时间与潮汐》(*Time and Tide*)是在伦敦研究院演讲内容基础上写作而成的。在演讲和写书中，他凭借自己的学术声誉和科学书的销售记录良好而获得了丰裕的收入。1891年，他将《冰期缘由》(*The Cause of an Ice Age*)版权出售给克根·保罗(Kegan Paul)出版商，获得200英镑。另外，他每年还可以拿到其他书的数量可观的版税。在他考虑移居剑桥的时候，他估计自己已经能够每年从出版书获得300英镑稿酬。他与很多科学作家一样，采取作品分散出版的策略。除了“卡塞尔公司”(Cassel and Company)和“克根·保罗”以外，“朗曼”(Longman)、“G. 菲利普父子公司”(G. Philip and Son)、“伊斯比斯特公司”(Isbister and Company)、“剑桥大学出版社”(Cambridge University Press)、“乔治·贝尔父子公司”(George Bell and Son)以及“基督教知识促进协会”(Society for the Promotion of Christian Knowledge)也出版他的书。

在他写作出版的14本书中，1885年出版的《天的故事》销售量最大，1891年达到18000本。而1889年的出版的《星地之间》则突破了自己一贯的写作风格，开创了为儿童和对天文学没有任何知识的人写作的模式。这本书是在自己从1881年到1887年间在皇家研究院圣诞演讲基础上写成。在书中，他将自己演讲的风格浸透在书的内容讲述中。但是，将演讲内容记录在书中并不是他最初的意愿。当出版社派记者到现场记录他的演讲并打算按照演讲内容编辑他的书的时候，他最初并不同意。但是，出版商查尔斯(Charles)却认为，这种演讲风格正符合读者的口味。事实证明，出版商是正确的。他一共写了14本大众天文学方面的书。其中两本直到1940年代仍然在出版。

鲍尔的演讲与写作最重要的技巧是将科学事实溶于故事，故事都以科学大家的发现为主线。比如，牛顿是怎样成为人人称颂的科学英雄的，费里德里克·威廉·赫歇尔是如何发现天王星的，等等。这些故事让听众或者读者了解天文学家非凡的预测能力。

除了天文学，鲍尔还写博物学方面的书。《星光灿烂的领域》（*The Starring Realms*）大胆的阐述了演化论的自然主义思想。其中最引人注目的一章是“达尔文主义与其他科学领域之间的关系”。他在书中回顾了他在大学期间阅读《物种起源》的体会。但是，他更感兴趣的是达尔文学说对天文学的影响。他谈到，大多数天文学家现在都同意用星云假说解释太阳系演变的历史。他认为，达尔文的演化论可以用来解释整个有机生命领域的历史。天文学家描述了地球从初始星云演变的过程，然后，他用有机体演化论阐述地球的演变直至达尔文的生物学的历史。他认为，达尔文是“自然历史界的牛顿”，“他的不朽的工作使知识发生革命性变化”。他希望《星光灿烂的领域》能够“使读者对地球在生命诞生的规划中所起到的渺小，但是令人尊重的作用的崇高意义有新的了解。”创世学说是令人崇敬的，但并非神圣莫测。[30]

鲍尔出色的演讲和畅销的科学书使他获得了很高的社会地位，他被接受为雅典宾馆会员，能够和显赫声望的学者，比如萧伯纳（Bernard Shaw，1856—1950）会谈，得到瑞典国王和巴西君主接见并交谈。他放弃了成为国会议员的机会，但接受了参议院剑桥大学委员会委员的职位。

英国博物学作家约翰·乔治·伍德（John George Wood，1827—1889）是19世纪下半叶著名的科学普及作家和演讲家。1854年，他放弃了自己助理牧师的职业，开始投入博物学的写作，成为著名的维多利亚时代的博物学作家。[31]。从1856年开始，伍德开始偶尔给公众做讲座。1876年，他完全投入到写作和动物学讲座等科普活动中。在讲座时，他在黑板上或者大白纸上，用彩色蜡笔画图。他将自己这种讲座称作“画图讲座”（sketch lectures）。这种讲座方式使得他在英国和美国名声大噪。1879年，他将讲座作为自己的第二职业。直到1888年，他持续在英国和其他国家

（英国博物学作家约翰·乔治·伍德，John George Wood，http://en.wikipedia.org/wiki/John_George_Wood，2014-6）

不断进行讲座。与同时代的廷德尔讲演风格相比，廷德尔更喜欢设计一些有悬念和富有表演色彩的杂技性的讲解，而伍德更注重的是用绘画来清晰的表述自然物体的形状和有关知识。他总是先找到他要讲解的植物，取其一部分，然后，先在一块画布上练习用简捷的画法勾画下来，熟练了以后，他才在演讲的时候用绘画的方式进行解释。由于他具有创造性的演讲，使得他能够在1883年到1884年，在马萨诸塞州的波斯顿洛威尔系列讲座（Lowell Lectures）上进行讲演。在这次系列演讲中，伍德获得听众热情的欢迎。

伍德在科学传播上做出的成就大于学术研究。他是一个多产和成功的博物学作家。伍德的书几乎都是由劳特利奇出版商（Routledge & Co.）出版发行和销售的。他的《本土随处可见的自然之物》（*Common objects of the country*）在一周之内销售10万册。其他作品还有《显微镜下的自然之物》（*Common Objects of the Microscope*）。《自然历史画册》（*Illustrated Natural History*，1853）是劳特利奇出版商在19世纪50年代成功出版一系列大众科学系列书籍中的第一本。劳特利奇出版商同时还出版了他的《动物的特征与特点》（*Animal Traits and Characteristics*，1860）。

《海岸自然之物》（*Common Objects of the Sea Shore*，1857）出版后销量非常好。在当年的4月份，第一版印刷了1000本，售价1先令。但是，很快供不应求。1860年，增加的4个版本中，印刷量达到19000本。[32]

《野蛮种族或人的自然历史》（*The Uncivilized Races, or Natural History of Man*，1870）；伍德的作品《露天》（*Out of Doors*，1874）中的知识被阿瑟·柯南·道尔（Arthur Conan Doyle，1859—1930）在其福尔摩斯探案故事《狮鬃毛》（*The Adventure of the Lion's Mane*，1926）中引用。与欧希多尔·伍德合著《野外博物学家手册》（*Field Naturalist's Handbook*，1879—1880）；在伍德的一生中，大约出版了20多本博物学的大众科学书，还参加了许多其他写作计划。他还是英国博物学家吉尔伯特·怀特（Gilbert White，1720—1793）的作品《塞耳彭自然史》（*Natural History of Selborne*）① 的编辑。另外，他还是很多博物学经典丛书的编辑，比如英国博物学家和探险家查尔

① 创刊于1789年，到2007年为止共发行了300多期。在英语书发行量中仅次于《圣经》《莎士比亚全集》以及约翰·班扬（John Bunyan）的《天路历程》（*Pilgrim's Progress* 768）。

斯·瓦特顿（Charles Waterton，1782—1865）主持编辑的《徘徊在南美洲》（*Wandering in South America*，1879）经典系列丛书等。他还曾经担任《男孩自己的自然历史杂志》（*Boys Own Magazine of Natural History*，1855—1867）主编。

伍德在大众博物学写作和讲演中有自己成熟的思考。在《男孩自己的自然历史杂志》中，他阐述了自己的思想："目前，将准确的知识和系统的内容安排与简洁和简单的表述相结合的作品几乎没有。"他认为，即使是最著名自然历史大众图书也存在缺陷：不准确的分类，不精确的绘画，对动物的错误知识解释。特别是"价值解释和科学词汇的来源解释的缺乏。"伍德不断地批评那些使用没有必要的复杂的术语讲解读者或者观众听不懂的科学。他认为那些故意用大量的科学术语的人其实是为了使别人认为自己是具有学问的大人物。为了避免过多使用复杂的科学词汇，他将有趣的轶事加入到自然历史的讲述中。对伍德来说，轶事不仅仅是使作品更好读，而是讲述知识的重要手段。在《人与野兽》（*Man and Beast*，1874）一书中，他讲述道，低级动物也具有人的一些特性。他说："作家们已经验证，至少有 300 多个原始轶事可以用来阐述这个观点，我已经掌握了这些文件。"[33]伍德雇佣第一流的插图画家给他的书绘制精致的图片。塔芬·韦斯特（Tuffen West）① 是 19 世纪最著名的微观绘画师之一，他被伍德邀请为《显微镜下的自然之物》绘制了 20 块绘画版。伍德本人也以真实的标本做模本绘制了动物解剖学和微观绘画。

伍德很少在公众面前表述他对演化论的态度。他的儿子说，伍德在演化论刚刚诞生的时候持否定的态度。但是，他后来修正了自己的理论，认为演化论至少对于动物演化是适用的。伍德认为演化论与宗教是对立的。他的《人与野兽》早于达尔文的《人的演化》（1871 年）3 年出版。书中的观点基本否定人的演化理论。伍德基本是在宗教文化范畴内解释科学。他的自然神学理论适应了 19 世纪人们对世俗文化的敏感心理。他的儿子回忆说，伍德在他的书中从不引用圣经，甚至很少引用某些圣经陈述。当他发现某些宗教杂志编辑在他的观点和文章中引用圣经观点进行解释，他就怒不可遏。伍德的自然神学理论从他早期的作品和他后来学术生涯的作品和演讲中起着十分重要的作用。他的最畅销《本土随处可见的自然之物》开启了将学习阅读圣经和学习阅读自然联

---

① Tuffen West 是 19 世纪下半叶著名的绘画师，给很多图书绘画。但是，查不到关于他的更多的信息。关于微观绘画记载，请查阅 http://microscopisr.ner。

系在一起的先河。他认为，阅读圣经并不能理解自然和生命，这是因为圣经本身是一些没有生命的文字，而且阅读自然则不同，自然中生机勃勃的生命使人们能够更好地理解生命的发展历史。

1889年3月3日，伍德于考文垂逝世，享年62岁。在美《时代周刊》上纪念伍德的文章评价其“在普及自然历史方面所做的事情，超越所有人。”① 一年后，伍德的儿子欧希多尔·伍德（Theodore Wood）认为他的父亲是“用有趣、充满知识的陈述方式给非科学家普及博物学第一人”。约翰·厄普顿（John Upton）在其《三个最伟大的博物学家》（*The Three Greatest Naturalists*，1920）一书中，将伍德列为与达尔文齐名的那个时代最重要的博物学家：“尽管他可能不能被列入最著名的博物学家名单中，但是，他在普及自然历史科学方面却超过任何人。”[34]他的《本土随处可见的自然之物》发行量和产生的影响超过那个时代的科学家，其中包括被所有人认为最具影响力和经常被人纪念的科学巨著《物种起源》。

（约翰·亨利·裴波，John Henry Pepper，图片来源：http://en.wikipedia.org）

约翰·亨利·裴波（John Henry Pepper，1821—1900）是英国科学家和发明家。在他的一生中，几乎走遍所有英语国家，进行科学讲座和科学表演。他用多种多样的科学发明让观众、皇室人员和科学家同行们欣赏他的技术发明过程。

人们首先记得他的是他开发的号称“裴波的魔鬼”的投影技法。他还将晚讲座引入“皇家理工学院”（Royal Polytechnic Institution），写了数本重要的科学教育书，其中一本被认为是重要的关于大陆漂移理论的书。

裴波生于伦敦威斯敏斯特，在国王学院中学（King's College School）接受教育。在上学期间，他沉醉于科学的新学科，尤其是发明了氢氧显微镜的库伯（J.T.Cooper，1790—1854）讲授的化学课程。库伯是裴波的导师。19岁时，裴波成为格兰杰医学院的助理讲师。大约在

① 参阅1889，TIMES，March 3，9。

1843 年，他被推选为化学学会的会员。

1847 年，裴波在在皇家理工学院做了第一个科学讲座。1848 年，他担任化学分析师和讲师。1854 年，他担任这个学校的校长。1850 年代初，他在学校开始推行以教育和贸易为主题的晚间系列课程。他还受邀在最有名望的英格兰的学校讲座，其中包括伊顿公学、哈罗公学和海雷布瑞学校（Haileybury）。当时的学生中就有后来成为英国著名慈善家的昆廷·霍格（Quintin Hogg，1845—1903），他赞助皇家理工学院，使其顺利发展，成为英国当今著名大学：威斯敏斯特大学。裴波还在纽约和澳大利亚进行科学演讲，受到欢迎。由于他出色的科学表演和演讲，使得他获得“裴波教授”的称呼。他科学演讲的最大特点就是以娱乐和教育相结合的方式将科学和技术创新知识讲解给听众，让他们知道一些基本的科学原理。在他新颖的科学表演中，最著名的就是被称为“裴波魔鬼”（Pepper’s ghost）的新技术。

亨利·德克斯（Henry Dircks，1806—1873）是英国利物浦工程师、发明家和技术哲学家。德克斯被认为是后来被称为产生“裴波魔鬼”效应的技术的工程师。他将用一片玻璃和变换的光将一个演员的形象投射到舞台上，诡异而奇幻的人像变化让观众惊异不已。这个技术被称为“德克斯幻觉效应”（Dircksian Phantasmagoria）。通过这种技术将演员呈现出一种缥缈虚幻、像鬼魂幽灵般的形象，与其他演员同场的演出，更显得怪异和难以琢磨。裴波首次用这个技术演出是在查尔斯·狄更斯于 1862 年创作的《被鬼缠身的人》（*The Haunted Man*）的剧作在圣诞夜首次演出时，同时首演。但是，演出后，观众将节目叫做“裴波的魔鬼”，这个由迪克斯发明的技术由于演出的成功却成了演出者的功劳，这不免让德克斯有点失望。但是，裴波坚持要与迪克斯共同享有成功的声誉和名望，而且告知所有的人，这项技术应该以德克斯名字命名。也有一些报道称裴波自己后来对这项技术进行了改进。

裴波的“魔鬼效应”不仅引起了公众的惊讶与赞叹，而且也引起了科学家的注意。很多人经常回到演出的剧场试图揭示谜团，但是，都失败了。法拉第最后只好放弃。

裴波共写了 11 本科学书。1859 年，由《关于科学的剧本》（*The Playbook of Science*）发行量达到 3.4 万册，仅次于发行量为 3.5 万册的达尔文的《人类起源》（*The Descent of Man*）。《关于科学的剧本》后来改编为《孩子的科学剧本》（*The Boy's Playbook of Science*），成为英国中学教育科学课本。美国一些再版重印本是宾夕法尼亚和布鲁克林的学校规定教科书。

裴波对电和光十分着迷。1863 年，他用弧光灯将特拉法加广场（Trafalgar Square）和圣保罗大教堂（St. Paul's Cathedral）照的光彩通明，以庆祝威尔士王子爱德华·阿尔伯特（Edward Albert，Prince of Wales）与丹麦的亚莉珊德拉（Alexandra of Denmark）的婚礼。

1867 年 12 月 21 日，在“贵族与科学绅士”的宴会上，裴波安排了惠灵顿第二公爵和美国总统安德鲁·约翰逊之间的电报通信。电文仅用了 10 分钟到达美国，回信在 20 分钟内到达英国。[35] 这次跨洋电报通信被认为是一次对科学重大成就的赞扬行为，产生了巨大的影响。

1874 年至 1879 年期间，裴波携夫人和儿子在美国和加拿大巡游讲学。1879 年 6 月抵达澳大利亚墨尔本。在抵达墨尔本的第四天，他就进行了第一次科学表演，一个月后他转移到悉尼继续他的科学旅程。

他在悉尼期间，听到悉尼郊区坎贝尔镇（Campbell town）的一个农夫弗雷德·费歇尔（Fred Fisher）于 1826 年神秘失踪的事情。当地传说的目击费歇尔魔鬼的传说至今仍然是当地人的街谈巷议的大事情。① 裴波将费歇尔魔鬼加入到他的节目中，震惊了观众。当观众开始对这个节目的兴趣减弱的时候，他又尝试着重新写剧本，制作并自演了一个浪漫剧“赫尔墨斯和炼金术师”（*Hermes and the Alchymist*），但是，演出效果并不理想，节目仅仅上演了几个星期就结束了。

在其后的两年时间内，他环游澳洲四处演出科学剧。曾经先后到达新南威尔士、维多利亚和南澳大利亚。最后他定居昆士兰的布里斯班，继续为公众做科学演讲。他被认为是第一个在这个州进行正规化学教育的人。

1882 年，昆士兰东南部发生干旱，高温少雨。裴波认为可以通过科学手段解决这个问题。他决定进行人工降雨试验。他在 1882 年 1 月 30 日的《布里斯班快报》（*The Brisbane Courier*）头版头条广告中做了预报，称将于 1882 年 2 月 4 日在“鹰农场赛马场”（Eagle Farm Racecourse）进行闻所未闻的实验。② 在其他广告宣传中，还提到将会有非常有趣的大气现象图片，详细介绍他的实验方法。

裴波在公众演示之前几周就开始了自己的实验。他从舰艇上购买到旋转炮、强大的火箭、地雷和数量巨大的火药。他的计划是研制一种焰

---

① “The Brisbane Courier”（Qld.1864—1933）. http://trove.nla.gov.au/ndp/del/article/3402504/78022（2013）.

② “The front page advertisement,” “The Brisbane Courier”（Qld.1864—1933）. http://trove.nla.gov.au/ndp/del/article/3402504/78022（2013）.

火，将巨大烟柱射向天空，在云层中爆炸，导致电气条件的发生变化。按照他的推理，这种方法一定会引发降雨过程。几个人帮助他试图将 20 英尺的钢架风筝升至天空，但是，因为过于笨重，没有成功。他及时将其进行改装，缩小体积，以保证表演成功。

在“鹰农场赛马场”进行的表演吸引了大约 700 多人前来观看。裴波的缩小了的风筝仅仅升空一小段距离就跌落了下来，只好放弃风筝实验。随即准备发射旋转炮，以便在空中爆炸。但是，其中一个炮装载了过多的火药，炮弹打到了一处空闲的观众席上，爆炸了。发射火箭导致另一个事故发生，火箭没有按计划飞向空中，而是平射出去，差点击中人群。失败使得现场观众爆笑，讥讽之声不绝于耳。当地报纸《沃维克监督员与时代报》（*Warwick Examiner and Times*）将裴波的实验形容为“伪科学的惨败”。[①] 裴波觉得自己受到科学家同行和公众的粗暴对待，在他 1882 年 5 月 27 日写给《布里斯班快报》的信中说道：“我在昆士兰的实验受到嘲笑和羞辱。面对着这些冰冷坚硬的钢栏杆，我将用温柔的劝说让上天之云降福与人的荣誉和努力让给他人。”[②]

在其后的数年时间内，其他科学家都进行了裴波曾经进行过的尝试实验。1884 年 4 月，裴波在给《布里斯班快报》的另一封信中谈到其中一位科学家，他希望科学家们“不要对其持不支持的态度，不要用下流的笑话和心胸狭窄的褒贬来对待他，就像当年对待我一样。”[③]

1889 年，裴波返回英格兰享受他的退休生活。1900 年 3 月 25 日，裴波于雷顿斯通（Leytonstone）辞世，安葬于西诺伍德墓地（West Norwood Cemetery），碑文上将裴波称为“科学演讲家和幻想家”（illusionist）[④]。

赫伯特·斯宾塞（Herbert Spencer，1820—1903）是维多利亚时代英国哲学家、生物学家、人类学家、社会学家，同时也是著名的古典

---

① “Professor Pepper's Rainmaking Experiment.” *“Warwick Examiner and Times”* (Qld. 1867—1919) . http://trove.nla.gov.au/ndp/del/article/82111656 (2013) .

② “Cloud Compelling” , “The Brisbane Courier” (Qld.1864—1933) http://trove.nla.gov.au/ndp/del/article/3411650 (2013) .

③ “Cairens Post” , “The Brisbane Courier” (Qld 1884—1893) http://trove.nla.gov.au/ndp/del/article/3411650 (2013) .

④ 最早的纪念碑文难以查找。这个碑文是 2004 年 9 月 “Friends of West Norwood Cemetery” 报上对 2004 年对重新修建的墓地的报道中谈到的。http://www.fownc.org/pdf/newsletter51.pdf (2013)。

（赫伯特·斯宾塞，Herbert Spencer，图片来源：http://en.wikipedia.org）

自由主义政治理论家。

斯宾塞将演化论发展成一个内容广阔，几乎包罗所有知识在内的概念。在他设计的概念中，不仅包括物质世界，还包括生物有机体、人类心智、人类文化以及社会。斯宾塞热情支持演化论。由于他的博学，他在伦理学、宗教、人类学、经济学、政治理论、哲学、文学、生物学、社会学和心理学都作出重要贡献。在他的一生中，获得了许多显赫的学术成就。斯宾塞是"唯一能够与20世纪波特兰·罗素（Bertrand Russell）一样具有广泛知名度的英国哲学家"。

提起斯宾塞，大多数人都会想起他创造的一个概念"最适者生存"（survival of the fittest）。这个概念首次出现在《生物法则》（*Principles of Biology*）一书中。这本书出版于1864年，书中的观点被认为是在他阅读了达尔文于1859年出版《物种起源》之后得出的结论。也有人认为，斯宾塞是受到拉马克（Chevalier de Lamarck，1744—1829）思想的影响。"就达尔文学派来说，适应是自然选择的产物。就拉马克来说，生物为了应付环境变化所必需的生理过程（连同获得性状遗传）的必不可少的产物。"[36]

赫伯特·斯宾塞于1820年4月27日出生于英格兰的德比（Derby）。其父威廉·乔治·斯宾塞（William George Spencer，1790—1866）因为对教义持不同见解而由卫理公会转到贵格会。父亲的举动和思想使得儿子对所有的权威都持抵制和反对的态度。斯宾塞创办了一个学校，采用瑞士教育学家约翰·海因里希·斐斯塔洛齐（Johann Heinrich Pestalozzi，1746—1827）的教学方法进行教学。同时，他还担任德比哲学学会（Derby Philosophical Society）会长。这个哲学学会是1790年代由查尔斯·达尔文的祖父，伊拉姆斯·达尔文（Erasmus Darwin，1731—1802）创办。

斯宾塞受到其父的经验科学教育。作为德比哲学学会的成员，他早期接触到前达尔文时代的生物演化概念和知识，特别受到伊拉姆斯·达尔文和让·巴蒂斯特·拉马克思想的影响。斯宾塞在年轻时，无法使自己埋首于任何一门专业知识领域。他在1830年代做土木工程师的时候，就经常给当地一个没有特别宗教信仰和政治要求的杂志写稿。从 1848 年到 1853 年，他担任非专业杂志《经济学家》(*The Economist*) 主编助理。1851 年，他出版了第一本书《社会静力学》(*Social Statics*，1851)。在这本书里，他提出自己的假想，即使一个国家由于变故而消亡，人类终将会完全顺应于一个社会并生存下去。出版商约翰·查普曼 (John Chapman，1821—1894) 将斯宾塞介绍给许多进步思想家经常参加的沙龙聚会。在沙龙活动中，他认识了《论自由》(*On Liberty*，1859) 作者约翰·斯图尔特·米尔 (John Stuart Mill，1806—1873)、女社会学家哈里特·马提诺 (Harriet Martineau，1802—1876)、英国哲学家、文学和剧作评论家乔治·亨利·刘易斯 (George Henry Lewes，1817—1878) 和英国小说家乔治·艾略特 (George Eliot，1819—1880)。斯宾塞主动认识生物学家托马斯·亨利·赫胥黎并与他成为终生朋友。

斯宾塞与艾略特和刘易斯的友谊产生的第一个成果就是斯宾塞的第二本书《心理学法则》(*Principles of Psychology*)。这本书于 1855 年出版，探索了构成心理学的生理基础。该书理论建立在这样的基本推理之上，即人的思想服从于自然法则，所有的这些规律都是在普通生物学框架内发现的。这个定律揭示了顺应社会发展不仅仅是个人 (传统心理学观点) 的适应性，同时也是物种和种族的适应性问题。斯宾塞通过这个范式，将米尔的《逻辑》(*Logic*，1843) 中的联想主义心理学进行了合理的解释。斯宾塞认为，人的思想由通过理念联想定律集合成的原子知觉建构而成的，而人的联想显然是更为科学的颅相学理论，即人的特殊心智功能置于大脑的特别区域。斯宾塞认为这些理论偏重于这样的事实：联想在特定的股脑组织中形成，而这种功能会代代相传，正如拉马克所说的应用遗传机制。但是，《心理学法则》出版初期发行并不成功，第一版中最后剩下的 251 册直至 1861 年 6 月还未售出。

1858 年，斯宾塞完成了“合成哲学系统”(the System of Synthetic Philosophy) 的理论框架。这个巨大的思想体系在英语世界中独树一帜，其目的是解释演化原则在生物学、心理学、社会学和道德领域中的作用。斯宾塞曾设想在 12 年时间内完成长达 10 卷的巨著，但是，这部巨著耗费了他计划中的两倍的时间，耗尽了他生命中的绝大部分时间。

尽管斯宾塞早期想成为一个作家，但是，直至 1870 年，他却成了那个时代最著名的哲学家。[37] 他的书广为流传。1869 年，他靠出书和定期为维多利亚时代的杂志投稿获得的收入已经能够维持生活。他的书被翻译成德语、意大利语、法语、俄语、日语和中文，以及其他各种语言。他因此获得了来自欧洲和北美的授予他的各种荣誉和奖励。他被接受为“雅典娜俱乐部”（Athenaeum Club）[①] 的成员，赫胥黎成立的“X 俱乐部”成员，参加这些学术组织，使得他能够与维多利亚时代最著名的学者们经常讨论彼此最感兴趣的问题，著名人物包括物理学家和哲学家约翰·廷德尔、达尔文的堂兄，银行家和生物学家约翰·卢波克爵士（Sir John Lubbock，1834—1913）。经常往来的重要知名人士有威斯敏斯特学院院长亚瑟·斯坦利（Arthur Stanley，1835—1931），查尔斯·达尔文以及赫曼·冯·亥姆赫兹（Hermann von Helmholtz，1821—1894）。通过与这些学者的交流，斯宾塞在科学团体中建立起了自己形象和声誉，从而增进了在听众中的影响。

1873 年，他出版了《社会学研究》（*Study of Sociology*）。销量达到 23830 册。这本书对世界范围内的社会学和政治学研究具有极其重要的意义。1903 年全书由上海文明编译书局出版的严复译的《群学肄言》对处于国家衰败和颓废的中国社会具有惊雷灌耳、振聋发聩的作用，对于中国社会和公民思考国家的前途和自身命运具有不可替代的醒世意义。

19 世纪 90 年代斯宾塞读者开始离他远去，他身边的最亲密的朋友也相继辞世。他逐步失去了在哲学界的中心地位。他的政治观点也急剧滑向保守。他这个时期的政治观点表达在他的最著名的著作《人与国家》（*The Man Versus the State* 1884）。

赫伯特·斯宾塞逝世后被安葬在著名的海格特公墓（Highgate Cemetery）。他的墓地与卡尔·马克思相对而立。

1902 年，在斯宾塞去世之前，他被提名为诺贝尔文学奖候选人。在他人生的最后时间内，他仍然坚持自己的写作。由于身体日渐衰老，他只能依靠口述的方式写作，直至他在 83 岁高龄的时候不得已放弃写作生涯。

在他的葬礼上，印度民族主义领导人 Shyamji Krishnavarma（1857—1930）宣布捐赠 1000 英镑在牛津大学设立讲师职务，作为对斯宾塞和他杰出的学术贡献的纪念。

罗伯特·钱伯斯（Robert Chambers，1802—1871），苏格兰出版商、生物学家、演化论思想家、作家和期刊编辑。他与他的哥哥和商业合作者威廉·钱伯斯（William Chambers）一样，都是 19 世纪中叶科

① 1824 年在伦敦成立的绅士俱乐部，现在已经接受女性学者。主要从事科学技术和哲学、艺术与文学等学术活动的组织。参见：http://en.wikipedia.org/wiki/Athenaeum_Club,_London。(2013)。

学和政界具有影响的重要人物。

（罗伯特·钱伯斯，Robert Chambers，http://en.wikipedia.org）

罗伯特·钱伯斯早期时是颅相学家，同时也是《创世的自然历史痕迹》（*Vestiges of the Natural History of Creation*，1844）的匿名作者。关于这本书的原创作者直至他去世也没有得以确认。

当罗伯特·钱伯斯建立了自己的出版公司的时候，威廉·钱伯斯购买了一台国产印刷机并出版小册子。不久，兄弟俩就决定合伙，罗伯特写作，威廉印刷。他们合作出版的第一个系列杂志《万花筒，或者爱丁堡文学消遣》（*The Kaleidoscope, or Edinburgh Literary Amusement*），售价3便士。在1821年10月6日到1822年1月12日期间，杂志每两周发行一期。1822年，他们出版了《韦弗利作者的画册》（*Illustrations of the Author of Waverley*）[38]，画册将历史小说家瓦尔特·斯格特（Walter Scott，1771—1832）小说中的人物用绘画形式进行了栩栩如生的表现。威廉古旧的印刷机印刷的最后一本书是《爱丁堡的传统》（*Traditions of Edinburgh* 1824），内容是罗伯特对爱丁堡最感兴趣的历史和古代史的故事。随后，在1825年，他又出版了《爱丁堡漫步》（*Walks in Edinburgh*）。这些书的出版使他赢得了小说家、诗人瓦尔特·斯格特的肯定并与其建立了个人友谊。瓦尔特·斯格特死后，罗伯特于1832年写了《瓦尔特·斯格特爵士的生平》（*Life of Sir Walter Scott*）一书，以纪念这位文学家。罗伯特于1828年还写了《1638年到1745年苏格兰叛乱史》（*History of the Rebellions in Scotland from 1638 to 1745*）和其他数本关于苏格兰和苏格兰传统的作品。

1832年初，罗伯特哥哥威廉开始出版周刊《钱伯斯爱丁堡期刊》（*Chambers's Edinburgh Journal*），很快获得读者欢迎，印量大增。随后，兄弟俩成立了"钱伯斯兄弟出版公司"（W. & R. Chambers Publishers），出版了《杰出的苏格兰人的传记词典》（*Biographical Dictionary of Eminent Scotsmen*，1832—1835）；《英国文学百科全书》（*Cyclopædia of English Literature*，1844）；《罗伯特·伯恩斯的生活与工作》（*Life and Works of Robert Burns*，1851）；《远古海洋边缘》（*Ancient Sea Margins*，1848）；《苏格兰编年史》（*Domestic Annals of Scotland*，1859—1861）以及最重要的作品《岁月之书》（*Book of Days*，1862—1864）。

《钱伯斯的百科全书》（*Chambers's Encyclopaedia*，1859—1868）被认为是维多利亚时代最重要的词典类科学与艺术的著作，也是19–20世纪最重要的英语百科全书。这套书不仅详尽的记载了科学技术的发展和文学的发展历史，而且彰显了内容精准和具有学者气质的写作风格，这种学问之风不仅体现在这部百科全书，而且体现在钱伯斯出版公司出版的其他的图书中。

《钱伯斯的百科全书》初版书名为《钱伯斯百科全书：大众通用知识词典》（*Chambers's Encyclopaedia*：*A Dictionary of Universal Knowledge for the People*）。其中部分内容来自德语的百科全书，即《布鲁克豪斯百科全书》（*Brockhaus Enzyklopädie*）的英语译本。但是，出版者认为有必要增加新的内容。执行编辑安德鲁·芬德拉德（Andrew Findlater，1810—1885）将他生命中的10年时间花费到这个工程上。整套书的出版时间跨越1859年到1868年，以520周分册，每册3.5便士销售，共计10卷八开本，8320页，由100名作者撰写27000篇文章。第十卷则增加409页新内容或者修订内容。修订版在1874年出版。文章皆为最优秀的内容和文笔创作而成，尤其是犹太文学、民间故事和实用科学。但是，在《布鲁克豪斯百科全书》中，却不允许进行内容增添修改。

1830年代，罗伯特·钱伯斯对当时发展迅速的地质学特别关注。1844年，他被选为伦敦地质学会会员。而早在1840年，他就当选为爱丁堡皇家学会会员。皇家学会的活动使他通过通讯结识了很多科学界的人，比如英格兰医生、神经学家、解剖学家和神学家查尔斯·贝尔爵士（Sir Charles Bell，1774—1842）、颅相学运动创始人乔治·考姆（George Combe，1788—1858）以及他的兄弟外科医生和颅相学家安德鲁·考姆博士（Dr. Andrew Combe，1797—1847）、土木工程师，无烟炉发明家内尔·阿诺特（Dr. Neil Arnott，1788—1874）、博物学家爱德华·福布斯教授（Professor Edward Forbes，1815—1854）、苏格兰化学家、诗人和散文作家塞缪尔·布朗博士（Dr. Samuel Brown，1817—1856）以及其他心理学和心理学思想家。

1848年，他出版了自己第一本地质学的著作《远古海缘》（*Ancient Sea Margins*）。不久，他对斯堪的纳维亚和加拿大进行了地质勘测，出版了《欧洲北部探索》（*Tracings of the North of Europe*，1851）和

《冰岛和法罗群岛探索》(*Tracings in Iceland and the Faroe Islands*, 1856)。可是，他最著名的书是1844年出版的《创世的自然历史痕迹》。这本书是他根据地质考察后进行的推测理论。这本书他从未正式署名，一直匿名出版。在那个时候，匿名出书并非罕见，特别是在周期报纸杂志发表的文章。但是，在科学类著作中，匿名却是非常少。署名作品主要是为了取得自己的研究工作的信誉，获得发明优先权。

罗伯特·钱伯斯当然非常清楚他所提出的思想完全有可能引发争论，同时，他也不愿意因为自己的书而给自己的兄弟出版公司带来麻烦。因此，他将书委托给在曼彻斯特的朋友，苏格兰记者、地质学家、藏书家亚历山大·爱尔兰(Alexander Ireland，1810—1894)出版。1884年，几乎所有的与这本书有关的人都死了以后，爱尔兰在该书的第20版前言中揭示了这本书的秘密。[39]而在此之前，他仅仅向4个人透漏了这个秘密，这4个人是：他的妻子、他的兄弟威廉、爱尔兰和乔治·考姆的侄子罗伯特·考克斯(Robert Cox)。钱伯斯的手稿全部由其妻子誊写，钱伯斯与爱尔兰之间的所有通信和手稿都由钱伯斯的妻子签字接收，以防他人认识罗伯斯的笔迹。

当我们开始阅读他的书《创世的自然历史痕迹》的时候，钱伯斯匿名出书的原因就十分清楚了。书中观点支持恒星演化宇宙观以及与法国科学家拉马克思想极其接近的物种演变观点。但是，由于拉马克在当时的知识分子中获得的信任度并不高，演化理论除了在政治激进主义者、唯物论学者和无神论学者中受到赞同以外，在当时并未获得普遍承认。钱伯斯试图用否定拉马克的演进机制理论将自己的理论与他保持距离。钱伯斯的这本书的观点超越了前人。在书的结尾，他写到："此书，据我所知，是将自然科学与创物历史结合的首次尝试。"[40]在科学史上，钱伯斯的这本书可以说是第一次用实验证据表明了宇宙远比"创世纪"中所说的时间长久得多，生物种类也是经历了长期进化的结果。《创世的自然历史痕迹》从1844年匿名出版直到1884年的10年时间内，其作者的身份处于人人都知，却无法证实的状况。直到达尔文的《物种起源》出版，改变了演化论的地位，达尔文公开赞扬了钱伯斯的理论，称赞他的是扫除了偏见，同时也为他的演化理论做了前期的铺垫。钱伯斯的地球地质演化和植物动物种类的演化的假说不仅是人类历史早期的主要研究成果，而且是达尔文物种演化理论的基石。

《创世的自然历史痕迹》中隐含了上帝可能没有维护自然界和社会层次结构的思想，因此，该书威胁了社会秩序，同时也为宪章运动者和革命者提供了理论依据。英国教神职人员和自然主义者攻击书中的思想。但是，贵格会信徒和一神论者却很喜欢这本书。无论如何，钱伯斯的书引发了地震似的轰动效应，成为街头巷尾的议论话题，演化论也成为名人画室中的主题。不断扩展的关注使得该书很快就再版数次，成为世界畅销书之一。1845 年，阿尔伯特亲王向维多利亚大声朗读了这本轰动世界的书。宫廷的态度再一次掀起钱伯斯思想讨论的高潮。

《物种起源》中有专门论述支持演化论的化石证据。钱伯斯的研究提供了化石研究的证据。他的研究提出了一个宇宙演变理论，即自然的创世历史，也就是我们今天所说的演化论。钱伯斯认为，世间所有现存生物都是从早期的形态演化而来：太阳系、地球、岩石、植物和珊瑚、鱼、陆生植物、爬行动物、鸟类、哺乳类动物以致最后的人类。钱伯斯的《创世的自然历史痕迹》中先探讨了太阳系的起源，用星云假说，依据自然法则解释解释其假说成因。同时说明了自然发生的起因，引用了一些似乎不很可靠的实验结果证实电导致的自发生成的昆虫。地质学研究结果显示，化石记录证实了生物从简单到复杂，最后变成人的过程。钱伯斯的书中还谈及了直到今天仍然处于争议的智能设计（Intelligent Design）理论（简称为“智设理论”）。

1800 年前后，演化论的思想被指控为破坏了自然神学的理论基础的危险的唯物主义，同时也对当时的道德观和社会秩序形成威胁。但是，这种思想却得到那些想为颠覆贵族社会等级制度寻找理论依据的低层阶级激进分子的赞赏和传播。钱伯斯支持中产阶级的政治态度，并认为自然进化的定律适用于必然的政治进化发展规律。他通过揭示神圣创世设计定律表达进化，包括人的诞生的演化理论，从而激化极端传统思想。维多利亚时代的持续繁荣使得政治气候变得和缓，对演化论的恐惧感也降低。钱伯斯的书仅仅被认为是纯粹的具有诽谤性和传播了不安分的因素而已。《创世的自然历史痕迹》不仅在上层社会中流传，同时，在 19 世纪下半叶，由于印刷价格下降，销量大增，在中低阶层中广为流传。[41]

守旧派人物容忍了演化论学者的创世定律的初步描述和设计，但是，《创世的自然历史痕迹》用人道主义作为目标所展示的进步定律，并提出人类是动物生命演化的最后阶段的持续进步理论。其理论包括人类智能和道德并非一成不变，而是由大脑体积在进化过程中成长的结果。这种唯物主义思想遭到宗教和科学保守派人物的否定和拒绝。科学家们认为钱伯斯的思想越过了他们的理论权威的审视，而直接进入到公众的视野并得到广泛传播。这本书在短短的几天时间内就销售出 1750 册。同时，在贵族文人的聚会中，钱伯斯的理论成为了重要的话题。在白金汉宫和拜伦夫人举办的聚会上，宇宙演化论在许多年里一种占据着主要的话题位置。在 1844 年 11 月 23 日的《柳叶刀》(*The Lancet*) 杂志上，发表了赞同的文章，也有一些对其部分观点批评的文章。1845 年,《创世的自然历史痕迹》在纽约出版后，引发了 1845 年 4 月《北美评论》(*North American Review*) 上的长篇评论，引起了北美学术界的注意。

达尔文在其《物种起源》中承认已经发表的《创世的自然历史痕迹》中的演化理论已经得到关注，但是，对其中关于物种演化的证据提出批评。尽管如此，达尔文还是认为，钱伯斯的书对他的自然选择理论具有奠基作用。从 1844 年到 1890 年，由约翰・丘吉尔（John Churchill,1801—1875）出版的《创世的自然历史痕迹》达到 3.9 万册，多于 1871 年达尔文的《人的起源》(3.5 万册)。

罗伯特・钱伯斯于 1871 年 3 月 17 日死于圣・安德鲁（St Andrews）。遵照他的遗嘱，他被安葬在圣・雷古勒斯大教堂墓地。1884 年，亚历山大・爱尔兰在第 12 版的《创世的自然历史痕迹》中将罗伯特・钱伯斯作为作者名字印在封面，并在再版前言中对作者进行了介绍。爱尔兰认为，已经没有任何理由再隐瞒这位科学家的名字。

理查德・普洛科特（Richard Proctor，1837—1888)，英国天文学家和科普作家。普洛科特最著名的是他在 1867 年绘制的最早期的火星图。他用 1666 年以来的火星图为参照，计算出火星自转周期。1873 年，他最终计算的结果为 24 小时 37 分 22.713 秒，与现代计算结果 24 小时 37 分 22.663 秒十分接近。由于他在测定火星周期的贡献，火星上的一个火山口以他的名字命名。

(理查德・普洛科特，Richard Proctor，图片来源：http://en.wikipedia.org)

普洛科特 13 岁的时候，父亲去世。母亲十分关注他的教育。他先被送入伦敦大学国王学院，后来获得剑桥圣约翰学院奖学金。1860 年，他以第 23 名的成绩毕业。随后他开始攻读法律专业，但是，他却对天文学感兴趣并开始撰写天文学方面的文章和作品。1865 年，他在《康希尔杂志》(*Cornhill Magazine*) 上发表了《双星的颜色》(*Colors of Double Stars*)。同一年，他自费出版了自己的第一本书《土星及其系统》(*Saturn and its System*)。在这本书中，详细阐述了这颗行星变化现象。尽管这本书得到了天文学家的好评，但是，销量不大。他随即开始撰写关于火星、水星、太阳、月亮、彗星和流星、行星以及星云的文章。

普洛科特需要靠写作养家糊口，他汲取了第一本书失败的教训，开始探索更符合大众读者口味的写作方式。但是，他早期的努力并不成功。《看星手册》(*Handbook of the Stars*)在1866年完成后即遭到朗曼和麦克米兰出版商(Messrs Longmans and Messrs Macmillan)的拒绝，只好自费出版。但是，销量却很好。1868年完成的《望远镜看天半小时》(*Half-Hours with the Telescope*)再版20次，但是稿酬仅为25英镑。为了生计，尽管他并不喜欢教学，但是还是担任了乌尔维奇和桑德赫斯特学院(Woolwich and Sandhurst)的数学教师。在任教的这段时间，他的文学水平得到提升，成为《智力观察》(*The Intellectual Observer*)、《钱伯斯杂志》(*Chamber's Journal*)和《大众科学评论》(*Popular Science Review*)的定期撰稿人。

1870年，《未知世界》(*Other Worlds Than Ours*)出版。书中用新的事实讨论了世界的多样性问题。这本书发行取得巨大成功，从1870年出版到1909年，该书重印了29次。从此他一发不可收，《闲暇时的轻松科学》(*Light Science for Leisure Hours*)和《太阳》(*The Sun*, 1871);《环绕我们的轨道和天文学随笔》(*The Orbs around Us* and *Essays on Astronomy*, 1872);《天体膨胀，月亮和科学的边界》(*The Expanse of Heaven*, *The Moon* and *The Borderland of Science*, 1873);《宇宙和即将出现的凌日以及金星的凌日》(*The Universe and the Coming of Transits and Transits of Venus*, 1874);《无限之中我们的位置》(*Our Place among Infinities*, 1875);《天文学的神话与奇迹》(*Myths and Marvels of Astronomy*, 1877);《星际宇宙》(*The Universe of Stars*, 1878);《天空花海》(*Flowers of the Sky*, 1879);《天文学诗篇》(*The Poetry of Astronomy*, 1880);《简易识星与科学知识》(*Easy Star Lessons* and *Familiar Science Studies*, 1882);《时空秘密与大金字塔》(*Mysteries of Time and Space* and *The Great Pyramid*, 1883);《太阳系》(*The Universe of Suns*, 1884);《季节》(*The Seasons*, 1885);《恒星与半小时环游星空》(*Other Suns than Ours* and *Half-Hours with the Stars*, 1887)。

1881年，普洛科特创办了科学周刊《知识》(*Knowledge*)，1885年，改为月刊，发行量很大。其内容无所不包，甚至包括国际象棋和扑克牌游戏。他还是《美国百科全书》(*American Cyclopaedia*)、《大英百科》(*Encyclopædia Britannica*)天文学条目的编辑。在英格兰、美国和澳大利亚，他是知名的天文学大众讲座的演讲家。

1866年，普洛科特当选为“皇家天文学学会”(Royal Astronomical Society)会员，1872年当选为荣誉会长，为学会《每月通报》(*Monthly Notices*)撰写了83篇学术论文。其中，比较有影响的论文对恒星、星团和星云，以及恒星宇宙的构成有重要的贡献。他的论文中根据伯恩星表(Bonner Durchmusterung)中的所有恒星，设计出北半球9—10级星等分布的定律。他的论文《理论思考》(*Theoretical Considerations*)中对于日晷的研究具有重要的价值。他还推论出火星旋转的周期估计误差为0.005。他还批评了官方在1874年和1882年对金星凌日观测的安排计划。

他的最具野心的著作《陈旧与崭新的天文学》(*Old and New Astronomy*)直至他去世也没有完成。英国天文学家亚瑟·考伯·兰亚(Arthur Cowper Ranyard，1845—1894)在1892年完成这部著作。1881年他定居美国，1888年在纽约死于黄热病。他的女儿玛丽·普洛科特(Mary Proctor，1862—1957)受到他的影响，钻研天文学，成为著名的天文学普及家。她曾经给许多报纸杂志撰稿，著述甚丰，演讲出色。火星上一个火山口以他的父亲的名字命名，而月球上的一个火山口以她的名字命名。

维多利亚时代时期的著名的科普作家和演说家大约至少在35—40位。埃比尼泽·科巴姆·布鲁尔(Ebenezer Cobham Brewer，1810—1897)的《常见事物的科学知识》(*A Guide to the Scientific Knowledge of Things Familiar*)用问答式的方式解释日常生活中的各种事情与事物的科学知识，解释语言极端大众化。从1847年出版以来到1892年，发行量达到19.5万册。仅英文版在1905年一年间就达到47版。同时，该书还被翻译为多种语言出版。2005年，美国以电子文献形式出版的《创造美国IV：美国之声，1850—1877》(*Making of America IV: the American voice, 1850—1877*)中，将这本书编入其第四章。

除了钱伯斯、裴波、普洛科特、斯宾塞等著名科普作家以外，安·莱特(Anne Wright，的《观察之眼》(*Observing Eye*)在1850

年出版的时候销量也达到20100。爱德华·克劳德Edward Clodd，1840—1930）的《孩提的世界》（*Childhood of the World* 1873）以及罗顿（Jane Loudon，1807—1858）的《夫人的花园同伴》（*Lady's Companion to the Flower Garden*，1841）销量都达到2万册。

维多利亚时代，即19世纪中叶到19世纪末，由于赫胥黎和其他科学家和博物学家的努力，科学成为专业化领域。科学先驱们用演化论为武器改革重组科学机构和思想。这个时代同时也是大众科学的时代。维多利亚时代的工业化与交通的发展，引发了传播革命。公众的受教育程度的提高与对科学技术，尤其是演化论和自然选择学说的极大兴趣，导致科学大众化的发展。同时，工业化与经济发展，使得企业家和出版商能够意识到大众科学的市场化趋势，商业资助也是科学家科普书创作的重要发展条件。以达尔文为首的演化论创立者和赫胥黎支持者在自然神学占学术统治地位的19世纪，将自己的学说和观点首先向公众传播，从而使得自己的学说能够得到大众的支持。在演化论和自然选择学说的传播中，达尔文主义者在神创论占统治地位的局面下，采用了基督教语气和惯用说法，委婉的说明自然万物在创世后的演变过程。从而达到了《物种起源》等重要的书的出版和发行。

但是，他们也处于科学实践者（Scientific Practitioner）和科学普及者（Popularisers of Science）两种身份的纠结中。没有科学实践者的地位，传播者的地位也无从谈起。因此，他们首先需要在学术领域和研究领域占据自己的地位，创立自己的影响，然后，才从事科学传播。这种纠结一直是科学家双重身份相互影响产生的必然结果。

维多利亚时代的科学家的传播活动大多数采用通过学术机构结识科学、艺术或者文学界的人，从而结识重要的出版商，通过演讲和写书，占据自己的学术地位，扩大影响，从而使自己的思想得到传播。他们的大众科学传播活动对今天的科学传播具有重要的影响。他们在科普书的创作中采用的迎合大众口味和阅读习惯的经验，对近代的西方科学书的写作都具有重要的影响。

## 五、水晶宫：工业展览

1851年在维多利亚时期的“万国工业大展览”或者“大展览”（The Great Exhibition of the Works of Industry of all Nations），有时也被称为“水晶宫展览”（Crystal Palace Exhibition）是工业化和科

学技术以及艺术的一次世界展览。这个第一届文化与工业“世界博览会”从1851年5月1日到10月11日在伦敦海德公园举行，成为19世纪科学技术大展览，同时也开创了大型科学技术展览的先河。

（1851年英国“万国工业大展览”。图片来源：http://en.wikipedia.org）

展览由亨利·柯尔（Henry Cole，1808—1882）和维多利亚女王的丈夫阿尔伯特亲王（Prince Albert，1819—1861）亲自组织举办。参与组织的还有“皇家鼓励艺术、生产和贸易协会”（Royal Society for the Encouragement of Arts，Manufactures and Commerce） 的会员。他们参与的目的是为了展示现代工业技术和设计。尽管有人认为英国的万国展览是对1844年“法国工业博览会”（French Industrial Exposition）的响应，但是，其主要目的是向世界展示大英帝国已扮演了工业大国的角色。[42]

水晶宫是英国园林师、建筑家、国会议员约瑟夫·帕克斯顿（Joseph Paxton，1803—1865）在结构工程师查尔斯·弗克斯（Charles Fox，1810—1874）支持下设计的。从设计到正式剪裁揭幕共9个月时间。帕克斯顿在为德文郡第六公爵设计的花房的经验基础上，进行了大胆的结构设计。整个水晶宫设计成巨大的玻璃房子，长564米，宽138米。其结构框架组件为铸铁和玻璃。水晶宫内空间巨大宽阔，有巨大的树木和雕像。这种设计不仅仅是在宏观上呈现美感，而且要表现出人战胜自然的胜利。水晶宫不仅在建筑结构上是巨大的成功，而且也是建筑工程上的胜利，展示了展览本身的重要性。这个巨大的建筑后来拆除，在伦敦南部的西德纳姆（Sydenham）重建，重新命名为水晶宫。这个世界著名建筑在1936年11月30日的伦敦大火中毁于一旦。

在整个展览期间，大约600万人参观了展品，这个人数相当于英国总人口的三分之一。平均日参观人数接近4.3万人，参观人数最多的10月7日，达到约11万人。展览门票收入为18.6万英镑，相当于2013年的1619万英镑。这些钱全部用来修建了“维多利亚和阿尔伯特博物馆”（Victoria and Albert Museum）、科学博物馆和自然历史博物馆。[43]剩余收入用来建立了教育信托基金，资助工业研究和教学的经费和奖学金。这笔基金至今仍然在使用。

展览期间，一些著名人物出席并参观了展览。其中包括查尔斯·达尔文、奥尔良皇室（Orléanist Royal Family）成员塞缪尔·柯尔特（Samuel Colt，1814—1862）、作家夏洛特·勃朗特、查尔斯·狄更斯（Charles Dickens，1812—1870）、路易斯·卡罗尔（Lewis Carroll，1832—1898）、乔治·艾略特（George Eliot，1819—1880）和阿尔弗雷德·坦尼森阁下（Alfred，Lord Tennyson，1809—1892）。

尽管万国大展是给世界各国展示自己科学技术和艺术成就的平台，但是，英国还是想向世界显示自己的强大和超越他国之处。英国展品“几乎在钢铁、机械和纺织等所有的领域都展示了英国工业的力量、耐用、实用以及质量。”[44]英国还试图通过展览向世界展现对更美好的未来向往和希望。正当欧洲各国在长达20年的政治与社会动荡中挣扎时，万国展览却在展示本国的技术成就，而举办者似乎在证明，技术是通往更加美好的未来的关键。

英国《自然》杂志文章《维多利亚时代文化概论》（*A compendium of Victorian culture*）[45]对展览会的描述：“展厅中央巨大的、堆积如山的展品揭示了主办者要突出的展览主题。艺术和殖民国家的原材料占据了最显著的位置。技术和机器占了主要展品的内容，特别是在现场进行技术操作的展品。”文章中还提到参观者“能够看到从采棉到制成衣服的整个生产过程。还有电报、显微镜、气泵和气压表、乐器、钟表和手术器械等科学仪器。”

展品不仅仅来自英国各地，而且来自殖民地和附属国，欧洲和美洲44个国家和地区。展品数量达到大约1.3万件，其中包括提花纺织机、信封制造机、厨房设备、炼钢过程展品以及美国送的展品收割机。

1851年5月1日，维多利亚女王宣布展览正式揭幕。水晶宫大门敞开，蜂拥而入的参观者惊讶地看到各个展厅中陈列的大量展品。可以安装在船舶上或者工厂内的闪闪发光的蒸汽引擎发出哄哄的响声。大西部铁路公司（The Great Railway）展出了巨大而雄伟的火车头。宽敞的走廊中“制造机器和工具”展区中的电钻，冲压机和一台用于制造火车车轮的大型车床。在巨大的“运转中的机器”展区中，

（维多利亚女王在开幕式上。图片来源：http://en.wikipedia.org）

复杂的机器将原棉吞进去，从另一头吐出织好的布匹。纺纱机和动力织机在观众面前不断的制造各种织物，让他们目瞪口呆，惊讶不已。

（英国"万国工业大展览"展厅。图片来源：http://en.wikipedia.org）

在农业机械展区中，用铸铁成批量制造的犁和研磨谷物的早期蒸汽拖拉机和蒸汽动力机械在轰轰隆隆运转着。在二层展区的内容为"哲学、音乐和手术器械"中，参观者看到精致的管乐乐器和显微镜。

罗伯特·斯蒂文森（Robert Stevenson，1772—1850）设计的可以将大桥金属管举起巨大的液压机，产生的巨大力量让所有的观众惊讶不已。安装有80个刀片的小刀；一把细细的雨伞却具有防身功能；可以帮助聋哑人听布道地连接到教堂椅的橡胶管；可以在小艇上使用的折叠钢琴；可以书写供盲人阅读的凸起文字的特殊墨水；印度的象牙雕刻王座；美国展品中刚刚发明的贝尔电报机让观众惊讶不已。美国新古典主义雕刻家海拉姆·保尔斯（Hiram Powers，1805—1873）用大理石雕刻的希腊奴隶吸引了观众。这个雕塑是一条锁链捆绑的裸体女奴的手工艺术品；俄罗斯给展览会送来了高达10—12英尺的，用陶瓷和孔雀石制成的巨大的花盆和水缸；还有一个巨大的装着20万只蜜蜂的巨大的玻璃箱……①

中国清朝政府虽然没有任何理由拒绝了英国政府发出的邀请，但是，在开展以后，中国的一个商人穿着华丽的服装出现了。[46]据中国有关记载，这个人是广东商人许荣村。他将自己经营的"荣记湖丝"装成12捆，托运往英国，独得金、银大奖。②

---

① 参阅 http://www.victorianschool.co.uk/Gt_exhib.html（2013）。

② 参阅 http://baike.baidu.com/view/104602.htm. 关于中国参展的历史记录似乎与国外文献不同。目前还没有查找到关于中国参展的详细文字记载。在"Victorian London: The Life of A City 1848—1870"一书中，记载了中国政府拒绝了参展邀请。中国参展的展品由英国本国居民提供。"当赞美上帝的颂歌响起时，一个中国人穿着华丽的长袍突然从人群中出现，拜倒在王座前。无人知道这个人是谁。"在征求了皇家夫妇之后，将他安排在坎特伯雷大主教和威灵顿公爵之间。"在这个显赫的尊贵的位置上，他在旁观者兴奋和惊讶眼光中在各种展览建筑物中穿行。"书中没有记载这个中国人在展览会上做什么。（见218—219页）但是，在"Science and Society Picture Library"（http://www.ssplprints.com/image.php?imgref=10320912）网站上却有一幅画，标明"Chinese stand at the Great Exhibition, Crystal Palace, London, 1851."。

美国参展的展品有599件，可能是参加展览的国家的展品最多的。其中，最引人瞩目是赛勒斯·麦考密克（Cyrus Hall McCormick, Sr., 1809—1884）制造的收割机。1851年7月24日，在一个英国的农场进行的收割比赛中，麦考密克收割机（McCormick Reaper）战胜了英国人制造的收割机，获得了展览会金奖并被当地报纸广泛报道。当这台获奖收割机重新回到展览馆后，在展出的整个夏季中，很多人都来参观这台来自美国的机器。

除了科学技术和工程展品外，最引人瞩目的是：当时世界上最大的钻石“光之山巨钻”（Koh-i-Noor）；都柏林珠宝商乔治·沃特豪斯送展的1851年发现的诞生于8世纪初的“塔拉胸针”，最精致昂贵的“爱尔兰环状胸针”和时髦的凯尔特人复兴时期钻石。锁匠阿尔弗莱德·查尔斯·霍布斯（Alfred Charles Hobbs, 1812—1891）利用展览向世人展示了他令人尊敬的锁。英国物理学家弗里德里克·贝克威尔（Frederick Bakewell, 1800—1869）在展览上展示了他早期设计制作的传真机。马修·布莱迪（Mathew Brady, 1822—1896）银版照相法获得金奖。苏塞克斯郡的小威廉·钱柏林（William Chamberlin, Jr. of Sussex）制作的能够自动计算选票的世界上第一个选票计算机，这个机器可以应用于防止重复投票的连锁系统。火器制造商、美国发明家萨缪尔·科特（Samuel Colt, 1814—1862）发明的1851式海军左轮手枪以及沃克和龙骑兵左轮手枪。另外，用气压计制作的风暴预警器也出现在展览会上。在展览期间，还举行了美国杯快艇比赛。世界第一个抽水马桶发明者乔治·詹宁斯（George Jennings, 1810—1882）为水晶宫的休息室设计了第一个公共厕所，收费仅1便士。来自巴基斯坦信德省（Sindh）的库达巴迪·信德·斯瓦兰卡（Khudabadi Sindhi Swarankar）制作的黄金饰品和银珐琅工艺品以及丹麦哥本哈根的C.C. 霍农（C.C. Hornung）展示了他制作的欧洲第一个钢琴单铸铁框架。

英国的万国展览产生了巨大影响，展况和展品新闻报道跨越大西洋飘落至美国。1851年4月7日《纽约论坛报》（*The New York Tribune*）在展览开幕之前3个星期就开始连篇累牍的报道展览消息，同时给美国人如何到英国参观提供信息。[①]“新建的水晶宫对大众来说是一种教育，展览向他们展现了一个‘百科全书画卷’（Illustrated Encyclopaedia）。这是一

① 参阅 http://history1800s.about.com/od/emergenceofindustry/ss/Great-Exhibition-1851_5.htm (2013)。

个展现历史的公园。从埋在地下的史前史，到 10 大建筑广场，每一个建筑都用石膏重现在大厅。这些古代建筑被现代考古专业人士重新塑造在观众面前。所有的建筑都配有相关导览说明，贯穿历史进步的深刻的思想让观众对人类文明史有了大概了解。”[47]

在整个展览期间，夏洛蒂·勃朗特参观了 5 次。她这样评价英国万国展览：“昨天我第二次参观了水晶宫。我们参观了大约 3 个小时。我必须说，这次参观给我的震撼远比第一次更大。这是一个奇妙的地方——巨大、奇幻、闻所未闻、新鲜奇特，难以形容。其壮丽雄伟绝非体现在某一件物品，而是所有展品所体现出的无与伦比的整体震撼。你在那里会看到人类创造的所有工业产品，从装满了火车发动机和锅炉的巨大的车厢到正在工作的冲压机，从各种机械动力驱动的豪华车辆到摆放在天鹅绒和玻璃制作而成的精美的盒子中的最华丽的金银制品，从严密守卫的装满了价值上万镑的真正钻石和项链的珠宝盒，不一而足。你可以将其称为集市或者展览，但是，这是东方魔术师才能创造出的那种展览会。好像只有一种魔术才能将地球上所有地方的财宝都聚集在一起的展会，好像只有超越自然之手才能安排出这样的展览，它展示了一种令人目不暇接的多姿多彩和令人震撼的效果。巨大宽敞的走廊似乎被某种无形的力量所统治和笼罩着。在每天 3 万人的游荡的灵魂中，不仅仅只能听到巨大的噪音，也能看到无规律的物体移动。人流在无声的涌动，就像远处的大海传来的深沉的吟唱。”[48]

万国展览一共有大约 1.5 万人送来 10 万件展品。超过半数展品来自英国本土。法国是第二大参展国家，送展作品多为挂毯、纺织品、彩色玻璃、艺术和其他文化作品。

自英国万国工业展览会之后，世界博览会成为世界最大的科学技术和艺术的综合性展览盛会。世界博览会的特点是举办时间长、展出规模大、参展国家多、影响深远。因此，世博会被誉为世界经济、科技、文化的“奥林匹克”盛会。

2010 年，中国上海世界博览会（Expo 2010），是第 41 届世界博览会。于 2010 年 5 月 1 日至 10 月 31 日期间，在中国上海市举行。此次世博会也是由中国举办的首届世界博览会。上海世博会以“城市，让生活更美好”（Better City，Better Life）为主题，总投资达 450 亿人民币，创造了世界博览会史上最大规模纪录。同时 7308 万的参观人数也创下了历届世博之最。

伦敦万国工业展览带动了教育。参观过展览和受到展览会大工业和技术教育影响的伦敦人认为，教育是消除伦敦穷困的万能良药。“穷人学校”（Ragged School）是维多利亚时代取得的重要成果之一。“穷人学校”顾名思义，就是给卑贱和穷困的孩子衣服和食物，交给他们基本的社会技能和宗教信仰，让他们能够依靠自己的生活技能脱离贫穷和饥饿。虽然这些学校初建的时候受到很多不解的批评，很多人认为，这些孩子是不可教的。甚至有些警察说：“我们是在教小偷偷盗更多的东西。”

“穷人学校”的教师都是自发的私人教师，他们根据自己的知识和认识进行教学。第一位教师、慈善家罗伯特·莱克斯（Robert Raikes，1736—1811）于1783年建立了第一批“周日学校”（Sunday School），到1831年，通过预约入学的学生达到1250000名。[①] 这些学生被认为是英国国立教育系统第一批学生。“周日学校”主要给穷困的学生讲解宗教教义，教他们识字，以便能够阅读《圣经》。“周日学校”选择周日上午10点到12点为上课时间，然后孩子可以回家帮助家里做事情，同时，也能在家传播教义。周一到周六的时间不上课，不耽误学生去工厂做工的时间。第一批“周日学校”的几乎所有经费都是慈善家莱克斯资助，所以，“周日学校”也被称为“莱克斯周日学校”。

慈善家昆汀·霍格（Quintin Hogg，1845—1903）打破了在学校仅仅教授宗教教义的惯例。他在自己创建的学校中讲授希腊语和拉丁语以及算术。霍格的教学方法应该被形容为“动手操作”（hands-on）式教学法。工业训练一般是让男孩裁剪衣服或者做鞋。很多学生能够被训练成成熟的裁剪工。女孩则被训练缝纫和编织。大多数教师是专业教会人士。他们在业余时间到学校进行教学。1844年，19所伦敦的“穷人学校”联合共同成立了“穷人学校联欢会”（Ragged School Union）。沙夫茨伯里勋爵（Lord Shaftesbury，1801—1885）担任会长。勋爵的威望使得公众开始关注这个教育联欢会所掀起的教育运动，从而使得经费更加容易获得。

1852年，所有的小学，包括济贫院的小学和私人小学都要接受每年政府任命的检查员的检查。国立学校英格兰的教会学校由牧师祝圣检查。萨瑟克区（Southwark）的英国协会（British Society）在19世纪中叶开始了师范教育。1843年，英国国家协会（National Society）在巴特希（Battersea）成立了教师进修学院。教学内容有音乐、机械、绘画、心理数学、化学、数学地理学、几何学、交谈的技巧、代数、语

---

① 参阅 http://en.wikipedia.org/wiki/Robert_Raikes（2013）。

法、书法等。

1838年，位于伦敦摄政街（Regent Street）的理工技术学院成立，目的是为了促进“实用科学”的发展。大学的迅速发展，尤其是科学技术大学的发展，标志着英国的教育系统成熟。

随着正规教育的成熟，非正规教育也逐步开展。1850年和1855年，英国“公共图书馆法”（The Public Libraries Act）正式出台。教会组织开始建设图书馆，但是，其他机构并没有采取任何行动。然而，私人登记的图书馆却十分兴盛。“穆迪的兰丁图书馆”（Mudie’s Lengding Library）取得巨大成功。这个图书馆建于1840年，登记借书手续费每年仅仅一个基尼。到1861年，这个图书馆拥有80万本书。其中大约半数为虚构类图书，其余的28%为历史类和传记类。旅游、和探险类的图书约为13%。1841年，伦敦图书馆在蓓尔美尔街（Pall Mall）建成。

距今将近160年的伦敦万国展览是英国社会发展中一个重要的转折点。英国公众第一次感触到国际化和全球化时代带来的强劲冲击。电报使一个人从地球的一点迅速地通过巨大的通讯网络与世界上任何一个地区的人进行信息交流。在其后的20年内，电报网络接通几大洲，50年后遍及全世界。科学技术和工程产品在展览会上的展示，通过电报和报纸新闻传遍世界。英国的展览是世界各国参加的科学技术聚会，同时也是国家财富和智慧的展示，展览成为一个巨大的科学技术教育场所，也是一个不仅仅是文字的，而是实物和表演的教育。从这次展览开始，世界博览会就成了世界性的科学技术和艺术的流动教育聚会。科学技术展在非正规教育中逐步占据了重要的地位，成为重要的科学传播形式。

**维多利亚时代的英国工业革命带动了欧洲各国以及其他国家的工业化发展。与此同时，大众文学和艺术也随之发展。在这个阶段，社会主义、女权主义、经济自由主义等各种思潮出现并发展。**

**英国的工业化使得维多利亚女王采用工业展览的方式向世界炫耀其工业成果。万国工业展览成为世界各国仿效模式，后演变为“世界博览会”。**

**人类历史上最伟大的思想——生物演化论诞生于这个时代。达尔文以及其他持同样思想的科学家在传播演化论的思想中首先遭遇到神学家和教廷的阻力。进化论被迫躲开宗教的压力，而向普通公众传播。大众科学传播在每一个阶段都会面对特定的文化的阻碍甚至绞杀。时至今日，达尔文的演化论仍然在欧美国家的正规教育中受到不同程度的阻**

力。关于这一点，请参阅第七章“公众科学素养”。

维多利亚时代众多生物学家、博物学家和其他领域的科学家上演了一场轰轰烈烈的、多姿多彩的、生动感人的科学传播大戏。他们的精神和毅力令人感动，同时也深远地影响了后来的科学传播。

# CHAPTER 5

## 第五章

# 科学博物馆的起源与发展

国际博物馆协会（The International Council of Museums）将博物馆定义为："博物馆是为社会及其发展提供服务的非营利性的对公众开放的永久性机构。博物馆用人类及其他们生活的环境中有形的和无形的证据，达到研究、教育和使公众获得乐趣的目的。"① 博物馆在经历了大约2000多年以后才逐步形成今天所认定的功能与作用。博物馆起源于希腊化时代，公元前323年，托勒密在埃及亚历山大利亚城，在红海入海口处建立了世界上第一个博物馆和图书馆。在本书的第一章"希腊化时代"中进行了描述。在4世纪到17世纪，博物馆从人类的生活中消失。18世纪，艺术馆和文物馆逐步出现。从19世纪末开始，博物馆迅速发展。在过去的100多年时间内，博物馆成为人类鉴赏艺术、历史、科学、技术等一切人类活动的最重要机构。科学技术馆与科学中心是博物馆种类中发展最快的。科学技术馆的建设思想与认知科学和教育学的发展具有密切的关系。

---

① 参阅 http://icom.museum/（2014）。

## 一、博物馆的起源

今天的“博物馆”“Museum”来源于古希腊语“Μοῦσαι”(*Mousai*),更早可以追溯到原始印欧语系中与“思考”有关的词汇。18世纪许多启蒙运动人士试图重立对缪斯的崇拜。法国大革命前巴黎有一个共济会的团体叫做“九姊妹”,伏尔泰、本杰明·富兰克林也参加过他们的活动。英语中博物馆(Museum,本来的意思是“缪斯的崇拜地”)就是从这个运动产生的,它的意思是说,博物馆是一个向公众展示知识的地方。

早期的博物馆是有钱人、家族或者艺术研究所收藏艺术品、稀少罕见自然物品或者人工产品的藏室。这些藏品经常在所谓“奇迹屋”或者“珍品室”展出。参观者一般为“有身份和地位的”高贵阶层的人,尤其是珍品收藏家。最早的博物馆是建于大约公元前530年美索不达米亚的艾尼加迪-拉南博物馆(Ennigaldi-Nanna's museums)。尽管有足够的由三种文字记载的收藏标签表明采购藏品来自远方,但是,藏品来源尚没有足够的信息记载。

最早的对外开放的公共博物馆是文艺复兴时期的意大利的博物馆。然而,直到18世纪和启蒙时代,在世界上才出现了一些有影响的重要的博物馆。

卡庇托尔博物馆群(Capitoline Museums)历史可以追溯到1471年。意大利教皇西斯都四世(Pope Sixtus Ⅵ,1414—1484)为罗马市民赠送了一批重要的古铜器和雕塑艺术品,珍藏在卡庇托尔山(Capitoline Hill)。从此,博物馆的藏品急剧增长,藏品有大量的古罗马雕像、碑刻和其他古器物,还有中世纪和文艺复兴时期的艺术品和大量的珠宝和硬币。1734年,在教皇克雷芒十二世(Pope Clement XII,1652—1740)时期对外开放,供所有的人参观,而非仅仅供藏品拥有者鉴赏。这个博物馆被认为是世界上第一个真正意义上的博物馆。

梵蒂冈博物馆(Vatican Museums)被认为是世界上最早博物馆之一,其历史可以追溯到1506年,在教皇朱利乌斯二世(Pope Julius II,1443—1523)时期对公众开放展出雕刻艺术品。

位于伦敦塔的英国皇家军械博物馆也是历史最悠久的博物馆。1592年对付费特殊游客开放,1660年对公众开放。1662年,最早的德国植物分类学家、人种学家乔治·爱伯哈德·朗菲尔斯(Georg Eberhard

Rumphius，1627—1702）受雇在巴厘岛设计并建造了植物园，这是印度尼西亚最早的博物馆。1778 年，巴达维亚艺术与科学学会（Batavia Society of Art and Science）将其建成博物馆和图书馆，在科学研究中具有重要的作用，同时，收集了许多博物学材料和印度尼西亚文化藏品。

（卡庇托尔博物馆，Capitoline Museums，图片来源：http://en.wikipedia.org）

其他历史悠久的博物馆还有阿莫巴赫收藏馆（Amerbach Cabinet）。起初仅仅是一个私人收藏馆，1661 年，被巴塞尔大学收购并于 1671 年对外开放。

位于法国贝桑松的艺术与考古学博物馆（Musée des Beaux-Arts et d'archéologie）是在修道院院长让-巴蒂斯特·布瓦索（Jean-Baptiste Boisot，1638—1694）将个人收藏品捐赠给贝桑松市本笃会后于 1694 年成立并对外开放。

1717 年建立在圣彼得堡的珍品博物馆（Kunstkamera）于 1727 年在老圣彼得堡科学院大厦正式对外开放。伦敦的大英博物馆 1753 年建成，1759 年对外开放。佛罗伦萨的乌菲兹艺术馆（Uffizi Gallery）从 16 世纪开始，对提出要求的参观者开放，1765 年正式对所有参观者开放。拉脱维亚里加历史和航海博物馆是拉脱维亚和波罗的海最早的，也是欧洲最早的博物馆，于 1773 年对外开放。

另外，历史比较悠久的博物馆还有埃米塔日博物馆（Hermitage Museum），由凯瑟琳女王建立于 1764 年，1852 年开放。1785 年由西班牙查理三世在马德里建立的普拉多博物馆（Museo del Prado）于 1819 年第一次对外开放。维也纳哈普斯堡皇室的贝尔维迪宫（Belvedere Palace）于 1781 年对外展出其珍藏的艺术品。巴黎的卢浮宫是原皇家宫廷，于 1793 年对外开放。罗马尼亚特兰西瓦尼亚的布鲁肯萨尔国家博物馆（Brukenthal National Museum）建立于 1817 年对外开放，是罗马尼亚最早的博物馆。

美国最早的博物馆是 1773 年成立的查尔斯顿博物馆（Charleston Museum），1824 年对公众开放。印度于 1814 年在加尔各答成立的印度博物馆是印度最早的博物馆。

## 二、19 世纪末：新博物馆运动与博物馆思想

希腊化时期，所有的文物或者器物没有系统，也没有目的和方法，仅仅是将古玩和小摆设收集起来收藏或者展出。但是，到了 19 世纪，博物馆已经与早期的博物馆雏形完全不同。比如 17 世纪的德斯坎特博物馆（Tradescant Museum）就是一个典型的例子。这个博物馆仅仅收集过去著名的有价值的物品，但是却没有教育意义。这种博物馆对促进艺术发展没有任何价值，其展品的布置和陈设杂乱无章，毫无科学可言，参观者从展品中不能获得任何教育和知识。

19 世纪末是博物馆迅速发展时期。英国经济学家和逻辑学家威廉·斯坦利·杰文斯（William Stanley Jevons，1835—1882）认为，博物馆的主要作用应该是公众教育，但是，欧洲的博物馆都没有这个功能和作用。在他著名的《博物馆的用途与误用》（*The Use and Abuse of Museums*）[1]一文中，他历数了由于博物馆的杂乱无序的展品堆积，藏品和展品没有按照知识进行的系统分类和目录说明而导致的博物馆的教育功能的丧失。他呼吁博物馆应该专业化。他的思想引发了欧洲的“新博物馆运动”（New Museum Movement），导致 1889 年英格兰博物馆协会（Museums Association in England）和 1906 年美国博物馆协会（American Association of Museums in the United States）的成立。

在新博物馆运动中，博物馆在英国和其他各国的迅速发展与教育的发展同步并进。公共博物馆随处可见，过去的科学普及机构和场所也得到极大的改善，同时，许多新馆也不断建设起来。英国议会发布法案授权地方政府为建设图书馆和博物馆收税。但是，欧洲其他国家将为展览馆收集文物和艺术品作为政府和市政当局的共同职责。

（威廉·斯坦利·杰文斯，William Stanley Jevons，图片来源：http://en.wikipedia.org）

19 世纪的博物馆已经开始从公众受教育角度安排和布置展品，同时还要使得参观者能够消遣和娱乐。1840 年，德国艺术史学家古斯塔夫·弗里德里希·瓦根（Gustav Friedrich Waagen，1794—1868）[2]所描述的那个时代的比较好的艺术藏品多数属于个人收藏家所有。而到了 19 世纪末 20 世纪初，以开放展出为目标的收藏则更多的引起了公众的关注。博物馆管理的原则和发展的目标日趋确定，而不再是随意的收藏。威廉·亨利·弗劳尔爵士（Sir William Henry Flower，1831—

1899）① 在担任大英博物馆博物学部主任的时候，提出了著名的“新博物馆思想”（“New Museum Idea”）[3]。他认为，将博物馆展品分类十分重要，给专家研究所用的展品和用于公众教育的展品设计是不同的。为前者应该提供生物类型不同的藏品，为后者提供仅仅在最细微部分有所不同的整套生物标本。将两种展品混为一谈，不加区别是轻率而无意义的。他的思想得到广泛的认同，同时，他也被认为是博物馆展品设计与布展和展品管理方法改革先驱。不久，“博物馆新思想”传遍世界各国。

（威廉·亨利·弗劳尔爵士，Sir William Henry Flower，图片来源：http://en.wikipedia.org）

从大约 1870 年开始，在博物馆新思想出现后逐步形成的博物馆建设原则开始得到普遍认同和支持。到 20 世纪初，公共馆藏的首要目的应该是教育，其次是消遣的思想得到普遍支持。为达到教育目的，博物馆展品设置和分类必须精心研究。收藏品必须归入适宜展区，应该避免随意而无目的的收购藏品。达成共识的还有博物馆展览环境的更高要求，比如，展品适宜的阵列和展品目录，灯光、舒适度以及展厅的清洁。同时，还要为那些对展品进行专业研究的人提供设备和工具。威廉·亨利·弗劳尔爵士说：“博物馆就像一个生物体：需要持续不断的和细心的护理。展馆要么发展，要么消亡。”

维多利亚时代的工业革命以及万国工业展使得英国的展览馆走在世界各国前列。20 世纪初，每年博物馆参观者数以百万计，以至于周日也必须开馆接待参观者，门票价格不断下降。英国与其他国家之间的差异巨大。大约在 18 世纪末，意大利的国家藏品一直对公众免费开放。后来，逐步建立展览日收费制度。20 世纪初，只有珍贵的重要藏品在周日免费参观。德国的德累斯顿每周 5 天收费。而大英博物馆在那个时候从不收费。但是，与此同时，欧洲大陆的藏品增长速度远比英国快，这是因为英国的藏品仅仅来自礼品赠送，购买或者遗赠。而其他欧洲国家的收藏品多数来自革命运动和征服别国的战利品，王朝更迭和宗教基金会世俗化。

法国各个省的博物馆的主要珍品来自拿破仑军队的战利品，尽管这些掠夺来的战利品在 1815 年多数都已经归还原主，但是，在各个博物馆，其数量仍然巨大。

在意大利等欧洲国家，许多博物馆都是将修道院转变而来，其转

① 英国比较解剖学家和医生，著名的哺乳类动物、灵长类动物大脑研究权威。曾经与理查德·欧文进行论战，支持赫胥黎关于人类大脑的观点。曾经接任欧文担任英自然历史博物馆馆长。

变过程极其简单，法国佛罗伦萨的多明我教会的房子转变为博物馆就是一个典型的例子。促进欧洲大陆博物馆得以迅速发展的另一个因素就是古老的建筑会被利用做收藏珍稀物品的建筑。纽伦堡的罗马德国博物馆（Germanisches Museum）就是一个因世俗化而废弃的教堂和修道院。意大利拉文纳（Ravenna）大量的收藏品都在存放在古老的圣罗穆德修道院（Camaldulensian）。在比利时的卢万（Louvain）和意大利的佛罗伦萨，豪华而美丽的市政大厅都被用来收藏艺术品。在尼姆的罗马神殿和意大利的乌尔比诺的宫殿以及其他各种建筑都具有同样的作用。

尽管多数伟大的建筑都被用来收藏艺术品，但是，既要保证建筑不受损坏，同时又保证藏品完好无损并非易事。因此，大英博物馆大约是世界上第一个花巨资建设博物馆的专业博物馆。19 世纪中叶，用在建筑伦敦维多利亚和阿伯尔特博物馆（Victoria and Albert Museum）建筑上的费用已经高达 100 万英镑。如果没有足够的经费，随着藏品的不断增加，藏品的损坏是不可避免的。但是，关于这一点，欧洲其他国家似乎并没有意识到。其结果就是没有好的博物馆建设和管理，就没有可供参观和研究的好藏品。另外，足够宽敞的博物馆能够使当局将艺术品迁移进博物馆进行收藏。但是，如果博物馆条件不好，就会使收藏品的艺术价值大打折扣。比如，意大利著名雕塑家多纳特勒（Donatello，1386—1466）的作品圣乔治雕像从佛罗伦萨的圣米歇尔教堂搬进博物馆后，只能放在角落里用布遮盖，其艺术价值荡然无存。

从艺术品展览中获取经济利润是意大利博物馆在 19 世纪末 20 世纪初获得发展的直接原因。但是其负面结果是，第一，将珍贵的艺术品从原地迁移至博物馆，降低了其艺术价值。第二，昂贵的门票价格使得普通意大利百姓无法欣赏自己国家的艺术宝藏。

19 世纪末和 20 世纪初还出现了与艺术博物馆性质接近的另一种博物馆，应该称作“名人传记博物馆”（biographical museum）。馆内展品主要与著名艺术家或者作家的生平或者作品为主。最著名的是德国纽伦堡的丢勒（Albrecht Dürer，1471—1528）纪念馆；伯恩的贝多芬（Ludwig van Beethoven，1770—1827）纪念馆；丹麦哥本哈根的托尔瓦德森（Bertel Thorwaldesen，1770—1844）纪念馆；伦敦的斯特拉福德的莎士比亚（William Shakepeare，1564—1616）纪念馆和佛罗伦萨的米开朗基罗（Michelangelo，1475—1564）纪念馆。

那个时候，教堂的圣器收藏室经常会收藏具有重要价值的神职器物，并像博物馆一样向公众展出。德国科隆、亚琛，意大利的米兰和蒙扎，以及法国的兰斯都有这样的宝贵的收藏品。许多意大利的教堂都拥有自己所属的博物馆，被称为“教堂博物馆”（Opera del Duomo）。

19 世纪末 20 世纪初，英国的博物馆在世界范围内处于领先地位。大英博物馆创建于 1753 年，英国博物馆在大英博物馆的基本原则影响下，英国博物馆发展迅速，同时，影响了英国其他博物馆和各国博物馆的发展。19 世纪中叶开始，英国 4 个国家博物馆归教育委员会（Board of Education）管理。到 20 世纪初，这些博物馆归科学与艺术部（The Department of Science and Art）管理。

除了著名的维多利亚与阿尔伯特博物馆以外，其他重要的博物馆还有都柏林和爱丁堡博物馆。与科学技术有关的博物馆有位于杰明大街的实用地质学博物馆，馆藏有珍贵的瓷器样本。

1851 年万国工业博览会后，诞生了维多利亚与阿尔伯特博物馆。这个世界上最早的工业和科学技术馆利用博览会剩余资金在南肯辛顿区购买了 12 英亩土地后，建设了这个最早的博物馆。但是，最初该馆只有实用艺术部，随后迅速发展，其展品和藏品扩展到几乎所有的人类知识领域。1857 年，西普宪克斯美术馆为该馆捐赠了历史图片。1879 年，印度管理局将原属于东印度公司的东方艺术馆捐赠给该馆。1882 年，琼斯博物馆将其藏品法国古典家具和 1740 年到 1810 年期间的装饰艺术品赠送维多利亚和阿尔伯特博物馆。

英国艺术博物馆在新博物馆思想的影响下发展迅速，同时也影响了欧洲其他国家。在 20 世纪初，英国博物馆影响了美国博物馆的发展和其他国家博物馆事业的发展。

法国卢浮宫在 20 世纪初的藏品以铜器、家具和瓷器等艺术品收藏最为著名。哈特福德宫（Hertford House）收藏世界最著名的盔甲、意大利彩陶器、搪瓷器、珠宝首饰等都是公众最喜欢的。剑桥大学和牛津大学都有自己的博物馆。1908 年，牛津大学与最早的阿斯莫尔（Ashmolean）博物馆合并。后来虽然分开，后者独立，但是，在当时，大学博物馆的规模确实吸引了其他博物馆的藏品。那时的基督教堂也有自己的小博物馆和美术馆。都柏林的三一学院（Trinity College）也有少量的考古藏品，其中包括部分早期艺术品。由苏格兰文物学会（The Scottish Society of Antiquaries）创办的苏格兰的国家古文物馆中也收藏有价值很高的世俗和宗教文物。伦敦塔中也有很多有价值的历史和艺术藏品。皇家音乐学院（Royal College of Music）收藏有价值连城的乐器。在英国的几所公立学院中都有艺术馆。

1845 年，英国国会通过《博物馆法令》(The Museum Act of 1845)，各个市议会纷纷开始建立博物馆。1850 年，国会议员威廉·艾华德（William Ewart，1798—1869）又提出另一个博物馆法令。1855 年、1866 年和 1885 年又出台了几个修正案。1891 年的“博物馆和体育馆法”（The Museum and Gymnasium Act）对博物馆对接收地方文物和其他藏品作出限制规定和征税条款。自治市还可以制定地方法案征收特别税。20 世纪初，城市博物馆还仍然处于萌芽阶段。尽管博物馆和图书馆改革运动在市属机构开始兴起，但是，从整体来看，收藏品还是数量较少。博物馆的收藏品还是多数来自地方协会组织，特别是地质学、动物学和其他科学领域的学会组织。

20 世纪初，英国收藏有古罗马时代的文物比较著名的博物馆大约有 12 个。其中，莱斯特市（Leicester）博物馆，伦敦城市博物馆（Civic Museum of London）最著名。部分文物收藏于伦敦市政盖特大厅（Guildhall）。而谢菲尔德和利物浦市博物馆中的收藏品以英国和盎格鲁·撒克逊文物最为著名。

除了英国，欧洲大陆其他国家的博物馆数量也十分惊人，甚至多于英国。其中，德国发展速度为最快，同时，德国非常注重博物馆教育功能的研究。意大利博物馆中的藏品大约超过英国 10 倍以上。在博物馆藏品分类研究方面，维也纳、阿姆斯特丹、苏黎世、慕尼黑和埃及吉萨则可以作为典范。卡纳瓦雷博物馆（The Musee Carnavalet）是巴黎著名的历史博物馆，在 20 世纪初是世界最完善的城市博物馆。意大利的那不勒斯、德国柏林和奥地利的维也纳的博物馆的建筑最适合从事文物研究。

20 世纪初，柏林和维也纳拥有价值难以计算的藏品供公众免费参观。柏林除了有美术馆和建筑博物馆，大学中还有很多基督教文物和考古文物。德国考古学家海因里希·施里曼（Heinrich Schliemann，1822—1890）发现的重要考古文献珍藏在人类学博物馆。艺术与工业馆在展品与布展方面与伦敦的维多利亚和阿尔伯特博物馆十分接近。维也纳也有一个类似的博物馆，称为工艺美术馆（Kunstgewerbe），其精确的布展方案使得展品的价值得到极大的提高。维也纳的历史博物馆非常吸引人。帝国博物馆的建筑设计几乎与威廉·弗劳尔爵士对于博物馆理想的设计方案几乎完全一样，同时，也是藏品最丰富的博物馆，藏有闻名世界的武士甲胄和精美的工业艺术展品。

捷克斯洛伐克的布拉格、奥地利的因斯布鲁克和匈牙利的布达佩斯都有这些国家最好的博物馆。慕尼黑的巴伐利亚国家博物馆在 20 世纪初建成，展厅达到 100 个。纽伦堡的博物馆有 8 个大厅。德国美因茨和特里尔的博物馆藏有古罗马文物。汉堡、莱比锡和波兰的布雷斯劳拥有非常好的工艺美术博物馆。德累斯顿拥有四个巨大的博物馆：约翰纽姆博物馆（Johanneum）、阿尔伯特博物馆（Albertinum）、茨温格宫（Zwinger）和顶珍宝馆（Grune Gewolbe）。

1793 年，法国卢浮宫建成。这个法国大革命的产物成为世界上最伟大的公共展览馆。卢浮宫不仅仅是艺术珍品最重要的收藏基地，同时也为世界各国的博物馆和展品设计树立了榜样。卢浮宫不仅仅是法国的骄傲，也是人类文明的骄傲。

19 世纪末到 20 世纪初的俄罗斯，博物馆发展速度非常快，几乎每年都有新博物馆出现。其中，哈尔科夫和敖德萨大学博物馆已经有丰富的藏品。甚至在偏远的西伯利亚，博物馆中的藏品也是经过精心挑选的珍品。卡拉斯诺雅茨克博物馆拥有 1.2 万件标本，是最丰富的布里亚特（Buriat）艺术库。但是，只有在莫斯科和圣彼得堡的博物馆中才能发现西方艺术品和其他藏品。在圣彼得堡的冬宫（Hermitage Palace）藏有具有极高价值的中世纪文物，其中包括至少 40 多件象牙雕刻艺术品。在塞西亚、克罗米亚和高加索博物馆中收藏的原始时期高超手工技术制作的黄金和白银艺术品则具有更高的艺术价值。莫斯科还有工艺馆，其价值与德国藏品不相上下。

美国博物馆与欧洲国家的博物馆发展历史不同。由于美国的历史路径不同，所以，没有按照传统博物馆体系进行发展，而是在科学技术建国的路径中开始博物馆建设和发展。

在 20 世纪初，美国博物馆的数量已经很大，展品在相当大的程度上按照人种志学和民族志学思想进行展品设计，而且几乎所有的藏品都进行财产保险。属于斯密森学会（Smithsonian Institution）的华盛顿国家博物馆藏品和展品的特点主要体现美国历史和民族发展历史。受纽约市政府委托的首都国家艺术馆（The Metropolitan Museum of Art）收藏有几乎当时全部的塞浦路斯艺术品。该馆还有硬币部、希腊雕刻品部和欧美艺术部。波士顿美术馆（The Museum of Fine Arts at Boston）藏有大量的著名瓷器和古代艺术仿制品。另外，圣路易斯、芝加哥、匹茨堡。布鲁克林、辛辛那提、布法罗和华盛顿以及加拿大的蒙特利尔已经有很多博物馆。哈佛大学、芝加哥大学和宾夕法尼亚大学以及耶鲁大学都有非常好的藏品。关于美国的科学技术博物馆，在后面详述。

## 三、科学博物馆

（格奥尔格·阿格里克拉，Georgius Agricola，http://en.wikipedia.org）

最早的科学藏品收集应该追溯到15—16世纪。被称为“矿物学之父”的德国天主教徒、科学家、历史学家和矿物学家格奥尔格·阿格里克拉（Georgius Agricola，1494—1555）是最早的收藏科学物品的人。这位矿物学家的成果获得了萨克森的奥古斯都选帝侯（Augustus of Saxony，1526—1586）支持，建立了艺术与自然馆（Kunst und Naturalienkammer）。这种早期的收藏馆模式很快以博物馆的形式扩展到德累斯顿全市。瑞士博物学家和目录专家康拉德·格斯尼（Conrad Gesner，1516—1565）在1551年到1558年间写成的著名的《动物志》（*Historiae animalium*）为博物学收藏者提供了收集标本的学术基础。

法国学院教授比埃尔·贝隆（Pierre Belon，1517—1564）关于鱼类学、鸟类学、植物学、比较解剖学、建筑学和埃及古物学的著作为科学博物馆的藏品和展品分类作出了杰出的贡献。美国昆虫学家赫曼·奥古斯特·哈根（Hemann August Hagen，1817—1893）认为，自然历史博物馆应该将展品与收藏品分开，前者供参观，后者供研究使用。他的思想从1976年开始在各个自然历史博物馆得到广泛应用，对后维多利亚时代的博物馆也具有重要的影响。[4]意大利医生、哲学家和植物学家安德里亚·切萨尔皮尼（Andrea Cesalpini，1510—1603）的植物标本至今仍然收藏在佛罗伦萨博物馆。意大利博物学家，被称为“博物学之父”的尤利西·阿尔德罗万迪（Ulissi Aldrovandi，1522—1605），推动了欧洲第一个植物园“博洛尼亚植物园”的建立，他的植物标本至今仍然收藏在那个最早的植物园里。丹麦医生奥勒·沃尔姆（Ole Worm，1588—1655）是史前考古学最早创始人之一，“沃姆骨”以他的名字命名。他的研究以及藏品对博物馆收藏与展览目录分类具有重要的价值。荷兰阿姆斯特丹的医药师、动物学家和收藏家艾伯特·西巴（Albert Seba，1665—1736）的收藏使他出名，并在1716年被彼得大帝收藏，后来其藏品被移送至圣彼特堡。

（老约翰·德斯坎特，John Tradescant the Elder，图片来源：http://en.wikipedia.org）

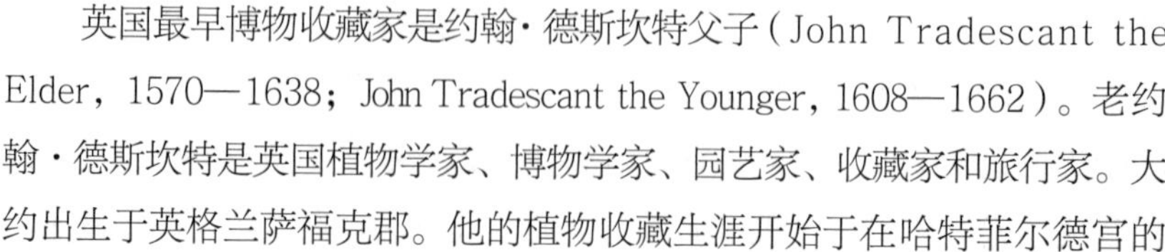

英国最早博物收藏家是约翰·德斯坎特父子（John Tradescant the Elder，1570—1638；John Tradescant the Younger，1608—1662）。老约翰·德斯坎特是英国植物学家、博物学家、园艺家、收藏家和旅行家。大约出生于英格兰萨福克郡。他的植物收藏生涯开始于在哈特菲尔德宫的

索尔兹伯里伯爵花园做园丁总管期间。[5]1610年到1611年，索尔兹伯里伯爵派老约翰·德斯坎特去荷兰收集果树苗。其后在哈特菲尔德宫花园和俄罗斯、法国等宫廷做园艺工很多年。在游历四方收集植物物种和标本中，老约翰·德斯坎特积攒的物种构成了博物学比较齐全的标本系统，在伦敦朗伯斯区建立了称为“诺亚方舟”（The Ark）的植物珍品馆。其后发展为世界上第一个对公众开放的博物馆“Musaeum Tradescantianum”。他还在北美殖民地收集了大量的植物物种。为西吉斯蒙德植物园作出重要贡献而获得骑士的探险家约翰·斯密斯（John Smith，1580—1631）成为了他的好朋友并将自己部分图书馆赠送给他。约翰·德斯坎特儿子，小约翰·德斯坎特继承父业，将自己收集的植物物种引入位于泰晤士河南岸的伦敦朗伯斯植物园和英国其他植物园，奠定了现代植物园植物物种库。

（小约翰·德斯坎特，John Tradescant the Younger，图片来源：http://en.wikipedia.org）

博物学家约翰·伍德沃德爵士（Sir John Woodward，1665—1728）收藏的部分藏品按其遗嘱赠送给剑桥大学，至今仍然保存在伍德沃德地质博物馆。苏格兰编年史学家和古文物专家詹姆士·巴尔弗爵士（Sir James Balfour，1600—1657）和安德鲁·巴尔弗爵士（Sir Andrew Balfour，1630—1694）继承了部分苏格兰医生和古文物研究专家罗伯特·希尔德爵士（Sir Robert Sibbald，1641—1722）的动物分类学研究工作。

（弗朗西斯·培根，Francis Bacon，图片来源：http://en.wikipedia.org）

英国哲学家、政治家、演说家、随笔作家弗朗西斯·培根（Francis Bacon，1561—1626）第一个提出将藏品集中在屋子里供人们聚集在一起参观和研究的现代思想。培根在他的用拉丁文写的理想主义小说《新亚特兰蒂斯》（*Nova Atlantis*，1624；*New Atlantis*，1627）中粗略的描述了他设想的国家科学与艺术馆的设计草案。这大概是人类历史上的第一个博物馆设计草案。在所罗门的房子（House of Salomon）中，“我们展示所有的灯光、发光物和所有的色彩，并且移除无色和透明的物体，我们能够向你展示许多颜色，这些色彩不是彩虹的颜色，而是通过宝石和棱镜的反射出他们自己的光。我们还能使参观者看到远在天空或者更远距离的东西，我们通过望远镜和眼镜看到更远的物体，我们可以听到我们在屋里练

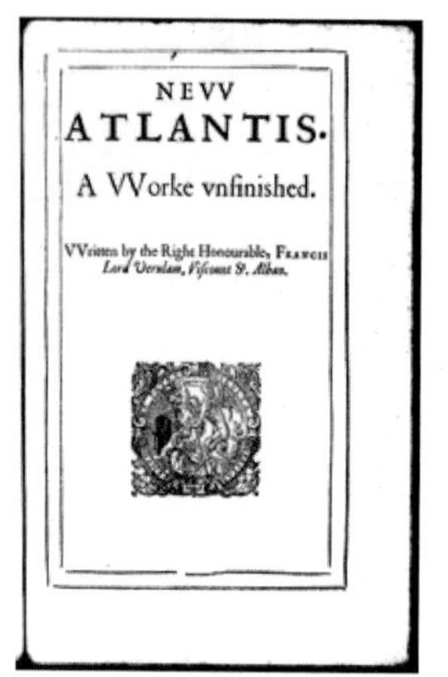

（拉丁文版《新亚特兰蒂斯》"*New Atlantis*"，图片来源：http://en.wikipedia.org）

习和展示的各种声音，我们有你们没有的和谐，我们有从中继线和管线中传输声音的办法。我们还模仿鸟类的飞翔，我们可以通过船在水中畅行，游览大海，在大海中畅游。我们也有对于感觉的欺骗。你将很容易相信我们有如此多赢得赞赏的自然东西，来迷惑我们的感受，如果我们可以掩饰这些东西，就会使他们变得更加的神奇。"

第一个最早的，至今仍然存在的科学博物馆是英国古董商人、占星术士、政治家、英国宗谱纹章官伊利亚斯·阿斯莫尔（Elias Ashmole，1617—1692）建立在牛津的阿斯莫尔博物馆（Ashmolean Museum）。阿斯莫尔博物馆的藏品最初主要来自约翰·德斯坎特父子的捐赠。最初，阿斯莫尔将装满 26 个板条箱珍品用马车运输进行巡回展出。在与约翰·德斯坎特遗孀关于赠品官司之后，他将收藏品转给牛津，条件是必须有适宜的建筑妥善收藏标本和其他展品。1682 年，在英国著名建筑师、英国皇家学会创始人之一，1680—1682 年间担任会长的克里斯托弗·米歇尔·雷恩（Sir Christopher Michael Wre，1632—1723）绘制了建筑草图后，整个交接手续完成。在牛津建立的阿斯莫尔博物馆（Ashmolean Museum）是英国的第一个公共科学博物馆。体现了文艺复兴时期大背景下的文化——目的传播自然科学知识，包括一个实验室，展览室和一个讲解科学的演讲厅。这个博物馆成为世界历史上第一个科学馆。[6][7]

（伊利亚斯·阿斯莫尔，Elias Ashmole，图片来源：http://en.wikipedia.org）

由于科学研究研究工作发展的需要，1652 年，德国自然与文物学会成立。1660 年，伦敦英国皇家学会成立。1666 年，巴黎科学院成立。这些学术机构的成立不仅仅是因为大量科学家私人科学收藏品需要组合共同进行研究，同时，也是王公贵族希望将藏品合并建设国家博物馆而不断兴起的呼吁运动。这种收藏品集中为公共博物馆所用的制度从 17 世纪末、18 世纪初开始，一直延续到今天。

（原阿斯莫尔博物馆，Ashmolean Museum，图片来源：http://en. wikipedia.org）

17 世纪到 18 世纪最著名的英国收藏家是内科医生汉斯·斯洛安纳爵士（Sir Hans Sloane，1660—1753）。他的丰富的藏品都是花大价钱从大名人和收藏家手中购买的，其中包括皇家学会会员、药剂师，坦普尔咖啡馆植物学俱乐部（Temple Coffee House Botany Club）会员詹姆士·裴提文（James Petiver，1665—1718），伦敦富商威廉·库尔登爵士（Sir William Courten or Curteen，1572—1636），皇家学会会员、科学家克里斯托弗·梅里（Christopher Merret，1614—1695），英国植物学家、皇家植物学教授和玛丽女王（Queen Mary，1622—1694）的园艺家伦纳德·普拉肯内特（Leonard Plukenet，1641—1706）和植物学家，帮助斯洛安纳博物馆撰写植物展品说明的亚当·巴德尔（Adam Buddle，1662—1715）。汉斯·斯洛安纳爵士去世前留下遗嘱，将藏品捐赠给英国国家博物馆，条件是国会付给他后代仅仅具有象征意义的 2 万英镑，这笔钱仅仅相当于捐赠藏品中硬币的价值。国会遵照汉斯·斯洛安纳爵士的遗嘱，接受了他个人藏品的捐赠和乔治二世的图书馆。1759 年，所有的捐赠品都在布鲁斯伯里博物馆向公众开放。按照汉斯·斯洛安纳爵士自己的说法，这样做的目的是证明他的品位具有的普遍性以及他的科学具有广泛的亲和力。

大英博物馆的创建与发展与博物学系统研究相一致。大英博物馆中第一次使用瑞典植物学家、动物学家和医师林奈（Carl Von Linnaeus，1707—1778）植物分类学方法中生物双名法做展品说明。使世界产生惊人变革的现代科学的惊人成就是逐步发展起来的，博物馆的作用就是及时发现这些科学成就，并记录和保存科学家们获得知识的材料，在这方面，博物馆应该起到最好的作用。人们应该将参观博物馆当成自己一生中重要的生活习惯和内容，将博物馆中永久保存的藏品和展品作为自己的学习和观察客观世界的最好实物。自那时起，博物馆的数量成倍增长并被普遍认为是所有科学藏品最适宜的储藏室。但是供学者从事研究的藏品位置是按照最初的研究认定设计的。而一些没有受到重视或者尚未开始研究的新的和稀有的物品并没有得到收藏。使用纳税人或者私人的钱在无人地区进行的探险和研究获得的样本不断持续地被纳入到藏品中。大量的学生被吸引到博物馆参观和学习。他们在几年时间内的研究成果不仅拓展了人类的知识，同时也使得他们所在的研究机构或者学校获得荣誉。学者们的探索精神在私人或者公共机构的慷慨支持下得到不断激励，博物馆作为传播科学事实的中心地位也得到广泛认同。

19 世纪中叶，公众教育与知识普及的必要性得到比以往任何时候都更为重要的认同，博物馆也被认为在促进大众文化发展中具有重要的作用。博物馆在这时不仅仅被认为是科学研究物品的储藏室，同时也是功能强大的，通过实物教学方式（object lessons）向公众讲解最重要的科学事实的教育机构。陈旧的狭隘的知识隔阂被消除，大门完全向公众免费敞开。

20 世纪初，兴建博物馆运动虽然在规模上赶不上以通过图书馆传播知识为代表的文化运动，但是，大型的博物馆已经开始陆续建造。世界各国几乎所有的大城市通过私人资助或者政府投资在自身可能的条件下纷纷修建各种博物馆。另外，在很多比较小的城市，甚至一些小村镇也建立了博物馆。在一些大学、学院和中学也建立了博物馆。博物馆运动在英国及其殖民地、德国和美国，以及其他很多国家都发展得非常快。那时，世界各国的博物馆除了艺术馆以外，科学博物馆的数量不少于 2000 个。其中部分博物馆由政府提供大量资金支持，还有一部分由私人资助。[8]

19 世纪末 20 世纪初，最伟大的科学博物馆多数在英国。位于南肯辛顿区的自然历史部收藏有大量动植物样本藏品，是世界上收藏品最丰富的博物馆。位于杰明街的实用地质馆（The Museum of Practical Geology in Jermyn Street）收藏有丰富的种类齐全的地质样本以及英国古无脊椎动物化石。英皇家植物园裘园（Kew）拥有的动物样本藏品种类与大英博物馆不相上下。皇家医学院的亨特利安博物馆（The Hunterian Museum of the Royal College of Surgeons）收藏有种类齐全的人体和动物样本和病理学藏品。伦敦还有一些私人收藏家，他们的藏品主要是鸟类、昆虫类和贝类动物的样本，其中部分捐赠给了国家博物馆。最著名的收藏家有费里德里克·杜坎·古德曼（Frederick DuCane Godman，1834—1919）。他是英国鳞翅目学家、昆虫学家和鸟类学家，同时也是英国鸟类学家联合会（British Ornithologists' Union）20 个发起创建人之一。他收藏最丰富的是中美洲动物的样本。莱昂·纳尔瓦尔特·罗斯柴尔德（Lionel Walter Rothschild，1868—1937）是英国银行家、政治家和动物学家。他在特凌（Tring）建立的博物馆中收藏的动物样本和其他收藏品是私人藏品中最丰富最有价值的，尤其是已经灭绝或者濒临灭绝的珍稀动植物标本。沃尔辛厄姆勋爵（Lord Walsingham，1843—1919）家族声名显赫，拥有世界上最大、藏品最丰富的小鳞翅目动物标本。

阿斯莫尔博物馆、牛津大学博物馆、伍德沃德博物馆（Woodwardian

Museum）以及剑桥大学博物馆都是令人瞩目的博物馆。利物浦免费公众博物馆从某些角度讲是20世纪初英国展品最经典，布展最成功的博物馆。这些博物馆收藏有数量巨大的最重要的科学材料和物品，种类齐全，特别是鸟类样本尤其丰富。欧文大学的曼彻斯特博物馆和谢菲尔德博物馆在20世纪初建立了完整的供科学研究和大众教育的展览体系。布里斯托博物馆（Bristol Museum）同样在20世纪初发展迅速，成为举办具有启迪意义活动的中心。皇家苏格兰博物馆是皇家植物馆的标本馆，也是爱丁堡挑战者探险办公室的植物样本收藏库。格拉斯哥大学博物馆和格拉斯哥博物馆都拥有珍贵的藏品。圣安德鲁斯大学博物馆藏品极其丰富，尤其是海洋动物学标本极具价值。敦提大学学院（University College at Dundee）博物馆的藏品也是十分丰富的。爱尔兰都柏林科学与艺术馆（The Science and Art of Dublin）和北爱尔兰首府贝尔法斯特的公共博物馆除了有大量的艺术品以外，还有非常重要的科学藏品。

除了以上大博物馆以外，大不列颠和爱尔兰还有大约200个比较小的博物馆。这些博物馆中的藏品和展品同样不容轻视，尤其是地质学、古生物学和考古学方面的藏品具有与大博物馆藏品同样的价值。

20世纪初，不仅大不列颠及北爱尔兰联合王国，其他国家的博物馆也在迅速崛起与发展。印度博物馆、印度地质调查局地质博物馆、加尔各答皇家植物园（Royal Botanic Garden in Calcutta）关于印度斯坦和睦邻国家博物学方面的样本收藏非常丰富。在印度博物馆可以看到西瓦里克山脉脊椎动物化石。在孟买的维多利亚和阿尔伯特博物馆和在马德拉斯市的政府博物馆都是非常重要的学术研究机构。

澳大利亚的昆士兰博物馆、布里斯班的昆士兰地质调查局的博物馆以及墨尔本和维多利亚国家博物馆也是这些国家博物馆事业的重要开端。悉尼是重要的科学活动中心，许多博物馆是与大学共同合作兴建与管理，比如新南威尔士州地质调查局博物馆、澳大利亚博物馆等都拥有非常有价值的藏品，阿尔德莱德的博物馆也不可忽视。

新西兰的奥塔戈博物馆（Otago Museum）设在基督教堂里的坎特伯雷博物馆、奥克兰博物馆和惠灵顿的殖民地博物馆（Colonial Museum at Wellington）都有十分丰富和重要的藏品。

南非开普敦的南非博物馆是一所正处于兴旺发达的重要的学术机构，该博物馆在南非动物学研究方面做出了杰出的贡献。在德班和纳塔尔等地都建立了博物馆。

埃及尼罗河流域的考古学在世界考古界占有耀眼的地位，在开罗的古代历史博物馆中珍稀藏品使得印度在这个领域的研究处于自然科学研究的首位。印度的地质博物馆于1903年秋季建成，这个博物馆的建立与埃及那时的古生物学层出不穷的重要发现有着重要的直接的关系。

加拿大的博物馆多与大学合办，魁北克的拉瓦尔大学、蒙特利尔的麦吉尔大学和安大略省的多伦多大学的博物馆在建立之初就显示出了非凡之处。麦吉尔大学的彼得·雷德帕斯博物馆（The Peter Redpath Museum）的收藏涉及博物学几乎所有领域，特别是植物学。维多利亚市和大不列颠哥伦比亚市的省级博物馆的藏品日渐丰富和珍贵。在渥太华开始出现兴建博物馆高潮，博物馆在某种程度上具有国家形象的意义。

法国巴黎有很多促进文化发展的研究机构。这些研究机构中包括艾克勒国家矿产高级研究所（Ecole Nationals Superieure des Mines）、国家农业研究所和其他各种学术机构都拥有很多重要的样本，科学研究或者学术机构经常利用这些资源从事研究工作。植物园中的博物学博物馆是法国大都市拥有最全面和最重要的收藏品。虽然这些博物馆的藏品不如大英博物馆，但是，经过几代法国博物学家的努力，已经使得这些博物馆的藏品中有了很多一流的样本。不幸的是，许多最好的物种藏品在大厅强烈的灯光照射下已经脱色，受到很大的毁坏。公开展览这些物种样本普及知识的愿望与保存科学记录的目的之间的矛盾没有得到很好解决。法国科学家们都承认存在这样的问题。

法国和英国一样，在民间有一些私人收藏家，他们拥有非常珍贵的藏品。世界上最大的和最好的昆虫样本收藏家就在法国的雷恩（Rhine），他们是奥贝蒂尔兄弟（Charles Oberthur，1845—1924，Rene Oberthur，1852—1944），兄弟俩在其父亲的资助下，成功的创办了印刷企业，用圣经、祈祷书和教义问答书与传教士们交换昆虫样本，并在一生中，几乎倾其所有购买各种博物学样本。里昂的自然科学博物馆（The Museum des Sciences Naturelles of Lyons）也是十分重要的研究机构。

比利时的布鲁塞尔在20世纪初被称为“博物馆之城”。刚果博物馆和比利时皇家自然历史博物馆（Musee Royal d'Histoire Naturelle du Belgique）在博物学家眼中是最重要的博物馆。刚果博物馆珍贵的人类学和动物学资料和样本来自刚果自由邦。而比利时皇家自然历史博物馆拥有非常重要的古生物学藏品。

20 世纪初的北欧国家博物馆展品设计一般与大学合作，很多博物馆不仅在本地科学资源发掘研究方面有独特的成就，同时也具有研究机构的性质。荷兰皇家动物学学会（Koninklijk Zoologisch Genootschap）动物博物馆是与阿姆斯特丹大学合作创建的，是一座十分著名的博物馆。皇家博物馆与莱顿大学合作创建，同时也是科学研究活动中心。丹麦哥本哈根国家博物馆在斯堪的纳维亚和丹麦古文物的收藏十分丰富。而瑞典斯德哥尔摩的北欧博物馆（Nordiska Museet）的特色是斯堪的纳维亚人类学藏品十分丰富，而利克斯博物学博物馆（Naturhistoriska Riks-Museum）却在古生物学、植物学和考古学领域藏品和研究有独到之处。这个博物馆与科学有关的展品是与乌普萨拉大学合作研究设计的。挪威的海洋动物馆与奥斯陆大学合作，海洋动物学的大学生对其收藏品和展品非常感兴趣。

在这个时期，欧洲的其他国家在博物馆的建设中都处于高潮时期。德国柏林、慕尼黑、斯图加特、法兰克福和汉堡的博物学博物馆、人种学博物馆、人类学博物馆、矿物学博物馆和历史博物馆都十分重要。但是，最值得一提的还是德累斯顿甚至比号称“博物馆之城”的布鲁塞尔的博物馆似乎还多。汉堡还有在欧洲都有名气的私人收藏馆。其中包括昆虫学家、博物学家奥托·斯陶丁格博士（Dr.Otto Staudinger，1830—1900）。他不仅自己收藏博物标本，而且是昆虫和其他生物标本销售企业家。1884 到 1887 年，他逐步将自己的收藏交给了他的女儿和女婿，成立了专业公司。莱比锡民族学博物馆的藏品主要来自南美或者中美洲。

20 世纪初的俄罗斯莫斯科博物馆建筑宏伟壮观，图书馆拥有 70 万册图书，还有丰富的动物和植物标本，堪称是欧洲最杰出的博物馆。圣彼特堡也有几个雄伟的博物馆。其中帝国科学院博物馆最著名，藏品主要是动物学、古生物学和人类学标本。另外，在俄罗斯其他地区也有一些省级的博物馆。

意大利的博物馆主要是艺术馆为主，而博物学收藏品在那个时代不如其他国家。在大学中有一些供教学和研究的收藏品。热那亚的自然历史博物馆（The Museo Civico di Storia Naturale at Genoa）和那不勒斯的博物馆收藏的样本主要是动物学领域的。

西班牙和葡萄牙与欧洲其他国家的博物馆十分相像，但是博物馆无论是收藏品还是展览馆的规模都小一些。

日本在 19 世纪末和 20 世纪初，受到西方现代科学技术的启蒙，派遣部分科学专业的学生到欧洲和美国的大学接受了很好的生物学和相关专业的教育。他们回来后在东京帝国大学开始了自然历史博物馆的研究和建设。日本在亚洲的博物馆，尤其是科学技术博物馆的发展起到引导和带头的作用。

（“皇家亚洲协会中国分会”，The Royal Asiatic Society China，图片来源：http://www.royalasiaticsociety.org.cn）

19世纪初到20世纪初，亚洲各国受到英国皇家亚洲协会（Royal Asiatic Society，RAS）在科学、教育和文化等各个方面的影响深远。英国皇家亚洲协会由著名英国东方学者和梵文学者亨利·托马斯·克尔布鲁克（Henry Colebrooke，1765—1837）成立于1823年。该协会接受乔治四世于1824年8月11日颁布皇家宪章（Royal Charter）[①] 中有关“促进和开展与亚洲科学、文学和艺术有关学科研究”的条款，开始在亚洲进行科学与文化传播。[9]1857年，该协会在上海成立“皇家亚洲协会中国分会”（The Royal Asiatic Society China）。1828年，乔治四世建立基金会。在基金的资助下，协会于1858年创办了第一个期刊。由于没有固定办公地点，协会一直处于游荡之中。直到1871年，在英国政府的帮助下，该协会才有了自己的固定办事处。著名汉学家亚历山大·伟烈亚力博士（Dr. Alexander Wylie，1815—1887）捐献了自己的700本书，在办事处建立了图书馆，并开始购买和接受捐赠。协会古旧的建筑中的一楼有一个图书馆、一个阅览室和演讲室。1874年，在二楼开办了一个小展览室，主要展品是上海运动员击落并捐赠的鸟类标本。[②] 为纪念协会在中国的活动，协会建筑所在的路在1886年被重新命名博物馆路。

（“皇家亚洲协会中国分会”，The Royal Asiatic Society China，图片来源：http://www.royalasiaticsociety.org.cn）

1930年，办事处由于年久失修需要拆掉重建。在上海市民的呼吁要求之下，英国传教士、博物学家、探险家、作家，同时也是博物馆馆长的亚瑟·卡尔·斯威比（Arthur de Carle Sowerby，1885—1954）和著名建筑设计师、理事会会员乔治·利奥波德·威尔逊（George

---

① 参阅 http://www.scholarly-societies.org/history。
② 参阅 http://www.royalasiaticsociety.org.cn。

Leopold Wilson，1881—1967）为重建总部大楼筹集资金。主要资金捐助者是中国政府检疫所（Chinese Government Quarantine Service）所长吴连德博士（1879—1960）①，他的捐款达到预期成本的五分之一。尽管建造大楼的经费筹集齐备，但是，由于中日关系紧张，建筑工程一再拖延，直至1933年2月才正式开工建设。但是，经费已经远远不够，负债累累。

（亚瑟·卡尔·斯威比。1935—1940年皇家亚洲协会中国分会会长。1925—1946年间为上海博物馆馆长。他还创建并在1923—1937年间任《中国期刊》（"The China Journal"）主编。图片来源：http://www.royalasiaticsociety.org.cn）

尽管博物馆得到数量巨大的捐赠和捐款，但是，到图书馆阅览图书的人也很多，而且无论是博物馆还是图书馆全部免费，因此，协会面临着巨大的债务压力。1941年底，美国资助的中国国际组织租用了部分房子作为图书馆，这笔最大的援助资金使得经济状况得到缓解和稳定。但是，在日本侵华战争中，为了生存，该协会只好伪装成中日文化中心。博物馆参观人数比以前更多。尽管日本人在战争期间偷运回日本超过1万本图书，但是，图书馆的书接受的私人和国际捐赠的图书却急剧增加。皇家亚洲协会中国分会在那些非常困难的几年中苦撑事业，那段时间仍然可以称作是充满希望的。1952年，协会停止了工作。皇家亚洲协会中国分会在长达接近一个世纪的时间内为中国上海的知识分子的研究工作和公众的文化生活做出了杰出的贡献。

与欧洲相比，美国兴建博物馆运动历史较短。最早的收藏家是查尔斯·威尔逊·皮尔（Charles Willson Peale，1741—1827）。皮尔是画家、博物学家和收藏家。1801年，他组织了美国历史上第一次科学探险。他对博物学和收藏的热爱使他于成为美国历史上第一个创建费城博物馆的人。这个博物馆后来以他的名字命名：皮尔美国博物馆（Peale's American Museum）。

皮尔美国博物馆中收藏有多种植物学、生物学和考古学方面的样

---

① 公共卫生学家，中国检疫、防疫事业的先驱。1910年末，东北肺鼠疫大流行，他受任全权总医官，深入疫区领导防治。1911年，他主持召开了万国鼠疫研究会议。在他竭力提倡和推动下，中国收回了海港检疫的主权。他先后主持兴办检疫所、医院、研究所共20所，还创办了哈尔滨医学专门学校（哈尔滨医科大学前身）。他与颜福庆等发起建立中华医学会，并创刊《中华医学杂志》。

（皮尔的自画像，Charles Willson Peale，http://en.wikipedia.org）

本。收藏样本中最令人瞩目的是大量的皮尔自己捕获的各种鸟类，这些鸟类样本都做成了标本，动物标本剥制术是皮尔自学的。1792年，皮尔与伦敦芬斯伯里博物馆（Finsbury Museum）的托马斯·豪尔（Thomas Hall）取得联系，提出购买英国鸟类标本的请求。最终，两家博物馆达成交换鸟类标本协议。交换标本的互惠活动一直持续到18世纪末。皮尔博物馆成为第一家展览北美乳齿象骨的博物馆。在皮尔时代，北美“乳齿象”骨被称为“猛犸象”骨，1800年，法国博物学家、比较解剖学创始人乔治·居维叶（Georges Cuvier，1769—1832）修正了这个名称，北美“乳齿象”的名称至今仍然在使用。

（皮尔美国博物馆，Peale's American Museum，http://en.wikipedia.org）

“猛犸象”骨在皮尔博物馆的展出导致了托马斯·杰斐逊和法国博物学家、数学家、生物学家、启蒙时代著名作家乔治-路易·勒克莱尔，布丰伯爵（Georges-Louis Leclerc，Comte de Buffon，1707—1788）之间长时间的争论。布丰认为欧洲的生物种类超过美洲，他举例在欧洲发现的大型动物的种类和数量。而杰斐逊则用美洲发现的“猛犸象”证明美洲大陆动物种类的多样性超过欧洲。他甚至认为猛犸象仍然在北美洲大陆生存。皮尔的这些巨型动物骨骼的展览，尤其是他的将这些巨骨标本重新组装成三维模型的方法引起了欧洲的注意。

皮尔博物馆也是最早采用林奈分类法进行展品展示的博物馆。这种博物学科学的分类系统使得皮尔的博物馆与其他用人工制品塑造神秘奇异自然世界的方法截然不同。皮尔博物馆经历了几次迁移。在不同时代，皮尔博物馆曾经迁移进几个著名建筑中，其中包括费城的“独立宣言”签字之地“美国独立纪念馆”（Independence Hall）和美国哲学协会（American Philosophy Society）成立原址。

由于皮尔没能成功获得政府资金，博物馆最终衰退。皮尔死后，1843年，博物馆被出售，被演员菲尼亚斯·泰勒·巴纳姆（Phineas Taylor Barnum，1810—1891）和摩西·金柏尔（Moses Kimball，1809—1895）用7000美元收购，博物馆被改造成剧场。

1812年，费城自然科学学会（The Academy of Natural Sciences in Philadelphia）成立。这是美国最早的为促进自然科学研究成立的协会。这个协会拥有一个非常重要的图书馆和丰富的鸟类学、贝类学和植物学标本。费城还有引以自豪的与宾夕法尼亚大学合作的考古学博物馆，费城博物馆和商贸博物馆。这些博物馆致力于促进人种学、植物学和矿物学方面的知识传播和研究。费城维斯塔解剖学研究所（The Wistar Institute of Anatomy）获得了大量的标本和经费，创建了博物馆。哈佛大学动物学博物馆、剑桥大学博物馆和麻省理工大学博物馆不仅获得了刘易斯·阿加西（Louis Agassiz，1870—1873）和亚历山大·阿加西（Alexander Agassiz，1835—1910）父子学识和收藏品的帮助，而且得到重要的研究成果的指导，使得这些博物馆成为促进科学研究的重要机构。

皮博迪美国考古与人类学博物馆（The Peabody Museum of American Archaeology and Ethnology）与其他博物馆一样，与世界最好大学哈佛大学保持着密切的合作关系。马萨诸塞州塞勒姆的埃塞克斯学院（The Essex Institute）在这个方面十分出色。巴特菲尔德博物馆、达特茅斯学院、汉诺威博物馆、新罕布什尔博物馆、费尔班克斯博物馆自然科学博物馆都是19世纪末美国著名的博物馆。阿姆赫斯特学院博物馆收藏的鱼的种类之多和丰富得到法裔美国鸟类学家、博物学家和画家约翰·詹姆士·奥杜邦（John James Audubon，1785—1851）的夸赞。贝类标本得到美国教育家和博物学家查尔斯·贝克尔·亚当斯（Charles Baker Adams，1814—1853）的赞扬。该博物馆收藏的矿物标本增长的数量和种类是那个时代少有的速度，都是与大学的帮助分不开的。

在奥尔巴尼市的纽约州立博物馆是非常重要的地质和古生物学博物馆。1869年在纽约市成立的美国自然历史博物馆在私人和公众慷慨资助下发展非常快。布朗克斯公园中的纽约植物园博物馆可以与伦敦裘园博物馆相媲美。布鲁克林艺术与科学学会（The Brooklyn Institute of Arts and Sciences）中很多收藏都是博物学的古典样本。

英国科学家詹姆士·斯密森（James Smithson，1765—1829）由于

（詹姆士·斯密森，James Smithson，图片来源：http://en.wikipedia.org）

继承了父辈和其他亲戚的遗产，以及自己由于发现菱锌矿而获得大笔专利费，他成为那个时代的富翁。他将自己的所有遗产遗留给侄子，但是，由于侄子死后没有孩子，因此，按照斯密森的遗嘱，所有的遗产都"赠送给美国，在华盛顿建立斯密森学会（Smithson Institution），以创造知识或者向人类传播知识。"[10]1836年7月1日，美国国会正式接受其遗产捐赠，成立慈善基金会。美国外交官理查德·拉什（Richard Rush，1780—1859）被安德鲁·杰克逊（Andrew Jackson，1767—1845）派往英国接受遗产捐赠。1838年8月，拉什返回美国，带回104960金镑（约合当时50万美元），这些金镑装满105袋。①

（斯宾塞·富勒顿·贝尔德，Professor Spencer Fullerton Baird，图片来源：http://en.wikipedia.org）

在斯密森学会的管理下，华盛顿美国国家博物馆（The United States National Museum at Washington）建立。在第一任馆长、美国著名博物学家斯宾塞·富勒顿·贝尔德（Professor Spencer Fullerton Baird，1823—1887）的管理下，从他1878年就任到去世，博物馆的生物藏品增长迅速。1850年，馆藏标本只有6000件，但是到他1887年去世时，增加到了200万件。②[11][12]

1910年美国国会在华盛顿购物中心重建新楼。原博物馆改为艺术馆。美国国家博物馆不仅仅进行科学展览，同时，在出版大量的科普作品，成为美国最重要的科学传播机构和研究机构。美国政府大力支持科学家与各界人士合作进行科学研究。与此同时，美国地质调查局的样本收藏与农业部的重要科学收藏品都储存在国家博物馆。

世界哥伦布博览会（World's Columbian Exposition）于1893年在美

① 参阅 http://siarchives.si.edu/history/general-history（2014）。

② 参阅 http://en.wikipedia.org/wiki/Spencer_F._Baird（2014）。

国芝加哥召开。这次世界博览会是为了纪念意大利航海家克里斯托弗·哥伦布（Christopher Columbus，1451—1560）于1492年发现新大陆400周年而举办的。这次影响深远的博览会引发了美国博物馆运动的兴起与迅速发展。博览会主建筑中展出的艺术品被作为博物馆永久收藏。美国企业家马歇尔·菲尔德（Marshall Field，1834—1906）为博物馆捐赠了100万美金，博物馆命名为菲尔德哥伦布博物馆（The Field Columbian Museum），博物馆发展很快，到1906年菲尔德去世的时候，他共捐赠了800万美元，一半资金用于建设新馆，另一半用于建立发展基金。芝加哥市的慷慨资助使得博物馆发展很快。1906年，博物馆更名为菲尔德自然历史博物馆（The Field Museum of Natural History）。1904年，圣路易斯市举办博览会，模仿芝加哥博览会。1905年，在赞助下，建立了圣路易斯公共博物馆（St Louis Public Museum）。

（1893年在芝加哥召开的“世界哥伦布博览会”，World's Columbian Exposition，图片来源：http://en.wikipedia.org）

美国促进科学与艺术最重要的基金会是建立在匹茨堡市的卡内基学院（Carnegie Institute）。卡内基学会是科学技术教育的综合性学术机构，属于这个学会的有艺术博物馆、科学馆、青少年技术教育学校和匹茨堡图书馆等。尽管这个学院于1896年成立，但是，科学馆中地质学、矿物学和古生物学以及植物学和动物学等博物学样本已经数量可观。其昆虫学收藏品在北美大陆已经是最好的。卡内基博物馆拥有的博物学收藏品超过150万件，价值接近12.5万美金。

那时的美国博物馆基本都与大学或者学院具有广泛的联系。火奴鲁鲁的伯尼斯·柏爱义·毕晓普博物馆（The Bernice Pauahi Bishop Museum）是靠私人捐款建立的博物馆，这个博物馆在波西尼亚人种学和动物学方面成就斐然。

美洲大陆其他国家的博物馆事业发展也很快。墨西哥得到政府和私人企业的财政支持，建立了自己国家的博物馆学会，而且逐步有了一些影响。其他中美和南美国家在20世纪初时，虽然经费不是很多，但是，在多数首都城市都有了自己的国家级博物馆，比如里约热内卢博物馆、保利斯塔博物馆、帕拉博物馆以及布宜诺斯艾利斯博物馆。另外，值得一提的是智利的瓦尔帕莱索博物馆，其收藏品和展品非常具有价值。

## 四、现代科学博物馆

博物馆教育在现代成为一个专业领域，主要是发展和加强博物馆作为公众教育机构的作用。博物馆教育的目的是提高参观者理解和鉴赏博物馆展品的能力。在 1992 年美国博物馆协会（American Association of Museums）的报告《卓越与公平》(*Excellence and Equity*）中，强调博物馆的教育功能是博物馆为公众服务的核心。“博物馆的公众维度使博物馆具有实施公众教育的服务的功能。教育服务在其最广泛的涵义中包括探索、学习、观察、批判性思维、沉思和对话。”[13]

现代博物馆学（Museology）的发展趋势的主要特点是不断拓展其研究主题。其中，以交互式展品（interactive exhibits）设计最令人瞩目。在许多科学技术馆中都采用了这种展览方法。采用交互式的展览方式的科学技术博物馆称作“科学中心”(science centres）或者“发现中心”(discovering centres)。由于展览多与技术有关，因此，一般称为“技术馆”。

现代交互式的科学馆出现于 20 世纪初慕尼黑的德国博物馆(Deutches Museum)。博物馆中可移动展品激励游客通过按键和各种杠杆与展品进行互动，观察其变化结果，了解其运行原理。1911 年，希尔斯施乐百公司（Sears，Roebuck and Company）① 董事长朱利叶斯・罗森瓦德（Julius Rosenwald，1862—1932）带着他的儿子参观了德国博物馆。他被这种互动式的展览模式所吸引并决定在其家乡芝加哥建一个同样的博物馆。1933 年至 1940 年间，芝加哥科学与工业馆(Museum of Science and Industry）逐步建成并对外开放。

1959 年，美国圣路易斯科学与自然历史博物馆由圣路易斯科学院建成，其中多数展品是交互式的科学与自然展品。

20 世纪中叶，美国物理学家、“曼哈顿计划”(Manhattan Project）负责人朱利叶斯・罗伯特・奥本海默（Julius Robert Oppenheimer，1904—1967）于 1945 年在研制成功世界上第一颗原子弹后，在麦卡锡主义的迫害下，被撤销秘密工作权，不得不离开核物理研究岗位。其弟弗兰克・奥本海默（Frank Oppenheimer）也被迫回到家乡科罗拉多

---

① Sears, Roebuck and Co 是一间领先的多种经营零售公司，提供商品和相关服务。该公司 2003 年的收入为 411 亿美元，销售多种家用商品、服装和汽车产品，在美国和加拿大有超过 2300 间 Sears 品牌和附属商店，包括大约 870 间全品种商店和 1100 间专卖店。

州帕戈萨斯普林斯中学（Pagosa Spring School）教物理学，在教学中他带领孩子们到野外考察和进行科学研究实际操作过程中积累了经验。1959 年，他被邀请到科罗拉多大学物理系教学，但是，很快他就发现自己对传统的物理研究室里的研究没有兴趣，而对激发孩子的好奇心和探索精神更感兴趣。他拿到国家科学基金会的经费设计将近 100 个科学研究模式。他设计的“实验图书馆”（Library of Experiments）则成了后来的探索馆的展品中的精华，并且写成了《探索馆设计应用手册》（*Exploratorium Cookbook*），主要用于指导如何设计科学展品。

弗兰克·奥本海默认为在公共博物馆中应该增加有助于每个年级的学生学习科学课程的活动。为此，1965 年，在古根海姆奖学金的资助下，他在伦敦大学进行气泡舱研究，同时考察了欧洲的科学技术博物馆。欧洲的三个博物馆给他留下深刻印象。其中，由诺贝尔物理学奖获得者让·巴蒂斯特·皮兰（Jean Baptiste Perrin，1870—1942）于 1936 建立的“巴黎探索馆”（Palais de la Découverte）通过展示模型教给孩子们科学概念，雇用学生做示范进行科学互动实践活动。他还与夫人雅姬参观考察了南肯辛顿科学与艺术博物馆（South Kensington Museum of Science and Art）以及德国博物馆。这些欧洲先进的互动模式的展览模式使他产生了在美国建造一个科学探索型的科学技术馆的念头。[14]

回到美国后，弗兰克·奥本海默被邀筹建斯密森学会的一个部门的筹划工作，但是他拒绝了，并开始了自己的“旧金山计划”（San Francisco Project）。1967 年，弗兰克·奥本海默带着创建自己的独立的博物馆的想法来到旧金山。他四处游说，寻求经费和支持。他还将自己的计划写成草案，带在身上，与科学家、企业家、市政府官员和学校管理者、亲戚和朋友交流，谈他的伟大设想。许多著名科学家和文化界名人都支持他的计划。他通过旧金山基金会争取到 5 万美元的资助，使得他的计划的实现成为可能。

1969 年，旧金山探索馆在艺术宫对外开放。尽管整个建筑还需要扩建，但是，弗兰克·奥本海默没有钱了。但是他还是决定让公众进入参观正在建设中的展览。[15]

弗兰克·奥本海默担任探索馆的馆长直至 1967 年逝世。在 20 世纪 80 年代，探索馆不断扩建，增加外出展览活动，建立了网络服务，并建立了全球的伙伴关系。美国著名报纸《纽约时报》认为，旧金山探索馆改变了世界学习的模式，是 20 世纪中叶最重要的科学博物馆。旧金山探索馆在过去的半个多世纪中所取得的成就归功于其“展品特质与众不同，广泛的影响以及先进的教师训练项目。”它将“疯狂的科学家的廉价游乐场，科学游戏厅和科学实验室融为一体。”[16]旧金山探索馆将展品的参与性和互动性以及互动者的自我鉴定作为科学学习的核心设计，成为世界参与性与互动性博物馆的典范。

1967 年，安大略科学中心（Ontario Science Centre）建成，1969 年正式对外开放。科技馆界认为，安大略科学中心与旧金山探索馆和底特律科学技术馆都是互动式科学技术馆的先驱。在安大略科学中心，多数展品都是互动设计，还有很多展品是现场演示，比如金属加工等。通讯技术馆中公众可以用 PDP-11 小型计算机进行欧洲国家最流行的一字棋（tic-tac-toe）游戏。整个科学中心有几百件互动和被动的展品。涉及科学知识包括地质学、自然科学、天文学、人体解剖学、通讯技术和其他各种科学人造产品。这些科技馆的先进互动式展览方式被世界各国科技馆仿效。

旧金山探索馆开放后 4 年时间，世界上第一个“全天域影院”（OMNIMAX）在美国圣迭戈巴尔波亚公园“罗宾汉舰队太空剧院和科学中心”（Reuben H. Fleet Space Theater and Science Center）正式开放。幕影院也可以作为天文馆使用。这个科学中心也是旧金山式的博物馆，其科学博物馆、天文馆和穹幕影院综合型的科学中心模式成为世界上重要的科技馆竞相模仿的样板。[17]

互动式的博物馆风靡欧洲各国。1986 年，巴黎等欧洲大城市建立了“科学与工业馆”（Cite des Sciences et de l'Industrie）。西班牙、芬兰和丹麦随即建立了规模小一些，影响力小一些的科学馆。这些国家互动式的科学场馆引发全球的竞相仿效。但是，以科学实验为主的奥本海默式的科技馆时代结束了，取而代之的是小型的互动中心。英国第一个小型的科学互动中心建成开放。但是，真正促进科学中心发展，并能够在城市随处可以进入的这种适合孩子学习科学的中心的浪潮主要是在 21 世纪依靠发行彩票发展起来的。[18]

近代科学技术馆随着电子技术和其他技术的发展，用以展示科学技术复杂的成果和对人类的影响形式变得多样化。讲解示范、互动项目和能够引发人们深入思考科学技术问题的多媒体形式形成了综合性的展览模式。综合性的展示模式拓展了博物馆的多样性：电脑、航空、铁路、物理、天文以及动物为主题的科学技术馆日益增加。尤其是穹幕影院和 IMAX 电影的出现，使得仅仅通过实物和收藏品展示科学的手段无法显示的科学事实得以实现，而且适用于所有年龄段的参观者。网络的发展使得数字科学技术馆获得发展和扩张的机会。基于电子技术的科学技术馆能够因为地理障碍无法参观科学技术馆的人随时欣赏到科学技术的最新成果。

博物馆发展迅速。但是，具体分布却难以统计，尤其是不同种类的博物馆更难以分类统计，世界科学技术馆的分布也没有精确的数据。据2012年发表的第18版《世界博物馆》公布的数字，世界202个国家共有超过55000个博物馆。[19]平均每个国家有272个博物馆。在132个国家中有500个博物馆协会。目前世界人口68亿7千万人，① 平均125000人拥有一个博物馆。博物馆已经是人类文化、教育和娱乐不可缺少的重要社会设施。

**当人们谈论科学传播或者科学普及的时候，更多谈论的是通过媒体进行科学信息的传播，以及科学家通过演讲等人际传播的方式。科学技术博物馆则是通过科学实物或设计的展品讲述科学历史，以及科学发明与技术发现对人类的影响。从这个角度讲，科学技术博物馆具有其他传播模式不可替代的独特功能。**

**科学技术博物馆的诞生与发展与科学技术发展和经济兴盛具有密切关系。科技馆是国家兴盛的产物。科技馆具有正规教育机构，比如学校所不可替代的独特功能。这也是科学博物馆的起源和发展可以单独论述的主要原因。**

**科学技术博物馆是一个国家科学技术教育水平、艺术和美术设计，以及科学认知心理学发展程度的集中体现。在电子信息时代，科学技术博物馆呈现出更新的模式。**

---

① http://www.evi.com/q/number_of_people_in_the_world_right_now（2014）.

CHAPTER 6

第六章

# 美国科学传播

美国是当今科学技术、经济以及教育最发达的国家。从 1776 年独立到今天仅仅 220 多年的时间内，美国成为世界第一大国的主要原因是经济成功，而经济成功主要是科学技术和教育的成功。美国的实用主义哲学将欧洲的科学技术迅速地转化为应用。在这个过程中，发明家创造了美国经济繁荣的历史。

美国的历史是发明家和创造者的历史，新闻媒体的自由开创了美国科学技术传播的模式，带动了世界科学技术传播的发展。其中，科学家和发明家，媒体和科学记者，科学家团体逐步形成了科学传播的主体。美国在过去的 200 多年时间内，科学技术的兴起和民主制度带动了科学文化的发展，对世界产生了影响。

## 一、美国科学传播的兴起与发展

19 世纪末，美国的科学研究和技术创新处于领先地位。1876 年，亚历山大·格雷厄姆·贝尔（Alexander Graham Bell，1847—1922）获得美国第一个电话发明专利。19 世纪末，托马斯·爱迪生（Thomas Edison，1847—1931）发明了留声机，第一个长明电灯泡和第一个电影摄影机。20 世纪初，兰索姆·E·奥尔兹（Ransom E. Olds，1864—1950）和亨利·福特（Henry Ford，1863—1947）汽车公司推广了流水装配线。1903 年，莱特兄弟第一架飞机试飞成功。

20 世纪 30 年代纳粹主义（Nazism）的出现使许多包括阿尔伯特·爱因斯坦（Albert Einstein，1879—1955）、恩里克·费米（Enrico Fermi，1901—1954）和约翰·冯·纽曼（John von Neumann，1903—1957）等欧洲科学家移民美国。第二次世界大战期间，曼哈顿计划制造出第一颗原子弹，原子时代开始。太空竞争促进了火箭技术、材料科学和电脑的发展。战后光纤的出现，替代了铜缆，加速了网络时代的到来。美国由二战后的高速公路时代，到 20 世纪 90 年代进入了信息高速公路时代。美国在二战以后带领人类在科学技术发展的道路上一路飞奔。

民主的政治制度和“广纳型”[1]经济制度保证了美国经济的发展，同时保证了发明家的个人利益，激发了科学家和发明家的发明与创造。科学技术专利法保证了发明优先权受到法律的保护，新闻自由法律保护了科学技术报道的自由。1786 年，《美国独立宣言》（*American Declaration of Independence*）的起草者托马斯·杰斐逊（Thomas Jefferson，1743—1826）指出：“我们的自由取决于新闻出版自由，限制这项自由即会失去这项自由。”他在其起草的弗吉尼亚宗教自由法草案中宣称：“真理是伟大的，如果任其自然，她终将得到传播。她是谬误天生的强大敌手，对争辩无所畏惧。”“世界公民”潘恩（Thomas Paine，1737—1809）匿名出版的《常识》（*Common Sense*）呼唤人类的平等的思想在美国得到巨大的回应。1776 年底，这本书在美国重印了 19 次，在一个不到 50 万家庭的国家发行量超过了 10 万册。[2]

在欧洲启蒙运动思想的影响下，1790 年，托马斯·杰斐逊和乔治·华盛顿（George Washington，1732—1799）签名通过颁布专利证书“推动实用技术的进步”，表明了他们的决心。1790 年颁布第一部《联邦专利法》（*The Federal Patent Law*）建立了一种权利注册制度，将发明获得的成果与发明者的利益结为一体。

托马斯·杰斐逊为弗吉尼亚州起草了《普及知识教育法案》(*Bill for the More General Diffusion of Knowledge*)，虽然该法案没有得到国会的通过，但是，其试图建立一种由“私有社会和公共机构”混合教育基础设施，使得“大多数人”都受到教育的思想却得到宣扬。美国早期的立法者的思想奠定了大众科学普及的基础。美国宪法“第一修正案”(*First Amendment to the United States Constitution*)于1791年被纳入美国宪法。新闻与言论自由使得科学技术的发明和创造在民众文化中得以宣扬。《1927年广播法》(*The Radio Act of 1927*)、《1934年通信法》(*The Communications Act of 1934*)和《1996年的电信法》(*Telecommunication Act of 1996*)使得新闻自由制度不断得以完善。

欧洲的科学技术不断向欣欣向荣的美国转移，科学家和发明家大批向美国移民，使得美国的科学技术水平急剧发展。美国的经济在发明成果的带动下，成为世界发明大国。自由的媒体不断将发明家的惊人成果传播给大众，美国成为一个充满了好奇、探险和发明的国度。

## 二、发明家与美国文化的几个案例

### 1. 人类的第一次飞行：莱特兄弟得到的回应

莱特兄弟(The Wright brothers，Orville，1871—1948，Wilbur，1867—1912)发明飞机的念头产生于他们看到德国人奥托·李林塔尔(Otto Lilienthal，1848—1896)驾驶的滑翔机的照片后。在经过1899年的几次失败后，1901年，兄弟俩试制的滑翔机经过几十次的试飞，飞行距离达到600多英尺。1902年的试飞虽然几次遇到大风而跌落，但是，飞行距离更长了。

在相当长的时间内，他们的苦苦思索和实验以及在寒风中的实验无人知晓，这个人类历史上最伟大的实验仅仅是在沉默和各种讥讽中进行。1902年12月8日，《纽约太阳报》(*New York Sun*)[①] 讥笑道：“像一把灰泥一样滑进了水里。”1904和1905年的飞行实验虽然飞行距离更长，失败次数开始减少，但是，媒体对他们的实验仍然是讥笑和怀疑。

1904年到1905年期间正是莱特兄弟实验的关键时期，也是成功飞

---

① 1833年9月3日由美国人本杰明·戴创办，《纽约太阳报》创办为标志的便士报运动开启了报纸现代化之路，也是第一份成功的“便士报”。

行最多的时期。但是，几乎没有媒体记者对这个后来影响世界的发明进行详细客观报道。目前所能够找到的照片都是莱特兄弟自己拍照的。除了在1913年代顿大洪水时损失了一小部分以外，大多数照片完好无损。后来学术界和航天界对他们的研究多数根据他们留下的资料和照片。

1904年，俄亥俄州一个养蜂技术发明者企业家，阿玛斯·鲁特（Amos Root，1839—1923），亲眼观看了从第一次飞行实验之后的所有的试飞实验。他将所有他的所见全部记录下以后，在他自己的养蜂杂志上刊登。这是仅有的霍夫曼草原（Huffman Prairie）飞行实验的亲眼目睹现场记录报道。尽管有些当地记者看到实验的过程，但是，无人报道。鲁特将现场报道稿件发给《科学的美国人》（*Scientific American*）杂志，但是编辑却不理睬。

发生在俄亥俄本地的人类历史上最伟大的科学实验却在其他地区广为报道。但是，大多数的报道都是怀着怀疑和质疑的态度。1906年的《国际先驱论坛报》（*In ternational Herald Tribune*）巴黎报道题目充满了质疑："飞行人还是吹牛人？"（"FLYERS OR LIARS？"）在后来的几年时间内，代顿（Dydon）当地的报纸才将莱特兄弟自豪地赞美为国家英雄。但是，当地记者却错过了报道发生在自家门口的最重大新闻事件报道。当时的《代顿每日新闻》（*Dayton Daily News*）出版商，在1920年任俄亥俄州州长并被提名为民主党主席候选人的詹姆士·M·考克斯（James M. Cox，1870—1957）坦诚谈到，当时报纸记者和公众的态度，"坦率地说，我们都不相信这件事。"

THE DAYTON DAILY NEWS
AT STEADY AND FIRM
FIRMNESS
STEADY
The Flight of a Flying Machine
LOOK!
WRIGHT BROTHERS HAVE PERFECTED INVENTION.
AT WILLNE

（《代顿每日新闻》1904年10月5日第9页发表的新闻，图片来源：http://en.wikipedia.org）

1904年的双翼滑翔机实验后，莱特兄弟将飞行实验结果发电报告知他们的父亲，请求父亲告知媒体。但是，《代顿商业杂志》（*Dydon Business Journal*）拒绝发表这个新闻，认为飞行距离过短，没有价值进行报道。然而，出乎意料的是，在莱特兄弟不知情的情况下，一个报务员将这个消息透露给了一家弗吉尼亚报纸，该报纸捏造了一个虚假新闻，第二天数家报纸上刊登了这个消息，包括代顿当地的报纸。

莱特兄弟的飞机试飞成功消息仅在几家报纸上刊登了消息，但是并不是记者现场采访或者拍摄新闻报道。没有现场照片的新闻和目击者的亲眼所见记录是华盛顿特区政府部门，《科学的美国人》和欧洲媒体不相信的主要原因。

除了媒体和公众的怀疑，莱特兄弟在避免公众的注意力方面也有故意策划。他们的有意躲避公众注意主要是怕竞争者在他们还没有获得专利的时候窃取他们的创意。因此，他们在 1904 年 10 月 5 日后仅仅在 1—2 天内进行过试飞。此后，他们仅仅允许已经签约购买飞机的公司在实验现场观看试飞。他们随后给美国、法国和德国政府可以优惠价格出售飞机，但是，如果不签约不允许观看试飞表演。

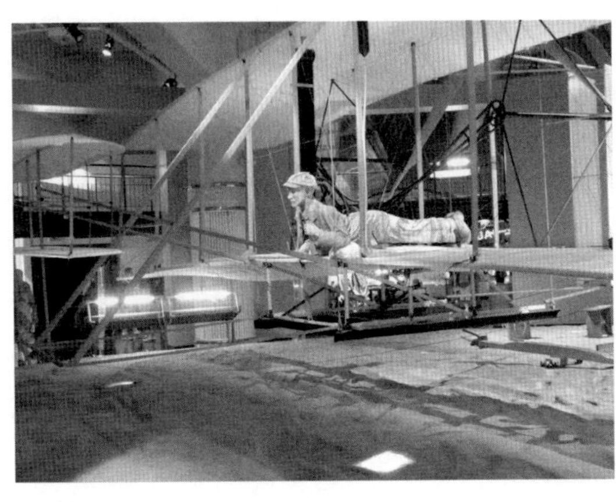

（1904 年，莱特兄弟的双翼滑翔机的试飞。福特博物馆的模型。作者于 2011 年 7 月在福特汽车博物馆拍摄。）

在最初的试飞阶段，除了那位报道文章被拒的养蜂人以外，还有另外 5 个目击者。其中包括：亚当·埃瑟里奇（Adam Etheridge），在现场使用奥威尔·莱特预先支好的相机拍摄了世界著名的“人类第一飞”照片的约翰·T·丹尼尔斯（John T.Daniels），美国海岸救生员威尔·道夫（Will Dough），商人布林克利（W.C. Brinkley）和小男孩约翰尼·摩尔（Johnny Moore）。在莱特兄弟第四次试飞后，在将飞机拖回原处途中遇到几次强风使飞机受损严重。莱特兄弟将其用船运回家中。几年后，奥威尔将其修好，借给美国几个场馆供参观，随后又借给大英博物馆。1904 年 9 月 15 日，莱特兄弟完成了第一次转弯飞行，9 月 20 日完成了完整的圆圈飞行。1906 年，美国专利局授予飞机专利。其后，莱特兄弟飞赴欧洲进行出售飞机谈判。1908 年到达法国勒芒。从此，莱特兄弟飞机走向世界。1925 年，当奥威尔把 1903 年的“飞行者”送到英国伦敦科学博物馆进行展览的时候，他才得到美国的关注。奥威尔在 1948 年 1 月 30 日死于代顿。在他去世后不久，“飞行者”被挂在华盛顿的斯密森学会（Smithsonian Institution）展览馆展出，直至今日。

随着莱特兄弟的成功，媒体对其报道量突然增大，对过去的疏忽进行追忆和补充报道。各个大媒体将莱特兄弟的实验从 1902 年到 1914 年所有的零星报道和直到 20 世纪的报道和历史研究进行了整理和收集，根据后来的统计，曾经报道过莱特兄弟飞行实验的媒体有：《纽约时报》（*The New York Times*）[3]《纽约先驱报》（*New York Herald*）《纽约美国人》（*New York American*）《代顿日报》（*Dayton Daily*）《代顿杂志》(*Dayton Journal*)《代顿新闻》(*Dayton Press*)《芝加哥论坛报》(*Chicago Tribune*)《波士顿先驱报》(*Boston Herald*)《芝加哥检查者报》(*Chicago Examiner*)《芝加哥晚报》(*Chicago Evening News*)《纽约新闻》(*New York Press*)《华盛顿时报》(*Washington Times*)《科学美国人》(*Scientific American*)《旧金山纪事报》(*San Francisco Chronicle*)《科学新闻画报》(*The Illustrated Scientific News*)《弗吉尼亚州飞行员》(*Virginian Pilot*)《克利夫兰新闻》(*Cleveland News*),《辛辛那提问询报》(*Cincinnati Inquirer*)《航空新闻》(*Aeronautical News*),《法国世界报》(*Le Monde*)《伦敦环球报》(*The Globe of London*)《巴黎先驱报》(*Paris Herald*)等许多报纸都对莱特兄弟的飞行实验进行了简短的报道。除了新闻报道外,专著也不断出现,对美国20世纪初对新兴事物的报道的缺憾进行反思,从而为今后的科学新闻的报道提供了崭新的思维:科学技术是人类进步的象征,发明永远是出乎意料的。媒体对任何新生事物都应该关注和及时报道。

### 2. 凯瑟琳·斯廷森的东方之行

凯瑟琳·斯廷森(Katherine Stinson,1891—1977)是美国历史上第一位女性飞行员。在莱特兄弟的飞机实验成功仅仅3年之后,她就开始了长途飞行。尤其是她在1917年的东方之行(Orient Express),引发了世界的惊叹,也使得刚进入共和时代的中国民众认识到女性在西方国家的地位和科学技术的神奇和魅力。

凯瑟琳·斯廷森于1896年2月14日生于密西西比的杰克逊。1911年,当她参加一次气球飞行的时候,接触了当时莱特兄弟刚刚研制成功的飞机。从此,她与飞机和飞行结下不解之缘。她与其他三位女飞行员成为美国历史上也是世界历史上最早的女性飞行员。她参加了位于芝加哥的马克斯·利理航空飞行公司(Lillie Aviation Company)接受训练,教官是最早的飞行教练马克斯·利理(Max Lillie,1881—

(凯瑟琳·斯廷森1917年在中国。作者于2011年7月在福特汽车博物馆拍摄。)

1913）。同年，凯瑟琳·斯廷森获得飞行员证书。

凯瑟琳·斯廷森自幼喜欢音乐，对世界充满了好奇和憧憬。她开始了自己的长途飞行计划，创造了许多世界“第一”，同时也是女性世界第一纪录。她驾驶飞机环美国飞行，用自己的行动宣扬了美国人的开创精神和好奇心文化。1915 年，她开办了飞行学校，同时还从事飞机展览表演。她的表演每次获得 2000 美元收入。

凯瑟琳·斯廷森飞行生涯中重大的事件是驾机赴日本和中国进行的巡回展览飞行。1917 年，她从圣地亚哥到旧金山连续飞行 606 英里，飞行距离打破了卢斯·劳（Ruth Law，1887—1970）的不着陆连续飞行记录。同年她开始了东方之行。当她的飞机抵达日本和中国的时候，引起了东方国家的惊叹和公众议论。尤其是刚刚封建王朝清王朝结束，而新的共和国还未建立的混乱时期，她驾驶飞机从抵达中国那一天起就一直处于人们的舆论高潮中。

美国威斯康星州历史协会出版的季刊《威斯康星历史杂志》（*Wisconsin Magazine of History*）在它的 1989—1990 冬季号上刊登了马尔科姆·罗肖特（Malcolm Rosholt，1907—2005）撰写的题为《鞋盒里的中国来信 1913—1967》（*The Shoe Box Letters from China* 1913—1967）的文章，披露了宋庆龄给她在美国留学期间所结识的女友亚历山德拉·曼·斯利普（Alexandra Mann Sleep）的 13 封书信。这批书信在时间上跨越了 1913 年到 1976 年间的漫长岁月，是研究宋庆龄的珍贵资料。[①]

在宋庆龄的信中，谈及凯瑟琳·斯廷森在中国的驾机飞行的情景。

第二封信：

亲爱的艾丽：

上周六，我们邀集了十几个朋友一起去观看女飞行员斯廷森所作飞行表演。每个座位 3 美元，但我们坐等了 3 小时，也没见那飞机飞起来。真遗憾！好像是一架发动机发生了故障，而另一架还未装好！星期日，虽然又进行了大量的宣传，但情况仍然没有变化。一万二千多人离开时的不满之情可想而知！我真为那姑娘感到遗憾。她是美国人，年仅 19 岁。但这只能怪她自己，太疏忽了！眼下，这里有许多精彩的表演，以及各参战国所举行的庆典。门铃响了，我只好就此搁笔，我约了朋友来我处。1917 年 2 月 22 日。

① 参阅：http://content.wisconsinhistory.org/cdm。

第三封信：

> “美国女飞行员斯廷森女士在江湾马场试演飞机之第一日，适逢天气晴和，中西女士联袂往观……下午五时十分于万众掌声中翱翱飞起，飞机由东上升向西绕场三匝，愈飞愈高……至五十三十分乃安然翔集于场之南隅，拍掌复大作。”

马尔科姆·罗肖特写道：“陪同观看者，还有唐绍仪、江兆铭、张静江、廖仲恺、杨苍白、朱执信等人。此次表演，由于大飞机发生故障，临时改装配小飞机。待装配完后已近下午五时，加之起风，观众逐渐散去。宋庆龄和孙中山没能看到飞机起飞。第二天午后再次进行飞行表演，仅飞行了一分钟，并且飞行在落地后因碰撞赛马场木栏受损。报界评论谓‘江湾飞行之成绩可一言以蔽之失败而已。’”①

《民国日报》（1917年2月18日）和《申报》（1917年2月21日）也报道了凯瑟琳·斯廷森在中国飞行的情景：

> “1917年2月17日，美国著名飞行家史天逊带两架飞机来华，在上海江湾五角广场为几万名观众表演飞行术。史天逊芳龄19，自幼演习飞机，技术高超，声誉卓著，令一些驾机的须眉自叹弗如。
>
> “是日，浙沪路局临时增加了几节货车，车厢里仍拥挤不堪。一些富商贵客，名媛艳姬或乘汽车或坐马车前往观看。
>
> “下午5时左右，史天逊女士在万名观众的热烈掌声中，启动马达，振机高飞，由东往西行，绕场三匝，向观众致意，其后愈飞愈高，并不时地表演各种飞行动作，全国人大开眼界。孙中山、唐绍仪等知名人士亦都前往参观。”②[4]

民国时期的中国还不甚开放。国人对西方的科学技术不是很了解。凯瑟琳·斯廷森在中国的飞行表演，可以想象，对国人的影响大概是非常大的。但是，目前的研究资料不是很多。

宋庆龄建议在中国建立自己的飞机制造厂，孙中山接受建议后在广州创建了中国第一个飞机制造厂。不久，第一架飞机研制成功。宋庆龄

① 参阅 http://zhidao.baidu.com/link?url=831A3zC15RzzqC_IF7Xtu2eEijIHk_ThWqm19pd-4AOleM7Qq6iuLKP-HATYYG2HYvVG-5ey_wkJbhpCVIFO3K3。

② 参阅 http://www.sszx.org.cn/bkjwView.aspx?id=3204。

（图片来源：https://cn.bing.com）

在照片上用英文介绍了照片的内容：“这是中国制造的第一架飞机，1923 年 5 月出厂，1923 年 7 月试飞，‘乐士文’号以孙逸仙夫人名字命名。”1956 年 11 月 10 日，《人民日报》在“纪念孙中山先生诞辰 90 周年”专题文章中刊登了这张极为珍贵的历史照片。

### 3. 爱迪生的公开化思想

英国不仅将工业革命带入美国，同时也将通过发明和创造致富的途径和制度带到这个新兴的、充满朝气的国家。美国人看到了采用英国的科学技术可以创造极大的经济机会。科技带来的工业化和保护人的创造力的制度，即通过保护创意财产权的专利制度，发明家不断出现。而发明家在创意产业的同时，也产生了利用媒体创造机会，获取财富的创意。

1623 年，英格兰国会通过《独占法》（*Statute of Monopolies*），其目的就是要防止国王利用权力随意授《专利书》（Letters Patent）给他钦定的人。1790 年，美国通过颁布第一部《联邦专利法》（*The Federal Patent Law*）建立了一种权利注册制度，将发明获得的成果与发明者的利益结合在一起。从而保证了所有的人能够获得平等的机会，通过自己的创造和发明获得财富。后来的美国专利记录表明，获得专利的人的背景各式各样，并不仅仅是富人和受过高等教育的精英阶层。托马斯·阿尔瓦·爱迪生（Thomas Alva Edison，1847—1931）就是一个典型的例子。

历史学家保罗·以色拉里（Paul Israel）将爱迪生形容为“自由思想者”。认为爱迪生之所以有自由思想，主要是受到托马斯·潘恩的《理性时代》（*The Age of Reason*）的影响。爱迪生赞同潘恩的“科学自然神论”（scientific deism）。1910 年 10 月 2 日，爱迪生在接受《纽约时报杂志》（*New York Times Magazine*）采访时说：“我们已经知晓自然，但是我们并不知道宗教之神。自然并非宽容，也不仁慈，更不充满慈爱。如果上帝创造了我们——我所说的是传说中的上帝的三大品质：仁慈、善良和爱——他还创造了可供我捕食的鱼。那么，他对鱼的仁慈、善良和爱到哪里去了？不，是自然创造了我们，自然做了所有的一切，而非宗教中所说的众神。”由于爱迪生的评论，他被认为是无神论者。但是他却尽力躲开公众的争议，也躲开媒体的追问。作为发明家，他追求的是利润、财富和他心目中的机械发明和专利。

爱迪生发明了许多仪器和机械，在过去的接近100年时间内，对世界产生了极其巨大的影响。尽管他没有受过很好的教育，也没有获得诺贝尔奖，但是，他的发明对人类的影响不仅产生于刚刚发明时代，而且我们今天仍然在享受着他的发明带来的便利和舒适。同时，他的思想，工作系统和运用社会体系的思想和观念对后来的发明家们都是极其宝贵的经验。

直到今天我们仍然在使用的白炽灯泡能够不断让我们想起这位伟大的发明家，同时还有数量巨大的发明仍然在我们的生活的中发挥着巨大的作用。他的一生以自己的名义获得的专利达到1093项，其中包括炭精电话送话器、微热计、磁力筛矿器、水泥制品厂、可充电碱性蓄电池以及爱迪生效应等。他对现代大众传播所做的贡献迄今无人可比：电报机的相关发明、印刷机、留声机、活动电影放映机、股票行情自动收录器、自动选票记录器。他在纽约曼哈顿地区建立的世界第一个发电厂为人类后来的能源利用开辟了先河。

他同时还是批量生产的首位发明家和应用者，同时也是第一个在发明过程中使用大规模团队合作模式的人，为此，他被人称作“工业研究实验室”的首创人。“爱迪生凭借科学来进行创新，但又创造了进行创新的科学——把发明开发出来的建成完整的工业。以前从未有人这样做过。每申请到一个专利时，爱迪生就已经设想好他的车间怎样应用该项发明，一旦思考成熟了，就使之定型，成为商业产品，同时也在考虑怎样投资和进入市场，否则，他就不会开始下一个项目。”[2]

爱迪生发明过程形成了将科学技术按照社会的需要，通过发明和创新，成为应用成果，通过社会传播效应，吸引人才和资金，引起科学团体的兴趣，形成科学界的议论，通过媒体再度放大自己的形象，从而更有效的进入再次循环。关于爱迪生的这个思想，在福特博物馆的爱迪生展厅中模拟的爱迪生办公室展出的他的“公开化”（Publicity）展示清晰：“1. 提升在公众中神奇发明家的形象；2. 让人人都知道他的成功，以便获得更

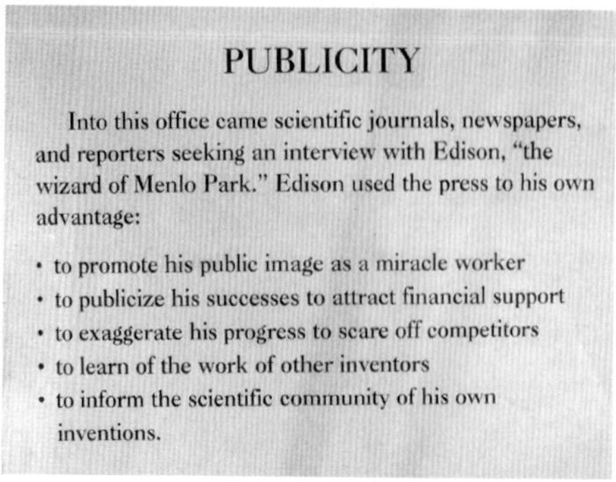

PUBLICITY

Into this office came scientific journals, newspapers, and reporters seeking an interview with Edison, "the wizard of Menlo Park." Edison used the press to his own advantage:

- to promote his public image as a miracle worker
- to publicize his successes to attract financial support
- to exaggerate his progress to scare off competitors
- to learn of the work of other inventors
- to inform the scientific community of his own inventions.

（爱迪生的“公开化”思想展示。作者于2011年7月摄于福特博物馆爱迪生模拟办公室展厅。）

多的资金支持；3. 夸大他的成就，吓退他的竞争对手；4. 了解其他发明家的工作；5. 让科学家团体知道他的发明成就。”从他的公开化策略中可以看出，发明家爱迪生完全是以利益为主要目的的。科学家的收益和个人利益是传播个人形象的宗旨。

爱迪生的公开化是一个作为发明者的企业家的传播思想。事实证明，他的策略是成功的。

爱迪生的让难以想象的层出不穷的发明使得媒体和公众对他形成崇拜。《纽约先驱论坛报》（*New York Herald Tribune*）记者马歇尔·福克斯（Marshall Fox）四处宣扬爱迪生，所有的故事中都充满了神话和浪漫的色彩：“一天晚上坐在办公室里……爱迪生开始茫然地用手指搓揉着一块扁平的、在他的电话里要用的涂有柏油的煤炭黑。他沉思了几分钟，同时他的手指机械地揉搓着那一小块煤炭黑直到它变成了一根细细的丝。他偶然间看了它一眼，突然有了主意：如果把它用做灯丝来发光可能会很不错。”几分钟之后，灯黑——碳丝——拿来一试，嘿！说变就变！他走上了成功之路。在媒体宣传中，爱迪生的成功似乎是一种浪漫的有趣的，甚至是游戏般的活动而已。甚至在后来的爱迪生在该报刊登的招聘吹玻璃的人的广告也成了一种延伸的可以想象的发明故事。

爱迪生没有将脚步停留在某个单项技术的发明上，而是想到将发明在市场上的推广和应用。他说：“在完成一项发明和把制造好的产品投入市场之间有很大的差别。”为了将电灯泡投入市场，他要建立一个中心发电站，这样就可以在白天用电开动电梯、印刷报纸、操作车床和使用电风扇等。为完成这个发电系统，他投入了自己当时所有的 50 万美元。1880 年到 1881 年，爱迪生组建了爱迪生通用电气公司（Con Edison and General Electric）。他的公司将“哥伦比亚”号轮船安装上电灯，当轮船在 1880 年 5 月 9 日驶入大西洋时，这艘世界上第一艘安装有白炽灯的轮船，成为当时最生动美丽，令人瞩目的巨大广告。

为了让更多的人认识白炽灯的伟大，他想尽办法说服所有拒绝和抵制使用这种先进的灯泡，放弃原来的煤气灯。他在 1880 年圣诞节邀请纽约市长和市参议员们到门罗帕克（Menlo Park）观看黑夜变白昼的令人惊异的景观。同时，在珍珠大街（Pearl Street）上建设了发电中心，将发电机组连接起来，在 1882 年 9 月 3 日晚上，通电点燃大街上主要建筑的所有房间。当 160 盏灯同时亮起来时，人群响起惊人的赞叹和尖叫。《纽约时报》大楼办公室的灯也亮了。灯泡的发明带给媒体的影响力向整个国家扩散，取得了令人难以想象的成功。

爱迪生是人类历史上最伟大的发明家，其发明创造的东西仍然是今天人类须臾不可离开的。历史学家丹尼尔·柯菲斯（Daniel Kevles，1939—）说：爱迪生是“自学成才的楷模，一个神话式的、未上过学的发明天才。”美国的“黄金时代”创造了爱迪生，爱迪生的不断发现思想是美国创新时代的主要民族精神。发明家们利用媒体，将自己的形象按照自己的目的塑造起来，从而更加快获得专利，赢得政界和公众的认可和支持，使自己成为富翁。

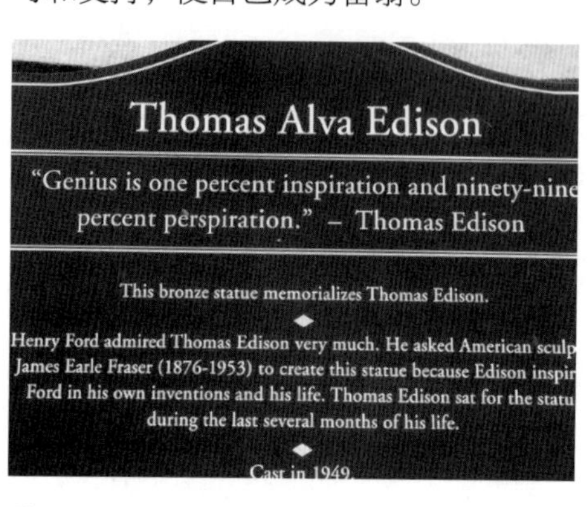


（爱迪生关于天才和灵感的名言。作者于2011年7月摄于福特博物馆）

爱迪生去世已经将近80年。他的“天才就是百分之一的灵感加百分之九十九的汗水。”（“Genius is one percent of inspiration and ninety-nine percent perspiration”）的话不断回响在学校的教室里和家庭里。他的聪明才智将永远牢记在后人的心中。

**4. 福特与他的博物馆**

美国的发明家不仅仅是美国经济腾飞的助推士，更重要的是他们营造和开辟了美国的大众市场，他们是在大众市场中获利。这些美国大众市场的营造者就是现代汽车创始人亨利·福特（Henry Ford，1862—1947）、柯达照相机的发明者乔治·伊斯曼（George Eastman，1854—1932）、美国第一大银行家阿马德奥·贾尼尼（Amadeo Giannini，1870—1949）、企业家与慈善家沃克夫人（Madam C.J.Walker，1867—1919）、世界第一个国际发廊创办者、著名企业家马萨·马蒂尔达·哈泼（Martha Matilda Harper，1857—1950）和泛美航空公司创立者胡安·特里普（Juan Trippe，1899—1981）。他们对于美国社会和美国大众文化的影响是极其深远的。大众化的思想随着他们创立的企业和服务不仅为美国广纳式的政治和经济制度奠定了基础，而且为美国大众教育和科学技术文化的形成起到不可替代的作用。

亨利·福特与其他大众市场的创立者有所不同，他不仅“通过争取制造平民百姓的汽车，使美国民主的华丽文辞变成了实实在在的现实”，而且建立了传播美国历史和发明家历史的大众传播者。

亨利·福特博物馆（Henry Ford Museum）和格林菲尔德村

（Greenfield Village），通常也被称为爱迪生研究院（Edison Institute），位于美国密歇根州底特律市迪尔伯恩（Dearborn）郊区，是一个大型的具有室内和室外展览的综合科学技术与历史博物馆。这是按照福特的意愿，以汽车工业企业家福特名字命名，为了保留和展出具有历史价值并能描绘美国工业革命场景的大型博物馆。整个博物馆区域由著名人物的居所、工业机械设备和展品以及美国历史文物组成。展览品中有约翰·肯尼迪（John F. Kennedy，1917—1963）被刺时乘坐的总统专车、亚伯拉罕·林肯（Abraham Lincoln，1809—1865）1865 年 4 月 4 日在福特剧院（Ford's Theatre）被刺时坐的椅子、托马斯·爱迪生研究室、莱特兄弟的自行车店以及他们当时进行双引擎滑翔机试验时的原比例模拟展品，另外，还有罗萨·帕克斯（Rosa Parks，1913—2005）① 引发黑人民权运动的城市公交车。

福特博物馆不仅仅展览自己的汽车历史和美国的汽车工业，他的思想中的广纳的包容性将美国文化和历史都涵盖在自己的博物馆中。早在 1920 年代，福特就开始筹划将马萨诸塞州萨德伯里（Sudbury, Massachusetts）建成主题历史村。他按照童谣“玛丽有一只小绵羊”（“Mary had a little lamb”）中的描述建设了学校校舍。还买下了 1716 年建的“威赛德旅馆”（Wayside Inn）。但是，他的整个计划并没有真正实现。福特将他的整个建设构想拿到密歇根州迪尔伯恩的格林菲尔德村实现。他的计划也许受到“老萨德布里奇村”（Old Sturbridge Village）的创建的激励和影响。大约同时，他开始为他的以实用技术为主题的博物馆收集资料和实物。1929 年，爱迪生学会（Edison Institute）建成对外开放。在过去的将近 90 年的时间里，爱迪生博物馆群几经装修扩建，一直对外开放。

福特建立博物馆的思想是：“我收集由我们的人民用他们的双手制作和使用的东西写就的历史……当我们完成了这个任务后，我们将再现美国人民过去的生活，而这，我认为，是保存至少一部分我们的历史和传统的最好方法。”②

爱迪生是福特一生最崇拜和爱戴的好朋友。这也是他执着要建立他的老师和挚友的博物馆的原因。关于这两个发明家和企业家之间的

---

① 一个黑人女裁缝，因为在亚拉巴马州（Alabama）蒙哥马利（Montgomery）市的城市公交车上拒绝向一名白人男子让座，该事件最终神话般引发了美国 50-60 年代的黑人民权运动。神话的女主角 Rosa Parks，2005 年 10 月 25 日在底特律（Detroit）的家中去世，享年 92 岁。

② 参阅：http://www.thehenryford.org/exhibits/pic/2004/january.asp http://www.thehenry ford.org/museum/index.aspx（2014）。

（爱迪生雕像。作者于 2011 年 7 月摄于福特博物馆格林菲尔德村。）

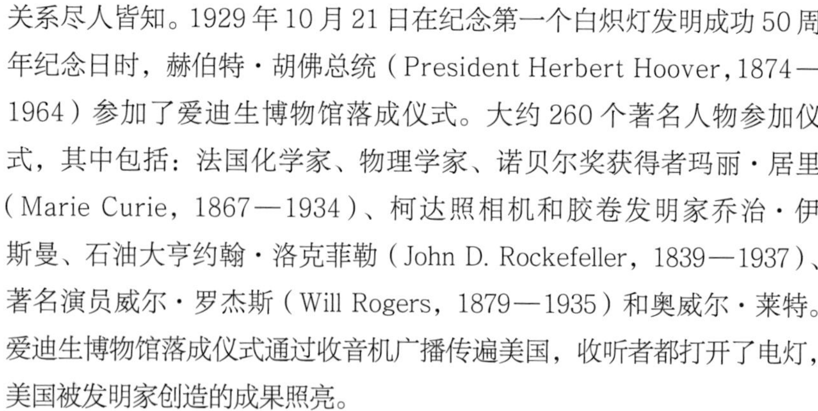

关系尽人皆知。1929 年 10 月 21 日在纪念第一个白炽灯发明成功 50 周年纪念日时，赫伯特·胡佛总统（President Herbert Hoover，1874—1964）参加了爱迪生博物馆落成仪式。大约 260 个著名人物参加仪式，其中包括：法国化学家、物理学家、诺贝尔奖获得者玛丽·居里（Marie Curie，1867—1934）、柯达照相机和胶卷发明家乔治·伊斯曼、石油大亨约翰·洛克菲勒（John D. Rockefeller，1839—1937）、著名演员威尔·罗杰斯（Will Rogers，1879—1935）和奥威尔·莱特。爱迪生博物馆落成仪式通过收音机广播传遍美国，收听者都打开了电灯，美国被发明家创造的成果照亮。

福特博物馆中的收藏品是亨利·福特从 1906 年开始收藏的。今天，在 49000 平方米的范围内，移进了历史久远的机械，包括汽车、火车和飞机。除了传统的藏品之外，博物馆中还有放映科学、自然或者历史纪录片的 IMAX 影院，当然，哈利·波特的故事片也播放。除了 1961 年"林肯大陆"（Lincoln/Continental）以外，还有肯尼迪总统被刺时乘坐的"SS-100-X"和林肯总统在福特剧院被刺时坐的摇椅。参观者还能在这里看到华盛顿的野营床。1896 年的 10 人同时骑乘的安全自行车。另外还有 17—18 世纪的小提琴；爱迪生使用过的密封瓶；俄国人伊格·斯科斯基（Igor Sikorsky，1889—1972）的原型直升机；第一次飞过北极的福柯三引擎（Fokker Trimotor），还有现代的核动力福特车。

（作者于 2011 年 7 月摄于福特博物馆格林菲尔德村。）

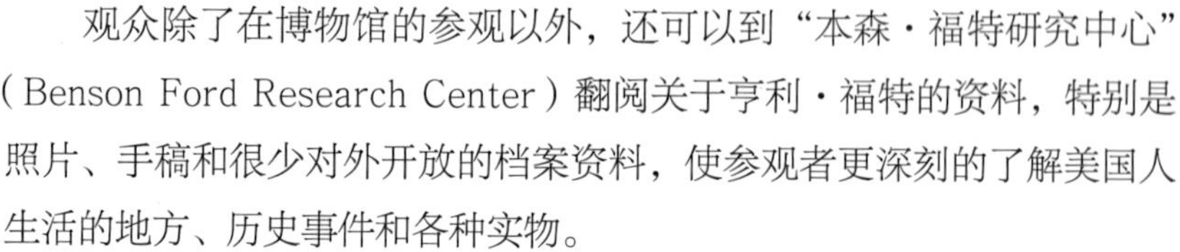

观众除了在博物馆的参观以外，还可以到"本森·福特研究中心"（Benson Ford Research Center）翻阅关于亨利·福特的资料，特别是照片、手稿和很少对外开放的档案资料，使参观者更深刻的了解美国人生活的地方、历史事件和各种实物。

（100 年前美国人的生活。作者于 2011 年 7 月摄于福特博物馆格林菲尔德村。）

福特博物馆经常举办各种历史纪念日展览。在纪念"泰坦尼克号"沉没 100 周年时，博物馆展出了大量的实物和媒体对"泰坦尼克号"航程和遇难报道的消息和资料。整个展览从 2012 年的 3 月 31 日进行到 9 月 30 日。

博物馆的一个重要目的就是向观众展示美国建国以来的生活和工作。格林菲尔德村中的房子包括从 17 世纪到现代的一应俱全。参观者不仅可以看到古老的建筑，而且还能看到制造陶器和瓷器、玻璃和锡器的工艺作坊中手工器物的制作过程。格林菲尔德村占地面积达到 97 万平方米，但是，仅有 36 万平方米是用于展览，其余地方仍然保持其森林、河流以及供绵羊和马匹放牧的草场原貌。

（格林菲尔德村美国人早期的生活。作者于 2011 年 7 月拍摄。）

福特博物馆经常举办各种科学技术活动。2011 年 7 月，博物馆在室外举办了"制作者集会"（Maker Faire）活动。在这种活动中，主要是为公民提供一个现代工业产品的使用知识的咨询机会。来访者可以将自己日常生活中遇到的比如园林草地管理、修理汽车，甚至驾驶飞机等各种实用技术问题与厂家技术人员进行交流和咨询。在这种活动中，再次体现了美国的实用主义思想和生活原则。远离人们生活的和比较抽象的科学知识通过图书和电影电视传播，而面对面的人际交流主要以生活和工作需要的实际经验和技术为主。

（“制作者聚会”。作者现场拍摄。）

美国发明家和企业家本身就是热衷科学传播的人。这是因为，传播不仅仅告诉他人自己的创造思想和成果，同时，也为自己的企业的成功创造了文化环境和市场。经济发展的动力与科学发明和应用密切相连。

### 5.“科学坏小子”克里格·文特尔

人类对于任何事情的兴趣都无法超过对生命的由来的兴趣。人类对生命的猜想和探索的行动大概超过了人类对任何秘密的探究和猜想。人类对于生命的争论和信仰也是最多的。但是，人类对于生命的认识无非来自两种学说：上帝创造了万物，其中包括了人。另一种学说认为生命是在一种适宜的自然条件下产生、演化而来。

2011 年 5 月，一个科学奇迹震惊了世界。一个叫做克里格·文特尔（Craig Venter）的美国生物学家创造出了生命。他传奇的生涯和与众不同的科学研究模式引发世界各国科学界的讨论。有人说，今后的科学是这样进行的：科学家不再需要自己苦干做研究，而应该成为研究团队的领头人，资金筹集者和媒体高手。只有这些本事都齐全，才能成为新时代的科学大师。

小布什任职期间，美国不允许进行干细胞研究的生物学实验。当然生物医学领域科研经费就十分紧缺。美国多数生物学家都到其他国家从事科学技术研究。而克里格·文特尔博士却用自己的才干，不仅筹集到经费，而且取得了惊人的成就。那么，他是怎么取得成功的呢?

克里格·文特尔博士，被视为一位 21 世纪基因组的研究中作出许多杰出贡献顶级科学家。他是克雷格·文特尔研究所的创始人、董事长和总裁。他创建的这个机构是一个非盈利的研究机构。其研究成员大约有 300 名科学家和员工。整个研究所致力于人类、微生物、植物、合成和环境基因组的研究，并探索在基因组学的社会和伦理问题。

文特尔博士同时也是合成基因组公司创始人兼首席执行官。这是一个私人控股公司，专注于基因组利润商业化，以求最终解决全球新能源、新食品和营养的食品，以及下一代疫苗的需求。

文特尔博士是最常被提及的著名科学家。他撰写了250多篇学术论文。他曾获得众多荣誉学位、公共荣誉和科学奖项，其中包括2008年美国国家科学奖章，2002年的盖尔德纳基金会国际奖（Gairdner Foundation International Award）和2001年保罗·埃尔利希和路德维希达姆斯塔德奖（Darmstaedter Award）。文特尔博士是美国国家科学院、美国艺术与科学学院和美国微生物学等重要的科学组织的成员。2007年和2008年，他入选《时代》影响世界的100人之一。①

文特尔被称为“科学坏小子”（Bad Boy of Science），不仅仅是因为他胆子大，不按规矩，他的越战生涯以及与人类基因组研究计划对抗吸引了全世界的注意以外，更重要的是，他在1998年，从风险投资公司拿了3亿多美元组建了塞莱拉公司。1990年10月，国际人类基因组计划启动，美、英、日、法、德、中六国相继加入其中，按最初的设想，该项目将耗资30亿美元，在2005年完成全人类基因组的测序工作。

文特尔宣称：塞莱拉将在3年内完成人类基因组的序列测定。文特尔毫不掩饰他的目的：抢先完成人类基因组测序，将人类基因组图谱申请专利。抢先专利首先是技术抢先，才能获得专利。他的抢先技术是把一个细胞的所有基因粉碎成无数DNA小片段，供测序机“破译”。计算机处理由此生产的琐碎数据，并把密码拼接成基因组序列。这种方法和当时各国所用的“快速标签测序法”的不同之处，在于把巨量工作交给计算机，从而极大地提高了基因测序速度。

2000年6月26日，时任美国总统的克林顿在白宫郑重宣布，“人类有史以来制作的最重要、最惊人的图谱”——人类基因组草图完成。站在克林身边的有两位科学家，一位是一直为政府服务的弗朗西斯·科林斯（Francis Colins），另一位则是政府不得不邀请的克雷格·文特尔。

2001年2月，文特尔小组所做的人类基因组测序报告发表在《科学》杂志上，科林斯带领的公共资金支持的实验室联合体的报告同时发表在《自然》杂志上——两个研究组织同时公开他们的研究成果，但不是联合研究的成果。私人公司公开与公共研究机构叫板，最后与对手一起站在领奖台上。

文特尔在生物技术领域的抢先举动无疑就是一个字：钱。他乐观地说，他的技术价值万亿美元。一旦成功，他将建立起自己的科学帝国。

据《纽约时报》报道，克里格·文特尔称自己“成功的发现获

① 参阅“www.content.time.com/time/specials/2007/article”。

得研究经费的独特方法"。他获得经费的尝试是成立的"合成基因组"(Synthetic Genomics)公司以获得研究合成生物的经费。文特尔的研究方向引起了美国总统和教皇的关注，同时也吸引了大量的投资。投资公司包括微软、埃克森石油公司、英国石油公司(BP)、马来西亚一家从事砾岩开发的公司以及墨西哥几家工业公司。在盖茨投资之前，"拱创业伙伴"(Arch Venture Partners)、维康基金会(Wellcome Trust)以及温洛克公司(Venrock companies)也投入了5000万美金。

近些年来，最惊人的科学事件大概就是克里格·文特尔博士所率领的团队创造的所谓"人造生命"的奇迹了。他们在2010年5月的《科学》杂志上宣布，他们将人工合成的染色体植入了细菌细胞，得到表达人工染色体的新支原体。关于研究过程，在各个语种的网站上都有非常详尽的介绍。大概程序是：第一步，他们首先制造了4个DNA碱基，并合成数百万DNA片段；第二步，将这些片断组装成DNA链，并形成完整的基因组；第三步，将合成的基因组注入剔除了遗传物质的细胞中，激活细胞，宣告了人造生命的诞生。《纽约时报》说，这一成果标志着人造生物学这一新兴科学领域取得了重大的进展。

2010年5月20日，美国私立科研机构克雷格·文特尔研究所宣布世界首例人造生命——完全由人造基因控制的单细胞细菌诞生，项目的负责人克雷格·文特尔将"人造生命"起名为"辛西娅"(Synthia，意为"人造儿")。这项具有里程碑意义的实验表明，新的生命体可以在实验室里"被创造"，而不是一定要通过"演化"来完成。

在2007年5月的美国《时代周刊》上，文特尔作为封面人物，其形象俨然为一个生命创造者。他的发现不仅仅引起学术界的争论，更大争议来自伦理界和宗教界。他宣布"人造生命"问世没几天，美国国会众议院能源和商务委员会即要求文特尔出席特别听证会。文特尔来到华盛顿国会山，为其引发巨大的"伦理担忧"的人造生命研发作证。科学家为研究成果上国会接受质询在美国罕见。不仅如此，美国总统奥巴马在"人造生命"消息一出，即要求美国生物伦理委员会"督察此事"。显然完全预估到此事将掀起怎样轩然而复杂的波澜，奥巴马显得很讲究"进退有据"，奥巴马的指示是：评估此研究将给医学、环境、安全等领域带来的任何潜在影响、利益和风险，并向联邦政府提出行动建议。关于生命科学领域的研究在美国一直持谨慎态度。前总统小布什就制定法律严禁干细胞在美国的研究。从事这个领域的科学家们纷纷到其他国家进行科学研究。奥巴马上台后，禁令被取消，但是，科学对伦理带来的影响还是政界关注的事情。

在文特尔最简化基体的基础上制造出的其他细菌，将有助于缓解人类在环境和能源方面遇到的难题。它们将捕获二氧化碳，遏制温室效应。它们能清理核废料，并产生大量氢原子，将彻底改变全球能源经济的面貌。此外，能源部长亚伯拉罕（Spencer Abraham）在一次新闻发布会上证实，美国政府已经加入了他的计划，能源部已经动用 1200 万美元纳税人的钱支持文特尔的冒险。亚伯拉罕说，“这些梦想并非科幻小说。这种研究使我们的未来发生变革的可能性是巨大的。”①

《纽约时报》说，这一成果标志着人造生物学这一新兴科学领域取得了重大的进展。一些支持者认为，这项生物技术有着巨大的潜能，比如创造出具有特殊功能的新微生物，用作替代石油和煤炭的绿色燃料，或用来帮助清除危险化学物质或辐射，或合成能帮助消除过多二氧化碳的细菌，从而缓解全球变暖问题等等。文特尔说：“藻类是用太阳光捕捉二氧化碳并将其转化为燃料的终极生物系统。”

藻类生物燃料有时被环境学家称为“燃料藻”（oilgae），是一种对解决人类能源问题有巨大希望的技术。这种燃料是从与汽油、柴油和飞机燃料等石油产品具有同样分子结构的藻类提取出来的。藻会被通过太阳光转化为无碳能源平台，这是一个具有无限经济价值的技术。每英亩藻每年可以转化 2000 加仑燃料，而棕榈树仅能产生 650 加仑，甘蔗仅仅能产生 450 加仑燃料，而玉米每年每英亩仅仅能生产出 250 加仑燃料。这对任何能源企业都是巨大的商机。

文特尔的发现引起了质疑和争论。但是他认为，他的发现是可靠的，他的技术在不久的将来就可以投入使用。那时，人类将使用他的技术生产的生物能源，所有的能源问题将彻底解决，地球的污染和环境问题将不复存在。人类将开始新的，从未有过的新的生活方式。

就是在这种技术未来的感召力下，吸引了大量的工业界的人士。他们被未来的小投入大收益的巨大希望所吸引。与此同时，尽管这项技术前景广阔，但是以从事这项技术开发名义注册，同时许诺在 3 年之内就可以见效的公司数量很少。在这仅有的数家公司中，最引人注目的就是三家公司：阿米里斯生物技术公司（Amyris Biotechnologies）、LS9、Codexis 以及克里格·文特尔成立的“合成基因组公司”（Synthetic Genomics）。

---

① 参阅“Syntheorgtic Genome Has Potential Value for Energy and Environment”，www.genomenewsnetwork。

为吸引投资创建他的基因组研究所（The Institute for Genomic Research），他成立了三个基金会：基因组促进基金会（The Center for the Advancement of Genomics，TCAG）、生物替代能源基金会（the Institute for Biological Energy Alternatives，IBEA）以及克里格文特尔基金会（the J.Craig Venter Science Foundation）。

世界影响最大的杂志《时代周刊》认为：文特尔被"科学成果、成果发表以及学术地位承认，以及诺贝尔奖的诱惑"所驱使，"商业运作是获得科学结果的手段。"

尽管很多人对他这种通过商业运作创建自己研究机构的做法持怀疑态度，但是，还是有很多人认为这种方式是可行的。多数人希望将他们的慈善捐赠与商业投资分离开来，但是，无论怎样投资，将钱投给建设性的和破坏性的人类活动的可能性都是存在的。有人认为，很少有人像文特尔一样，对未来的技术具有远见卓识的洞察力和预见，他在没有政府支持的情况下，能够通过自己的激情感动企业与他分享未来的利益前景和人类的幸福前景。因此，尽管他的研究与其他许多科学研究一样，充满了不确定性和风险，但是，他还是成功了。2005 年到 2010 年，由于奥巴马对合成生物技术感兴趣，美国政府在这项技术上的投资达到 4.3 亿美元，远远超过欧洲各国政府在这个技术上投资的总和（仅为 1.6 亿美元）。而在 2005 年之前，这项技术没有获得政府任何资助。

文特尔的成功不仅仅是他在商业运作上能够争取到公司对他的激情的认可和潜在的商业价值，更重要的是，政府态度的转变也给他的研究带来了重要的机会。但是，政府态度的转变与他宣布自己研制成的合成细胞有直接的关系。尽管如此，奥巴马还是要求他的生物伦理委员会对《科学》杂志上关于合成基因组的研究进行长达 6 个月的考察。考察内容包括"是否存在潜在的医学、环境安全和其他益处，以及任何潜在的对健康和安全方面的危险。"他还要求由宾夕法尼亚大学校长率领的审查委员会对"联邦政府应该在保证这个正在发展的科学领域不断取得成果的同时，还应该在确定适宜的伦理边界和将确定的危险降低到最小程度"提出建议。

美国科学家同样也是利用媒体宣扬自己的科学成就。其目的是获得企业或国家提供的资金，更加深入进行自己的科学研究。而传播自己的思想是获得支持的最好方法。在信息社会，现代科学的模式已经发生重大变化。科学家本人不一定是从事科学技术研究的亲历者，而是招商引资的好手和传播自己思想的行家。

## 三、政府和基金会

美国政府对于大众科学技术传播没有“国家政策”，但是联邦政府却会通过咨询渠道和各种信息渠道收集信息并对许多科学传播活动提供支持和经费资助。联邦政府对科学技术活动的资助一般会拨付给科学研究机构，由于科学传播活动难以归类到研究机构，所以，来自政府的经费很少直接用于支持科学传播活动。

但是，在研究机构的活动中，有许多大众科学普及活动，经费基本都是从政府拨付的经费中支出。比如，农业部关于儿童营养和食品安全的科普活动和生态环境教育。国防部对新泽西州的新科学中心的资助。教育部对家长数学教育的培训、环境教育、终身教育等。能源部对电视台关于日常生活中的数学和科学节目的资助、对科技馆、动物园和科学中心的资助等。

斯密斯索尼学会（Smithsonian Institution）是联邦政府直接管辖的科学技术博物馆群和大众科学普及和研究机构。其经费来自联邦政府和基金会运作以及私人捐助。

国家科学基金会（National Science Foundation）对公众科学技术传播活动支持大概是最多的。比如：“科学新闻主任年度培训班和研讨会”“非正规科学教育项目”中对电视科学节目、科学电影、科学广播节目、科技馆展览、天文馆互动展览项目、国家科技周、媒体人员培训，以及基金会人员的培训。在这些大众科普项目中，非正规科学教育用于大众媒体的经费占据了一半，主要用于科学纪录片制作以及商业电视台和公共电视台儿童科学节目的制作。每个项目大约需要几百万美元。另外还有三分之一的经费资助了科技馆项目，尤其是展品制作，经费一般为 100 万美元。其余经费都投给了儿童和社区科普活动。

据 1993 年联邦政府经费预算统计，每年用于大众科学技术普及的活动经费达到 1 万美元。[5]

联邦政府其他延伸（outreach）科普活动包括大学教授和学生向社区公众进行的知识传播。在 19 世纪时，这些活动就已经开始，主要是从事农业和农场作物研究的教授和学生到农场中进行的知识传播。这种扩展科学普及活动预算超过 10 亿美元。其中大约 30% 来自联邦政府，大约50%来自州政府，其余部分来自地方政府或私人企业或者私人捐助。在"4-H"（Head头脑，Heart心，Hands手，Health健康）俱乐部中，每年大约有600万5—19岁青少年参加活动。联邦级扩展活动中最大的活动是针对低收入青少年和家庭的健康与营养教育，每年的志愿者大约5万人，预算达到6千万美元。

总体来说，联邦政府的经费虽然没有直接拨放到科学传播活动，但是，几乎所有的科普活动都是政府投资，尽管是间接的。因此，难以精确统计数字。

非政府基金会在美国的科学普及中具有重要的作用。私人慈善组织在美国发展很快。由于联邦政府在公众生活中的投资不多，因此，慈善机构在20世纪初发展起来。福特基金会（Ford Foundation）和洛克菲勒基金会（Rockefeller Foundation）以及安德鲁·卡内基（Andrew Carnegie）基金会应运而生。在洛克菲勒基金会的带动下，与科学有关的慈善资助活动开展起来。从20世纪40年代到60年代，洛克菲勒基金会对科学技术普及非常热心并进行投资。1960年代初，依靠大众汽车发展起来的斯隆基金会（Sloan Foundation）在支持大众科学技术活动中起到十分重要的作用。如今，各种基金会发展很多很快，它们不断支持和赞助大众科学技术普及活动，包括科学记者培训、公共电视科学节目制作、社区科普活动、互动科学中心以及其他各种科学普及活动。比如，斯隆基金会在1994年资助波斯顿公共电视台制作关于妇女和科学的6集电视纪录片节目，节目制作经费达到数百万美元。1993年，以《读者文摘》（*Reader's Digest*）创始人德维特·华莱士（DeWitt Walace，1889—1981）名字命名的"《读者文摘》基金会"（Readers Digest Foundation）在美国3个城市开展了长达4年的提高公众数学、科学和技术技能的活动。资助经费达360万美元。整个活动通过美国科促会与社区组织，比如青少年联合会、妇女俱乐部联合进行，在美国社会产生了重大影响。该基金会的另一项7百万美元的长期大众科学普及项目是通过科技馆和地方社区进行的。

另外，霍华德·休斯医学院（Howard Hughes Medical Institute）、帕卡德家庭基金会（Packard Family Foundation）和惠利基金会（Hewlett Foundation）都对大众科学技术普及活动感兴趣。这些机构都是通过在加利福尼亚的蒙特利湾水族馆（Monterey Bay Aquarium in Monterey）举办活动实现其科普资助计划。

## 四、科学记者组织：专业科学记者的兴起与发展

美国科学信息服务社（Science Service）是美国第一次世界大战后，于1920年成立的为媒体提供科学技术信息的科学家团体。该组织为美国后来的科学家科学传播开辟了先河，树立了榜样。科学信息服务方式为日后的科学家科学传播活动产生了重要影响。

第一次世界大战前，在美国科学家群体中，多数认为科学的普及（the popularization of science）就是科学通俗化（vulgarization of science）的同义词。那个时候，大众科学，尤其是报纸上的科学消息由于其过分扩大或者对科学事实进行不实报道而声名狼藉。同时，对真正的科学技术的新发明和新发现却由于信息不敏感或者认识错误而错过珍贵的报道机会。

19世纪末，许多极富声望的美国和英国科学家都积极进行科学书籍、文章写作，特别是科学讲座。在本书的第二章中描述了英国皇家学会和皇家研究院举办的公开科学讲座，其中，廷德尔和亨利·赫胥黎不仅在英国进行讲座，而且到美国进行讲座。廷德尔在1872年纽约的关于物理学的讲座影响巨大，《论坛报》（*Tribune*）出专版发表其讲座，销售量达到5万份。赫胥黎在美国的讲座也取得了同样的成功。英国科学家在美国的讲座受到美国人的普遍关注。

19世纪的美国也有本国的科学传播者，比如生物学家和地质学家路易斯·阿加西（Louis Agassiz，1807—1873）、著名植物学家阿萨·格雷（Asa Gray，1810—1888）和哲学家约翰·菲斯克（John Fiske，1842—1901）。但是，他们传播的主要还是英国的当时的科学和技术。达尔文的演化论在美国遇到同样的争论。神学家们与科学家们的争论是19世纪大众科学传播中主要内容，甚至，赞同演化论的杂志和图书很难得到出版机会。

总体来说，那个时代的科学传播的主要动力来自科学家想促进自己学科的专业发展的愿望。他们想使自己的学科得到公众的认可并得到经费支持。1901年，资助科学研究的机构卡内基研究会（Carnegie Institution）的科研经费已经达到1千万美元。科学传播的本身似乎并不重要。

第一次大战期间，大众科学处于低潮。科学家将所有的注意力都集

中在实验室的科学研究中。公众对科学技术的意识并不是科学家关心的事情。报纸等媒体的新闻和报道很少与科学技术有关。[6]美国科学史专家丹尼尔·凯夫里斯（Daniel J. Kevles）认为："公众对科学家在实验室里做的事情一无所知。"[7]

19 世纪大众科学的传统模式到 1915 年前后基本消失殆尽。《大众科学月刊》（*Popular Science*）在一年内损失了 10000 美元后，发现大众科学与专业科学再也不能混杂在一起，从而将其分为两个杂志，一个是大众期刊，而另一个是专门为科学家的专业期刊。1915 年，《大众科学月刊》刊名出售给一家公司，变成了一个用图片充斥，广告养活的刊物。在 1900 年创办了《大众科学月刊》的美国首位心理学家詹姆斯·麦克恩·卡特尔（James McKeen Cattell，1860—1944）开始主办一个以专业科学为主的新杂志《科学月刊》（*Scientific Monthly*）。[8]专业科学与大众科学之间的鸿沟越来越深。

第一次世界大战使得科学家的形象发生巨大变化，引发了科学家对科学大众化的兴趣。1920 年，美国科学信息服务社正式成立。[9]第一次世界大战之前多数研究人员都在各自大学或者私人研究所中从事科学研究，真正由政府支持的对国家有用的科学研究很少。1916 年，"国家研究理事会"（National Research Council）成立，协调与战争有关的研究。在天文学家乔治·艾勒里·黑尔（George Ellery Hale，1868—1938）和"美国国家科学院"（National Academy of Sciences）的努力下，各个领域的科学家们聚集在一起共同进行为赢得战争而需要的科学研究工作。历史学家罗伯特·卡贡（Robert Kargon）认为，战争"确实使得科学家对社会的更大的作用得到关注，科学家的使命感很快被意识到了。"[10]

战争不仅仅使科学家的使命感被激发，同时，政府对科学技术的重视和资金支持使得科学家们意识到潜在的益处。这更加促使科学家们将普及科学技术作为一种获得经费的手段。历史学家雷纳德·托比（Ronald Tobey）认为科学家的新使命感和他们渴望战时科学组织的存在发展成"国家科学意识形态"。为了使战争期间出现的科学集权组织继续存在和发展下去，科学家们将科学与民族价值观（National values）结合在一起，通过科学信息服务社和其他大众科学活动将"国家科学意识形态"灌输到公众的思想中。

在 1920 年代科学家开始从先进理想层面上促进科学，但是受到传播学家瓦尔特·李普曼（Walter Lippmann，1889—1974）的否认。由于科学家团体坚持过时的哲学思想和其他原因，包括科学信息服务社所做的传播科学的努力严重阻碍了公众科学对国家利益的共识的建立。尽管科学家在传播科学中并没有取得成就，但是，在某种程度上获得了公众对科学技术的支持并获得了为促进美国国家科学事业而需要的更多的经费。

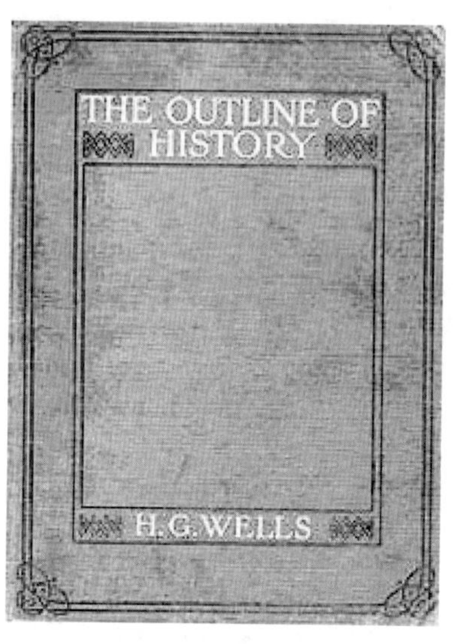

（H.G. 威尔斯 1920 年出版的《史纲》，图片来源：http://cn.bing.com）

1920 年代初出现了商业电台广播热潮以及从报纸和杂志中提供的指导信息自己组装矿石收音机热潮。这些重大的科学发现和发明促进了公众对科学的兴趣。这种普遍的几乎席卷全民的兴趣仅仅停留在小技术的应用方面，而很少有人想深入理解其中的科学原理。爱因斯坦的科学成就无人深入解释。科学的价值是通过收音机和其他新技术的应用，以及汽车和飞机等可见的东西而体现的。

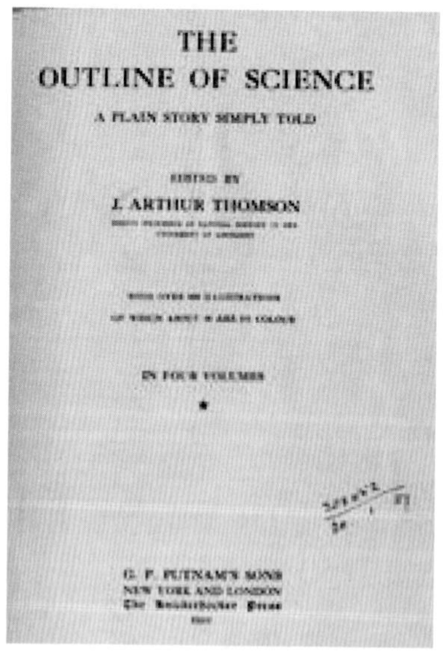

（约翰·亚瑟·汤姆森的《科学大纲》，图片来源：http://cn.bing.com）

战争带给社会的灾难与科学技术的兴起导致宗教的衰落。公众的信仰开始向科学技术崇拜转移。从 1900 年到 1930 年期间，大众科学杂志发行量增长了 4 倍，而新教书下降五分之一。为满足这种新兴的普及需要，大量的科学书籍开始出现，特别是“概述”式的图书将科学的某一个领域或者整个科学领域的知识浓缩概括的图书，用有条理的概略陈述，简单易懂方式写成的大众科学书尤其受到欢迎。20 世纪 20 年代，以这个概略式的模式写成的书还有很多种，以威尔斯（H.G.Wells，1866—1946）模仿狄德罗的《百科全书》写的《史纲》（*Outline of History*）最为著名。该书出版后销售量达到 2 百万册，被翻译成多种语言，被认为是高等教育的必读教科书。科学内容的纲要类的图书有 1922 年约翰·亚瑟·汤姆森（John Arthur Thomson，1861—1933）写作出版的《科学大纲》（*Outline of Science*）。该书被称为“科学第一书”。书中科学知识囊括了 20 世纪初之前演化论、宇宙、生物、植物、人的进化、动物的行为、海底世界和技术等几乎所有的科学发现和发明，同时配以精细的图片。① 销售量在 5 年之内达到 1 万册。

这些大量出版的图书受到读者的欢迎和好评。书籍出版高潮与 1920 年代闲暇时间增加、公众的教育水平的提高以及大学毕业生的数量的增长有密切关系。

与图书出版高潮相反，美国报界却对公众知识的渴求需要反应冷淡缓慢。1927 年，《纽约时报》刊登塞拉斯·本特文章（Silas Bent，1882—1945）：“在日报意识到公众这种新欣赏胃口之前，历史、文学、哲学等大纲类的图书以及以技术为主题的科学家传记和大众科学图书已经大量出版。”[11] 本特将这种现象归咎于为科学机构服务的媒体经纪人（Press Agent）的作用。比如，在 1919 年，美国化学学会（American Chemical Society）成立了自己的新闻通讯社。1922 年，美国科学促进协会（American Association for the Advancement of Science）雇用了第一个公共关系主任（public relations director）。科学服务社起到为更多科学机构服务的作用。1933 年卡内基基金会报告认为，科学服务社起到的主要作用是使得美国报纸确信他们的读者对科学是感兴趣的。[12] 这个研究报告的主要目的是支持科学信息服务社在指导科学新闻的新标准，将科学知识和科学方法通过日报传播给数量巨大的公众中起到了突出的作用。

在 20 世纪 30 年代初，成立这种科学信息服务机构的时机成熟了。美国科学信息服务社（Science Service）是应科学机构的要求和美国公众对科学知识的需求而自然而然诞生的。成立以科学技术普及为目的的科学信息服务社的建议来自华盛顿和富有的加利福尼亚报纸出版商爱德华·威利斯·斯克利普斯（Edward Willis Scripps，1854—1926）。大战结束后，黑尔和美国气象局气象物理

（爱德华·威利斯·斯克利普斯，Edward Willis Scripps，图片来源：http://cn.bing.com）

① 参阅 http://www.gutenberg.org。

学家威廉·汉弗雷斯（William J. Humphreys，1862—1949）重新开始大众科学期刊创办活动并获得芝加哥大学一些科学家的支持。几乎在同时，爱德华·斯克利普斯与加利福尼亚大学生物学家威廉·里特（William E.Ritter，1856—1944）共同策划成立一个科学信息服务机构。他们俩还在加州拉荷亚成立了斯克利普斯生物研究院（Scripps Institution of Biological Research）和在迈阿密大学成立了人口研究基金会（Foundation for Population Research）。

（艾德温·埃梅里·斯劳森，Edwin Emery Slosson，图片来源：http://cn.bing.com）

1919 年 11 月 11 日，斯克利普斯和他的儿子罗伯特以及里特成立了美国科学普及学会（American Society for the Dissemination of Science）。宣称其目标是："充分利用媒体将几百或者几千个受过良好科学训练、具有丰富知识的人取得的辛苦劳动成果传播给大众。"[13] 该协会是非营利科学信息机构，其主要工作是为报纸撰写科学文章。其后，斯克利普斯和科学作者们奔走于国家科学院（National Academy of Science），国家研究理事会（National Research Council），和美国科学促进协会（American Association for the Advancement of Science）三个重要的科学组织之间。在这三大重要的科学组织的帮助下，科学信息服务社成立了。

1920 年 3 月 18 日，又一个科普机构科学新闻服务社（Science News Service）成立，威廉·里特当选为第一任主席。当年夏季，化学工业畅销书作家，担任了 18 年的《独立报》（*Independent*）文字编辑的艾德温·埃梅里·斯劳森（Edwin Emery Slosson，1865—1929）担任主编。1919 年 12 月 30 日，科学新闻服务社更名为科学信息服务社。

斯克利普斯凭借自己聪明的商业头脑，成为新闻出版界的百万富翁。对斯克利普斯来说，科学就是民主生活方式的保护神。他认为，普通公众就应该具备这种"精神"和"精神状态"，只有具备这种精神状态的公民，才能保护民主和国际社会的安宁。

斯克利普斯认为，科学普及就是科学"民主化"。他的记者生涯使他坚信，大多数美国人接受的主要教育不是来自学校，而是来自每日发行的报纸。但是，不幸的是，媒体中的科学新闻和报道产生"大量的错误信息”和“科学家冒险的故事”和“科学家有趣的生活”，很少研究怎么样真正的报道科学研究。科学普及需要的是能够通过报纸将科学知识进行解释并转化为普通美国人能够理解的东西，使 95% 的人知道知识对于一个国家具有多么重要的意义。[14]

1929 年，艾德温・埃梅里・斯劳森逝世。继任者戴维斯（Watson Davis，1896—1967）将科学信息服务社在 20 世纪 20 年代取得的成就进行了总结。他认为，在科学信息服务社工作的 9 年时间内，公众对科学和科学界对公众的态度发生了变化。这种变化虽然不能完全归功于科学信息服务社，但是，科学信息服务社通过媒体向公众传播准确和有趣的科学所起到的作用是美国历史上的首创，也为美国的科学技术普及做出了巨大贡献。[15]

科学信息服务社在美国媒体中所起的引导作用引发了大众科学报道的质和量的提升。科学信息服务社的主要任务是为报纸编辑提供科学信息报道。据本杰明・古登堡（Benjamin Gruenberg，1875—1965）在《科学与公众思想》（*Science and Public Mind*）中说，20 世纪 20 年代，美国报纸的科学技术信息量增加了 20 倍。[16] 科学报道的数量不仅达到令人惊讶的程度，而且为科学事实报道的精确和准确建立了一个新的标准。美国新闻史学家和记者弗兰克・卢瑟・莫特（Frank Luther Mott，1886—1964）认为美国科学报道的根本改革主要应该归功于科学信息服务社。[17]

科学信息服务社的主要期刊《科学新闻》（*Science News*）发行量达到 25 万册。这个杂志与其他依靠广告收入维持的刊物不同，其经费主要来自订户。该刊编者从上千学术期刊和学术报告中搜寻信息，将科学技术最新进展进行简要报道。大多数科学记者依靠这个刊物发布的新闻线索，进行追踪报道和深入报道。

科学信息服务社还有另一个全国发行的《科学人才搜索》（*Science Talents Search*）杂志激励学生参与科学活动，在科学日或者科学节上展现科学才华，使学生参与到科学研究中。

1934 年，美国科学记者数量剧增，科学信息服务社华生・戴维斯（Watson Davis，1896—1967）和罗伯特・波特（Robert Potter）成立了国家科学作家协会（National Association of Science Writers）。1960 年，国家科学作家协会成立了完全独立的机构科学写作促进理事会（Council for the Advancement of Science Writing），以提高科学写作的质量和数量。该机构最主要的活动就是年会。每年一度的会议上，前

沿科学家与记者和公共信息官员（Public Information Officer）

1963 年，美国科学家公众信息学会（Scientists' Institute for Public Information，SIPI）成立。其目的是在科学家和媒体之间架设桥梁，将科学技术专业知识以各种方式传播给记者。“科学家公众信息学会”最著名的传播项目是“媒体资源服务”（Media Resource Service，MRS）。记者可以通过这个组织向科学家、工程师、医生和决策人获得科学技术信息免费咨询服务。该学会一直保存有多达 3 万人的科学技术专家咨询队伍，学科专业涵盖所有传统学科和最新发展领域。“媒体资源服务”机构在英国和法国模仿成立。联合国支持在斯里兰卡、菲律宾和印度尼西亚等国家建立同样的组织。

1981 年，美国著名播音员、电视主持人与新闻著名记者瓦尔特·克朗凯特（Walter Cronkite，1916—2009）担任科学家公众信息学会新项目媒体服务计划（Media Access Project）荣誉主席。学会主席阿兰·迈高恩（Alan McGowan）决意改变过去一味盲目歌颂科学技术的做法，对科学技术的发展进行客观、真实的报道，让公众了解科学技术发展中益处和存在的问题。学会定期发布科学技术发展简报和研究论文，给记者们提供准确、全面和综合的科学技术信息。学会关于三哩岛核反应堆泄露事件的报道导致科学新闻报道向公开化方向发展。该协会的科学新闻报道赢得好评，获得福特基金会 75000 美元资助。同时也获得其他基金会和企业的资助。

美国的科学传播组织都是非政府机构（NGO）。但是，它们的活动会得到政府机构、私人基金会和公司赞助等经费资助。这些组织的工作人员或者领导人都同时兼任行业组织或者咨询机构的工作。他们会同时参与不同组织，比如科学技术公众传播组织、非政府组织、私人组织等各种与科学普及有关的活动。

## 五、媒体与大众科学

美国人在 19 世纪上半叶开创的信息时代不仅与原北美殖民地时期不同，而且与英国和欧洲大陆的信息系统也有所不同。美国信息制度呈现出多中心、无中央信息垄断、同时信息多元竞争化。美国极其开放的民主信息体制使得美国的公民社会得到增强并充满活力。托克维尔在其《论美国的民主》（*Democracy in America*）一书中这样议论美国的制度：“世界上只有美国拥有随时行使政治结社的绝对自由，而且也只有美国给予了国民在社会生活中一样行使结社权的思想。美国人从结社自由中得到了文明社会所能提供的所有。”“美国人经常在组织社团。也可能仅仅为了销售图书就成立一个组织。建立社团也是他们传播一种思想、示范并感化人的手段。”[18]

美国近代和现代的信息社会就是在民主与自由的社会制度下呈现出的美国自由特征。与其他影响一样，广纳式的制度对科学技术信息的传播具有重要的影响。大众科学报纸、杂志和图书的自由出版对于美国公众对科学技术的理解具有举足轻重的价值。

### 1. 报纸

1750 年，美国出版了第一份报纸《新罕布什尔公报》(*New Hampshire Gazette*)。在整个 18 世纪，美国的报纸种类为 11 种。19 世纪，再增加了 5 种。① 根据媒体审计联合会(Alliance for Audited Media)2013 年统计，美国发行报纸种类达到 1381 种，其中发行量最大的 25 家报纸占据了美国报纸的大半江山。占前 10 位的报纸为：

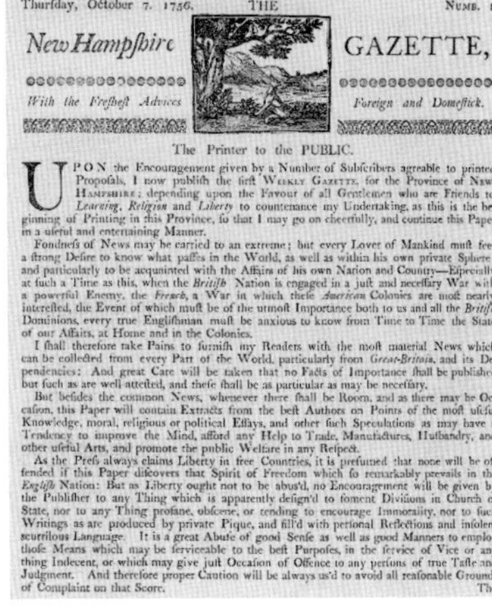

Thurſday, October 7. 1756. THE NUMB. 1.

New Hampſhire GAZETTE,

*With the Freſheſt Advices* *Foreign and Domeſtick.*

The Printer to the PUBLIC.

UPON the Encouragement given by a Number of Subſcribers agreable to printed Propoſals, I now publiſh the firſt WEEKLY GAZETTE, for the Province of NEW-HAMPSHIRE; depending upon the Favour of all Gentlemen who are Friends to *Learning*, *Religion* and *Liberty* to countenance my Undertaking, as this is the beginning of Printing in this Province, ſo that I may go on cheerfully, and continue this Paper in a uſeful and entertaining Manner.

Fondneſs of News may be carried to an extreme; but every Lover of Mankind muſt feel a ſtrong Deſire to know what paſſes in the World, as well as within his own private Sphere; and particularly to be acquainted with the Affairs of his own Nation and Country—Eſpecially at ſuch a Time as this, when the *Britiſh* Nation is engaged in a juſt and neceſſary War with a powerful Enemy, the *French*, a War in which theſe *American* Colonies are moſt nearly intereſted, the Event of which muſt be of the utmoſt Importance both to us and all the *Britiſh* Dominions, every true Engliſhman muſt be anxious to know from Time to Time the State of our Affairs, at Home and in the Colonies.

I ſhall therefore take Pains to furniſh my Readers with the moſt material News which can be collected from every Part of the World, particularly from *Great-Britain*, and its Dependencies: And great Care will be taken that no Facts of Importance ſhall be publiſhed but ſuch as are well atteſted, and theſe ſhall be as particular as may be neceſſary.

But beſides the common News, whenever there ſhall be Room, and as there may be Occaſion, this Paper will contain Extracts from the beſt Authors on Points of the moſt uſeful Knowledge, moral, religious or political Eſſays, and other ſuch Speculations as may have a Tendency to improve the Mind, afford any Help to Trade, Manufactures, Huſbandry, and other uſeful Arts, and promote the public Welfare in any Reſpect.

As the Preſs always claims Liberty in free Countries, it is preſumed that none will be offended if this Paper diſcovers that Spirit of Freedom which ſo remarkably prevails in the *Engliſh* Nation: But as Liberty ought not to be abus'd, no Encouragement will be given by the Publiſher to any Thing which is apparently deſign'd to foment Diviſions in Church or State, nor to any Thing profane, obſcene, or tending to encourage Immorality, nor to ſuch Writings as are produced by private Pique, and fill'd with perſonal Reflections and inſolent ſcurrilous Language. It is a great Abuſe of good Senſe as well as good Manners to employ thoſe Means which may be ſerviceable to the beſt Purpoſes, in the ſervice of Vice or any thing Indecent, or which may give juſt Occaſion of Offence to any perſons of true Taſte and Judgment. And therefore proper Caution will be always us'd to avoid all reaſonable Grounds of Complaint on that Score.

The

(《新罕布什尔公报》，"*New Hampshire Gazette*"，http://cn.bing.com)

1.《华尔街日报》(*The Wall Street Journa*)；

2.《纽约时报》(*The New York Times*)；

3.《今日美国》(*USA Today*)；

4.《洛杉矶时报》(*Los Angeles Times*)；

5.《每日新闻》(*Daily News*)；

6.《纽约邮报》(*New York Post*)；

7.《华盛顿邮报》(*The Washington Post*)；

8.《芝加哥太阳时报》(*Chicago Sun-Times*)；

9.《丹佛邮报》(*The Denver Post*)；

10.《芝加哥论坛报》(*Chicago Tribune*)。

1978 年，《纽约时报》创办周二“科学时代专版”(Science Time Section)，成为 20 世纪 70 年代和 20 世纪 80 年代大众科学传播高潮。

---

① 参阅 http://en.wikipedia.org/wiki/List_of_newspapers_in_the_United_States (2014)。

这个发行量达到200多万份的世界大报不仅仅带动了美国科学新闻报道，而且对全世界的科学新闻都产生了重要的影响。1989 年，95 份报纸创办了科学专版。另外，还有上百份报纸创办了科学专栏。

1992 年，有科学专栏的报纸下降到仅仅 47 份。主要原因是科学专栏的广告费无法支撑专栏的正常运行。而在 1980 年代兴盛的原因是正值电脑盛行，与电脑有关的商业广告养活了科学内容的专栏。报纸对科学技术的新闻报道开始进行改革。科学新闻不在一个专栏或者专版过于集中进行报道，而是分散到其他内容中。

导致报纸科学内容减少的另一个原因就是美国报纸整体发行量减少。大多数公众将电视作为信息来源的主要渠道。目前，大约仅仅有 50% 的美国人每天阅读报纸。在当今数字化时代，很多人，尤其是年轻人将网络信息作为主要信息来源。手机，尤其是智能手机的强大信息功能几乎占据了所有年轻人的信息来源。

（《美国杂志》，"*The American Magazine*"，图片来源：http://cn.bing.com）

《弗兰克莱斯利的大众月刊》（*Frank Leslie's Popular Monthly*）大概是美国最早的大众杂志，创办于 1876 年。1905 年，《美国画报》（*American Illustrated Magazine*）创刊，后改为《美国杂志》（*The American Magazine*）。

最早的大众科学杂志大约是《科学美国人月刊》（*The Popular Science Monthly*），于 1872 年，由科学作家和演说家爱德华·尤曼斯（Edward L.Youmans，1821—1887）创办。在过去的 100 多年时间内，该刊不仅改刊名为《大众科学》（*The Popular Science*），而且几度改版。科学内容几乎囊括达尔文、赫胥黎、巴斯德、爱迪生等所有的科学家和发明家。

《科学的美国人》（*Scientific American*）应该是世界上最著名的大众科学杂志了。1845 年，美国发明家和出版商鲁夫斯·波特（Rufus M.Porter，1792—1884）创办了仅有 4 页的周报，主要报道美国专利局（U.S.Patent Office）的消息。后来开始报道工业时代的机械发明和创造。1890 年，《科学的美国人》开始发行西班牙文版（*La America Cientifica*）。1968 年发行意大利文版（*Le Scienze*）以及日语版（日経サイエンス）。1976 年发行西班牙文新版（*Investigación y Ciencia*）。1978 年发行德文版（*Spektrum der Wissenschaft*）。1983 年在苏联发行俄文版（*V Mire Nauki*）。1979 年发行中文版（《科学》），成为新中国成立以后第一个外文版杂志。2005 年更名为《环球科学》。台湾中文版为《科學人》。在 1984 年到 1986 年期间发行匈牙利文版（*Tudomány*）。1986

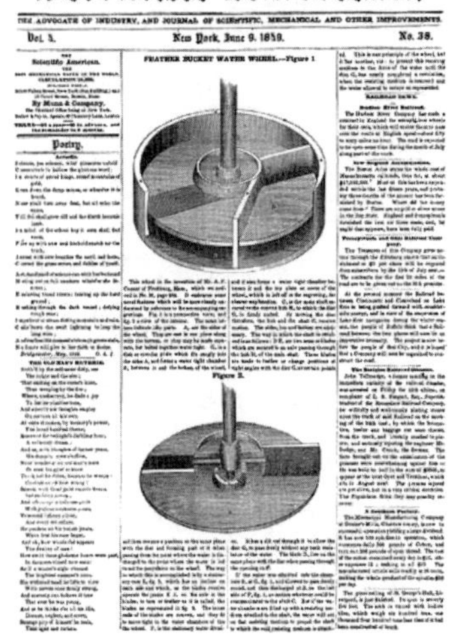

Scientific American.

THE ADVOCATE OF INDUSTRY, AND JOURNAL OF SCIENTIFIC, MECHANICAL AND OTHER IMPROVEMENTS.

New York, June 9, 1850. No. 38.

By Munn & Company.

Poetry.

FEATHER BUCKET WATER WHEEL.—Figure 1

（《科学的美国人》，*Scientific American*，图片来源：http://cn.bing.com）

年出版阿拉伯文版（“مجلة العلوم”）。2002 年在巴西出版葡萄牙文版。到目前为止，《科学的美国人》已经以 18 种文字在全世界发行。

20 世纪 80 年代，杂志开始走下坡路，只有两种杂志得以幸存。第一种是将读者定位为小众的特殊群体的杂志，比如《天文学》（*Astronomy*）或者《海洋》（*Ocean*）。还有一种，是将纯科学与大众感兴趣的一般信息混杂在一起的杂志。《大众科学》走的就是这样的办刊路线，将重点放在常识知识上。还有就是《奥秘》（*Omni*），以逃避现实的科学幻想为主的杂志。科学杂志都下坡路的主要原因还是经济。没有广告收入，在美国这种完全以市场为生存方式的杂志难以为继。只有《科学新闻》这样的靠科学信息服务社非盈利非政府组织，完全依靠订户的费用，才能发行数量有限杂志。《发现》（*Discover*）完全是依靠一批忠实的订户，在历经了几个经办者后，还能生存。按照 1993 年康奈尔大学布鲁斯·莱温斯坦（Bruce Lewenstein）教授的统计，以科学为主要内容的杂志以发行量排队，依次为:《国家地理》（*National Geographic*）;《斯密斯索尼》（*Smithsonian*）;《大众科学》;《发现》;《今日心理学》（*Psychology Today*）;《奥秘》;《科学的美国人》;《博物学》（*Natural History*）;《科学新闻》;《天文学》;《考古学》（*Archaeology*）;《太空与望远镜》（*Sky and Telescope*）;《技术评论》（*Technology Review*）;《科学》以及《未来学家》（*Futurist*）。[32]

### 2. 图书

美国早期大销售量图书主要是宗教方面的。但是，《圣经》即使到了 19 世纪，也仍然是价格昂贵的书。因此，《圣经》的印刷一直保持一定数量，而且销量很小。但是，现在的书要篇幅短小才能成为畅销书，否则价格昂贵无法获得大量的读者。非常薄的书《圣经图示本》（*Illustrated Bible*）、《启示录》（*Revelation*）以便宜的刻本出版，在 15 世纪出版了数种语言的不同版本。这些书是为数不多的大多数学者们都买得起的。在 16-17 世纪的英格兰，《天路历程》（*Pilgrim's Progress*）

（1678）与删节版的《福克斯的殉道者之书》（*Fox's Books of Martyrs*）拥有最多的读者。《鲁滨孙漂流记》（*Robinson Crusoe*）（1719）和《罗德里克·兰德历险记》（*Rodericr Rand Advenfure*）（1748）在 18 世纪是比较薄但是销量很大的书，并且在其他国家也受到欢迎。

劳伦斯·斯坦恩的小说《项狄传》（*Tristram Shandy*）赢得了英格兰和整个欧洲的狂热崇拜，在其出版期间在能够买得起的读者中获得了非常重要的文化影响。伏尔泰的书也取得同样的效果，特别是他的喜剧书和哲学讽刺小说《憨第德》（Candide 又译《老实人》），据最近的研究，在 1759 年 1 月，销售量就达到 2 万册。

法国启蒙时代的作家卢梭的作品，特别是《新爱罗伊斯》（*Julie, or the New Heloise*）（1761）以及约翰·沃尔夫冈·冯·歌德（Johann Wolfgang Von Goethe，1749—1832）的小说《少年维特的烦恼》（*The Sorrows of Young Werther*）（1774）同样是那个时代的畅销书。今天，《少年维特的烦恼》作为现代畅销书，产生了许多副产品，比如维特的古龙香水以及具有书中描写特征的陶瓷木偶也是销量不菲。在拜伦和瓦尔特·司各特爵士时代，版权法正式实行。至少在英格兰，很多作者主要通过大量的版税获得收入。美国在 19 世纪中叶还是盗版区。查尔斯·狄更斯和马克·吐温叫苦不迭。到了 19 世纪中叶，出版图书的模式已经与现代出版接近。大多数畅销书主要依靠迎合读者的口味而一时畅销，现在已经基本被人遗忘，仅有《东林传》（*East Lynne*）中某些话“走了，都走了，再不要叫我妈妈。”人们还记得。当然，《汤姆叔叔的小屋》（*Uncle Tom's Cabin*）和歇洛克·福尔摩斯的书至今仍然畅销不衰。

畅销书（Best Seller）的概念比较新。1889 年，这个词第一次出现在堪萨斯市的报纸《堪萨斯时代与明星》上。但是，对图书畅销的关注其实在印刷书的早期开始大量印制的时候就已经开始了。在早期的图书印刷中，数量是很小的，版本的统计就是最好的计算销售量的方法。当版权制度开始缓慢的实行的时候，在启蒙时代出现了版本被盗的情况。没有有效的版税制度，作者经常得不到作品版税收入。

图书出版“畅销书”的概念指的是根据出版社和图书销售量和图书馆借阅频率统计数据，以及在报纸、杂志和书店连锁店公开发布的数据统计的结果。在这些统计数据中，《纽约时报》的畅销书排行榜书最著名，影响也最大。《纽约时报》的统计数字来自国家的和独立的图书店以及“亚马逊”和“巴恩斯·诺贝”（Barnes & Noble）网站的网络销售量。另外，还有《出版人周刊》（Publishers Weekly）的统计的图书销售量，也是重要的统计数据。

销售量与学术价值或者内容质量无关，仅仅指的是在某一个确定的时间内最高的销售排名。有时，尽管有些书被列在在当时“最佳销售排行榜”中，但是在后来的时间内仍然销量很大。但这些都没有统计在内。畅销书的排名榜很多，但是，人们一般更愿意相信《纽约时报》的统计数据。畅销书的排行榜对书的销售的促进作用是不言而喻的。

无论怎样评估，最终还是购书人的数量决定畅销与否。然而，不同的“操作”过程决定了某一本书是否具有获得这个重要身份的潜质。并不是所有的出版商，比如那些仅为生存的小出版商，都看重畅销书的地位或者为成为畅销书而努力。但是，那些名牌的大型出版社或者电影制片厂则需要良好收入以补偿大投资的成本。因此，风险自然就很高。美国估计每年销售的新书达到 20 万种，其中仅有不到 1% 能够进入畅销书排行榜。美国 5 家大型出版商的销售量占据全部销售量的 80%。这些出版商是：“兰登书屋”（Random House）；“哈珀·考林斯”（Harper Collins）；“时代华纳出版集团”；“美国企鹅出版社”；“西蒙与休斯特”（Simon & Schuster）。另外还有“麦克米伦”“亥柏龙”“罗戴尔出版社”、“米夫林集团”和“哈里昆企业”，这些巨型的和大型的出版企业控制了美国出版企业畅销书的 98%。这些企业还在广告、促销宣传等市场上具有同样巨大的影响。那些著名的和畅销书作家出镜率和频繁出现是销售额中的至高无上的统治者。他们除了写书，同时也参与出版整个过程的谈判和参与活动。

影响比较大的图书奖是美国国家图书奖（National Book Awards）。1950 年 3 月 15 日，美国出版集团联欢会在纽约华德福·奥斯托利亚酒店召开了第一次国家图书奖颁奖仪式。国家图书奖的目的是“促进公众对美国人写的优秀图书的了解程度，促进公民对好书的阅读的意识。”从此，这个最著名的图书奖每年举办一次，从未间断。获奖的图书分为 4 类：虚构类、非虚构类、青年文学类和少儿类。获奖者一般为 5 人，评选过程完全独立。奖金为 1 万美金和水晶雕像。

另一个重要的图书奖就是普利策图书奖。这个奖是 1917 年根据美国报业巨头约瑟夫·普利策（Joseph Pulitzer，1847—1911）的遗愿设立。1923 年，科技报道第一次获得普利策奖。获奖的是《纽约时报》记者阿尔瓦·约翰斯顿（Alva Johnston，1888—1950），采写的是进化论、数学、原子结构以及分裂等。1924 年，普利策报道奖再次颁给科学报道。获奖记者是加利福尼亚《圣迭戈太阳报》的马格纳·怀特（Magner

White）在 1923 年 9 月 10 日刊登的 1300 字日全食的现场长篇报道。普利策奖在 1970—1980 年代已经发展成为美国新闻界的一项最高荣誉奖，现在，不断完善的评选制度已使普利策奖被视为全球性的奖项。普利策奖在每年的春季，由哥伦比亚大学的普利策奖评选委员会的十四名会员评定，5 月由哥伦比亚大学校长正式颁发。

普利策奖分为两类，新闻界和创作界。普利策奖也是一个鼓励美国作者的奖。新闻界的获奖者可以是任何国籍，但是获奖条目必须在美国周报（或日报）中发表的。创作界获得者必须是美国公民，唯一例外是历史奖。只要是关于美国历史的书都可获奖，作者不必是美国人。

英国皇家学会的图书奖是世界上历史最悠久的图书奖。自从 1660 年英国皇家学会成立，这个世界历史最悠久的学术机构就一直在进行科学传播活动。最有影响的就是圣诞科学演讲和皇家研究院的演讲。演讲稿很多直接就印刷出版。对科学书的奖励是皇家学会的传统。除了奖金以外，奖牌分为铜奖、银奖和金奖。近代的“科学书奖”是 1988 年设立的，其目的是鼓励科学书的创作、出版，使大众能够阅读到好的科学书。从 1990 年到 2000 年，为“罗纳·普兰克奖”。2001 年到 2006 年为“安内特科学图书奖”。2007 年至 2010 年为“皇家学会科学图书奖”。皇家图书奖是独立的，由商家资助的民间图书奖。

除了机构评奖以外，杂志和报纸的评选也具有重要的影响。《纽约时报》每周的畅销书排行榜和年底的 100 本畅销书排行榜也具有重要的引导读者的价值。2000 年，《纽约时报》评选出 20 世纪最有影响的新闻与图书中，《寂静的春天》（*The Silent Spring*，1962）名列第二位。2012 年评选出的 100 本图书中有 9 本是大众科学书。其中《巴尔佐尼：又爱又恨的考古学巨人》（*Belzoni: The Giant Archaeologists Love to Hate*）（艾弗·诺·休谟，Ivor Noël Hume）；《乳房的自然与非自然史》（*Breasts: A Natural and Unnatural History*）（弗洛伦斯·威廉姆斯，Florence Williams）；《达尔文的魔鬼：进化的秘史》（*Darwin's Ghosts: The Secret History of Evolution*）（吕贝卡·司多特，Rebecca Stot）；《愚昧人的愚妄：在人类生活中的逻辑欺骗和自我欺骗》（*The Folly of Fools: The Logic of Deceit and Self-Deception in Human Life*）（罗伯特·泰弗士，Robert Trivers）；《一个被除去主体的女人的回忆录：忍受卵巢癌》（*Memoir of a Debulked Woman: Enduring Ovarian Cancer*）（苏珊·古芭，Susan Gubar）；《在彼岸：蕾切尔·卡逊的

生活与遗产》(*On a Farther Shore: The Life and Legacy of Rachel Carson*)(威廉·桑德, William Souder);《地球的社会征服》(*The Social Conquest of Earth*), 爱德华·O·威尔逊, Edward O. Wilson;《蔓延:动物感染与下一次人类大流行病》(*Spillover: Animal Infections and the Next Human Pandemic*)(大卫·夸曼, David Quammen);《世界为何存在:关于存在的探索》(*Why Does the World Exist? An Existential Detective Story*)(吉姆·霍尔特, Jim Holt)。

英国《新科学家》杂志网络版在 2012 年评选出迄今为止最有影响力的 10 本大众科学书:《物种的起源》(*On the Origin of Species*)(达尔文, Charls Darwin, 1859);《时间简史》(*The Brief History of Time*)(斯蒂芬·霍金, Stephen Hawking, 1988);《自私的基因》(*The Selfish Gene*)(理查德·道金斯,Richard Dawkins,1976);《双螺旋》(*The Double Helix: A Personal Account of the Discovery of the Structure of DNA*)(詹姆斯·沃森, James D. Watson, 1968);《寂静的春天》(*The Silent Spring*)(蕾切尔·卡逊, Rachel Carson, 1962);《裸猿》(*Naked Ape*)(戴斯蒙德·莫里斯, Desmond Morris, 1967);《混沌》(*Chaos: Making a New Science*)(詹姆斯·格雷克, James Gleick, 1987);《盖亚》(*Gaia: A New Look at Life on Earth*)(詹姆斯·拉夫洛克, James Lovelock, 1979);《人口理论概要》(*An Essay on the Principle of Population*)(托马斯·马尔萨斯, Thomas Robert Malthus, 1798);《人类的进化》(*The Ascent of Man*)(雅各布·布罗诺夫斯基, Jacob Bronowski, Richard Dawkins, 1973)。

这些著名的杂志与报纸的评选具有某种程度上的学术介入。比如,《新科学家》是世界上最著名的大众科学类杂志。首先让科学家和学者提供好书名单,经过筛选,留下 25 本。在网络上让 4 千名读者再次评选,最后评选出 10 本。

英国和美国学术组织和杂志以及报纸进行的好书评价主要是读者的客观评价。在很大程度上具有观众的视野和鉴赏标准。

### 3. 电影与电视

#### 电　影

世界电影史可以追溯到 19 世纪 80 年代,也就是 19 世纪下半叶工业革命时代。工业革命迅速发展,导致许多技术出现。第一部电影摄影机发明后，电影制作的历史掀开了序幕。那时，电影最初在大型嘉年华活动中放映。20 世纪 30 年代之前，大多数电影还是无声电影。电影院是为大众提供一种廉价、简单的娱乐方式的场所。维多利亚时代末期，电影已经是最大众化的视觉艺术形式。到了 20 世纪和 21 世纪，电影就成了大众媒介最重要的文化传播和娱乐生活中最重要的工具。

电影的第一个技术是针孔摄影机技术，随后就是更为先进的暗箱。埃及物理学家海桑（Alhazen，965—1040）在其《光学之书》（*Book of Optics*）中对其光学原理已经进行过详尽论述。在其后来的发展中，意大利光学家强拉巴斯塔·德拉·珀塔（Giambattista della Porta，1536？—1615）对其进行了完善。在他的设计中，光通过一个针孔或者镜片折射，然后投放到一个屏幕上，通过暗箱，放映出一个活动图像。但是，还无法将图像录制下来，供以后播放。

1830 年，奥地利的西蒙·冯·斯坦福（Simon von Stampfer，1792—1864）发明了频闪观测仪，比利时的约瑟夫·普雷特（Joseph Plateau，1801—1883）发明了转盘活动影像镜和英国的威廉·霍尔纳（William Horner，1786—1837）发明了活动幻镜，活动影像通过旋转鼓和磁盘成功实现。

1878 年 6 月 15 日，在美国实业家利兰·斯坦福（Leland Stanford，1824—1893）的资助下，英国出生的美国摄影家、发明家、“动态摄像之父”和“电影之父”，埃德沃德·迈布里奇（Eadweard Muybridge，1830—1904）在摄影史上最早对摄影瞬间性进行了探索和创新，发明了 24 个系列立体摄影机。1878 年 6 月 19 日，埃德沃德·迈布里奇拍下了人类史上第一部“电影”:“骑手和奔跑的馬”。这部“电影”实际上是将一系列照片放在一起运行，从而产生移动的效果。他的开创性工作和重大的发明的结果，引领人们跨入了“电影和电影摄像的时代”。

1889 年 6 月 21 日，英国电影工业的先驱威廉·弗莱斯·格林（William Friese-Greene，1855—1921）获得批号为“no.10131”的连续摄影机的专利。他的发明能够使用穿孔赛璐珞胶片拍摄每秒 10 个照片。1890 年 2 月 28 日，英国的《摄影新闻》（*Photographic News*）刊登了关于这项发明的报道。3 月 18 日，弗莱斯·格林将这个新闻报道剪下来邮寄给托马斯·爱迪生。那时，爱迪生已经发明了活动放映机，活动影片拍摄系统。这篇报道又在 4 月 19 日的《科学美国人》（*Scientific American*）重新刊登。1890 年，威廉·弗莱斯·格林进行了一次公开放映。但是，放映机的低帧速率使得影片并不成功，没有对观众留下深刻印象。

艾蒂安·朱尔·马雷和埃德沃德·迈布里奇的艰苦努力取得的成就使得 19 世纪末的研究者意识到，电影摄影机在实践上是可行的。但是，取得完全成功的设计则是苏格兰发明家威廉·肯尼迪·迪克森（William Kennedy Laurie Dickson，1860—1935）。在爱迪生的指导下，他发明了活动电影摄影机（Kinetograph），并在 1891 年获得专利。他使用这个机器，用涂有伊斯曼柯达感光液的 335 毫米胶片拍摄了一系列瞬间摄影相片。

像其他发明者一样，爱迪生公司也研制出了自己的电影放映机。那时许多公司都使用不同标准的胶片和不同速度的放映机，几年之后，35 毫米的爱迪生胶片和每秒 16 帧速率的卢米埃兄弟放映机成为标准。其他美国竞争对手美国电影放映机与传记公司（American Mutoscope & Biograph Company）在离开爱迪生公司后也使用了爱迪生设计的新摄影机。

1893 年在芝加哥召开的“世界哥伦布纪念博览会”（World's Columbian Exposition）上，埃德沃德·迈布里奇在“动物实验镜厅”（Zoopraxographical Hall）进行了关于“动物运动科学”（Science of Animal Locomotion）的系列演讲。他在演讲中用动物实验镜放映了移动镜像，观众花钱购票观看。这是第一个商业成功的电影表演。

爱迪生发明的摄影机很快便成功地普及全欧洲。但是，爱迪生却没有在大西洋对岸申请专利，他更看重的是在英国和欧洲其他国家在此之前已经成功的实验和发明成果带来的利润。他没有申请专利带来的后果就是英国人的仿制，比如电器和科学仪器生产商家罗伯特·W·保罗（Robert W.Paul，1869—1943）及其合作者（Birt Acres，1854—1918）。

1887 年，奥托马·昂休茨（Ottomar Anschütz，1846—1907）设计成功将 24 帧图像通过一个旋转玻璃磁盘放映出电影，这种机器被称为“电动准距仪”（Electrotachyscope）。1894 年，他在柏林展示了他的发明，取得成功。与此同时，在法国里昂，卢米埃尔兄弟用自己发明的电影放映机进行商业演出活动。在最初并没有将这种机器看好的爱迪生也加入了这个浪潮，在 6 个月时间内就发明了“透紫镜头摄影机”（Vitascope）。这是世界上第一个能够在大型聚会场合放映活动照片的电影机。

同年的 5 月，在美国，法国发明家欧仁·奥古斯丁·洛斯特（Eugene Augustin Lauste，1875—1935）在爱迪生实验室担任威廉·肯尼迪·迪克森的助手并参与了“活动电影放映机”（Eidoloscope）的发明过程。

那个时代的电影多数是在临时的设置的店铺前的空地或者是流动表演活动，或者是在杂耍活动中的节目。这些电影的长度多数仅仅在一分钟之内，表现的仅仅是一个真实的日常生活的场景，有时表现的是公共事件，一个体育事件或者一个闹剧。电影拍摄技巧基本没有，没有编辑，没有画面活动，而仅仅是平直简单的画面组合。但是，到了 19 世纪末，展示新颖的真实的移动图片活动图片工业在大多数国家都已经出现。电影院已经能够为大众提供廉价而便于操作的娱乐节目。电影制片人能够记录演员的表演活动，并已经能够在世界各地进行播放。流动影片将遥远地方的景物，通过活动图片放映，直接送到观众家门口。到维多利亚时代后期，电影已经是最普遍的视觉艺术形式了。

**大众科学电影**

最早的科学电影大概是“派拉蒙电影公司”（Paramount Pictures）于 1935 年到 1949 年拍摄的短片集“大众科学”（*Popular Science*），由好莱坞著名导演杰瑞・费尔班克斯（Jerry Fairbanks，1904—1995）拍摄。“大众科学”是好莱坞按照娱乐片制作的，其目的是制作一部 20 世纪上半叶科学、工业和大众文化的进步历史片。这部系列片既不是新闻片，也不是纪录片，而是一部严谨的历史故事片，无论是配乐还是摄影技术都是当时最高水平的。这部每集仅仅 10 分钟的系列电影吸引了每周超过 1 千万的观众。① 在其放映的 15 年内，这部系列片获得 5 次奥斯卡奖提名和多次“美国战争部”（The United States Department of War）② 的好评，被用于军事技术和战争教育教学片。这部历史片今天仍然在美国电视台“发现频道”（*Discovering Channel*）和由著名导演尼克・克鲁尼（Nick Clooney，1934—）主持的“美国经典故事片有线频道”（Cable Channel American Movie Classics）上放映。

马格纳彩色影片公司拍摄的系列片有：“电视之父——菲里奥・泰勒・法恩斯沃斯”（*Philo Taylor Farnsworth*，1906—1971）（1939年）；“弗兰克・劳埃德・赖特（*Frank Lloyd Wright*，1867—1959）和他的建筑学院”（1942）；“胡佛水坝”（*Hoover Dam*）（1935）；“旧金山—奥克兰湾大桥”（*San Francisco-Oakland Bay Bridge*）（1936）；获得奥斯卡提名的“月球火箭”（*Moon Rockets*）（1947）；“电子显微镜”

---

① http://www.shieldspictures.com/Popular%20Science.html（2014）.

② 美国内阁的一个陆军部门。存在于 1798—1947 年间。

(*Electron Microscope*)(1942);"喷气飞机"(*Jet Aircraft*)(1946);"整形手术"(*Plastic Surgery*)(1937);"电话答录机"(*Telephone Answering Machine*)(1936);"从玉米中提炼燃油"(*Fuel from Corn Cobs*)(1949);"拉斯特·海因兹和他的幻影海盗汽车"(*Rust Heinz and his Phantom Corsair Car*)(1938);"X 光透视技术"(*X-ray technique*)(1936);"隐形眼镜"(*Contact Lenses*)(1936);"诺斯特洛浦的飞行翼"(*Northrop Flying Wing*)(1948)。

1935 年 5 月，好莱坞独立制片人杰瑞·费尔班克斯与《大众科学》杂志合作拍摄了系列科学影片，内容涵盖医学、航空、科学和技术、电视、家庭装饰、飞机、火车、汽车，以及各种奇思妙想的发明。

1934 年 8 月，27 岁的费罗·法恩斯沃斯（Philo Farnsworth, 1906—1971）在费城富兰克林学会（Franklin Institute）展示了他发明的电视技术。这个默默无闻的天才少年发明了对人类生活产生重大影响的技术震惊全世界。当 1920 年代电视在美国盛行的时候，自由竞争的结果导致美国 5 大电视网的诞生。1920 年代主要是全国广播公司（NBC）和哥伦比亚广播公司（CBS）。1943 年，美国广播公司（ABC）从全国广播公司分离出来。福克斯公司 1986 年在杜蒙电视公司（DuMont Television Network）的基础上成立。CW 电视网于 2006 年成立。总之，美国的电视公司在几十年的时间内，形成了几个电视辛迪加。商业电视是美国电视业的主体。美国大部分电视台、节目制作公司和节目辛迪加经营者都是私人拥有的商业电视台。美国目前拥有电视台 2000 多家，商业电视台占全国电视台总数的 80%。目前，美国电视业被 ABC、NBC、CBS、FOX、UPN、WB 所垄断。

美国的电视广播产业基本可以分为两大类型，即公共广播电视系统和商业广播电视系统。

美国公共广播电视系统由各州政府、各州的相关机构、学区管理单位、大学或者其他非营利机构和团体等支持和管理，以服务公共利益为宗旨。1967 年，联邦通信委员会通过《公共广播法》(*Public Broadcasting Act*)，联邦政府开始资助公共广播电视系统。1969 年，公共广播电视系统（PBS）成立。目前，美国约有上千家公共广播电视机构和电视台，每天播放总时间超过 20000 小时。公共广播电视系统为非营利组织，经费来源为政府资助、基金会捐赠、企业资助等。公共广播电视系统的节目多为教育和文化等性质的节目，其中包括科学教育节目。公共广播电视系统和非商业广播电视始终面临着商业广播电视业的巨大冲击。商业电视广播系统以灵活多变、丰富多彩的适合市场需要的节目占据了主要市场。因此，美国公共广播电视系统的科教节目受众仅为商业电视系统的十分之一。

付费电视通常指的是有线电视接入商提供，在基本频道服务之外的额外收费的电视频道或者节目（Premium Cable）。在基本频道服务之外，有线电视接入商通常会提供多种不同组合的额外收费电视频道供用户选择。除此而外，计次收费（Pay-Per-View）也是付费电视的一种形式，订户可以只为自己想看的某个特定的节目，而不是整个频道的所有节目付费。

付费电视频道的运营主要依靠订户支付的费用，因此它们不在节目之间插播广告。付费电视的用户平均每月比基本频道用户多花 20 美元左右。探索频道（*Discovery Channel*）按每月订户 10 美元收取订户费。

商业电视台和商业频道的另一个主要收入渠道就是广告。有线频道主要是靠注册收费和广告收费盈利，比如探索频道和国家地理频道。

公共广播电视系统频道不允许播放广告。这是公共广播电视系统与商业电视系统之间微小的，但是“重要的区别”。因此，公共广播电视系统的节目小时为 52 分钟，剩余时间为资助者信息。商业电视台的节目时间为不到 46 分钟，每 10 分钟插播一次广告。

NSF 资助公共广播电视系统、商业电视台和向这两个电视系统提供电视节目的独立制片人。其他基金会可以按照免税规定为公共广播电视系统提供经费，一般这些基金会的经费用于教育节目。公共广播电视系统的电视台接受自愿捐赠，但是绝不允许接受广告性质的捐赠。

除此而外，美国还有大约几百个独立制片公司创作电视台需要的大多数教育节目。其中有几十家公司拥有大型摄影棚生产所有电视台的大约一半的娱乐节目和教育节目。大多数公司都能够盈利，但是利润不是非常大。

美国的电视业是完全市场模式的产业。经过几十年的发展，目前形成了以电视辛迪加为主的电视节目广播体系。科学技术节目在各个商业电视台仍然占据有重要的位置和播放数量。在争取市场的过程中，独立制作者或者电视节目提供商为适合市场的需求，制作既符合科学事实，同时又适合美国公众兴趣的节目。在商业频道和公共广播电视系统两个主要广播模式中，后者作为非盈利机构，将教育作为自己的主要任务，因此得到 NSF 等基金会的资助。但是，收视份额上，远不及商业电视台的节目。

当大多数人在谈到美国的科学教育节目的历史的时候，就一定会谈到 20 世纪 50 年代的科普节目“奇才先生”（*Watch Mr. Wizard*）。这是美国第一个尝试着将科学通过电视媒体传播给公众的电视节目。过了 43 年以后，在 1994 年，“奇才先生”系列节目的创作者堂·赫伯特（Don Herbert）又创作了一个新电视节目，题目是“老师与奇才的对话”（*Teacher to Teacher with Mr.Wizard*）。赫伯特作为“奇才先生”的长期的形象成为贯穿电视历史科学节目的象征。

美国早期的电视节目就将提高公众对日常生活中科学技术作用的意识放在与其他节目同等重要的地位。每当科学议题涉及公共政策决策的时候，电视就成为公众理解科学的最好的工具。长期以来，科学电视节目逐步发展为三个目标：娱乐、教育和连接普通公众与科学家团体的桥梁。为了完成这些目的，经费保障是非常重要的。

美国国家科学基金会很早就将支持科学电视节目作为基金会资助的重要项目。美国国家基金会曾经资助从单独电视台到电视台辛迪加商业电视节目的一些短小的节目。到 20 世纪 70 年代，堂·赫伯特制作的“微距”（*Closeups*）通过日常生活事物让儿童学习科学概念。与此同时，赫伯特还创造了一种针对成年人的综合科学新闻报道节目，题目是“怎么样？”（*How About*）。近些年来，电视辛迪加已经能够开始独立投资制片并按照商业模式生产科学节目。

在公共广播电视系统，美国国家科学基金会为“新星”（*NOVA*）系列片进行投资。但是，在初期给“新星”投资的时候引发了一些争论，导致 NSF 拨款程序进行了一些调整。在平衡自由媒体为了保护自己的利益而反对给科学团体提供经费的时候，基金会建立了“外聘顾问”（outside advisors）基金评审制度，多数情况下邀请的都是科学教育领域的专家担任评委。这些“外聘评委”遵守“平等、客观和准确”的评审原则，为科学教育电视节目的投资奠定了基础。

“新星”的成功开启了国家科学基金会和公共广播电视事业的长期关系，也开启了公共电视广播制作科学节目的先河。这种合作关系为几个重要的科学节目的发展提供了重要的保障。这些节目是：“头脑”（*The Mind*）以及一系列儿童节目，包括“3-2-1 连接”（*3-2-1 Contact*）和“紧盯电视”（*Square One TV*）。公共广播电视系统（PBS）[①] 在很多方面证实了其在科学教育节目中的重要地位以及在未来

① PBS，有人将其理解为一个行政机构，其实这是按照一种电视经营方式定义的电视节目和运营模式。按照 http://dictionary.infoplease.com/pbs 的解释是：Public Broadcasting Service：a network of noncommercial television stations devoted to educational and other quality programming and funded by members'contributions，government allocations，and grants from private industry. 公共广播电视系统指的是以教育和其他高质量节目为主要目的的非商业电视台，其经费来自成员资助，政府拨款和私人企业捐赠。

的长期发展中的引领角色。

美国家科学基金会在科学电视节目的持续资助，使得今天的多元化的电视市场发展至未曾预料到的科学节目制作领域，当今最引人瞩目就是有线电视台。有线电视网利用了科学技术的商业价值，使其成为丰富多彩的科学节目提供者，比如“发现频道”（*Discovery Channel*）的“跨越 2000”（*Beyond 2000*）；美国 CNN 的“科学技术周”（*Science and Technology Week*）。科学节目也成为以教育为主的有线频道，比如“发现频道”（*The Discovery Channel*）的主要内容。最近，有线频道开始将注意力转移到科学共同体，开始制作专业电视节目，比如“人生”（*Lifetime*）频道的“医学电视节目”（*Medical Television*）。

在经费一视同仁的资助体制下，目前美国的科学电视节目可以分为基本三大类：商业节目、儿童节目和美国公共广播电视系统。这三类节目经常互相交叉。比如，尽管这些节目都有自己的侧重点，但是，在内容上经常相互替换。

在美国，大多数商业电视节目是由电视网或者电视辛迪加制作的。绝大多数节目的主要目标观众是成人受众，其节目主要内容种类广泛。大多数成人节目是系列的，每一集有一个特别主题，比如新技术，宇宙，航空，动物，基因工程等。只有少数内容，比如航空航天局太空电影（the *NASA Space Films*）是特定的主题节目。几乎所有的成人节目中都有与科学技术有关的节目。另外，还有一些节目的种类，比如“科学技术电视”（*Sci-Tech TV*，1994）；“发现世界”（*World of Discovery*，ABC：1990—1994）；“世界大观”（*A View of the World*，1993）；“量子”（*Quantum*（1993））；“科学秀”（*The Science Show*，1990—1993）；“奥秘：未来视野”（*Omni: Visions of Tomorrow*，1985）；“科学眼”（*Eye on Science*，CBS：1981—1985）；“生物学入门”（*Introducing Biology*，1980's）和“宇宙”（*Universe*，1979）。

儿童科学电视节目发展迅速。自从 1990 年开始施行“儿童电视法”（the Children's Television Act of 1990），该法要求在白天播放时间段的儿童电视节目中有相当程度的教育内容。在这段时间内，出现了沃特·迪斯尼的“科学小子比尔·奈”（*Walt Disney's Bill Nye the Science Guy*，1993—1994）；还有“比克曼的世界”（*Beakman's World*，1992）；“时间漏斗”（*Timehoppers*，1992）；“咪咪旅行记”（*The Voyage of the Mimi*，1984）；“牛顿的苹果”（*Newton's Apple*，1982—1988）以及“奇才先生”（*Watch Mr. Wizard*，1951）。

公共广播电视系统（PBS）制作和播放的科学电视节目中也包含有广泛的科学内容。“新星”（*NOVA*）和“自然”（*Nature*）系列节目中每集都将重点放在一个科学领域，比如科学通论、自然、医学和技术。其他类似节目中有“未来探索”（*Future Quest*，1993）和“无疆旅途”（*The Infinite Voyage*，1987）。

有线电视台的发展趋势很明显，定位在为未来拍摄科学节目资源、经费资助和广泛发行节目上起先锋作用。而公共广播电视系统（PBS）按照传统确定科学电视节目标准，其引领作用会受到联邦政府对公共广播事业拨款的持续影响而被削弱。

新技术毫无疑问也会在科学电视节目的未来发展中起作用。在科学技术馆发展趋势的引领下，科学电视节目也会向互动节目发展。同样，可以预见到的是，有线频道丰富多彩的科学电视节目将导致高水平的频道专业化节目制作，比如“全生物频道”节目。科学电视节目的未来将掌握在受众手中，正如第一代观众提升了儿童科学节目，未来的科学节目将实现互动性和遥控。

美国电视节目播放主要是三个系统：商业广播电视系统（commercial broadcast）；商业有线电视系统（commercial cablecast）和公共广播电视系统（public television）。科学节目在商业有线电视系统比较强，比如“发现频道”（*Discovery*）和“国家地理频道”（*National Geographic*）。公共电视系统也有一些科学节目。但是，在商业广播电视系统，比如 ABC、NBC，CBS，FOX，WB 等电视广播系统基本没有科学节目。科学新闻报道偶尔会在新闻节目中播报。除了对几乎每周《自然》（*Nature*）和《科学》（*Science*）上刊登的重要文章进行电视新闻报道以外，其他刊物或者报纸上发表科学研究结果几乎不会在电视新闻进行报道。美国人观看的电视新闻节目大多数是地方商业新闻电视台的新闻节目。大约 60% 的美国人观看地方商业台新闻节目的时间是上午 5 点、6 点、中午；下午 5 点、6 点；晚上 10 点或者 11 点。美国人观看这些地方商业电视播放的国家新闻的人数比例大约为 25%。收看公共广播电视系统（PBS）的观众大约为一半或者三分之一。

公共广播电视系统（PBS）有成员电视台 356 个。这些联盟电视台为美国人提供的节目涉及生活的所有领域。美国观众可以通过电视节目或者在线内容了解世界上的最新的信息和思想以及世界的各个地方发生的事情。公共广播电视系统的观众人数每个星期达到 6500 万。丰富的节目使观众能够游览科学各个领域、历史、自然和公共事务、倾听各种观点，同时也能观看到世界级的故事片和表演节目。公共广播电视系统在教育方面开设有专门的节目，其中幼儿园前到 12 年级的教育课程以数字方式呈现，需要课程内容的教师可以在网上查阅。

“新星”（NOVA）是公共广播电视系统中重要的频道，也是科学技术和教育重要的频道。NOVA 节目主要分为：①科学与技术；②汽车；③地理；④教育；⑤传媒；⑥人物；⑦大众文化与娱乐；⑧其他。NOVA 在美国被成为典型的科普频道，其科学节目涉及多种学科和领域，这些节目用 35 种语言发行到世界上 100 多个国家。NOVA 的科学节目是由 WGBS 公司[①] 制作并提供的。

“发现”（Discovery Communications）频道是商业频道（NASDAQ：DISCA，DISCB，DISCK），该频道的节目在 170 多个国家播放，累积注册观众达到 15 亿。Discovery Communications 通过遍布世界的 100 多个电视台播放科学节目，促使人们探索他们的世界，满足他们的好奇心。这 100 多个电视台主要播放其网络频道节目，这些频道是“发现频道”（Discovery Channel）；“动物星球”（TLC，Animal Planet）；“科学频道”（Science Channel）；“绿色星球”（Planet Green）；“调查发现”（Investigation Discovery）和“HD 剧场”（HD Theater）。除了这些节目以外，还提供各种数字节目。

国家地理频道（National Geographic）是美国国家地理学会（*National Geographic Society*）创办的以“增进和普及地理知识”为宗旨的科学教育频道。1888 年 1 月 13 日，一群由教师、探险家、地图制作师、军官、金融等组成的 33 人创建了美国国家地理学会。他们创办了《国家地理杂志》（*National Geographic Magazine*）。学会的每一代人都在世界各地进行探险活动，将探险的发现写成故事进行报道。1958 年，国家地理学会开始制作自己的电视节目。1961 年成立自己的纪录片工作室。2004 年，国家地理频道在美国的黄金时间段平均拥有 15.4 万用户，非常接近“CNN 头条新闻”。[②] 20 世纪 90 年代中期，国家地理学会尝试多种形式的科学和地理知识传播，包括和迪士尼合作制作电视节目“真实的野生动物”（*Really Wild Animals*）。1997 年国家地理频道首先在欧洲和澳洲成立，从此，走向了世界性的电视频道。1998 年，频道在亚洲建立并开始播放节目。现在国家地理亚洲频道的

① 在波士顿的非商业化的电视和广播节目制作公司，主要为公共广播电视系统电视台制作和提供节目。

② 参阅 http://www.nationalgeographic.com/mission/index.html（2014）。

24 小时收视户已经突破 3800 万，另外 5000 万个用户在每天部分时间段收看该频道节目。2000 年 6 月，国家地理频道与中国内地 40 多家地方电视台合作推出《神奇的地球》和《狂野周末》。2000 年 10 月，国家地理频道获准通过卫星向中国内地各个电视台传送节目素材。2002 年 9 月，国家地理频道与中央电视台合作，首次跨国进行长达 2 个小时的《埃及古墓揭秘》现场考古特别节目。目前，国家地理频道已经以 34 种语言向世界 166 个国家和地区约 2 亿 9000 万户家庭转播节目。学会制作的节目和频道制作的节目已经获得 1000 多个奖项，其中包括 126 个艾美奖和 2 个奥斯卡奖提名。

皮尔研究中心（Pew Research Center）在过去的 20 年时间内对美国媒体的使用情况的研究（Pew Research Center for the People and Press 2004）表明，大多数美国人广泛接收新闻和信息的媒体是本地电视新闻节目。与报纸报道的内容一样，大多数当地电视新闻都具有内容广泛的特点，少量的重大国内和国际新闻，其余为本地新闻报道、气象和本地体育比赛的结果。本内特（Bennett）、莱茵（Rhine）和弗利肯格（Flickinger）2004 年的研究报告认为，收看媒体关于健康节目的观众人数远多于国内和国际新闻的观众，而且这个受众模式自从 1989 年以来变化不大。近些年来，地方电视台新闻的内容中关于健康和科学的内容比例增长很快。越来越多的电视台都增加了专门报道健康、医学和科学内容的新闻报道员（reporter）（经常是同一个人）。但是，许多小一些的电视台没有安排全职（full time basis）的科学和健康方面的特定新闻报道员，报道的消息主要来自有线服务系统（wire service）和有关领域为报道所提供的网络信息（network feeds）（Kurpius 2003; Rosenstiel，Gottlieb，and Brady2000；Tanner 2004）。

除了上述美国电视台制作科学教育节目体制以外，美国还有一些科学节目制作公司。

WGBH 是位于麻省波斯顿市的非商业电视台和广播服务公司，同时也是公共广播电视系统的成员电视台。这个公司为其成员电视台制作和提供科学电视节目，其中包括公共广播电视系统黄金时间段的三分之一的节目。这个公司为公共广播电视系统的“NOVA”；“前线”（Frontline）；“美国体验”（American Experience）；和“胜利花园”（The Victory Garden）以及“这栋老房子”（This Old House）。

WGBH 公司在波斯顿和周边地区拥有几个广播电台和电视台，其中包括子台 WGBX-TV（Boston）；WGBY（Springfield），以及广播电台 WGBH，WCAI，WZAI 和 WNAN。该公司还在为聋哑盲人提供节目方面具有领先地位，公司给商业和公共广播电视系统以及家庭录像、网站和电影。[19]

该公司的科学教育节目内容丰富。主要内容有：1. 人类学（Anthropology）；2.灾难（Disasters）；3.地球（Earth）；4.探索（Exploration）；5. 飞行（Flight）；6. 健康（Health）；7. 历史（History）；8. 调查（Investigations）；9. 自然（Nature）；10. 物理与数学（Physics & Math）；11. 太空（Space）；12. 技术（Technology）。

"纽约科学节目制作中心有限公司"（ScienCentral，Inco）是美国独立节目制作公司。这个科学节目制作公司通过申请可以获得美国国家基金会（NSF）和美国国家科学院的经费支持。基金会提供的经费为启动经费，大约占成本的一半左右。"纽约科学节目制作中心"研究、拍摄、写脚本、事实检验、编辑，然后将制作好的报道节目发送给纽约的 ABC 新闻组。ABC 网络进行编码后发送给网络所属的遍布全国的 200 个电视台（ABC 自己拥有 8 个电视台，同时在全国有大约 190 个成员电视台），各台送往新闻制作室。地方新闻制作室每天会收到数以百计的科学报道，他们要对这些科学报道进行挑选和编辑。一般地方电视台会在新闻节目前 3 分钟播放本地重要新闻，然后是国际和国内的科学报道。然后就可能播放时间长些的科学特辑（feature），这类节目一般都在天气预报之前播放。其他地方报道掺杂在新闻节目中。一般情况下，最后 10 分钟都会让给体育节目和天气预报。"科学节目中心"提供的科学报道节目可以被直接插播（direct plug-in），或者经过修改后由地方台配音解说（voice-over），或者经过重新编辑后插入（insert）相同内容的地方节目。这些节目在地方台的收视效果由"电视监测服务公司"（Video Monitoring Service，VMS）负责。"电视监测服务公司"是一家私人公司，主要业务就是监测电视收视情况，将监测结果提供给客户。播放每个节目的电视台的数量都来自"电视监测服务公司"的观测结果报告。

一般这种科学节目制作公司的节目都通过联盟制的电视体系向自己的成员电视台或者合作电视台发行节目，同时，也会向其他国家的客户发行节目。节目制作公司有非常严格的产权和发行规定。公司拍摄的所有影像作品所有权或者许可权都要向广播系统、网络和可以使用的移动设备阐明，公司本身无权使用。

这些科学节目制作公司在制作节目的过程中，首先是搜寻科学界同行评议的出版物，一般来说最好是研究文章在未发表两周之前找到研究者。他们会打电话与这个科学家或者技术专家取得联系，然后了解这个研究结果是否具有很好的视觉效果，是否能够找到一个会讲述的科学家，以便制作这个节目。节目制作公司会经常会派一个工作人员对研究者进行一次访谈。在拍摄采访的过程中使用扬声器电话与这个研究人员之间进行对话。采访拍摄的所有内容送往公司，编辑成播放模式，文本在数据库存储。制片人撰写事件报道情节，新闻编辑修改写作错误或者与事实有出入的错误，然后将报道通过数字编辑器进行编辑。当节目得到新闻导演审查通过，节目就会转变为数字传输给成员电视台和自己公司所有的或者管理的电视台。

美国已经形成了电视节目制作公司化，科学节目专业化，发行全球化的模式。

**美国科学传播的发展历史单独阐述的几个原因：1. 美国虽然是西方国家，但是，其历史却仅有 200 多年。无法与科学和技术起源地以及必定随之而起的西方科学传播共同讨论。2. 但是其发展速度超越任何国家。受到欧洲文明先行者的思想的影响，美国建国之初就走上了民主和自由的道路。正确的道路导致其经济、科学和技术和文化的迅速发展。美国的科学技术的传播在其各种保障信息自由的法律以及社团自由法的社会条件下，很快成为世界上科学教育和科学文化的先进国家。因此，只能单独一章讨论。**

**科学传播与科学技术研究的最大不同就是科学技术研究可以在实验室中，在专业学术领域中进行。而科学传播是科学技术信息在一种特定的文化，甚至在一种特定的经济发展阶段有密切关系的状态中创建和发展的。用贾德雷·戴蒙德（Jared Diamond）在其《枪炮、病菌与钢铁》（*Guns, Geims, and Steel*，1999）作出的“地理环境（geograghy）决定一切”的结论，还是用梁鹤年先生在其《西方文明的文化基因》（2014）中将生物学概念用于文化形成的根源分析，以及戴伦·艾塞默鲁（Daron Acemoglu）和詹姆斯·罗宾逊（James Robinson）“*Why Nations Fail*”（《国家为什么失败》，2014）中用“广纳型”（inclusive）和“榨取型”（extractive）的政治制度的解释，似乎都难以解释为何在一个历史短暂的国家能够呈现出这样的形态。这是一个十分难以解释的**

问题。同样，也超出了我的能力和本书的含量。

美国科学传播的整体概况无法在短短的一章中讲述清楚，读者只能从这一章的讨论内容中一窥全豹。但是，从其发展的起源原因进行讨论，似乎政治制度的作用更大一些。英国和欧洲国家文化积淀形成的自由思想大概对美国建国思想影响最大。其中，自由思想导致的 18–19 世纪的美国以个人经济利益为主要驱导力量是引发 19 世纪末 20 世纪初美国发明热潮的主要原因。20 世纪兴起的实用主义哲学思想更是促使美国走向以经济利益为主导的科学和技术创新。美国科学团体的出现使得美国能够利用科学家的力量通过媒体进行科学信息传播。与发明家的利益驱动和科学家通过媒体传播获得经费的利益驱动力相比，媒体则是在逐步的报纸新闻、图书出版、电视广播等逐步市场化以后才能够将科学技术信息和知识逐步融合进传播渠道。媒体的传播必定与市场化密切相关。科学传播至今仍然在尝试的融合过程中。

CHAPTER 7

第七章

# 公众科学素养的研究起源与发展

公众的科学素养（Public Scientific Literacy）是公众理解科学中重要研究领域。从 2400 年前的柏拉图到现代一直是科学家和教育家关注的话题。近代学术界和科学传播界对科学素养的研究持续处于高潮。1980 年代达到顶峰。公众理解科学不仅限于对其概念和定义的解释，也不仅限于调查指标体系的研究和实验，更不仅限于各个国家科学素养的比较研究，其学术研究对科学教育和社会传播领域也产生了巨大的影响，导致教育界和媒体对科学传播的模式的改变。公众科学素养的作用不但是公众对科学技术的理解，而是人类文明进程的重要一步。

## 一、起源与发展

当代伟大的科学普及家、科普作家卡尔·萨根（Carl Sagan，1934—1962）在他的《魔鬼出没的世界》（*The Demon-haunted World*，1995）第一章“最宝贵的东西”中对科学知识水平的标准表达了他的看法。他特别提到2400年前，年老而又性情暴躁的柏拉图在《法律篇》第七卷中对科学素养作出的定义：“不能数出1，2，3……或不能分清奇数和偶数，或根本就不会数数，或分不清白天黑夜之人；完全不知道太阳和月亮以及其他星球是在旋转之人……；我认为，所有的自由人都应该学习这些方面的知识，就像埃及的儿童在刚开始学习字母时就要学习各类知识一样。在那个国家里，仅仅为了满足孩子们的需要，就创造了各种数学游戏，他们可以在愉快的娱乐中进行学习。我……在生命的最后一段时期，听说了我们的人民对这些问题的无知，对此我感到惊讶。在我看来，我们更像是猪而不是人。我感到非常羞耻，不仅为我自己，更是为全体希腊人。”①

现代对科学素养概念的讨论从20世纪50年代末开始，引起讨论的主要原因是苏联的第一颗人造卫星（Sputnik）发射成功后引发的关于美国科学技术教育危机、科学技术落后以及公众对科学技术的支持程度的担忧。同时，日本等国家战后的迅速发展，也引发了美国的担忧。这种担忧和学术界以及教育界的大规模讨论被称为“Sputnick Effect”（人造卫星效应）。1960年，美国科学家阿兰·T·沃特曼（Alan T.Waterman，1892—1967）认为：“科学的进步在相当大程度上取决于公众的理解和对持续不断的科学教育和研究计划的支持。”[1]在同一个时期，在太空竞争的刺激下，美国人对本国下一代的科学素养水平开始担忧，认为美国的后代在各种国际科学竞赛中成绩的低下预示着未来美国人无法在科学技术的竞争中取胜。在这个期间，美国的经济竞争地位受到新的国际竞争形势的影响，尤其是日本、韩国、新加坡、中国台湾经济发展的挑战。美国人认为，美国的工业地位和经济大国地位正受到威胁。另一个挑战主要是美国科学和工程学研究基础开始出现薄弱化趋势。1983年，美国总统里根成立的“国家优质教育委员会”（National

---

① 关于萨根对科学知识标准的论述请参阅《魔鬼出没的世界》第一章“最宝贵的东西”，1页。吉林人民出版社，1998，李大光译。

Commission on Excellence in Education）发布了《国家处于危机之中：教育改革势在必行》（*A Nation at Risk*：*The Imperative For Educational Reform*）的重要报告。该报告被认为在美国现代教育史上具有里程碑意义。报告认为："我们的国家处于危机之中。我们曾经在经济、工业、科学和技术创新等方面无人可以挑战的地位已经被世界上我们的竞争对手超越。"里根政府认为，美国的学校教育正处于落后地步，美国的经济繁荣和国家安全都处于危险境地。公众另一方面的支持使我们对建设性的改革看到了成功的前景。描述这种支持的最适宜的术语可能就是这个令人感到荣耀的词："爱国主义"（Patiotism）。

美国"国家优质教育委员会"在报告中沉痛地指出美国落后的重要指标，比如：

1. 美国学生在国际 19 项科学竞赛中从未获得过第一和第二名。与工业化国家相比，美国学生的成绩七次落在最后；

2. 简单的读写测试表明，2300 万美国成年人为功能性文盲；

3. 与前苏联 Sputnik 发射成功前 26 年相比，美国高中生的平均成绩下降；

4. 学院委员会测试成绩表明，美国学生的物理成绩和英语成绩很差；

5. 美国海军部抱怨学生知识水平下降，导致军队素质下降，威胁到国家安全。

6. 科学技术的发展需要适合需要的人才，但是，美国教育水平无法满足需要。美教育家感叹："我们正在培养新的一代对科学技术无知的一代美国人"。[2]

美国政府在冷战时期的科学竞争和对本国科学教育的担忧，引发了对公众科学素养的大讨论。

对任何社会现象、文化现象研究，一般都是学者首先对某一个社会群体的隐性或者显性现象进行观察，然后提出一种或者几种概念。这些概念经过长时间的学者的讨论，逐步形成的多数人认可的概念，这些概念由术语作为象征符号。但是，社会学研究是在一定的社会和文化特定语境中进行的，因此，社会学家文化现象研究学者一定会受到他生活的语境、教育背景和特定的政治文化环境的影响，从而影响其对某个术语所赋予的概念的形成。科学素养是近 50 年来从事科学技术传播、科学教育和科学哲学学者关心的讨论题目。同时，由于各个国家的重视，几乎成为一种口号。但是，由于各个国家特定的国情的差异，甚至教育思想、科学传播思想的差异和政治制度的差异，对科学素养的解释都是不同的。

在过去的长达半个世纪的科学素养概念与内涵的讨论中大讨论在20世纪70—80年代处于概念漏斗（conceptual funnel）的中部，概念出现分散化趋势。人们普遍认为，西方国家和其他某些国家对科学素养的关注和持续研究从80年代初开始就未中断。在过去的40年时间内，讨论科学素养问题的论文和文章呈现上升趋势。从1974年到1990年期间，与科学素养有关的期刊论文、研究报告、会议论文、项目计划文章、项目报告和期刊社论等各种文献就多达300多篇。

对科学素养概念的构建经历了复杂和困难的认识的过程。从赫德（Paul Hurd，1958）开始，到罗伯特（Robert，1983）、德波尔（DeBoer，1991）、夏莫（Shamos，1995）、杜兰特（John Durant，1992）以及米勒（Jon Miller，1992）等人的讨论，“科学素养”这个术语的内涵出现多元化解释。南非学者鲁迪格·劳克施（Rudiger C.Laugksch）对20世纪60年代到90年代这个术语的演变过程进行分析后发现，在“科学素养”概念化过程中受到多种因素的影响，其中最主要的因素就是学者的兴趣。感兴趣学者大概分为四种：①科学教育家。这个群体对教育制度的本质、教学质量和改革感兴趣。他们关注的是正规教育与科学素养之间的关系；②社会科学家和舆论研究学者。他们关注的是公众参与科学技术政策决策的能力，公众获得科学技术信息的渠道和信息流动的自由程度，公众的科学知识程度和对科学的局限性的理解程度以及公众对科学技术发展的一般态度和对特别技术发明的特别态度等；③科学社会学家和采用社会学方法促进科学素养的学者。这个群体的学者喜欢用社会学的方法研究科学知识的社会建构或者“语境中的知识”（Knowledge in Context）。他们研究日常生活中的个人对科学知识的解释，科学信息与态度之间的关系，公众对科学的理解的变化规律以及分辨共识与个别科学观点的差异等；④非正规科学教育学者和科学传播学者。这个群体大多数在科技馆、科学中心、植物园和动物园、媒体等机构工作。这个群体强调的是为公众提供各种机会，通过事物展示和讲解、报道和撰写科学事件等解释和教育的方式使公众熟悉科学。[3]

在科学素养概念形成的过程中，由于其角度的不同，概念和内容差异在最初时很大。一些学者根据自己的研究进行解释，还有一些人则是根据对具有科学素养的人的特征进行解释。拜拉（Pella）在1996年根据15年来关于科学素养的定义进行了归纳，总结出7个方面的内容。

1. 具备科学素养的人应该理解科学的本质；

2. 具备科学素养的人能够精确地将适当的科学概念、原则用于解决问题，能够将原理和理论应用到自己生活的各个领域；

3. 具备科学素养的人能够运用科学方法解决问题，做出决策并不断加深对自然的理解；

4. 具备科学素养的人能够运用科学价值观看待自己遇到的问题；

5. 具备科学素养的人能够理解和欣赏科学技术事业、科学与技术之间的关系以及与社会的关系；

6. 具备科学素养的人通过科学教育获得对自然更丰富的、更心满意足的、更激动人心的认识，并将此教育持续不断的贯穿一生；

7. 具备科学素养的人具备科学技术的多种应用能力。[4]

本杰明·申（Benjamin Shen）对概念的讨论向前推进了一步。他认为，科学素养概念大致分为三类：①实用的观点（Practical）。就是能够使用科学知识和信息解决自己日常生活的问题。他认为，这种观点适合于发展中国家。目前，印度在根据这个观点发展自己的科学素养教育。发达国家公民可以采用这个观点发展保护消费者利益素养；②公民权利观点（Civic）。他认为，这是公民参与科学决策议题的里程碑。在民主国家里，公民有权在获得足够的信息的基础上，参与科学技术的决策。作为纳税人有权知道自己的投资与产出的结果。这是保证民主国家民主决策的重要保证；③文化的观点（Cultural）。科学是人类文化的重要成果，具备科学素养的公民应该理解。他认为，虽然这种素养仅限于一小部分人，但是，这仍然是很重要的，不可忽视的。任何一个国家中都要有一部分这样的舆论领袖和决策者。[5]

罕里克森和福罗依兰（Henriksen 与 Froyland）认为，各国社会语境的不同造成对于科学素养的理解存在差异。但是，归结各国的主要看法，大概可以概括为四个观点：①实用的观点（Practical Argument）：人们需要对科学技术有一定程度的了解，以适应在科学技术起重要作用的社会中的日常生活。②民主的观点（Democratic Argument）：这个观点同时也指公众的权利和义务。在民主社会中，公众有权利参加公共政策和科学技术决策过程，因此公众需要对科学技术达到某种程度的理解并具备一定程度的科学素养，以便能够了解各种科学技术议题，并能够参与讨论和决策过程。③文化的观点（Cultural Argument）：科学是人类文化遗产中的一部分，并对我们的世界观具有深刻的影响，因此只有对科学技术达到基本的了解程度才能对文化有所了解。除此而外，了解我们这个世界中的各种客观事物和自然现象对每个人都是一种愉悦和好奇心的满足。④经济的观点（Economic Argument）：对于大多数国家来说，具备科学素养的劳动力对于国家经济的健康发展和繁荣具有重要意义。经济的观点在相当大程度上符合许多国家，尤其是第三世界国家对公众科学素养的要求。[6]

1983 年，乔恩·米勒（Jon D. Miller）在美国艺术与科学学院出版的特刊《代达罗斯》（*Daedalus*）发表的文章“Scientific Literacy：A conceptual and empirical review”[7]从概念和经验角度对科学素养概念的审视具有非常重要的影响。他认为概念的形成应该符合“当代形势”（Contemporary Situation），他认为，当代的美国社会是“科学技术社会”。按照这个社会形态的需要，他提出科学素养的三个维度：科学的准则和方法；科学的主要术语和观点；科学对社会的影响。在后来的研究中，他对这三个维度做了一些修改，并逐步建立采用社会学的方法进行测度的评估体系。米勒在这个领域的贡献主要在于在认真总结前人基础上，进一步确定了科学素养的定义和内涵。他在 1983 年的文章不仅兼顾到科学素养的各种观点，并对其进行融会贯通，同时提出了科学素养的多维性。他不仅确定了概念，而且在后来通过开放和定性研究确定了测度方法和题目。这是因为他比任何人都更敏感地意识到科学素养的社会维度和文化维度的原因。米勒在这个领域的贡献目前在这个领域仍然是得到普遍肯定。目前一共有 40 多个国家采用他的维度、指标以及测试题目进行本国的调查。他的贡献是毋庸置疑的。

1989 年，米勒在旧金山美科促会年会上的发言中将科学素养定义为“在某个社会中为满足一些角色功能所需要的基本可以接受的知识和技能水平。”[8]他的适应于美国社会的科学素养的定义得到普遍的接受和认可。

纵贯各种观点，大概可以看出公众科学素养的概念的形成是一个长期演变的过程，是一个历史条件要求所导致的概念的讨论，最后形成大家共识的过程。共识并不是说大家必须共同遵守一个标准。科学素养这个术语由于进行其定义的人目的和背景的不同所赋予的不同的概念和内涵。从表面效度来看，科学素养的绝对定义要求每个人都具备科学知识、科学技术技能和对科学的支持态度。但是，要确定一个绝对的科学素养的定义的想法本身就是不现实的。用米勒的话说，科学素养的目的取决于其将要发挥作用的社会语境，“其固有的特性与其应用的社会相一致”。如果“科学素养是由社会决定的”这个观点是可以接受的话，那么，科学素养的定义将会因时代、地理区域（工业化地区；农业地区等）、社区人群和社会条件的不同而不同。[9]

任何一个不认为社会是真空的人都会认识到这个问题。任何一个有效的定义和概念的产生和有效使用都是社会需要和长期讨论自然形成的结果。

最早详细讨论公众科学素养的著作大概是国际成人素养方法研究所（International Institute for Adult Literacy Methods）学者托马斯（A.K.Thomas）和肯杜（F.J.Kondo）于 1978 年发表的《向科学素养迈进》（*Toward Scientific Literacy*）。这本书是为第三世界发展中国家的科学素养标准和实现方法而进行标准和实现方法的设计。作者认为，作为普通公众的科学素养应该是："熟悉并且能够不断学习科学基本术语、概念和价值观。""所有的人都可以成为科学家，只要他们想不断地学习身边世界的事物并能够讲述科学实验的方法。"当然，作者所针对的对象不同也是一个原因。因此，作者所制订教育课程的对象是"发展中国家"的成人农民。该报告所谈到的科学素养的目标是"缩小和消除不同文化和人类群体的'陈旧'的知识——比如民俗文化——和国际科学新知识之间的鸿沟"。报告的作者认为，可以通过将民族文化与现代科学技术环境相连接的方式使成人的素养具备实用功能。在报告的序言中，博拉（H.S Bhola）博士认为，"通过对农民进行这种功能性的科学素养教育，使他们了解什么是科学农业。"另外，科学"能够解释人们已经知道的事实，将对现实的对某些事物的了解转变为对新形势的了解，将更为系统的正在应用的学习经验应用到日常生活中，总之，要培养农民用更具探究和实验的态度看待生活和工作。"[10]

该报告强调学习必须紧密地与生活实践相结合，现有的知识必须用于再学习过程中。报告认为概念的改变是很缓慢的。提出了设计方法（实践中的问题产生方法，在解决问题的过程中产生新的概念）和结构方法（事先确定概念和信息目标）。

建议的核心课程的内容中包含有①科学工作（精确的观察、了解因果和其他关系、在理论和实践的基础上进行预测、控制和操作、个人与团队的努力、交流、设计和实验以及推理）的本质；②环境（气候、雨、风暴、气候控制、水土流失以及太空的科学现象学）；③保健（细菌和病毒、防止传染、医药、人类的营养、生育和计划生育、精神疾病、一般卫生问题）；④农业（农作物的营养、植物的害虫和疾病、动物的健康、种子的优选和动物繁殖）；⑤能源（能源的不同种类、内燃机、电、无线电和电视）。

《向科学素养迈进》报告认为，科学素养的主要内容包括探究精神（我如何知道这是真实的？）和对科学术语和概念的基本了解（对报纸上经常出现的科学术语基本理解；阅读关于农业和其他领域的材料时所必须理解的科学概念和基本观点）。《向科学素养迈进》报告显得更接近贫困的人群的需求。报告的目的不是要从根本上对科学技术和数学的课程进行改革，而是向那些“知识水平落后的人”提供一种方法，使他们能够尽快地达到阅读农业技术材料并能够应付日常生活中所直接面对的科学技术的问题。

《向科学素养迈进》的培训计划不仅是对发展中国家的农民具有重要的价值，而且对所有的公民都有意义。计划所追求的目标不仅是让普通公众能用科学的知识看待自然事物和人造事物以及自然现象，而且使“学习科学以前的知识体系与科学结合起来”，同时要培养一个人终生的探究和实验精神。从这个角度来说，这个计划涵盖的内容比美国科促会的计划要广泛。

《向科学素养迈进》的教育内容主要处于自然现象的层面上。也就是说，传授对于各种自然现象的系统知识的解释方面，而不是讲解很多的科学原理。当然，在科学现象学知识中，不同的现象（比如水循环、无线电通讯等）是完全独立说明的。这种对自然现象的科学知识的重点传授的优点是，可以将科学与直接实践结合起来。该计划充分利用了这个优势。比如，讲解水循环时可以直接与保持土壤水分的实际方法结合起来。

该计划课程包括保健、营养、环境和普通技术，这些课程都直接与公众共同关心的实际问题结合在一起。课程删除了一般科学技术课程中内容，比如观察太空中的星体和事物以及它们的移动轨迹，理解日历的构成，使人们知道大自然并不是那么神秘莫测，从而改变人们的世界观。在某些地方的专业科学课本中，编写者急切的传输知识的做法似乎忽略了读者的需求，在某些课程中甚至包含有细菌科学的复杂难懂的内容。

在缩小“陈旧的”和“新的”知识的鸿沟方面，该计划有些地方有用新知识取代旧知识的倾向，而不是真正地将两者结合在一起。这个报告似乎还借用了美国科促会的计划中用机械论的观点看待人类生活的思想，而这种思想只是在西方国家盛行。比如，细菌和病毒被说成是形成许多疾病的唯一原因，但是，事实上，在旧知识的体系中，还有许多其他形成的因素得到认同，比如缺乏营养、缺少休息、精神压力过大以及气候等，这些都被认为是破坏人体本身抵抗力的因素。在这个报告中都没有提及也没有进行科学的解释。另外，在这个报告中，许多地方提及吃足够的食物和平衡膳食的重要性，但是却没有谈到充分吸收食物的必要条件，比如充分咀嚼和平静的精神状态。在谈论农业时，传统选种的有益之处和比如轮种的传统技术都没有提及。

在向公众讲解现代科学技术给人类带来的成果的时候，《向科学素养迈进》报告没有客观地全面地讲述科学技术的益处、代价以及科学技术给人类有可能带来的潜在的危险。因此，当报告中谈到优选良种会获得“好收成”的时候，却没有谈到必需的投入、是否容易受到病虫害和恶劣气候的影响等。

在培育公民合理的怀疑精神的时候（我为什么要相信这个观点？），报告没有提及现代技术及其产品的适用性问题。在“环境”一章中，工业所造成的污染没有写进去。另外，科学技术是否是给世界上的少部分人，起码是目前，带来了优越的生活条件，而这种优越的生活是以大多数人维持最基本的生活条件为代价获取的。

作为第三世界的国家——印度，在科学传播方面的研究和实践一直发展很快。印度政府和学术界对科学素养的看法与美国和欧洲的看法都不相同。

印度政府国家科学技术传播委员会（The National Council for Science and Technology Communication of the Government of India）支持的一个印度基层志愿科普组织（Vikas Bharati）是由学者和科普积极分子组成的。这个组织写出了一个关于提高印度公众科学素养的报告《全民基础科学》（*Minimum Science for Everybody*）。在这个报告中没有使用科学素养（Scientific Literacy）这个词。印度学者认为，科学素养是对科学家或学者提出的要求，对普通公众来说，必须与科学家和学者分离开。使用同样的要求是不现实的。当一个普通公民要了解一种自然现象的时候，他只要求知道对他有用的部分，而不是像学者一样用科学的原理进行解释。因此，报告是为普通公众的基本需求所编撰的基本科学知识课程。

《全民基础科学》[11]的作者提倡用这样的眼光看待科学技术：“科学技术的非和平目的使用，比如用于战争，对人类的生存构成了威胁。”现代科学技术与工业相联系粗暴地干预了人类的自然生存环境和工作环境，掠夺了世界的资源。作者呼吁印度的公众要对“现代科学”

符合实际的理解（suitable understanding），更深入地理解“传统科学”（traditional science），这样才能对现代科学对他们的生活的介入（interventions）更好地理解。在报告中，还谈到科学如何对传统的实践和习惯做法以及在帮助人们认清迷信方面具有指导意义。

虽然报告没有对科学素养的概念进行定义，但是，按照该报告的解释，一个具备科学素养的人应该具备保持自身健康、为群体的健康作出自己的贡献、理解与保护、污染、环境抢夺、日常生活中基本的测量和计算方法以及从科学的角度理解农业和工业产品的能力。

《全民基础科学》认为，公众的健康科学教育中与健康和疾病有关的课程不应该将重点放在微生物或者酶等这些术语的解释上，侧重点应该放在普通公众能够直接控制的方面，比如食物、睡眠、工作、运动、思考、清洁卫生等。报告建议，课程应该主要集中在人体、身体的需要与节奏、身体的信号（比如渴、头疼等）和信息、生理和心理的健康、食物和营养（普通食物和利于消化，而不是化学成分）、饮用水和卫生、常见疾病（症状、产生原因和家庭治疗）、生育和节育、婴儿哺育、嗜好和不健康行为等。

环境课程的目标是提高公众这些方面的意识：1. 环境和自然资源保护的必要性和保护的方法；2. 技术对自然资源正在产生的根本性的改变；3. 工业是以全世界人们的生存需求为代价而进行环境的掠夺。课程中还包括空气、大气、气候、水和水循环、水污染和净化、土壤、森林、金属和矿资源、食物污染、衣服和居住条件、生物圈和生态等。

测量和多种技能课程的目的是重点传授功能数学。内容包括基础计算、日历知识（公历、阴历和印度阴阳历）、自然和天体的运行、儿童教育中的心理问题、一般交通与通讯设备等。

在农业方面，教育的思想与健康保健思想有相似之处。科学被用来丰富，而不是代替传统智慧。除了农业的基本原理、园艺、动物和家禽养殖以外，还有太阳能设备、改进的农业实用技术和建筑技术等。在“科学”育种、化肥方面，不仅谈到其优点，同时也谈到其存在的问题。

在“城市技术和城市人口”篇中，主要内容是电力、电器设备、工业制造产品、水供应、身体锻炼等。

报告谈到课程内容主要是针对成年人的，是对成年人的生活和工作起指导作用的。报告认为，基础教育的基本内容应该广泛借鉴这些原则，根据不同的年龄段制订具体课程。报告特别强调，年轻的学生必须更多地了解自然现象，要学会精确地观察事物。

《全民基础科学》认为科学素养不是指对基础常规科学的基本理解，而是认为科学素养是终生教育的一个组成部分。与美国科促会的科学教育思想不同，与《向科学素养迈进》的教育思想也不同，《全民基础科学》试图将科学和技术与每个人的日常生活和需求结合在一起。与《向科学素养迈进》的思想正好相反，《全民基础科学》建议对全体国民，而不仅仅是对农民或没有文化的人，进行这种切合实际的教育。这样，《全民基础科学》向所有人都不得不顺从的不断扩大的工业化和技术所带来的逐步自动化的社会提出了疑问。《全民基础科学》也没有将科学看作是传统知识和智慧的替代物。科学被描绘成一个向科学技术本身及其产品提出质疑和批评的工具，同时也对传统的信仰和实践活动置疑的工具。

《全民基础科学》在保健科学方面与西方教育的范例产生了根本的分离。其报告强调自然冲动，认为通过对人体的循环和消化系统的内部观察发现产生紊乱的原因。它要求净化人体的内部器官，而不是要外部“科学的”医生使用器械进行的医疗。

在环境问题上，现实中人们所关心的问题都有所涉及。但是在其他两个部分内容中却被忽略了。比如食品污染、服装和居住环境，以及人类与自然界生物和非生物组成部分相互依存的关系。

但是，在理解和应用这个方案中有许多问题。首先，如果科学被分解为支离破碎的关于自然现象的解释和信息，怎么使人们理解自然的统一性和多样性呢？不了解氧和二氧化碳的化学概念怎么能够充分解释呼吸呢？没有科学研究怎么才能得出判断传统观念和技巧的合理性和有效性的标准呢？第二，没有基本的化学（分子、化合、反应、蛋白等）、物理（物体的移动、密度、温度、压力等）和生物（人体解剖、生理学、细胞、基因、能量转换等），科学素养应该说是不完全的。即使是健康保健、环境和农业问题也没有依据现有的科学知识解释清楚。另外，《全民基础科学》没有强调实验、逻辑推理和其他科学方法的重要性。第三，如果生活贫困和处于社会下层的人只具有传统知识，而特权阶层可以学习现代科学知识，前者就会觉得自己在知识方面处于不利的地位，那么，其结果就不会是将科学教育用来满足人们的生存需要，这岂不是事与愿违？即使是《全民基础科学》在原则上是可以接受的，在印度，发现和培养符合要求的教师（不仅要通晓常规科学技术和数学，而且还要了解传统科学，同时还要了解普通人的传统交流方式和他们目前的所遇到的问题）也是十分困难的事情，因此，这个计划要想很快地得到实施是十分困难的。随着全球化的迅速发展，任何一个国家和群体想自己创造一个与世界“标准”体系完全不同的科学素养体系，在实行上将是更为困难的。

严格讲，《全民基础科学》确实没有体现出国际化，甚至印度国家内专家的教育观点。但是，作为一种科普的新观点，还是有必要进一步使其完善化和具体化。目前，这个科普计划在印度社会各界已经引起了广泛的反响和响应，并在发展中国家的学者中引起重视。

《全民基础科学》的作者之一 R. Popli 在《普通人的科学》(*Common man's science*) 详尽地说明了科学素养的概念和内容，将传统和民间科学与正规科学结合在一起。这篇论文还以建议的形式提出了 10 年科学教育的课程，这些课程中包括大量的基础物理和生物科学知识（比如分子、原子、压力、化学反应、细胞和 DNA 等概念）。作者认为，没有这些基础科学知识，深入地教育健康保健、环境等知识是完全不可能的。这个报告使得印度的科学教育向《为全体美国人的科学》大大地推进了一步。[12]

世界经济会发展组织（OECD）“国际学生评估项目”(*Programme for Internation Stdent Assessment，PISA*) 将科学素养测试确定为三个方面：①科学基本观点。理解自然世界的某些现象和通过人类活动对自然世界的改变；②科学实践的过程。重点是获取证据、解释证据并在证据的基础上进行科学活动的过程；③科学场景。主要是取人的日常生活中的科学问题，而不是学校教育、实验室的科学实验或者专业科学家的工作。

欧盟国家科学素养调查的领导人杜兰特（John Durant）认为对科学的理解是“两维结构”(two-dimensional structure)，但是事实上他在调查中采用的测试题与米勒的题目几乎是一样的。杜兰特在其调查报告中认为科学素养由三个部分组成，这三个部分是：理解基本科学观点；理解科学方法；理解科学研究机构功能。[13] 在这篇文章中，他认为，科学素养并不是科学知识理解的多寡，而是对科学的运作过程及其对社会的影响。①

米勒教授认为，科学素养是多维的概念（multi-dimensional）。界定科学素养的概念不是一门精确的科学，而是一种评价。科学素养应该

① 在其文章中强调了科学素养的核心概念是“科学的研究过程”以及“科学对社会的影响”。“Scientific literacy should not be taken to mean the knowledge of a lot of science, but rather the understanding of how science really works.”。

被看作是社会公民和消费者所应该具备的最基本的对于科学技术的理解。科学素养的概念并不是指公众对科学已经达到很好地理解程度，而是指一种基本程度。他认为，科学素养具有以下几方面的内容：①理解基本的科学技术术语和概念；②理解对现实的设计进行科学检验的过程和方法；③理解科学技术对社会的影响。[14]

科学素养的首要标准就是要理解科学技术基本术语的含义。如果一个人不能理解原子、分子、基因、引力或者辐射这些基本术语，那么参加公众对科学成果和科学技术政策的讨论几乎是不可能的。总而言之，如果一个人要掌握科学基本知识，首先要理解科学词汇。

科学素养的第二条标准是要理解科学的探究过程，或者说，理解科学方法的本质。科学方法至少包括观察、证据、实验、定义和定理的形成以及检验。如果不能理解比较的方法根元变的意义，就不能真正理解科学的形成过程。

科学素养的第三条标准，就是要理解科学对社会所具有的广泛影响和对消费者和公民的个人影响。但是，在测度中则使用一些科学和伪科学的信息作为测试是目的了解被调查者的识别能力。

米勒 1989 年 2 月在旧金山美国科促会上的发言“Scientific Literacy”中认为：科学素养的所有目标和目的都建立在社会语境中，其本质与其社会相关。在科学传播学术界普遍认为，科学素养是一个社会性质决定的概念，其概念依时间、经济发展阶段（重工业、农业社会等）、社会群体或社会条件不同而变化。在目前国际关于公民科学素养的主要四个观点（民主的观点；经济的观点；文化的观点；实用的观点）中，米勒设计的明显是适合西方发达国家使用的指标体系。在他的“公民义务科学素养”（civic scientific literacy）概念中，即公民在参与科学技术决策和含科学议题的公共政策决策中所具有的义务和责任。这个概念符合他提出时的基本思想，即科学素养内涵应该符合“现代形势”，符合西方发达国家已经进入科学技术社会（today’s scientific and technological society）的社会形态特征。科学技术社会明显的特征就是科学技术产品的广泛应用以及对社会产生重大影响。在技术物质产品和信息产品充斥社会的形势下，公众对科学技术的理解和态度是什么情况呢？在他的测试问项中，知识的采用当然也是美国媒体中传播的知识信息。他认为，国民如果对媒体中传播的科学技术术语不能达到基本理解，就不可能听懂有关议题的讨论，从而也不能完成民主国家公民的义务和责任，也不能真正保证科学决策过程的民主化和公开化。通过对调查群体的知识和感兴趣程度的调查，划分出热心公众、感兴趣公众和其他公众，以便及时了解能够参与公共政策讨论和科学发展持支持态度的人群比例。以这个思想为依据，他从80年代初就进行了复杂的实验，“IRT是基于这样的假定：所有受访者都可以根据其在被调查领域的知识水平进行排序。所以，IRT的构想是：对某个知识项目的反应将会形成一条项目—反应曲线，这条曲线是对每个项目的反应的概率分布，通常具有对数性质（a logistic nature）。项目—反应曲线表明，在某个题目上，知识水平很低的人中，几乎没有人能回答这个假设性问题；而知识水平很高的受访者中，大多数人都能回答……”。米勒运用BILOG-MG程序计算出三个独立的IRT参数（难度参数、区分度参数和猜测度参数），以此来区分不同主题的知识水平。这个难度系数适合工业化国家的社会形态和公众的知识程度。

在长达半个世纪的讨论中，科学素养的维度基本以科学知识（术语和基本科学观点）、科学研究的过程以及科学对社会的影响三个部分构成。同时，以这三个维度开始了社会调查和国际比较。

## 二、调查与测量

20世纪70年代初，瑞典学者尼尔肯（David Nelken）通过对本国公民对修建核电站的争论的研究，确定了公众科学素养内容的指标体系框架。当时瑞典政府想对利用核能发电制定国家政策。为了了解公众对核能发电问题的看法，瑞典政府出资成立了一个研究课题组，课题组为将近80000人的瑞典公民群体提供了有关核能发电的资料和需要讨论问题，课题组对被调查者先进行了一个调查，然后将他们按10—15人分成小组对核能发电的可能后果进行讨论，由于参加讨论的人多，讨论延续了长达几个月的时间，讨论结束后，瑞典国家公民信息理事会又对相同被调查者群体进行了一次调查，调查结果发现，在听取了核能发电的两种结果以后，被调查者自认为自己在经过将近10个小时的讨论以后，已经具备决策能力的人由原来的63%上升到73%。

美国是世界上最早定期了解本国公众对科学技术的理解和态度的国家。1957年“美国国家科学作家协会”（American Science Writers Association）进行了第一次科学素养的调查研究，当时正值苏联第一颗人造卫星上天之前，调查的问题仅涉及放射性微粒回降、饮用水中的氟含量、小儿麻痹疫苗和航天飞机。

从1972年起，美国开始了每两年一次全国范围的调查，至今从未间断。1979年美国科学基金会（NSF）委托米勒教授进行公众科学素养指标设计和调查，在其后的调查中均采用米勒设计的调查问卷。其调查数据发布在每两年一次的《科学与工程学指标》(*Science & Engineering Indicators，AAAS*)[①] 上。

除美国科学基金会的研究结果以外，许多研究机构和大学的研究数据也参与论证。从美国的调查报告可以看出，美国提高公众科学素养的目的不仅是提高劳动者的素质，而且是提高公众作为纳税人参与国家政策决策的能力，从而保证国家决策的民主和公开。同时，美国对本国科学文化的发展也十分关注，在文章中占用了大量的篇幅探讨伪科学和迷信的问题以及国家教育体系存在的问题。科学所引发的伦理方面的问题也是美国研究的重点，如，疯牛病、环境保护、克隆技术、转基因技术、使用动物进行科学实验以及科学家在公众心目中的形象等。

美国从2006年第一次在《科学与工程学指标》第七章“公众对科学技术的理解与态度”中将中国在2001年进行的中国公众对科学技术的理解和态度的调查数据列入各国调查数据进行比较分析，从此之后，中国成为公众科学素养的调查的主要国家，其调查数据在国际比较中具有重要的意义。同时参与数据和调查结果分析的国家还有欧盟（所有成员国和部分申请参与调查的非成员国）、日本、韩国、俄罗斯、印度和马来西亚。调查数据的分析还包括公众获得科学技术信息的渠道、对科学技术信息感兴趣程度、公众的科学技术知识水平和对科学技术相关问题的看法和态度等。从涉及的国家数量上看，已经达到40多个国家和地区。

进行科学素养研究的研究机构有：

1. 保加利亚科学院社会学研究，索菲亚（BAS-IS，Bulgarian Academy of Sciences，Institute of Sociology，Sofia）。

2. 中国科学技术协会，北京（CAST，China Association for Science and Technology，Beijing）。

3. 巴黎政治大学政治研究中心，巴黎（CEVIPOF，Center d’Etude de la Vie PolitiqueFrancaise，Sciences Po，Paris）。

4. 巴西国家科学技术发展研究理事会（ Brazilian National Council

---

① 参阅 http://www.nsf.gov/statistics/srvyattitude/（2014）。

for Scientific and Technological Development）。

5. 欧盟晴雨表（EU, Eurobarometer）。

6. 英国社会研究理事会（ESRC, Economic and Social Research Council, UK）。

7. 巴西圣保罗研究基金会（FAPESP, State of Sao Paulo Research Foundation, Brazil）。

8. 国际社会调查联盟（ISS, International Social Survey Consortium）。

9. 密歇根大学公众科学素养促进中心（Michigan University International Center for the Advancement of Scientific Literacy）。

10. 英国公众舆论研究公司（MORI, British Public Opinion Research Company）。

11. 印度国家应用经济研究中心（NCAER, National Center for Applied Economic Research, Delhi, India）。

12. 日本国家科学技术政策研究所（NISTEP, National Institute for Science and Technology Policy, Japan）。

13. 印度国家科学技术经济发展研究所（NISTAD, National Institute for Science, Technology and Development Studies, India）。

14. 美国国家科学基金会（NSF, US National Science Foundation）。

15. 科学技术部（加拿大、中国、巴西）（MST, Ministry of Science and Technology, Canada, China, Brazil）。

16. 意大利非盈利科学社会研究中心科学社会学观察所（Observa, Science in Society, Italian Not-Profit Center for Science in Society Research）。

17. 英国科学技术局（OST, Office of Science and Technology, UK）。

18. 国际经济合作组织国际学生评估计划，巴黎（PISA, Program for International Student Assessment, Organization for Economic Co-operation and Development, Paris）。

19.南非科技指标网（RICYT, Ibero-American Network of Science and Technology Indicators）。

20.马来西亚战略促进实施委员会（STIC, Strategic Thrust Implementation Committee, Malysia）。

21.英国维康信托研究基金会（Wellcome Trust, Research Foundation, London, UK）。

22. 皮尔研究中心（Pew Research Center, US）。

欧洲一体化之后，欧盟为了了解各个成员国对欧盟的经济、外交、军事、科学技术研究等看法和意见，成立了调查机构“欧盟晴雨表”（Eurobarometer）。在其进行的各种调查中，公众对科学技术的理解和认识是重要的调查内容。欧盟晴雨表进行的第一次公众对科学技术发展的态度和理解状况的调查是在 1992 年。2001 年 5 月到 6 月期间进行的第二次调查，是为欧盟正在进行的“科学与社会行动计划”（“Science and Society Action Plan”）（2001 年 12 月 4 日正式启动）所做的基础研究。“科学与社会行动计划”的主要目的有三个：第一，提高公众对科学技术的感兴趣程度和理解程度；第二，使科学技术政策更贴近公众的需要和利益；第三，所有的公共政策都要建立在科学研究的基础之上。因此，欧洲的调查目标明显与这个行动计划的要求相一致。调查所采用的科学素养指标仍然是米勒所设计的、目前世界各国仍在采用的体系。但是，欧洲也有自己关心的问题，如欧盟各成员国在科学技术对社会产生重大影响的时候持何种态度？这种态度的形成与教育课程和教育思想之间有什么关系？欧洲人对新技术（如转基因技术）产生的科学伦理问题的看法如何？与美国人相比有什么不同？ ① 从 1989 年由杜兰特和鲍威尔进行的公众对科学技术的理解的调查之后，又进行了 4 次调查。调查数据在欧盟的网站 ② 上公布。

## 三、美国青少年科学素养纵向研究

1979 年，美国国家科学基金会（NSF）开始持续稳定长期的全国范围成年人对科学技术理解与态度的调查，其调查结果、数据与讨论发布在其双年度报告《科学与工程学指标》第七章“公众对科学技术理解与态度”（“Public Understanding of Science and Attitude Toward Science & Technology”）。③ 美国科学家在长期横截面和跨国比较研究中，已经获得了足够的证据说明各个国家公众的科学素养的现实状况。但是，这种 18 到 69 岁成人科学素养横截面调查无法说明科学素养的

---

① 1. Eurobarometer 31, March-April 1989 (ZA1750); 2.Eurobarometer 38.1, November 1992 (ZA2295); 3.Eurobarometer 55.2, May-June 2001 (ZA3509); 4.Candidate Countries EB 2002.3, October-November 2002 (ZA4235); 5.Eurobarometer 63.1, January-February 2005 (ZA4233).

② 参阅 http://www.gesis.org/?id=3476 (2014)。

③ 参阅 http://www.nsf.gov/statistics/seind12/c7/c7h. htm (2014)。

形成过程。而科学知识与科学态度在个体公众的一生中的形成过程，在离开正规教育系统后，非正规教育系统科学信息对个体的影响，以及整个民族的科学素养形成过程中所受到的已知的和未知的因素的影响只有通过纵向调查才能获得有效数据。科学素养的纵向研究（Longitudinal Study of Youth）采用同期群研究方法（cohort study）获得的数据能够在很大程度上得到结果。横截面研究只能说明现状，而纵向研究才能说明原因。美国和其他发达国家的研究方法，对于中国的研究具有极其重要的意义。

1986 年，美国科学基金会拨款支持米勒教授成立在伊利诺伊州立大学成立了“美国青少年纵向研究所”（the Longitudinal Study of American Youth，LSAY）。主要目的是采用同期群的跟踪研究方法研究中学和高中的学生学习成绩与他们就业生涯之间的关系，美国学生在中学学习的科学课程的成绩以及他们对科学技术课程感兴趣的程度在他们走上社会，从事某个领域的工作以后，甚至整个生命过程中，他们对科学的感兴趣程度的影响，以及是否会以科学技术作为自己的职业生涯进行跟踪研究。米勒对美国公众对科学技术的态度形成的各种影响因素的长期跟踪研究处于该领域的领先地位。

米勒和他的助手设计出了一整套的调查指标和问题，对学生在校学习的科学课程对他们就业后，在成人阶段是否会对持续关注科学技术的热点问题保持持续关注和兴趣具有影响。他们认为，学校的学习课程应该对公民科学素养的形成具有直接的影响，而公民的科学素养是公众参与科学决策的重要基础。在学生到成年人的过程中，将会受到家庭、社会文化、经济、宗教、职业以及政治活动的影响，而对科学技术的感兴趣程度和关注度以及深度了解科学议题所涉及的科学知识都会产生影响。对这些影响因素的跟踪研究决定了采用社会学方法的研究与正规教育体系内的知识测试具有重大的差异。后者关注的是课堂上和课本以及相关实验和实践的程度，而前者则是关注正规教育阶段的科学技术知识以及学生对这些课程的态度对其就业后和职业生涯是否产生持续影响，以及是否会对他们参与决策具有积极的作用。这可能也是美国基金会在 1979 年将成人科学素养研究的任务交给米勒后，在 6 年后再次将纵向研究任务交给他的主要原因。

经过了长达一年的方法实验，米勒开始在全美 50 个公共学校系统中 7 年级和 10 年级学生中进行抽样调查，收集数据。在其后的 7 年时间内，米勒在每年的秋季对被访者进行科学与数学的有关知识测试，同时，在秋季和春季进行态度和开放题调查。每个被选中学生的一个家长也要接受电话调查，以了解学生的家庭背景、在家庭接受信息的可能性和阻碍因素。被抽中的学生的老师在每个学期也要接受预先设计的整套调查题的调查。被抽中的学校的校长也要定期填写调查表。

从调查设计目的可以看出，米勒的调查与学校的考试具有重要的差别，这种差别体现在正规教育的知识观测与将正规教育和非正规教育中科学技术知识的对学生的态度的形成的关注。米勒关注的是，作为学生的个人的行为和态度的多样性，以及这种多样性对教育和职业生涯计划的关联度。这种关联度至少包括：教育与职业的期望和计划；家长与家庭的背景；学生自我认知和态度；学生活动。

经过 7 年的探索和研究，纵向研究数据库已经收集到每个学生大约 7000 个问项的回答结果。到 1994 年，美国青少年科学素养纵向研究的实验阶段完成，最初跟踪调查的同期群样本学生已经高中毕业 1 年时间，十年级学生已经毕业 4 年。在其后的几年时间内，米勒对收集到的数据进行了分析并发表了部分结果。

2005 年，美国科学基金会再次给美国青少年科学素养纵向研究拨款，用于支持最初样本的跟踪研究。时间已经过去了接近 10 年，最初的样本学生已经 31 岁到 34 岁年龄。2007 年底，经过短时间的广泛追踪和样本所处地理位置的侦测，新一轮的数据库建成。迄今为止，符合调查条件的 5000 个学生中的接近 4000 个已经完成了 2007 年的调查问卷（问卷回收率达 80%）。数据涵盖他们正规教育阶段和他们 30 岁时职业部分阶段。纵向研究重新开始了第二轮的跟踪研究，新的调查问卷每年的 11 月份发布。目前，米勒已经完成了 2008 年、2009 年、2010 年和 2011 年的数据收集和分析，并在策划直至 2014 年的跟踪调查。

从 1986 年开始直至今日的长达 25 年的纵向研究过程中，米勒设计的测度维度为：①美国学生对科学和数学的兴趣发展；②学生对职业生涯的兴趣和成为科学家、工程师、数学家以及健康专业人员的计划；③公民对科学技术有关议题（issues）形成特别兴趣的过程以及理解能力。在过去的 25 年时间内，接受跟踪调查的青少年（现在已是 36—39 岁的成年人）定期接受的调查问题涉及：①对科学技术议题的兴趣；②各种科学技术争议议题的意识与理解程度（空间技术、核能、气候和生物技术等）；③获得与这些议题有关的信息渠道以及态度和行为。在 2008 年的调查中，每个被访者都接受了米勒设计的整套调查题。大约有 44% 的人具备了科学素养水平。

跟踪研究主要探究早期影响因素与后来成人的兴趣与行为之间的关联。米勒设计的第一组问题主要是寻找初中阶段家庭和学校对学生的科学技术兴趣产生的影响，以及早期的兴趣对后来成人阶段兴趣和行为的影响。到目前为止，成人横截面研究结果显示，对科学议题热心是在早期发生的（也许是在中学时期、大学时期或者刚就业时期），在后来基本维持不变。

第二组研究的问题主要是网络和其他电子信息源对被访者的议题兴趣的产生和获得信息和知识的影响。在网络时代之前，个人获得信息主要是报纸、杂志和电视新闻事件，而与科学技术有关的大量报道则很少。现在的第十代年轻人（“Generation X” 指的是 1966—1980 年出生的人）与网络同时成长，能够随时接触到大量的信息。网络信息的获得相对简单容易，而且成本很小。关于最新的信息技术影响的文献显示，新信息技术使得他们对专业的科学技术领域的知识形成了更新的认知模式。

第三组调查题主要是为了了解科学技术议题对被访者热心程度的发展和保持的影响。在过去的 20 多年时间内，调查问题涉及对环境议题和能源议题的感兴趣程度。气候变化在近些年内成为全国媒体报道的重点，同时也是政治对话的主要议题。这是一个可能会引起第十代青年人兴趣的很好的例子，同时，这个例子也会激发他们关注媒体报道这个议题的关注，以及与朋友和同事谈及这个议题。

科学技术特殊事件对公众科学技术热心程度的持久性具有重要的影响。在米勒的研究问题中，四分之一的调查内容与科学技术突发事件或者特殊事件的认识有关。对科学或者技术事件专注度的调查主要是观察被访者对某个科学议题或者是整体科学技术发展的热心程度。比如，日本福岛核设施泄露事件在长达数月时间内在媒体进行报道，大多数被跟踪的被访者必定知晓。调查发现，美国年轻人一直在紧密跟踪了解事态进展。米勒利用跟踪的研究数据了解个体跟踪被访者是怎样挑选科学技术事件，以及影响他们选择了解科学事件的因素是什么。除此而外，公众对能源议题和科学技术议题所涉及的知识对他们的关注度和热心程度的影响也是非常重要的。

米勒长达 25 年的研究结果对成人科学素养的形成过程与影响因素的成因具有重要的影响。目前，米勒正在试图将这个研究推广到其他国家，以形成国际间不同文化、不同教育制度和不同的政治体制语境下的影响因素的比较研究。

米勒的跟踪研究抽样完全按照全国人口随机抽样方法：在美国四个地理区域，在中心城市、郊区城镇和非城市区域，按照随机抽样方法抽取公立中学。每一个抽样区域抽取一个高中（从中学录取学生数均等）。按名单字母排列抽样方法，在七年级（中学初一）学生和十年级（高中一年级）学生中各抽取 60 名学生作为跟踪调查对象。抽样考虑所有的人口统计特征。

任何国家的跟踪调查都是非常复杂的过程。由于跟踪的调查所造成的系统误差也是难以解决的问题。在米勒的跟踪调查中，主要通过在早期调查中收集的家长和家庭电话以及在线信息进行。通过通信和电话方式，跟踪的调查人数能够保持在 95% 左右。丢失的样本多数是死亡或者外国学校的学生回国，其他丢失的样本是在监狱和监护机构，无法完成调查问卷造成的。[①] 跟踪调查将继续进行长达几十年。

米勒承认，在跟踪调查中，最困难的就是学生在离开学校以后的跟踪信息的缺失。但是，由于事先的设计已经考虑到跟踪的模式，因此，学生在校的时候，就将家庭信息登记完全，然后家长获知学生毕业后的去向，随时修正档案信息，跟踪样本达到了收集数据的基本需要。

米勒正在组织成立一个国际筹备小组，目前，参加这个筹备小组的国家有中国、韩国、日本、新加坡、中国香港、英国、瑞典、德国、西班牙和美国。筹备小组的目的是通过系列的研讨，形成各个国家按照基本统一的指标和方法，进行各自的研究。同时，进行国际间的比较研究，发现不同的文化、教育体制、家庭背景以及社会环境中公众在正规教育体制和非正规教育环境中，科学态度的形成以及影响因素，以其摸索出真正影响公众对科学的感兴趣程度和态度的规律。

## 四、对科学素养知识测试的争论

公众科学素养指标和问卷自从米勒在 1980 年代设计并在美国和世界大约 40 多个国家实施调查到现在已经大约 30 年。米勒设计的科学素养三维中，在国际间进行比较的只有公众对科学知识理解。他设计的科学知识由术语（vocabulary）和科学观点（concepts）构成。

从指标设计科学知识的基本标准来看，米勒主要采用的是美国

---

① 参阅 www.lsay.org（2014）。

“2061 计划”（Project 2061）[①] 中课程改革计划中的知识，进行试验后得出的适应西方国家知识标准的科学知识体系。基本属于课本知识（textbook knowledge）。[②] 在这些课本知识中，物理学知识占据大半。其他知识以生物学为主。但是，在 2010 年的 NSF 调查中，研究者们开始尝试着选用现代生物科学知识作为问项，比如，“克隆技术产生基因完全相同的副本”“普通西红柿不含基因，而转基因西红柿含基因”。在物理学的知识中，并没有选择 2010 年诺贝尔物理学奖的新发现“暗能量”（dark energy）。[③] 这可能与媒体的新闻报道频率有关。公众对科学技术的理解的主要作用是能够理解媒体中对科学新闻和报道。

在《科学与工程学指标，2012》报告的第七章“科学技术：公众的理解与态度”中，数据参与国际比较的国家仍然是美国、韩国、欧盟、日本、马来西亚、中国、俄罗斯和印度。

中国公众在 2001 年的调查中，科学知识回答正确比例较低。[④]《科学与工程学指标，2012》报告说：“在物理学和生物学问题测试中，中国、俄罗斯和马来西亚分数较低。”[⑤] 但是，从 2010 年调查数据看，印度在多数问题回答正确率上均处于较低水平。中国公众对“大陆板块移动学说”的了解程度虽然略高于俄罗斯和印度，但是，与美国和欧盟等发达国家相比，低了接近一倍。中国公众仅仅有 20% 知道“电子比原子小”，低于所有的参与比较的国家。但是，对进化论的认知程度，中国超过了半数，甚至高于美国。关于进化论的理解问题，在不同的文化国家，其认识似乎已经超过知识层面。关于“宇宙产生于大爆炸”，中国公众能够了解的比例仅仅为 22%，低于所有的参与比较的国家。

这次《科学与工程学指标》报告中，关于公众对科学技术的态度采用了科学家的认识与公众的认识数据进行比较的方法。科学家和公众对科学的态度的比较数据历来缺乏。《科学与工程学指标，2010》报告中对科学家的科学态度和公众的科学态度进行了一个比较研究。皮尔调查中心（Pew Research Center）在 2009 年使用同一组调查题询问美国科促会的科学家和一组普通公众代表。调查结果发现，关于气候变化、核能、胚胎干细胞研究、进化论和动物研究等问题，态度差异非常大。美

---

① http://www.project2061.org/ (2014).

② http://www.project2061.org/publications/designs/online/default.htm (2014).

③ http://www.nobelprize.org/nobel_prizes/physics/laureates/2011/ (2014).

④ http://www.nsf.gov/statistics/seind12/c7/c7h.htm (2014).

⑤ http://www.nsf.gov/statistics/seind12/c7/c7s2.htm (2014).

国公众在进化论问题上低估了科学家的共识。大约 60% 的公众认为科学家普遍认为人是演化而来的，只有 28% 的被访公众认为科学家不会持这种看法。但是，调查结果显示，97% 的科学家认为，人和其他生物都是长期演化而来。公众同样也低估了科学家对于气候变化持共同认识，56% 的人认为科学家同意地球变暖是人类的活动造成的观点，35% 人认为科学家不同意这个看法。但是，调查显示，84% 的科学家都认为“地球变暖主要原因是使用化石燃料等人类活动造成的。”另一个调查发现，科学家关于“地球温度在持续上升，人类活动具有重要的作用。”《科学与工程学指标》中的数据来自数字研究论大学以及其他私人研究机构，从中分析出具有趋向性的结果。

这种调查方法不仅可以了解科学家和公众两种群体对科学和技术应用的看法，同时，可以了解由于双方的看法的差异将会导致在传播中的潜在的问题。

美国国家科学基金会在 2010 年的秋季举行了两次研讨会，来自多个学科和背景的社会学家讨论了如何概念化和测量公众理解科学和工程的问题。参加研讨会的学者肯定了在过去 20 多年内美国国家科学基金会所做的公众理解科学指标调查，同时还认为应该改进和增加更多的指标，使得公众对科学技术的理解观察更为全面。学者一致认为不断对指标进行监控和评估，对指标进行调整，以便在需要的时候可以使用。

会议确定了公众对科学技术知识的知晓的三个基本功能：第一，科学知识有助于公众参与科学，特别是当技术应用引发科学与社会之间的关系的议题之时（比如，核能利用和核废料处理、胚胎干细胞研究的作用与国家资助的讨论等），公众科学技术素养更显得十分必要。第二，科学技术知识有助于日常生活中做出决定。比如，公众的工作、居家生活和休闲活动（比如抗生药物治疗及其合理使用、家庭用具的热电原理等）。第三，广阔丰富的关于整个世界的科学技术知识以及作用，促进公众的超越实际应用的工具目的的，对科学的广泛的好奇心。公众科学技术知识三部分功能框架构成公众科学素养的重要组成部分以及判断公众是否具备“足够的”科学知识的基础。

一个人如果不接受“演化论”和“大爆炸”学说是否具备基本的科学素养？大多数科学家和教育家都会毫不犹豫地回答“当然不具备科学素养”。但是，这个问题在美国和某些欧洲国家的社会学研究领域一直存在争论。

2000 年，美国科学基金会召开了专家会议，会议建议将“就我们目前所知，人类是从早期动物演化而来，”和“宇宙产生于大爆炸”这两个问题前面加上前提陈述：“根据演化理论……”“据天文学家说……”。理事会决定要求科学基金会在下次调查的时候使用新修改的问题对半数被访者进行调查，分析结果。米勒听说后十分生气，他说：“我们从不用类似什么‘某些经济学家说，我们遇到经济衰退’，或者‘气象预报员说，发生了海啸’这些前提说明。”① 总统任命的科学理事会决定将“演化论”和“大爆炸”知识测试题从2010年《科学与工程学指标》调查问题中删除。② 问卷的修改引发了激烈的讨论。奥巴马政府“白宫科学技术政策办公室”（White House of Science and Technology Police Office）要求科学理事会提供完整和准确的调查数据，并追问为何在调查问卷中删除了这两个问题。理事会事后的解释是因为这两个测试题设计不成熟，所以放弃了修改调查问卷文本。目前，理事会已经承认撤销那两个测试题是错误的，并决定在2012年的调查报告中保留这些问题的分析。

2011年，一直支持公众对科学技术理解和态度调查的美国国家基金会领导机构国家科学理事会（National Science Board）不能确定，因为宗教信仰的原因而否认演化论是否会影响公众的科学素养。科学理事会试图在调查题中将科学与宗教信仰区分开来。这种尝试立即招致学术界的批评。批评者认为这种试图修改测试题的想法是放弃科学立场，向宗教投降。美国《科学杂志》援引康奈蒂克大学（University of Connecticut）政治学教授乔治·毕晓普（George Bishop）的话：“美国文化中圣经传统使得那个问题确实是在测试信仰，而非知识。”对此，乔恩·米勒坚持知识问题本身确实能够测试一个人的科学知识理解水平，他说：“如果一个人说地球确实是宇宙的中心，你难道说这个人是具备科学素养的吗？”③

尽管理事会认为删除那两个问题是一个错误，但是，在2010年10月的研讨会上，由人类学家克里斯·托米（Chris Toumey）领导的社会学家提出了一个超越基于传统的公民权利科学素养（civic scientific literacy）观点的测度公众科学素养的知识的新框架。新框架将采用多种

---

① Yudhijit Bhattacharjee, New Nsf Survey Tries to Separate Knowledge and Belief, p.394, 22 july2011 vol333 science www.sciencemag.org.（2014）.

② Yudhijit Bhattacharjee, Nsf Board Draws Flak for Dropping Evolution From *Indicators*, P.150,9 APRIL 2010 *SCIENCE* www.sciencemag.org（2014）.

③ Yudhijit Bhattacharjee, New Nsf Survey Tries to Separate Knowledge and Belief, p.394, 22 july 2011 vol 333 science www.sciencemag.org（2014）.

问项，其中包括基因型变异和微生物进化等知识。

2010 年 11 月，由社会学家托马斯·古特伯克（Thomas Guterbock）主持的另一个科学基金会支持的研讨会上，与会学者们提出涉及进化论的测试题应该包括植物进化、适者生存和其他进化过程的知识，避免直接涉及人体器官等热门议题。

米勒认为，两个会议报告目的是将多数美国人持续不断的否认演化论的基本事实变得并不那么引人注意。“其主要思想是，美国人在这个问题上得分不高，因此，这个问题应该取消。这是对科学调查最基本原则的公然挑战。”他认为删除这两个问题是“愚蠢的尝试”，“没人愿意谈论我们的婴儿死亡率数据，但是，即使你不说，事实仍然存在。”[①] 美国国家科学教育中心的约苏尔·罗森纳（Joshua Rosenau）长期以来坚持将“创世论”（creationism）排除教育课程之外。他认为，这两个报告令人沮丧。他说：“无论什么文化背景和原因，否认进化论都会给一个人将新科学进展和已有的科学成就与他们自己的生活，参与医疗护理以及适应 21 世纪的经济生活产生深刻的影响。”“如果国家科学基金会在调查中删除这个基本科学观点，那么，他们的科学素养调查将空图虚名，无实际价值。”[②]

关于美国科促会科学理事会对修改科学素养调查问项的讨论，现任科学理事会主席约瑟 - 玛丽·格里菲斯（Jose-Marie Griffiths）解释说，修改调查问题是理事会一直致力于提高科学与工程学指标质量的一个尝试而已。

很多科学家认为，科学知识在任何一个国家都是适用的。地球围绕太阳转，大陆板块移动学说，电子比原子小等，这些在科学界已经经过论证确认的科学知识，不会因为其传播地理位置的不同而发生变化。但是，如果考察其在不同的文化的群体中对某些科学知识的理解，则会发现差异，而且这种差异有时是明显的。也就是说，科学知识在不同的文化语境中的传播，受众的理解是不同的。

将中美共同使用的知识调查题进行比较，会发现中国回答正确的问题差异比例比较大。最高比例的“地球围着太阳转”达到 78%，而处于低谷的 4 个问题：“电子比原子小”，“激光是靠汇聚声波进行工作”，“宇宙产生于大爆炸”和“抗生素不能杀死病毒”都在 20%—22% 之间。相

① Yudhijit Bhattacharjee,p.150,9 April 2010 Science www.sciencemag.org（2014）.

② Yudhijit Bhattacharjee,p.150,9 April 2010 Science www.sciencemag.org（2014）.

差 50 多百分点。其中“激光靠汇聚声波进行工作”仅仅为 20%。最高与最低之间相差 58 个百分点。而美国在这 4 个问题上回答正确比例分别为：51%，47%，38% 和 50%。最高的 84%（“地球的中心非常热”）与最低的 38%（“宇宙产生于大爆炸”）之间相差 46 个百分点。其中，“地球围着太阳转”回答正确的比例达到 78%，高于美国 5 个百分点。“人类从早期动物进化而来”而比美国高了 22 个百分点（69%：47%）。

对于知识的理解程度可能与正规教育和非正规教育传播的知识有关。但是，公众在认知的过程中也必定受到认知模式的影响。[①] 美国虽然是移民国家，但是，基督教文化是这个国家的主流文化。在进化论与创世论在美国正规教育系统中处于同等教育地位的时候，认知超出他们经验范围的知识会受到宗教的影响。科学理事会认为：这两个问题强迫公众“将知识与信仰掺合在一起。”但是，如果在测试题中加上比如“根据进化理论……”“据天文学家说……”这样的前提，被测试者一定会认为，这仅仅是某些科学家的看法而已，并不是科学知识。从这个角度说，这两个调查题的信度将大大下降。一些科学家完全从知识本身和调查信度之间关系思考。国家科学教育中心的约苏尔·罗森纳（Joshua Rosenau）认为：“讨论公众的科学素养而不涉及演化论是知识界的失误。”[②]

中国公众在历次调查中，能够正确回答进化论的比例高达 70% 左右。中国不是一个基督教文化占主流文化的国家，宗教对进化论的认识的影响应该不大。在“太阳围绕地球转”和“早期人类从动物演化而来”这两个问题回答的正确比例都远远高于其他问题回答的正确率。中国在长期以来坚持的是唯物主义思想，在正规教育和非正规教育系统中以唯物主义世界观作为传播进化论教育的预设目的。这种预设目标的一元化导致公众对进化论的坚信不疑。这是与其他知识相比，中国公众在进化论上的认识的高度统一导致对这个问题的认识超过其他国家的主要原因。即使一个没有接受过很好正规教育的国民，他在预设的信息中形成了自己固定的认知模式。

但是，为何中国公众在“宇宙产生于大爆炸”这个问题上，持肯定

① 参阅 Jon Miller, et al, “Adult Science Learning from Local Television Newscast”, Science communication,Volume 28 Number 2,December 2006 216-242© 2006 Sage Publications 10.1177/1075547006294461 http://scx.sagepub.com hosted at http://online.sagepub.com (2014)。

② 参阅 Yudhijit Bhattacharjee, Nsf Board Draws Flak for Dropping Evolution From *Indicators*，p.150,9 April 2010 Science www.sciencemag.org (2014)。

态度为何仅有 22%？这个比例与抗生素的作用、激光是怎么样形成的以及“电子比原子小”这些物理和生物学最基本的科学知识回答的正确率相同呢？应该从历史和流动的信息的完整性的角度寻求答案。调查样本中 50 岁以上的人接受正规教育的比例远低于年轻人。这种仅有在正规教育系统中出现的知识，在他们的教育经历中没有出现过类似的知识。记得笔者在 90 年代初做公众科学素养调查的时候，曾经就这个问题走访过几个物理学家，他们多数认为，大爆炸理论仅仅是一个假想，并非科学界的共识。没有科学家的认同的知识，在我国是不会进入到传播领域的。我国的科学知识信息流中，基础科学知识是缺乏的。知识多数与“需要”结合较紧密。

从文化的维度考察公众科学素养调查数据，我们能够清晰地看到“民族主义”的影子。在 2010 年美国《科学与工程学指标》删除的“进化论”和“大爆炸”两个问题背后是美国国家的“脸面”问题。与日本（78%）、欧洲（70%）、中国（69%）和韩国（64%）相比，美国的 45% 显然让美国人感到与自己的世界大国地位的不相符。而“宇宙产生于大爆炸”美国公众仅仅有 33% 的人认为是正确的。

科学知识在进入到不同的文化后，文化中所隐含的刻板成见必定会对科学知识产生一定的影响。科学素养的调查，其实是对某一种特定文化语境中的人对科学家所得出的结论的一种认识。科学素养研究的本质是公众对科学技术理解的研究。脱离了形成理解的历史因素、政治因素、传统文化的因素和意识形态在信息传播中的影响因素，我们知道的仅仅是结果，而不知道其原因。

## 五、提升科学素养的根本措施：科学教育改革

### 1.《英国 1988 教育改革法》

1988 年 7 月 29 日，在英国教育大臣贝克（Cenneth Baker）提交的一份议案基础上，英国国会通过了一份重要的教育改革方案，称《1988 年教育改革法》。这个法案的主要内容是关于普通中小学教育改革问题，同时涉及高等教育、职业技术教育、教育管理、教育经费等多方面的内容，这个改革法案是一项对教育体制全面进行改革的法案，是自二次世界大战结束以来规模最大的一次改革。该改革对传统的教育制度进行了根本性的改革，其主要目的是创立教育的“市场化”模式，

学校之间形成竞争，“坏学校”中的好学生将被“好学校”夺走，从而提升学校的教育质量。

法案规定实施全国统一课程。确定在 5—16 岁的义务教育阶段开设三类课程：核心课程；基础课程；附加课程。

核心课程和基础课程合称为“国家课程”，是中小学的必修课程。核心课程中，英语、数学和科学，在中小学应占课时的 30%—40%。

基础课程包括现代外语、技术、历史、地理、美术、音乐和体育，在中小学应占 45% 左右。

附加课程包括古典文学、家政、经营学、保健知识、信息技术应用、生物、第二外语和生涯指导等，占总 10% 左右。

对考试制度，法案有了一些新的规定。在整个义务教育阶段（5—16 岁）学生要参加 4 次全国性考试，4 次考试分别在 7、11、14、16 岁时举行。除这些作为对学生进行甄别和评估的主要途径的考试外，还要辅之以教师的平时考查。全国性考试将作为对学校工作进行评价的依据。

1988 年教育改革法的主要规定包括：

1. 引进直接拨款公立学校（Grant-maintained school，GMS）。中小学可以摆脱各自地方政府的影响，直接得到中央政府的完全资助；

2. 引进地方学校管理（Local Management of Schools，LMS）法案允许所有学校脱离地方政府直接的财政控制，财政权交给校长；

3. 引进国家课程（National Curriculum，NC）；

4. 在学校引进“关键阶段”（Key Stage，KS）在每个关键阶段必须达到规定的教育目标；

5. 引进选择要素（element of choice），父母可指定哪所学校是其首选目标；

6. 引进成绩名次表，发布考试成绩。

对于学校管理体制，法案的一项重要规定是，地方教育当局管理下的所有中学和学生数在 300 名以上的规模较大的小学，在多数家长要求下可以摆脱地方教育当局的控制，直接接受中央教育机构的指导，财政开支由全国统一的“国立学校基金会”负责。法案还赋予家长为子女自由选择学校的权利，要求所有学位都公开招生，不受地区限制，直至额满为止。

法案还规定建立一种新型的城市技术学校，学校装备各种现代化设备，开设基础课程和有关企业实用的课程，采取校内教学与到企业中实践相结合的途径，培养企业急需的精通技术的中等人才。

法案对高等教育的管理和经费预算也有一些新规定。首先，它宣布废除已实施了 20 多年的高等教育“双重制”；另一方面，以“大学基金委员会”取代“大学拨款委员会”不仅意味着名称的改变，而且表明英国政府与大学关系的重要变化，今后政府对大学教育的干预程度将明显提高。

该法案涉及的问题不仅十分广泛而且非常重要，在一定程度上触动了英国教育的某些传统，因此，它在英国引起的反响异常强烈，被认为是自 1944 年《巴特勒教育法案》(“The Education Act 1994”，又称“Butler Act”) 以来英国历史上又一次里程碑式的教育改革方案。

### 2.《美国 2061 计划》①

1989 年，美国科促会提出“2061 计划”(“Project 2061”)，计划的主要报告是《为全体美国人的科学》(*Science for All Americans*)。两位科学家詹姆士·卢瑟福 (James Rutherford) 和安德鲁·阿尔格伦 (Andrew Ahlgren) 认为美国的科学技术教育落后于其他国家，对美国超级大国的地位形成了威胁。他们起草了美国科学技术教育改革的报告，以哈雷彗星下一次飞临地球 2061 年为改革实行计划日期命名改革计划。从 1985 年提出改革计划到 2061 年的 76 年时间内，用整个一代人 (美国人期望寿命 1985 年为 77.9 岁) 的时间，将美国公众的科学素养提高到世界最高水平。

这个报告同时也是“2061 计划”的主要纲领性的文件。在这个报告中，作者以未来的发展情况和未来的工业化的发达社会的需求为目标提出了科学素养的概念。报告引用了美国在历次科学技术竞赛中的落后地位，再次强调：“除非公众对科学、数学和技术具有基本理解，掌握了科学思维习惯，否则公众终生提高科学技术潜力是不可能的。没有具备科学素养的公众，更为美好的未来是还没有指望的。”[15]

美国科促会的著名的学者建议使未来的公民通过学校教育对“科学、数学和技术的事业”获得广泛而完全的了解。他们认为，一个具备科学素养的公民，应该是“了解科学、技术和数学是具有推动力量和局限性的独立的事业，理解科学重要的概念和原理，熟悉自然世界并承认其多样性和统一性，并能够运用科学知识和科学的思维方法考虑的处理

① 参阅 http://www.project2061.org/tools/atlas/about.htm (2014)。

个人和社会的问题。”

课程改革将科学课程设计为12门：①科学的本质；②数学的本质；③技术的本质；④自然环境；⑤生存环境；⑥人类机体；⑦人类社会；⑧被改造的世界；⑨数学世界；⑩历史视角；⑪ 通用概念；⑫ 思维习惯。

《为全体美国人的科学》建议的核心课程包括大多数科学的内容，这些内容形成了常规公共学校科学课程。但是，这些课程与常规科学技术教育课程相比又有两个方面的不同。第一，物理、生物和其他各个课程之间的界限被模糊了，被弱化了。相互之间的联系得到强调。不再强调事实、特殊的术语和背诵和记忆过程。核心课程强调这些重要的原则、理论和技巧，这些对于转变对科学团体的认识以及对了解、控制和转变自然都具有重要的作用。

《为全体美国人的科学》所建议的是要所有参加课程学习的人达到对科学的本质（科学的世界观、科学的探究精神和科学的事业）、技术（科学和技术、技术的原理、技术和社会的关系）以及数学（模式和关系、理论数学和应用数学、抽象和象征表达）的全面了解的程度。这个报告中所阐述的主要教育思想涉及宇宙、地球、构成地球的力、物质的结构、能量的转换、移动和漂移以及自然的基本力。在“我们生存的环境”课程中，有生命的多样性、遗传、细胞、生命的相互依赖性、物质和能量的流动以及生命的进化等各种内容。其中，在“生命的有机体”中，包括有人类的同一性、生命的循环、人体系统的基本功能、感知、生理和心理的健康等。在“人类的社会”中，内容涉及文化与行为的关系、团队组织和行为、社会变化、社会关系、政治和经济组织形式、社会冲突和全球社会系统等。在技术方面，内容涉及人类在自然界中的地位、农业、物质、制造、能源和利用、交通、信息处理。报告将保健技术放在“设计的世界”中。数学课程中不仅包括常规的数和形，还有象征关系的概念、不可确定性、抽样和总结数据以及推理等。在历史方面，包括有“地球从宇宙中心位置的改变”“物质与能量的重组、时空的变化”以及“发现细菌”。在科学技术和数学的整个教育课程中，整体贯穿了模型、稳定性、变化的方式、进化以及比例等科学技术中通用的内容。

在这个报告中，科学素养包括科学态度和科学技能（思维的习惯）。报告还认为，科学教育应该培养好奇心、对新观点的公开接纳和怀疑精神等科学态度。应该培养公众用积极批判但不是对抗的方式看待科学的价值。科学的基本技能中包括计算机和计算器的使用、估算、操作、观察、交流以及批判的回答等。

毫无疑问，报告中所提出的科学、技术、数学的教育的重点发生了变化却得到了大多数人的赞扬。报告中所提出的建议内容改变了过多学习和记忆科学的事实和理论以及发明的学习方式，而是让学习者对科学的主要内容和重要的原理以及学习的技巧有总体的了解。比如，生物学内容应该使所有的人都了解细胞的主要功能是根据 DNA 分子的密码指令重组蛋白分子，但是却不一定要将“核糖体”和“信使 RNA”这种术语作为学习的重点。减少专业词汇和不必要的过于烦琐的内容有利于学习者将重点放在整个学科中最重要部分的学习。弱化和模糊学科之间的界限也有助于学习者从科学的角度全面了解自然界的各种现象。

为使人们了解科学与日常生活之间的关系，美国科促会提出的《为全体美国人的科学》的报告超越了过去教育的标准模式。比如，报告中将教育的重点放在对自然的各种现象的观察上。特别是在生物和保健科学部分中，课程为学习者描述现象的出现过程和来龙去脉，在这个描述过程中解释科学的概念和原理。对人类有机体的解释既有详细的、微观的知识，也有概括的、宏观的描述，而不仅仅简单地下结论说人类是动物王国中的一个物种。报告中也提到科学技术教育中要将由于人类的工业化所造成环境恶化作为重点。报告中所提倡的科学的价值观和技能不仅对专业科学、技术和数学界，对各界公众也是非常有益的。

《为全体美国人的科学》报告中很引人注意的一个特点是作者试图将科学原理与自然现象结合起来解释。报告将读者和学习者的注意力尽可能地引到现象上来，而不是按部就班地解释原理。比如，关于遗传的观点。作者将重点放在人类、动物和植物的遗传特征和近亲繁殖的影响等遗传上，而不是简单地在基因和 DNA 在遗传上的作用的基础原理上进行说明。在讨论技术的时候，非科学家公众很可能对“黑匣子”的处理很感兴趣，那么，报告就强调各种新技术（比如激光）的功能、能力和各种潜在的危险，这要比仅根据科学原理进行解释要有效得多。

无疑，《为全体美国人的科学》报告中所建议的方案是对传统的学校科学教育课程的全面改革和超越。但是，这个报告是否能够适用所有的普通公众却是值得怀疑，恐怕不会像作者所希望得那样获得满意的效果。这是因为，首先，报告认为了解科学技术的概念和原理是科学素养的重要部分。这个观点毫无疑问是正确的。这是科学大厦的基石。但是，对于科学素养水平和教育水平参差不齐普通公众来说，科学和技术中复杂的概念和原理靠讲解在短时间之内是根本不可能见效的。靠说明自然世界的运行的本质，然后由普通公众通过理解再推论出原理也是不可能的。但是这些概念某些和基本原理与人们的日常生活却有密切的联系。比如，比例、图形显示、能源的不可再生性、水和食物与人的健康之间的关系等，但是这些概念却不能用复杂的抽象的理论讲解。否则公众会更加坚持认为科学是十分复杂的事情，必须远离科学，生活才能更舒适些。另外，对于普通公众来说，掌握和欣赏抽象的自然科学原理（与他们感觉到的具体现象相悖）内在的美在现实上是不可能的，尽管报告的作者是这样期望的。比如，自然的各种力中的 4 种基本物理作用（引力、电磁、强、弱）的观点。我们如何让那些从未体验或接触过这些自然现象的普通公众理解宇宙学或原子物理学上的这些复杂的理论呢？我们让每天能够见到的摩擦的力变得通俗易懂，还是根据电磁原理进行讲解使公众陷入云雾之中？同样，让公众理解熵、时空的统一性、模型与系统等复杂的问题事实上根本不可能的事情。即使是牛顿的“基本”原理对于普通公众来说都是不可理解的。但是如果你用日常人们“普通感觉”中存在的地球上的客观物体的移动来进行说明，人们就会恍然大悟。

如果科学教育要对公众保持健康起到实际的帮助作用，其重点就不应当仅仅传授常规科学原理，而应当公众了解手指尖端为何麻木，传授保持膳食平衡和现代化饮食、睡眠、活动和精神状态的“思维方式”（habits of mind）。而这方面，报告中所建议的科学课程强调得似乎并不很够。但是，其他方面，比如练习瑜伽进行身体锻炼、家庭治疗以及其他保健方式的益处和坏处的比较则似乎更有效一些。在从历史的角度谈论保健的时候，却没有提到天花的灭绝这个人类的医学成就。

报告选择了那些在“解释、控制和转变自然”方面起重要作用的科学原理作为科学教育的重点。但是却没有提到人类与自然之间的依赖和合作的关系。有一种观点认为，现代世界的科学技术事业在全球范围内是一种改变自然的方式，从本质上讲，科学技术与自然的依赖或合作的关系是不存在的。从这个角度上讲，这个对世界范围有影响的报告应该提醒人们要意识到对自然的利用和过度的使用会产生危险的后果。在这个报告的大纲的生物和保健医学内容中曾提到类似的内容，但是在最终形成的报告中却没有反映出来。

为了有效地实现美国科学技术教育改革方案，美国科促会组织科学家和教育家共同制定了《科学素养基准》（*Benchmarks for Science Literacy*）[16]，以帮助教育家和科学教师们设计 K-12（从幼儿园学前教育到 12 年级）的科学教育课程。这本书帮助读者更好的理解课程改革的意义以及《为全体美国人的科学》中提出的科学素养目标，同时，清晰的阐述了科学重要观点之间的相互关联以及在各个不同的教育阶段不同的完成目标。为达到科学素养基准的 K-12 步骤。将 K-12 分为四个年级段（K-2，3-5，6-8，9-12），在每一阶段都需实现一定基准学习目标，以促进全体公民的科学素养。

这个重要的科学教育改革计划在实行的时候，有这样几个问题需要解决：①在整个科学技术教育知识体系进行了重新整合以后，在教育的实施过程中，科学、技术和数学三者之间如何有机地结合在一起讲解，达到教育的目的。②科学技术改革的整体知识如何从幼儿园（4 岁）到 12 年级（K-12）进行教学？尤其是在认知能力还不能达到抽象思维的时候如何进行教育。③科学技术整体知识的进路之间的结构和逻辑关系如何有机的体现。④改革是从正规教育入手的，但是，2061 计划是通过学生的监护人和社区推广至整个社会，通过媒体提升所有美国人的科学素养的。这个知识体系如何让从事非正规教育的人理解和在实践中推行呢？科学技术知识由各个领域构成，经过改革的科学技术知识课程体系尽管被整合为 12 大部分，在教学知识教材中体现为 12 章（分别为：科学的性质；数学的性质；技术的性质；自然环境；生存环境；人类机体；人类社会；被改造了的世界；数学世界；历史展望；通用的概念）。知识的整合改变了过去让学生记忆概念转变为理解科学原理的模式，并提出“越少就越多”（The Less The More）的教学理念。但是，知识毕竟还是需要通过一种理性的力量和归纳的思维模式将其有机的体现出来，并在各级年龄段中进行有效的传输。这种教育怎么进行呢？

美国科促会在 2001 年又出版了《科学素养的导航图》（*Atlas of Science Literacy*，AAAS）。《科学素养的导航图》似乎是为了解决这个问题而设计的。在其“序”中解释说：“为达到连贯性，一门课程必须在原有基础上构建新的概念和技能，这些新的概念和技能应贯穿一节课到另一节课，一个单元到另一个单元，以至一学年到另一学年。由于课程的连贯性，当它们形成新的概念和获得新的技能时，学生学习的内容和过程会变得更加复杂。研究结果表明，学生已经掌握的概念是决定他们获得新知识非常重要的因素之一。”[17] 看来，《科学素养的导航图》确实是在为解决将改革的知识形成有机结合而设计的重要路径图。《科学素养的导航图》通过 100 个路径图勾勒出《科学素养基准》设计的各级教育目标。比如“历史的展望”部分用了 9 个新路径图讲解科学发现的重要事件；在“思维习惯”中，采用 6 个路径图注解构成科学素养非常重要的态度、技能和价值观等内容。每一个路径图都与《基准》的基本内容相对应。每一个路径图都有文字注解。注解提供了题目的概况讨论、内容和主要的知识组，以及 4 个年龄段学习的重点。注解还包括了读者可能感兴趣的路径图中重要内容的提示。

《科学素养的导航图》还具有一些重要的其他意义。比如，帮助读者理解基准和标准；帮助使用者设计课程；设计讲课内容；开发或者评估课程教材；建构和分析评估；培训教师；组织教学资源等。

想用文字来形容一下路径图是很麻烦的事情。我们挑“科学探索”中的“科学调查”部分沿着他们设计的路线图走一下。

图大致分纵向和横向。纵向按照 2061 计划科学教育的 4 个年龄段分成 4 个主要知识核心和知识群。在横向知识群中分为“控制和条件”“结果的可靠性”“记录保持”和“调查种类”。在幼儿园至小学二年级知识群中，核心知识点（由灰色框显示）是“尽量准确的描述事物，这一点在科学方面很重要。因为，它能够使人们互相比较客观观察结果。”在“调查方法”这组知识中讲解一般人们是如何通过对周围事物进行观察了解事物的。在“结果的可能性”中，告诉学生，采用别人以前调查研究所得出的结果，就可以预见会得到的相似的结果。但是，在“控制与条件”中，则说明仍然还是有一些人们无法确定的影响因素，而这些影响因素会导致各种结果。在 3 年级到 5 年级这一段的时候，在“调查种类”中则告诉学生调查研究有很多不同的方式，比如观察不同的外部形态和变化以及收集样本。在“记录保持”中则告诫学生记录是寻找差异的主要证据。在“控制条件”中则进一步强调即使是同样的调查方法其结果也可能是不同的。而在 6 年级到 8 年级这个阶段，在判断的结果中告诫学生在取得不同结果时，需要进一步研究。“即使结果相似，科学家们仍要重复许多次实验后才能确定调查结果正确与否。”在“控制条件”部分，教学内容涉及到各种变量的可能影响。甚至在这个年龄段，学生还要知道科学方法的核心部分：收集相关事例，运用逻辑推理和想象提出假设，对所收集到的事例进行解释和判断。到了 9 年级和 12 年级阶段，对科学的研究过程进行了归纳。其中涉及科学结论是如何得出的：在科学的各个领域，对研究哪些内容和怎样研究有不同的传统。但是大家对证据、逻辑和好理论的意义却具有共同的信念。在“控制条件”部分，解释科学家在为获得证据需要进行条件控制，如果做控制有困难，就要再次进行深入观察，扩大观察范围。同时，在“调查种类”方面，强调了探索新现象、检验前期结果，试验理论预言可信度以及进行比较。整个过程充满了科学方法和严谨的精神。

“斯坦福国际研究所”（SRI International）① 应“皮尤慈善信托基金”（The Pew Charitable Trust）② 委托，通过一年时间对《为全体美国人的科学》和《科学素养基准》的影响进行评估。通过专家质询、科学课程框架和教科书设计专家访谈，同时对实验 6 个州的的改革活动的个案研究和对家长教师的电话和信件调查，获得了“2061 计划”的科学教育改革对国家、州以及个人的看法数据。

调查报告认为：“2061 计划”为美国的科学教育改革树立了一面可以效仿的旗帜。改变了国家科学教育改革的整体思想。该计划对科学技术教育教科书改革具有引导作用。但是，关于 2061 计划的出版物还没有被教科书出版界普遍接受，出版量有限。对 27 个州的教育领导人进行的访谈结果显示，90% 的人在他们的教学改革和教学工作中使用或者引用《基准》中的内容。80% 的人将这两本书作为主要的资料来源。几乎所有的被访者都认为该计划对本州的科学素养概念和定义的确定以及内容具有重要的贡献作用。另外还有 43 个州的科学教育改革框架或者教育标准文件都参照 2061 计划。在评估中采用了座谈会方法，大约 92% 的座谈会参与者认为，他们更加熟悉和了解了 2061 计划对他们的教育工作的重要意义。其中 92% 的人在教学中使用《为全体美国人的科学》和《科学素养基准》中的数据和内容。其中 85% 的教师认为《基准》对他们的教学具有重要价值，72% 的人认为对他们的教材改革具有重要的帮助作用。③

### 3.《美国国家科学技术教育标准》

自从美国科促会发表了《为全体美国人的科学》报告以后，美国又有一批数量可观的关于科学素养的文献问世。特别应该提到的是《国家科学教育标准》（*National Science Education Standards, 1996*）④ [18]。这个报告由“美国国家科学院”（National Academy of Sciences）⑤ 出版发行。据说这个报告受到美国科促会的《科学素养的阶段标准》的影响。与科促会的报告相比，《国家科学教育标准》更强

---

① 参阅 http://www.sri.com/（2014）。

② 参阅 http://www.pewtrusts.org/（2014）。

③ 参阅 http://www.project2061.org/publications/articles/SRI/（2014）。

④ 参阅 http://eric.ed.gov/?id=ED391690（2014）。

⑤ 参阅 http://www.nasonline.org/（2014）。

调对科学、科学技能和科学探索的广泛理解，理论也更为详尽。这个报告将科学素养的整体标准细化到各个正规教育阶段（4、8 和 12 年级）的具体标准上，而没有将重点放在课程的详细内容上。比如，“在微观行为的基础上理解宏观行为”。这样就由学校和教师来决定在讲解原子核、原子微粒等知识的时候自行掌握讲课的深度。从整体来看，《国家科学教育标准》比《为全体美国人的科学》的要求有所降低，但是，内容更为广泛，在教学上也更具伸缩性。但是，《为全体美国人的科学》从人的角度所讲解的自然（着重讲解人的生命、自然资源毁坏中人的作用、信息处理和能源的利用等技术问题）课程，与《国家科学教育标准》更能够吸引普通公众。《国家科学教育标准》更强调“动手实践”（hands-on experience），至少其强调程度不次于《为全体美国人的科学》。但是在与日常生活有关的问题的科学技术教育方面各有千秋。

《美国国家科学技术教育标准》将教学基础更多地倾向于学习模式，强调在孩子已经具备的知识基础上进行知识的建构，提高科学教育方法，在教学中采用与孩子共进的模式取得更大的教育成就。但是，对这个教育标准，也有不同意见，主要为：过于强调以探究为基础的科学教学，而忽略了科学事实。但是，总体评价认为，新的科学教育标准具有一定的改革意义，尤其对于传统的以知识为主的教育方法的改革具有启发和积极的意义。

各个国家，尤其是发达国家在致力于将自己的国际地位保持不变，甚至增强的努力中，将提升本国公民的科学素养作为公众理解科学的重要部分，通过理论研究和国际间的水平比较，了解在提升科学素养过程中存在的问题，进而不仅通过媒体和社区的科学传播提升成年人的科学素养，而且通过正对科学教育和教育改革，从根本上提高本国公众的科学素养，以使得自己的国家的实力建立在能够具有长效发展机制的基础之上。发展中国家也意识到其重要性，但是由于历史原因和认识上的不同，与发达国家相比，还有差距。

**公众的科学素养概念和研究，直至后来的形成美国和其他几十个国家的调查经历了大约至少 60 年到 70 年的时间。在此期间，发达欧美国家挑起话题和开展研究主要原因是英国和美国等发达对自己国家公众科学素养水平的“低下”而引发的“过度忧患”。政治原因也是有的，那就是冷战时期意识形态争斗的结果。但是，无论原因是什么，发达国家**

都将公众的科学素养与本国的经济竞争力联系在一起。当然，英国的科学怀疑主义和美国的民主决策思想对本国的科学素养的定义和调查指标具有重要的影响。

公众科学素养的调查由过去的仅有欧共体（后为欧盟）和美国的调查为主逐步形成了几十个国家参与的国家范围的调查。调查结果纳入美国《科学与工程学指标》的好处是国际比较将本国的调查数据（尽管信度还需要讨论）的价值增大。缺点是引发民族主义意识和以追求比较中的位置为单一研究目的。

目前国际通用的科学素养概念、定义和维度，以及测试的指标和问卷基本都是欧美国家设计和制定的。文化形态不同的东方国家受到国际比较排序的影响和本国研究的不成熟，导致标准的制定和测度的方向的偏差。

任何调查都是为了寻找差异。这种差异可能是横向的，也可能是纵向的。只有寻找出差异才能制定解决差异的方法和策略。英国的教育改革和美国的“2061 计划”以及“国家科学教育标准”等改革方案的出台都与调查发现的结果有直接和间接的关系。发展中国家应该开展适合本国的科学素养的大讨论，在讨论的基础上形成适合自己国家的调查指标和问卷。这不是狭隘的民族主义，恰恰相反，只有这样，才能真正地找到自己本国与西方国家的不同。只有能够找出差异的调查和研究才是有价值的研究。

我们正在进入大数据（Big Data）时代。大数据产生的背景离不开facebook、微博等社交网络的兴起，人们每天通过这种自媒体传播信息或者沟通交流，由此产生的信息被网络记录下来，社会学家可以在这些数据的基础上分析人类的行为模式、交往方式等。大数据时代对狭隘的单一数据的信度提出了严重的挑战。单一数据仅仅能够说明某一个领域和少数变量中的结果，但是，不可能知道形成这种结果的影响因素。大数据通过社会强大的网络，尤其是云计算和云数据储存找寻出相互间的影响因素。公众科学素养面临着新的挑战。

# CHAPTER 8
## 第八章
# 公众理解科学运动

“公众理解科学”是随着现代科学技术与公众和社会产生越来越紧密的关系，由于作为非科学家的公众群体对科学技术应用与其特定文化之间的冲突，而引起公众对科学技术，尤其是技术的应用的不理解，甚至敌意，而产生的科学文化概念。即使是在科学家共同体内部，由于学科领域之间的隔阂，尤其是社会科学和自然科学之间的差异，从而导致不理解、不赞同，甚至是反对，即使在科学界内部也会对某一个科学领域的成果的应用产生冲突。许多学者认为，“公众理解科学”（Public Understanding of Science，PUS）形成了一种运动（movement），从而导致了学术界研究热潮和国家政体在制定政策时关注的领域。

## 一、科学事件与公众担忧

第二次世界大战期间的大众科学受到“战时科学”的影响处于衰退期。科学家工作转入秘密状态，媒介对于科学研究的结果无从得知。前沿科学知识普及工作停止，出版商和报纸报道很少以科学为主要题材。当时美国媒体上女性科学家工作成为少量科学报道的主要内容。神秘的战时科学给科学家们蒙上了英雄色彩。虽然曼哈顿计划负责人奥本海默被美国政府指控为可能危害国家安全的危险人物，于1954年被解除职务。1953年，奥本海默“秘密工作权”（Security Clearance）被取消，从此再未被恢复，但是，奥本海默英俊的形象替代了爱因斯坦，成为人们心目中的英雄。

20世纪40年代，由于战争，科学的政治化倾向和原子弹和其他杀人武器的发明，使得英国科学家成立了“英国科学社会责任协会”（British Society for Social Responsibility in Science）。一些科学家在观察了政府行为后批评政府在战后没有依靠科学解决社会问题。科学家对科学发现的滥用漠不关心。

20世纪50年代到70年代，科学大众化出现复兴与高潮。这是因为战时科学的发展对媒体形成需求张力和两大阵营的冷战和竞争。其中苏联人造地球卫星效应（Sputnik Effect）所带来的影响巨大。美国艾森豪维尔总统号召全民学科学。科学家在很短时间内编辑出版了《廉价书库》（*An Inexpensive Library*）。美科促会1963年出版了《科普书指南》（*A Guide to Science Reading*）。

20世纪70年代，公众对环境问题的担忧导致对科学的质疑。英BBC从戏剧到纪录片体现出大胆的批评姿态。“地平线”不再简单报道科学事件，出现调查新闻（Investigative journalism），对转变公众对科学技术，甚至法律的看法产生重大影响。在当时节目中关于捕鲸、石棉和替代能源话题吸引了大量观众。环境问题延伸到整个媒体。报纸出现批评技术和科学的文章。从20世纪60年代开始，科学记者的作用更偏向于对科学技术的批评和评论。美国《周六评论》（*Saturday Review*）说：“对其他领域发生事件进行新闻报道的不受阻碍的探察精神和怀疑态度必须成为科学写作的标准。”①

① 参阅http://saturday-reviewdrugtrials.com/search/node/Events%20in%20the%20news%20in%20other%20fields%20of%20unhindered%20exploration%20spirit%20and%20skepticism%20must%20become%20the%20standard%20of%20scientific%20writin（2014）。

20 世纪 60 年代之前，科学报道主要是亲科学的。媒体对科学报道的口吻是积极的。60 年代后对科学报道改变的原因主要是：①对战后科学颂扬后的失望；②对技术失败，尤其是能源和环境问题的反应；③受过科学教育的记者出现。

科学技术在 20 世纪 70 年代的迅猛发展，使公众在惊叹科学的影响的同时，对科学的恐惧和科学研究的后果产生担忧，对科学的发展和科学家的作用产生不信任。二战刚结束时，科学家是公众崇拜的对象。但是工业污染和一系列重大的科学事件使得公众对科学的作用和对社会的影响产生怀疑。

1976 年，意大利的塞韦索（Seveso）一家化工厂有毒气体泄漏（Seveso Italy Accident,1976）。这是二战后科学给人类带来的灾难；[①]

1979 年 3 月，美国宾夕法尼亚的三哩岛核电站（Three-Mile-Island Nuclear Generating Station）发生故障，有害气体泄漏，12 天的危机中，数以万计的人被迫疏散。[②]

1984 年，美国联合碳化公司（Union Carbide）于 1969 年在印度博帕尔（Bhopa，Indial）建造的化学工厂发生泄漏事件（Bhopal India Accident，1984），造成 15000 多人死亡。该市 70 万人中，有 20 万人受到影响，其中 5 万人可能双目失明。[③]

1986 年，前苏联切尔诺贝利核电站（The Chernobyl nuclear）泄漏，31 人死亡，放射性物质影响欧洲大部分地区。[④]

1986 年，美国航天飞机“挑战者”（*Challenger*）号爆炸，女教师克里斯塔·麦考利夫（Christa McAuliffe，1948—1986）遇难身亡。[⑤]

1989 年，超级邮轮埃克森·瓦尔德斯（Exxon Valdez）在阿拉斯加南部海域泄漏大量原油，臭氧层发现变薄；[⑥]

2010 年，英国 BP 石油公司在美新墨西哥湾泄漏；[⑦]

以上所列，仅仅是近 30 年来最重大的科学技术和工业灾难性的事

---

① 参阅 http：//argentina.indymedia.org/news/2013/08/845577.php（2014）。

② 参阅 http：//en.wikipedia.org/wiki/Three_Mile_Island_Nuclear_Generating_Station（2014）。

③ 参阅 http：//www.redicecreations.com/article.php？id=13417（2014）。

④ 参阅 KAREN GRAHAM，“The Chernobyl nuclear power plant disaster isn't over yet.”：http：//www.digitaljournal.com/article/361894#ixzz30EiOuVukhttp：//www.digitaljournal.com/article/361894（2014）。

⑤ 参阅 http：//en.wikipedia.org/wiki/Space_Shuttle_Challenger_disaster（2014）。

⑥ 参阅 http：//www.supershipsworld.com/movie-stars/exxon-valdez（2014）。

⑦ 参阅 http：//en.wikipedia.org/wiki/Deepwater_Horizon_oil_spill（2014）。

件。另外，核能、化学添加剂、转基因技术、纳米技术、生物技术等对人类生命、环境和气候变化在公众中产生了重要的影响。

环境运动的兴起可能是使科学家和公众对科学技术的应用进行反思的重要运动。1948 年，瑞士化学家保罗·赫曼·繆勒（Paul Hermann Müller，1899—1965）因为发明了剧毒有机氯杀虫剂 DDT 而获得诺贝尔生理学或医学奖。随着 DDT 的广泛使用，人们发现 DDT 带给人们的不是福音而是灾难。DDT 不仅杀死大量物无辜的鸟儿、昆虫，对环境造成严重污染，而且还可以聚集在植物和动物的组织里，甚至进入到人和动物的生殖细胞中，破坏或者改变未来形态的遗传物质 DNA。1962 年，美国女海洋生物学家蕾切尔·卡逊（Rachel Carson，1907—1964）经过长时间的研究和考察，根据自己的研究成果，撰写出版了《寂静的春天》。卡逊向人们揭示了人对自然的冷漠，大胆地将滥用 DDT 的行为暴露在光天化日之下。1962 年该书销售了 50 万册。卡逊研究人员认为，在过去的半个世纪内，卡逊的思想改变了对世界影响力的平衡。没有任何人有权力销售任何形态的污染用品。卡逊的研究及其行动主义（Activism）至少在某种程度上引发了“深层生态学”（deep ecology）运动以及整个 20 世纪 60 年代的草根环境运动。与此同时，卡逊思想也引发了“生态女权运动”（ecofeminism），激励了女性科学家参与环境研究。

卡逊思想在总统科学咨询委员会（President's Science Advisory Committee）上关于 DDT 的证词也引发了政府科学决策的思维方式。1967 年，美国环保基金会（Environmental Defense Fund）的成立是反对滥用 DDT 运动的里程碑。1972 年，该基金会和其他行动主义者成功的到达在美国限制使用 DDT 的目的。1970 年尼克松政府成立环保局（EPC）。美国农业部也承担起制定限制使用杀虫剂的法律和规定。有学者和记者认为，这些成就都是《寂静的春天》扩展的影响的结果。其中，环保局 1972 年制定的“联邦政府杀虫剂、杀菌剂和灭鼠剂法”（Federal Insecticide，Fungicide and Rodenticide Act）与卡逊的著作提出的思想和数据有直接关系。1997 年，瑞典卡罗林斯卡医学院生理学或医学诺贝尔奖评委会才公开为 1948 年的化学奖颁发给 DDT 发明者表示道歉。这本书是典型的科学人文书籍，其对社会产生的效果远大于科学专著。

美国著名刊物《时代》在 1999 年 12 期，即 20 世纪最后一期上将蕾切尔·卡逊评选为本世纪最有影响的 100 个人物之一。纽约大学新闻学院将《寂静的春天》评选为本世纪 100 个最佳新闻作品之一。《彼茨堡杂志》将卡逊评选为“世纪彼茨堡人”之一，表彰她在现代环境保护思想和观点的开创性贡献，认为她是现代环境运动之母。她对公众和政府加强对环境的关注和爱护的呼吁最终导致了“美国国家环境保护局”的建立和设立了“地球日”。“世纪网站”（The Century.com）将卡逊评选为“世纪妇女”。她的名字被记录在妇女荣誉厅。《寂静的春天》名列美国 20 世纪 100 篇最佳新闻稿第二名。

在过去的半个世纪，环境保护主义者不断反思卡逊的观点到底给人类带来了什么思想认识变化。在纪念《寂静的春天》出版 50 周年的时候，英国 BBC 电视台特别做了一期节目，放映了弗兰尼·阿姆斯特朗（Franny Armstrong，1972）的影片“愚蠢时代”（“The Age of Stupid”）。① 影片回忆了当时一名参议员在卡逊逝世时的一句话：“全人类都应该感谢卡逊。”卡逊在面对质疑化学用品对环境的影响时，她在法庭上提供了美国各州鸟类数量的大幅减少的统计数据，DDT 的滥用导致的植物大量死亡的证据，以及化学用品对地下水的污染和导致人死亡的直接实例。她将 DDT 给人和环境的影响称之为“灭绝生命之战”（War on Life）。影片回顾了卡逊关于环境问题的思考不仅仅是伦理和道德的问题，同时也是科学问题。人类在农业和化学工业盲目的发展，其目的是要控制自然。人类对自然的宣战其实是人类对自己的宣战。

位于宾夕法尼亚州斯普林代尔市的卡逊出生地和孩提时代生活的地方被命名为“蕾切尔·卡逊家园”，同时被命名为“国家历史遗迹”。1975 年，非盈利组织“蕾切尔·卡逊家园协会”成立，管理这个家园。位于马里兰考斯威尔的卡逊写作《寂静的春天》的房子在 1991 年被命名为“国家历史标志性建筑”。距离匹茨堡 57 公里的登山路径被命名为“蕾切尔·卡逊小路”。匹茨堡桥命名为“蕾切尔·卡逊桥”。还有许多大学和中学以她的名字命名。

美国环保局总部第三层楼设立“蕾切尔·卡逊纪念馆”。同时也是关于各种环境法令发布的重要地点，其中包括《清洁空气洲际法案》。

环境运动的兴起导致环境非政府组织和非营利组织的兴起。自然环保协会和动物保护委员会对科学家的研究进行的监督以及抗议活动导致科学研究的经费的缩减，以及科学活动受到限制。

---

① 参阅 http://en.wikipedia.org/wiki/The_Age_of_Stupid（2014）。

科学发展面临着挑战：①工业污染、核能民用和军用化等问题使公众对他们一贯崇尚的科学变得动摇和怀疑；②各国政府开始减少科学预算，甚至减少研究投入。民主制度使得科学家的活动在公众的质疑声音中受到影响。

20 世纪 70 年代的科普活动将几乎所有的具有良好现象的“公众科学家”都陷入专业危险中。媒体和公众对科学技术作用的批评使得科学家退缩至本领域。科学与社会各自独立的观点重新出现。出现了科学家只在科学文化范围内从事科学技术传播工作的局面。在 20 世纪 80 年代达到高潮的公众理解科学运动使得科学家在传播动机、方式和行动模式等方面处于矛盾状态。科学家担心，科学大众化会使科学和社会之间的关系变得紧张：科学变得中性并会使公众担忧；既传播常识又要特别知识；既要达到科学的民主化又要有权威性。科学大众化的模式是要使科学家团体的学术地位不受伤害，经费得到保证，科学的特权地位得到维护。

科学家在科学技术面临质疑和挑战之际，认识到：科学和公众之间的关系应该得到重视；应该与社会学家、政治家、教育家和其他利益集团共同行动，在“公众理解科学”的号召下，客观的评价科学的地位和作用，在发达国家和发展中国家中通过各种方式说明科学的作用。

关于公众理解科学的问题可以追溯到 20 世纪 30 年代。美国著名教育家约翰·杜威（John Dewey）：应向青年人灌输“科学态度”（Scientific Attitude）。使他们用理性和逻辑思维方法处理日常生活中的问题。

1951 年，美国科促会（American Association for the Advancement of Science，AAAS）的罗伦·维沃（Warren Weaver，1894—1978）：“……美国科促会应该认真考虑“提高公众对科学在人类进步中的重要作用和科学方法的益处的理解和鉴赏能力……在我们的民主社会中，科学——科学的成果、基础研究的本质和重要性、科学方法、科学精神——应该得到政府官员、工商界人士的认同，事实上，所有的人的更好理解。这绝对是非常重要的。”[1]

1955 年，罗伦·维沃当选为美国科促会主席，在年会上，他说：“缺乏对科学的广泛理解无论对科学还是公众都是危险的。科学家没有自由，得不到理解和缺乏对充满热情和想象力的新发明的支持，形成了普遍的危险。”科学家对于科学研究所带来的作用问题引发全体科学家、伦理学家、环境保护主义者的共同关注。

## 二、《公众理解科学报告》引发的讨论

1985 年，英国皇家学会鲍默爵士（Sir Walter F.Bodmer，1936—）发表了《公众理解科学》（*The Public Understanding of Science*）报告（简称“鲍默报告”，“Bodmer Report”）。①[2]引发了英国的公众理解科学运动。② 在《公众理解科学》报告的“导论”中，阐明了报告人对“公众理解科学”这一概念的看法：

评估英国公众理解科学技术的本质与发展程度以及公众理解科学技术对于一个发达的工业化民主国家所具有的重要性；评估影响公众理解科学技术的机制及其在社会中的角色；考察科学传播过程中所遇到的限制以及如何最好地克服这些困难。

围绕公众理解科学这一主题，着重阐述了科学家和科学团体的作用，全面介绍了教育、工业界、政府、传媒等社会各界开展科普工作的情况，并提出了进一步提高英国公众理解科学水平的一系列措施。该报告一发表，就在英国政府、科技界、教育界引起了很大反响。

公众理解科学从 20 世纪 80 年代后期的争论以英国皇家学会鲍默爵士在 1985 年发表的《公众理解科学》报告为特征变成英国科学家团体的表态。报告的出台不仅来自公众对科学的不信任和怀疑，同时也来自英国科学家共同体对这个问题的认识。撒切尔夫人政府科学政策的失误使得英国科学家希望从公众方面获得对科学的支持，获得支持的最好办法就是将公众变成同盟。使公众变成同盟的最好做法就是“教育”，将无知的公众与科学之间的鸿沟填平，而填平的方法就是让公众参与决策。报告认为，最好的办法就是在公众参与决策中理解各种不同的主张中，站到科学这边来。这个公众参与和后来发展的科学传播模式的参与是不同的，这个公众参与是让公众更好的认识科学和接受科学，使原来公众对科学的恐惧和怀疑彻底消除。这种观点与 19 世纪启蒙时代的话语非常相似。

按照这个公众理解科学的观点，公众必须具备起码的、最低水平的科学素养，以使得公众能够参与决策。没有科学素养的公众是无法参与公共决策的。但是，公众理解科学的标准是什么呢？标准的设定仍然是

① Royal Society. “Public Understanding of Science” .https：//royalsociety.org/policy/publications/1985/public-understanding-science/（2014）.

② 参阅 http：//www.wellcome.ac.uk/doc_WTD004707.html（2014）。

沿用了20世纪50年代的标准，那就是通过研究者自己设计的科学问题的调查，让公众必须达到标准，而这个标准是否真正能够说明是具有实际价值的科学素养，则是可以忽略的，或者并不是研究者认识范围和责任范畴之内的事情。《公众理解科学》报告的出台与当时科学所面临的社会背景和科学自身所处地位有不可分割的关系。

《公众理解科学》最终报告由科学家团体讨论并共同撰写，其旨意是明确的。报告围绕公众理解科学这一主题，着重阐述了科学家和科学团体的作用，全面介绍了教育、工业界、政府、传媒等社会各界开展科普工作的情况，并提出了进一步提高英国公众理解科学水平的一系列措施。该报告一发表，就在英国政府、科技界、教育界引起了很大反响，其积极成果之一是英国科促会、英国研究会和英国皇家学会共同成立了“英国公众理解科学委员会”（British Committee on the Public Understanding of Science，COPUS）。

该报告的主旨力求改变公众的科学和技术的长期以来，尤其是二战以来逐步形成的保守、怀疑、甚至是敌对的态度。从科学家角度说，这种做法没错。但是，争论一直没有停止。其核心问题是，科学家让公众理解什么，公众对科学的认知、理解以及行动是什么？也就是说，科学家的目的是否达到了？

美国康奈尔大学科学史和科学传播教授布鲁斯·莱文斯坦认为，科学家注重的是让公众在传统意义上理解科学，支持科学事业发展。但是，传统方式一定会导致公众对科学态度的变化。这是非常难解决的问题。科学家认为，公众只有像我们一样思考，才能支持科学事业，才能使社会不断发展，国家具有竞争力。公众科学素养最重要：懂得科学知识越多，越支持科学事业。但是，美国从70年代开始的调查表明，对科学感兴趣不等于科学知识水平高；科学知识水平高不等于对科学支持程度高，而恰恰相反；科学素养对科学态度之间关系呈非线性关系，即公众科学素养水平越高，对科学的作用怀疑程度越高。科学家开始迷惑不解，这到底是为什么？一种观点认为，传统的教科书（textbook）式的科学普及模式使得公众面对充分的科学发展却呈现出对科学态度的缺失：对转基因技术的缺乏理解；对微波炉原理的缺乏理解和层出不穷的新技术的缺乏理解造成公众的非理性化出现；对未知事实的缺乏理解导致对科学的敌意或者新迷信的产生。[3]

在科学技术社会中，我们需要应对的许多危险都是科学技术的危险。对科学技术的不了解，使得公众面对两难的选择：科学技术的危险和对科学家的信任。即使在信息公开化时代，他们也必须依赖科学家。对科学家的信任成为公众唯一的选择。在迅速发展的科学技术面前，孤立无援的公众将如何理解人类的这种活动呢?

英国公众理解科学教授约翰·杜兰特博士认为，公众理解科学的概念应该作一些修订。公众对科学的理解至少由三方面组成：对科学知识的理解；对科学的研究方式的理解；科学到底对推动社会发展是如何起作用的理解。[4]政治学家乔恩·米勒认为公众对科学的理解是多维的，但是，适应多元文化和社会形态的维度至少包括：理解科学基本术语和基本观点；理解科学的基本研究过程；理解科学对个人和社会的影响。[4]

迈克尔（Mike Michael）和瓦恩（Brian Wynne）认为，关于“公众理解科学”研究的合适方法必须提出问题：科学的含义不能是想当然的，或者只是由某些有特权的权威提出来的。“理解”是一个有关社会对于科学状况确定性的函数，这些确定性的过程是多元的，并且常常是不完整的。科学家的急于表达的“科学”，并不一定是公众理解中的“科学”。科学家往往将他们所熟悉的知识作为传播的内容，但是，在不同的社会文化和不同的民族性中会产生不同的理解。[5]

《公众理解科学》报告至少在如何促进公众对科学的本质及其对社会的积极作用的理解方面进行了探讨，同时，具有一定的号召力。20多年后的今天，报告中的内容仍然在许多有关文件中被引用，可见其价值。

那么，公众理解科学与大众科学文化阶段相比，具有哪些重要的意义呢?

在20世纪后半叶到70年代，人们对已经进行了长达几个世纪的科学技术传播活动进行了思考。一般认为，人们一直采用的是线性模式进行传播活动的。线性模式认为传播的源头是科学家，传播的末端就是公众。这个阶段将科学家描述成真正科学知识的生产者，然后要把知识‘翻译’成通俗易懂的语言，以便向更多的公众传播。而“公众”只是被动的接受者和没有多少权利、整齐划一的群体。这种模式基于这样一种认识：科学家是不同于一般人的专家，他们的知识是理性的、更为高级的，而公众的知识仅仅是感性的，是可以忽略的。因此，科学知识的传播是由科学家向公众单向流动的过程，呈现出线性的模式。这种线性模式最大的问题是硬性的教育导向的思维方式，将普通公众想象为什么都不懂的空桶，而科学家的任务就是向这个空桶里放东西。科学家认为，只要这个空桶里放的东西和他们自己脑子里的东西是一样的，那么，公众的思维就会是理性的，是热爱的科学的，公众必定会支持科学事业，公众理解科学的目的就达到了。

但是，这种线性模式所导致的结果却与科学家希望获得结果相反。公众对科学的权威性怀疑增强，对科学家所做的科学研究更加不理解，面对三哩岛事件、疯牛病事件、切尔诺贝利核电站泄漏事件以及转基因实验等各种科学家活动更加迷惘，对科学的未来充满怀疑。而科学家对公众拒绝对自己进行的听不懂的科学知识灌输的行为，认为是他们缺乏信息，从而导致公众对科学的敬而远之。这种教育导向的传播模式最大的弊端是传播的主体忽略了人的社会性，忽略了一个事实，那就是，在你的科学知识没有到达他们的大脑之前，他们由于自己生活的环境和特定文化的影响，已经对自然和客观事物有了自己的认识和固定的看法。复杂的知识使他们认为科学果然很复杂，一般人根本就不可能理解。从而重构了他们与科学之间的距离。科学传播宣告失败。

1957年苏联发射了人类第一颗人造卫星，加剧了世界范围内的科学技术竞争，导致各国对科学技术的大量投入。同时，各国政府，尤其参与竞争的发达国家，认为公众在竞争中同样具有重要的意义。对公众的科学素养的研究也掀开了帷幕。美国开始了对公众的科学素养的调查。随着第一次调查的失败，人们开始对调查的意义开始怀疑。问卷所设计的问题所反映的其实是调查者们自己对科学技术的图像的描述，认为这是科学理性的衡量标准，达不到正确率标准就是科学素养达不到标准的人。所谓的“正确答案”成为衡量公众头脑中对科学能否“正确认识”唯一标准。而更有讽刺意味的是，恰恰能够正确回答这些科学知识的人中，对科学的怀疑态度却最强烈。①

20世纪70年代，人们开始对线性模式的批评导致了环境运动、和平运动和妇女运动等各种社会活动的兴起，这些运动都是公众对科学对社会到底产生了什么影响的反思的结果。同时，人们也开始对科普的传统做法开始反思。把公众当作空桶，然后把自己认为已经是简化了的知识进行灌输，反映出科学技术话语的表述性质与科学传播的目标的差距。科学家团体的利益本质，科学家的自我利益追求，必定导致科学家在传播领域的动机多样性。科学普及的活动是一种向世界

① 美国双年度的《科学与工程学指标》(*Science & Engeering Indicators, AAAS*)中关于公众对科学技术的理解和态度国际比较数据和各个国家本国的调查数据都出现了同样的趋势。

推广某种科学家的形象和科学的形象的行为，这种形象不仅要影响公众，而且要影响投资方。科普不仅要为获得持续的科研经费服务，同时要获得个人利益。从这个角度上说，科学传播并不是一个简单的传播过程，而是科学事业中的权力关系的复杂体现。在科学普及中，语言、推理和形象并不是要说明现象，而是相反，存在物质世界的知识并不是一个有效的工具。其影响力和针对性在于科学和社会之间所建立的联系。这些观点说明了科学普及的本质在线性模式中，其主要目的不是要公众真的了解科学，而是要让社会知道其存在的重要性，或者说其权威性。难道，这就是我们一直理解的科学传播吗？在我们的面前，科学家永远是知识的生产者，而公众永远是接受者，而且永远是带着崇拜的心情的接受者。

在公众理解科学阶段，衡量公众对科学技术的理解水平的一个重要标志是科学素养水平。而科学素养水平的测试是唯一的衡量公众是否具备参与科学决策和国家具备竞争力的重要标准。[6]

各个国家都是从各自不同文化角度理解“公众理解科学”。经济发达国家的理解是公众参与决策，从而保证民主制度的公开性。发展中国家更多认为公众需要更多的科学知识，以解决经济发展问题和生产力问题。前者被认为是“民主的观点”，后者被认为是“经济的观点”。当然还要其他观点，但是归纳起来无非就是这两个观点。在民主的国家里，媒体的自由和信息公开化导致公众对科学家和政府决策机制的信任度的下降。不仅科学家感受到了这一点，而且科学技术企业也受到压力。公众开始不愿意接受科学技术的进步。科学家开始意识到，公众缺乏的不是科学技术知识，而是对科学技术体系和科学家的信任度。而这才是对科学最大的威胁。[7]公众对科学技术缺乏信任不是知识和信息的缺乏，而是在科学和公众之间缺乏新的交流方式和互动的模式。但是，解决这个问题的关键不在公众一边，而在科学家一边。也就是说，科学需要理解公众，应该从象牙塔顶观察社会的变化，采用信任、合作、对话和参与的模式。这种公众参与模式完全不同于公众理解科学的参与模式，后者是请公众进来接受科学家设定好的科学知识，而且以自己认定的知识标准来衡量公众参与的能力。而前者则是在理解公众的基础上，邀请公众在合作的基础上重新认识科学。在这个时期，英国议会科学技术特别委员会的《科学与社会》(*Science and Society*)报告[8]、英国贸工部的白皮书、经合组织有关促进公众理解科学技术的报告、由德国科学基金会撰写的《备忘录：科学和社会的对话》以及欧盟工作小组的《专家意见的民主化和建立科学参考体系》报告，都是为了解决公众对科学专家在决策中的依赖作用以及人们对专家意见的质疑问题的。公众与科学之间的关系已经进入到一个新的阶段。

在科学传播阶段，人们开始思考，科学的含义不能是想当然的，或者只是由某些有特权的权威提出来的。"理解"是一个有关社会对于科学状况确定性的函数，这些确定性的过程是多元的，并且常常是不完整的。科学家的急于表达的"科学"，并不一定是公众理解中的"科学"。科学家往往将他们所熟悉的知识作为传播的内容，但是，在不同的社会文化和不同的民族性中会产生不同的理解。

科学技术的发展给科学技术知识的传播带来了新的思考和实施模式。新传播模式的思考取决于研究者和实践者对多元文化形态和多元语境的认识。科学技术信息在传播过程存在的问题必然与文化形态和社会形态相关。认为科学技术信息只要能够准确传播就达到传播者初始目的的想法与多元文化对科学技术信息的理解差异而相矛盾。如何根据不同文化形态社会有效传播科学技术知识成为目前科学技术传播领域专家学者关注和讨论的焦点话题。

目前，国际学术界关注的问题大致可以概括以下 3 个方面：

**本地知识和现代科学**

本地知识和现代科学之间存在的差异主要体现在世界各国由于历史；教育；经济所形成的文化多元化；传统知识；本土学识（Local Wisdom）；地区特征与全球化趋势；本土知识系统；公众在科学决策中的参与程度；大众文化和科学文化；本地文化在面临新技术来临时的态度变化；科学伦理和信仰；宗教和道德在知识建构中的影响；医学在不同评价体系中共存问题；作为共用知识的科学与知识产权；性别与文化以及公众科学技术传播中的新模式；趋势和概念等方面。

**从历史和发展趋势角度观察科学传播**

从科学技术传播的历史角度和发展趋势观察科学技术传播：科学传播历史过程的影响；科学技术传播中重要的科学传播人物的作用；科学中心和科学技术博物馆的作用；促进科学文化发展的主要方法；传播效果评估方法；国际网络在科技传播中的作用；大众科学传播新模式；趋势和概念。

**科学传播与社会参与**

公众在参与科学中涉及：边缘科学与外围科学与公众之间关系；文

盲公众和边缘群体与科学文化；社会参与的可能性；公众参与科学决策的方式（如：公众参与共识会议；公众听证会；民意调查等）；媒体传播对公众舆论的影响；科学节；科学传播中的伦理问题；科学文化中公众政策；非正规教育对公众理解科学的影响作用；科学传播教育与培训等。

在多元文化中传播科学技术的模式问题以及发达国家和发展中国家在传播机制和模式上的差异问题，发达国家，尤其是美国和欧洲国家的学者似乎比发展中国家的学者更感兴趣。他们认为，科学是没有国界的，科学研究在所有的国家都是一样的。但是，在过去的几十年时间内，学者们发现，事情远没有那么简单。科学在社会中的影响和作用由于各国社会政治情况的差异而有所不同，甚至存在很大差异。那么，这种差异是什么？是否有必要填平；消除这种差异？这种差异在科学知识的传播中到底起的什么作用？各个国家的政府；科学家；媒体人员和科学技术传播工作者在认识、理解和根据各自国家的文化特征建立了什么样的科学技术传播模式？这些传播模式对科学技术知识的传播是否产生了异化或扭曲作用？发展中国家的网络科学传播和印刷品科学传播是否充分？大多数发展中国家的社会体制是否能够使社会参与得到某种程度的保证？西方国家学者的好奇使他们提出了许多问题，这些问题在国际上引起了讨论，讨论引发了科学传播研究的深入。1999 年在布达佩斯举行的“世界科学大会”上就重点讨论了将传统知识与科学知识，特别是科学教育和研究相结合的问题。越来越多的国家通过将主流社会的本土知识通过正规教育系统进行传播。乌干达；南非和泰国将本土知识引入到高等教育系统中。泰国国家科技发展局从 2002 年开始研究如何运用现代科学解释本土食品；草药和手工艺形成过程和方法。研究结果提交给政府制定相应政策，促进本国社会和经济发展。①

许多学者认为，现代科学或者说西方科学与本土知识系统（Indigenous Knowledge System）各自代表了不同的知识体系。其区别在于，知识产生的背景与价值观、组织原则、思维习惯、技能以及知识的应用方法。将现代科学技术与本土知识结合的主要症结在于是否能够相互认同，相互结合，为人类的幸福和可持续发展发挥作用。这要求现

① 参阅 http：//portal.unesco.org/science/en/ev.php-URL_ID=3882&URL_DO=DO_TOPIC&URL_SECTION=201.html。

代科学具有包容世界各国知识的容量，丰富自己的知识体系，充分关注西方科学逻辑体系之外的心理，社会和文化层面上对科学不同角度的认识。本土知识产生于特别群体，是生活在这个群体中的人们在长期的生产和生活中积累的经验，这种经验在长期的运用中逐步形成对方法的认识，同时形成了对世界的认识和价值观。本土知识与现代科学知识由假想、试验并通过数学模型进行解释，并通过正规教育系统进行传播的方法不同。尽管如此，本土知识产生于本土，对特殊的本土环境具有特殊的适用方式，这些方法并不是产生于实验室，或者说不可能产生于实验室，但是具有特殊的、独特的效果。

## 三、公众理解科学组织与活动

促进公众对科学技术的理解的组织可以追溯到 1660 年的英国皇家学会。在本书的第三章已经讨论过。18 世纪、19 世纪和 20 世纪初，大多数学术组织以科学技术研究等学术活动为主，科学传播活动为辅。到了 20 世纪末 21 世纪初，以科学传播为主要其宗旨的组织开始出现。

“欧洲科学传播项目协会”(The European Science Events Associaiton，EUSEA)① 成立于 2001 年。其主要活动为：共享优秀的科学传播实践经验；组织宣传科学传播项目的论坛；鼓励公众合作；促进所有的人参与欧盟资助的项目。

2006 年在美国成立了国际科学传播合作组织“公众理解科学联合会”(Coalition on the Public Understanding of Science，COPUS)。该组织是美国将大学、科学学会、科学宣传小组、科学媒体、科学教育工作者、企业家和工业组织联合起来，为促进公众对科学本质的理解以及科学对社会的作用的基层非盈利组织。该组织提出的口号是：公众全力参与科学对美国人民的长期幸福具有重要意义。“公众理解科学联合会”与美国国家科学院共同组织了“2009 科学年”(Year of Science 2009)。这个活动对美国公众参与科学产生重要的影响。“公众理解科学联合会”总部在美国华盛顿特区，由美国生物科学学会和美国地质学会资助。2007 年，“公众理解科学联合会”成员机构有 35 个，都是美国最重要的科学研究机构。② 其中最重要的有：

---

① http://www.eusea.info/ (2014).

② http://en.wikipedia.org/wiki/Coalition_on_the_Public_Understanding_of_Science/ (2014).

"印度科学传播协会"（Indian Science Communication Society）是向公众传播科学的非政府组织；①

"澳大利亚科学传播者协会"（Australian Science Communicators）的主要目的是帮助公众理解科学技术事件和知识；②

"新西兰科学传播者协会"（Science Communicators Association in New Zealand），主要工作是协助和促进科学技术传播；③

"南非科学技术促进机构"（South African Agency for Science and Technolgy Advancement），其宗旨是促进公众科学意识和对科学的鉴赏能力；④

"丹麦科学传播者协会"（Danish Science Communicators）是提高公众科学意识和理解的非政府组织；⑤

"公众科学技术传播联盟"（Public Communicaiton of Science and Technology，PCST）成立于 1989 年。这是一个世界范围的个人志愿参加从事科学技术传播的国际非政府组织。主要功能是组织每两年一度的国际会议，促进跨学科领域，跨文化以及世界各国关于科学传播的学术交流；⑥

传统科学传播的学术刊物与网络在二战后发展很快。目前，比较有影响的专业科学传播期刊有：

1.《公众理解科学》（*Public Understanding of Science*）。该刊物由英国皇家学会创办。目前在科学传播研究领域中最有影响的刊物之一；⑦

2.《科学传播期刊》（*Journal of Science Communication*）是 1979 年美国马里兰大学创办的科学传播专业刊物。该刊在科学传播理论界具有非常重要的影响；⑧

3.《科学教育：传播与公众参与》（*Journal of Science Education Part B：Communication and Public Engagement*）是英国的科学技术专业学术刊物。2013 年创办与科学传播有关的副刊；⑨

---

① http：//www.iscos.org/（2014）.

② http：//www.asc.asn.au/（2014）.

③ http：//www.scanz.co.nz/（2014）.

④ http：//www.saasta.ac.za（2014）.

⑤ http：//www.formidling.dk/sw15156.asp（2014）.

⑥ http：//en.lswn.it/events/public-communication-of-science-and-technology-pcst-2008-pcst-network/（2014）.

⑦ http：//pus.sagepub.com/（2014）.

⑧ http：//scx.sagepub.com/（2014）.

⑨ http：//www.tandf.co.uk/journals/RSED（2014）.

4.《科学传播期刊》(*Journal of Science Communication*，*JCOM*)是2002年创办的开放的电子期刊网站，但是，其稿件审阅制度与传统期刊基本一样。在信息化时代和新媒体时代，这是一个对于东方国家来说，相对容易阅读的期刊。①

5.《科普研究》(*Science Popularization*)由中国科协科普研究所于1982年创刊，2005年为正式对外出版的中国科普学术期刊。编委会由中国和西方国家科学传播专家组成；

6.《印度科学传播期刊》(*Indian Journal of Science Communication*)是由“印度国家科学技术传播理事会”(National Council for Science Communication)资助，由“印度科学传播协会”(Indian Science Communication Society)主办的一个主要刊登印度本国科学技术传播研究以及与国际合作的研究成果的刊物。主要语言是印地语和英语；②

7.《高等教育科学传播与公众参与期刊》(*Jourmal of Higher Education Ourtreach and Engagement*)③ 于1996年由美国几个大学联合创办。大约每年举办一次学术讨论，将会议学术论文筛选编辑每一期。在美国大学中开展科学传播的方法教育方面具有重要的价值。

由于对科学与社会之间关系的认识不甚相同，各个国家在阐述科学传播理论和方法中，术语也不尽相同。比如，在英国，“公众参与”(Public Engagement)与“大学科学传播”(Outreach)④ 经常互换使用。许多欧洲国家用“科学文化”(scientific culture)替代“公众理解科学”。“公众对科学鉴赏”(Public Appreciation of Science)经常指的是“公众的科学意识”(Public Awareness of Science)。[11] 而中国则一直沿用上个世纪30年代民国时期知识分子开始使用的“普及科学”一词，而后在新中国成立后出现的缩略术语“科普”一词。(详情见“第九章”)

## 四、公众参与

科学传播界很多人认为，科学传播的第一个阶段为公众科学素养，

① http://jcom.sissa.it/archive/06/02/(2014).

② http://www.iscos.org/ijsc.htm(2014).

③ http://openjournals.libs.uga.edu/index.php/jheoe/index(2014).

④ “Outreach”很难找到中文对应的术语。但是一般指的是大学在校学生向中小学生或者是社区居民进行的校外科学传播活动，所以，译作“大学科学传播”似乎接近本意。

第二个阶段为公众理解科学，而第三个阶段为科学界与公众的对话模式的公众参与阶段。这大概是从学术界讨论的时间顺序排列的。从各个国家的科学传播模式来看，多数都是并行的，多元模式和多种方式并行的形态。但是，有一点是可以肯定的，那就是最新的模式就是公众参与科学技术决策的模式，也称为对话模式（dialogue model）。

公众参与这个术语是近些年才广泛使用的，特别在英国使用的更多。英格兰高等教育基金委员会（Higher Education Funding Committee in England，HEFCE）在2006年将公众参与科学决策的模式形容为："专家参与的，与非专家互动并使得非专家能够理解"①的模式。

决策机构的传统方法是将那些没有决策权的人的意见通过某种方式在决策中起作用，这种方式为称作"咨询"（consultation）。在20世纪80年代到90年代在英国各个机构在决策时的必须程序。但是，即使大多数政府都是民主选举产生的，许多参与咨询决策过程的人还是惊讶地发现，至少在3个方面，这种咨询是不令人满意的。第一，只有那些有影响力的团体才会被选择为被咨询的对象。第二，不在政府咨询数据库里的人一般不会成为咨询对象。第三，当咨询过程被决策者讥笑为似乎是为其他意见辩护时没有确定的保护措施。

早在1977年，美国社会学家、传播学家多萝西·沃尔弗斯·内尔金（Dorothy Wolfers Nelkin，1933—2003）就指出，参与政府决策的成功经验可以被理解为有权力者与公众之间合作的尝试。[9]

公众参与是一个相对新鲜的术语。而在20世纪末之前很少使用。让－雅克·卢梭，约翰·斯图尔特·米尔和乔治·道格拉斯·霍华德·科尔（George Douglas Howard Cole，1889—1959）在他们的理论中所提及的参与式民主制度具有同样的意义。

许多人认为参与式民主制是代议式民主体制（representative democratic systems）的一种补充形式，将决策权力更多的直接交到普通公众手中。卢梭认为参与决策的方法更好的表达了"没有超越其他公民的主人"的思想和人人平等的思想。大概最长久的保证参与民主制度的方法就是陪审团制度（system of trial by jury）。

由于是民选政府制定法律，因此，陪审团就有权决定违法人有罪或者无罪。陪审团制度是保证参与性民主制度的关键制度。在过去的几个

---

① 详情请参阅. www.hefce.ac.uk。

世纪中，政府和公众深刻地认识到这个制度在民主决策制度中的重要意义。因此，无论遇到什么样的意识形态运动，陪审团制度都得到了确实的保证。民主国家的公众深刻地认识到，任何一个拥有特权的人都要接受 12 个人组成的陪审团的审判。陪审团制度不仅仅是维护公正的工具，而是保证宪法民主性的另一个轮子，也是照亮自由之路的一盏明灯。当今，陪审团制度在美国、英国和许多民主国家，包括俄罗斯、西班牙、巴西和澳大利亚以及其他欧洲国家都在实行。

平民参与的民主制度可以追溯到公元前 5 世纪希腊的伯利克里时代（The Age of Pericles，公元前 461—公元前 429 年）。那时的雅典民主制度已经日臻完善。公民大会除了有权批准或否决贵族议会所提的议案以外，还拥有立法的权利。雅典的法庭系统也是在伯利克里时代完成的。“此时，已不再只是一个最高法庭听取行政长官决定的机构，而是设置了一连串的平民法庭以审理各种案件。在刚开始的每一年会用抽签的方式，自全国各地选出 6 千位公民，由这些公民编组成人数两百零一到一千零一人不等的陪审团，审理特殊案件。每一个陪审团构成一个法庭，并有权以多数票决定案件中涉及的每一个问题。尽管有一位新政长官主持法庭，但是他却没有任何审判的权利。陪审团本身就是法官，而且一经陪审团判决后即不得上诉。”[10]

在科学技术决策过程中，参与模式非常重要。公众参与科学决策不仅仅是听取不同公众群体的意见，而更重要的是使得公众在参与咨询过程中使决策者保持一种民主的意识，即他们的行为，通过参与模式让公众不断的体味到决策的系统化，从而保证科学技术的决策与其他决策一样具有重要的民主意义。

科学技术议题的公众参与过程与其他议题的决策过程不同。这是因为，科学技术活动是科学家共同体运用通过严格训练获得的知识和技术，通常在外人不可能观察的过程中进行的行为。因此，科学家必须知道，他们需要将实验的条件与实验时的状况进行描述。比如，植物实验时在试管中，还是在田野中进行的？转基因农作物实验是在田野进行的还是在实验室中进行的？对环境的影响是否做过实验？实验结果如何？所有的科学实验受到哪些政治、科学、制度和实践中的条件约束？

公众对科学技术参与运动的产生与信息时代的科学事件的流传舆论有关。公众通过各种渠道得知某一个领域的科学技术，尤其是可能会对健康或者环境有影响，但是，他们对有关科学技术知识了解并不多，甚至一无所知。博物馆、网站、电视节目、无数的博客以及对科学事件的评论，让他们感到茫然。科学素养调查显示，各个国家公众的科学素养水平都没有高到使得他们能够理解所有的科学技术事件的原理与潜在的后果。即使是科学家们，也不可能对所有的科学领域的知识都了如指掌。舆论的影响与知识水平的差异，使得将公众与科学议题讨论应该有新方法的呼声变得强烈，公众应该改变仅仅是被动的同意科学家的看法，服从决策过程的状态。随着参与科学决策的呼声和民主决策的意愿的增强，各种公众参与的方式不断提出，包括公众民意调查、座谈会、公众信息传播活动、特别小组讨论、研讨会、市民会议以及一对一面访交流，等等。无论形式如何，都有一个共同特征，就是决策专家与非专家的公众之间观点的双向交流。

商议性民主制度（deliberative democracy）是公众参与科学决策最好的方法。这是一种双向交流的结构。通过这种交流方式，将有待决定的政策通过公众听证、主流媒体和网络，对不同群体传播对他们的生活和工作有影响的科学事件的知识和经验，使得他们在参与最后决策的时候具有必要的知识。①

共识会议制度（Consensus Conferences）是公众参与的最好方式之一。这种会议制度最初于20世纪80年代产生在丹麦。由此，这种会议制度被称为“丹麦模式”（Danish Style）。共识会议制度的目的就是通过科学家与公众的充分交流，确认公众对某一个领域科学技术的态度，然后根据他们的看法，讲解有关知识，使得公众了解他们想知道的知识，以便能够对有关科学技术领域的应用作出自己的判断。从1987年到2002年期间，丹麦技术理事会（Danish Board of Technology，DBT）举行的科学议题的讨论涉及科学技术领域十分广泛：

人类基因测试;（Testing our Genes，2002）;

道路交通拥堵收费制度;（Roadpricing，2001）;

电子监控（Electronic Surveillance，2000）;

噪音污染与技术（Noise and Technology，2000）;

---

① 参阅 Lukensmeyer，C.J.，& Torres，L.H.（n.d.）.Public Deliberation：A Manager's Guide to Citizen Engagement | IBM Center for the Business of Government. IBM Center for the Business of Government：Research，Trends，Reports. Retrieved November 14，2011，from http：//www.businessofgovernment.org/report/public-deliberation-managers-guide-citizen-engagement（2014）。

转基因食品（Genetically modified Food，1999）；

居家电子办公（Teleworking，1997）；

消费与未来环境（The Consumption and Environment of the future，1996）；

未来捕鱼业（The Future of Fishing，1996）；

基因治疗（Gene Therapy，1995）；

界限在何处？食品中的化学物质与环境（Where is the Limit？chemical substances in food and the environment，1995）；

信息技术与交通（Information Technology in Transportation，1994）；

浅绿农业部门（A Light-green Agricultural Sector，1994）；

电子身份证（Electronic Identity Cards，1994）；

不孕不育（Infertility，1993）；

私人汽车的未来（The Future of Private Automobiles，1993）；

技术保护动物（Technological Animals，1992）；

教育技术（Educational Technology，1991）；

空气污染（Air Pollution，1990）；

食品辐射（Food Irradiation，1989）；

人类基因图谱解读（Human Genome Mapping，1989）；

公民与危险产品（The Citizen and dangerous Production，1988）；

工业与农业基因技术应用（Gene Technology in Industry and Agriculture，1987）。

丹麦技术基金会董事会（Danish Board of Technology Foundation）于2013年接管丹麦技术理事会的公众参与科学技术决策讨论。但是，无论是科学技术涉及范围还是涉及地域，讨论范围都扩大了很多。与欧盟和丹麦有关的科学技术议题都在讨论范围之内。同时，讨论议题也涉及全球变暖等重大议题。

采用公众参与科学议题决策的其他国家还有：

阿根廷：转基因食品（Genetically modified foods，2000）；人类基因组计划（Human genome project，2001）；

澳大利亚：食物链中的基因技术（Gene technology in the food chain，1999）；纳米技术（Nanotechnology，2004，2005）；

奥地利：大气上层的臭氧（Ozone in the upper atmosphere，1997）；基因数据（Genetic data，2003）；

比利时：空间计划，可移动性与可持续发展（Spatial planning，mobility and sustainable development，2001）；基因治疗（Gene therapy，2003）；转基因食品（Genetically modified foods，2003）；

巴西：转基因食品（Genetically modified foods）；

加拿大：大学强制使用笔记本电脑（Mandatory laptop computers in universities，1998）；麦克马斯特大学在线教育政策（McMaster's policy concerning online education，1999）；加拿大西部食品技术（Western Canada，1999）；汉密尔顿市/地区城市垃圾管理（Hamilton City/Rigion，Municiple waster management，2000）；氧化物（Fluoride，2006）；

欧洲：欧洲未来农业地区的作用多国论坛（multi-country and multilingual panel on the role of rural areas in tomorrow's Europe，2006—2007）；脑科学（Brain sciences，2007）。

法国：转基因食品（Geneticallu modified foods.，1998）；

德国：转基因测试公众论坛（Citizens's Conference on Genetic Testing，2001）；

印度：转基因食品（Geneticallu modified foods，2000）；

以色列：未来交通（Future of transportation，2000）；

日本：基因治疗（Gene therapy，1998）；高信息社会（High information society，1999）；转基因食品（Geneticallu modified foods，2000）；

荷兰：转基因食品（Geneticallu modified foods，1993）；人类基因组研究，1995）；

新西兰：植物基因技术（Plant biotechnology，1996，1999）；害虫防治基因技术（Biotechnological pest control，1999）；

挪威：转基因食品（Geneticallu modified foods，1996）；养老院智能住宅技术（Smart-house technology for nursing homes，2000）；

南非：转基因食品的安全与伦理（Safety & ethics of genetically modified foods，1998）；克隆（Cloning，1999）；

瑞士：国家电力政策（National electricity policy，1998）；转基因工程技术与食品（Genetic engineering and food，1999）；器官移植（Transplantation medicine，2000）；

英国：转基因食品（Geneticallu modified foods，1994）；放射性废物管理（Radioactive waste management，1999）；纳米技术

(Nanotechnology，2005)；

美国：通讯与民主的未来(Telecommunications and future of democracy，1997)；转基因食品(Geneticallu modified foods，2002)；纳米技术(Nanotechnology，2002)；生物监测(Biomonitoring，2006)；医疗新技术，身份与生物学(Human Enhancement，Identity and Biology，2008)；

津巴布韦：知识与小农场主的参与(Knowledge and participation of small farmers，2002)。[①]

参加共识会议的陪审团人员必须是对讨论的科学问题没有专业知识的人，以防止专业人士不能完全脱离专业判断而导致公正性和客观性的丧失。同时，参与会议的人员必须按照人口统计变量进行挑选。

陪审团人员参加两个周末的有关知识的学习，并获得有关资料。[②]然后参加 4 天的会议。在会议的过程中，公众陪审团成员与专家进行问答交流，就有关质疑问题要求获得准确和客观的回答。然后，陪审团成员将他们的意见、观点、态度以及建议撰写文件。最后一天，陪审团与决策者就文件内容进行讨论。

在英国上院科学技术委员会(UK House of Lords Committee on Science and Technology)发布的《第三报告》(*The Third Report*)中指出："社会与科学的关系正处在一个关键的时期。我们所用的'科学'一词指的是生物科学、物理科学以及它们的技术应用。一方面，从未有过一个时代像今天这样，涉及科学的问题如此激动人心，如此令公众感兴趣，涌现如此多的机会。另一方面，一系列事件动摇了公众政府收到的科学建议的信心，这种信心的动摇在疯牛病一役的惨败中达到顶峰。许多人对包括生物技术和信息技术在内的科学领域所提供的巨大机会深感不安，似乎其进展远远超出了他们的意识所及的程度和能够同意的程度。而公众的不安、误解和偶尔的彻底敌意又反过来在科学工作者当中制造了浓厚的忧虑气氛。"该报告呼吁："作为朝着公开迈出的简单但具象征意义的一步，我们建议所有这类团体都应尽可能的向公众公开

① 数据来自"Tracking Danish-style, Citizen-based deliberative consensus conferences worlddide: An innotive way to invole the public in science and technogy policy deliberations." Loka Institute for Science and Technology of, by and for the People. http: //www.loka.org/TrackingConsensus.html (2014)。

② Danish Board of Technology (2006). "The consensus conference". Retrieved 13 November 2011. (2014).

自己的会议记录，同时保留必要时召开秘密会议的权利。”“我们希望这种文化能够直接、公开和和及时地与公众进行对话……”这个重要的报告不仅阐述了公众参与的必要性和法律程序，而且详细解释了公众参与会议的设计与安排。

目前，民主国家在科学决策过程中多数采用公众参与模式。

科学技术的传播与国家的政治制度、社会的开放性和信息自由度有关，同时也与科学家共同体的责任感有关。在西方国家，科学家和知识分子是自由的，国家对科学技术的经费投入不仅要考虑到科学研究的需要，而且要考虑到纳税人的看法。一个遭到纳税人反对的科学研究项目，如果遭到公众的反对，经费申请会失败。第二次世界大战以后，美国三哩岛核电站泄漏、切尔诺贝利核电站泄漏、英国疯牛病、美国航天飞机“挑战者号”失事、克隆技术和基因技术的应用等等一系列事件使得人们开始对科学技术的本质和对社会的作用进行思考。蕾切尔·卡逊在经过长时间调查后，用她动人的文学语言第一次向公众揭露了 DDT 杀虫剂对环境和动物的危害。这时，科学家共同体开始深刻讨论如何让公众理解科学，但是，这个“理解”（understanding）是让公众与科学家同样思考，让科学家一样具有科学的头脑，这种灌输的方式在后来的几次调查中证实是无效的。

在科学技术传播阶段（Science Communication）试图让公众参与科学技术的决策，在决策过程中让公众充分利用他们的地方知识和智慧来弥补科学家知识体系中的缺憾和不足。科学技术的传播的模式开始进入到一个注重文化及多元化时期，在传播的过程中根据不同的文化“语境”（context），有效地传达科学的议题，让公众通过“共识会议”制度参与决策（participate in decision-making）。

科学与公众之间的关系复杂，在每个阶段都体现为不同的复杂形式。尽管到目前为止，科学与社会之间的关系仍然在磨合，但是，各国政府和科学家共同体已经意识到在解决这个问题中科学家所肩负的责任和作用，公众也已经开始在积极参与决策过程了。

**公众理解科学运动是公众参与科学的民主化的结果。科学技术的滥用导致环境、人类健康和科学伦理等问题的思考。公众舆论引发的对科学和技术的担忧甚至敌对导致各种非政府组织的诞生。公众对科学技术**

的“不理解”使得民主国家的科学研究受到影响。科学家的担忧引发公众理解科学运动的诞生。

1985 年鲍默爵士的报告《公众理解科学》(*Public Understanding of Science*)具有里程碑的重要意义。这个报告引发了世界范围内的对科学技术的作用的思考。更为重要的是，各个国家先后开始了公众参与科学的讨论，其中以丹麦的“共识会议”制度为代表。

“公众理解科学”中的“理解”(understanding)在中文翻译中十分准确，符合西方国家科学家团体提出的对科学技术作用的理解和对科学家活动的理解，同时还有对科学技术知识的理解。在其对应的涵义中，中西文化似乎也差异不大。中国学者多数也认为，要理解科学技术，首先要具备基本的科学素养，否则理解科学技术和科学家的工作是根本不可能的。关于这一点，中西方的观点基本一致。这也是以美国为首的西方国家将科学素养与公众理解科学等同的原因所在。

CHAPTER 9

第九章

# 中国科学技术普及

西方传教士在 15 世纪开始逐步将科学传播到中国。1840 年鸦片战争使中国知识分子意识到科学和工业的重要。在晚清和新文化运动时期，中国的科学家和知识分子开始提倡科学与民主的思想，同时开始通过刊物和演讲等方式向中国民众介绍西方的自由主义思想、民主思想和自然科学知识。1915 年中国留美学者在美国成立“中国科学社”，立志科学救国，将传播科学作为自己的宗旨。1932 年中国知识分子成立“中国科学社会化运动协会”。1950 年中国政府成立科学普及专业组织。1977 年，文化大革命结束后，科学普及达到高潮。1994 年，中国政府发布重要文章，号召进一步促进科学技术的普及工作。2002 年，中国政府制订《中华人民共和国科学技术普及法》。2006 年，国务院公布《全民科学素质行动纲要》。

## 一、西学东渐

汉学（有争议的“Sinology”的对应翻译）可以追溯到元代的马可·波罗（Marco Polo，1254—1324），甚至上推至希腊的历史学家希罗多德。西方汉学经历了“游记汉学时期”、“传教士汉学时期”和“专业汉学时期”。[1]在这三个时期中，是各个时期的西方学者到中国来进行的，具有各种不同目的的汉学学术活动所构成的。“游记汉学时期”是“西方汉学的萌芽期”。西方对于中国的认识停留在游记和短暂逗留形成的初步认识之上。“传教士汉学时期”是指明清时代的利马窦（Matteo Ricci，1552—1610）和罗明坚（Michel Ruggieri，1543—1607）时代。人们对这个时期的研究注重的是他们在“学术传教”中的传播文化、科学和基督教的作用。

1517 年德国教士马丁·路德的《九十五条论纲》掀起了宗教改革运动。在反对天主教宗教改革中，作用最大的是耶稣会（Society of Jesus）。西班牙贵族依纳爵·罗耀拉（Ignatius of Loyola，1491—1556）与圣方济·沙勿略（St.Francis of Xavier，1506—1552）等教士共同创办了耶稣会。耶稣会成立以后，成为罗马教廷反宗教改革的主要力量。耶稣会成立后开始向美洲和亚洲传教，以此弥补宗教改革失去的教徒，同时也增强自己的财富与势力。1542 年，耶稣会士到达印度，1549 年到达日本，1583 年到达中国内地，1586 年到达刚果，1607 年到达马达加斯加，1615 年到达越南。耶稣会将全球分为 77 个教省，每省设有分会长。教省之上还有传教区，每个传教区由直属总会长的助理神甫领导。耶稣会也是天主教现代化的促进力量。耶稣会掌握巨大资本，从事商业活动。同时还有现代化的舆论工具，如报纸、期刊，电视台和电台等等。依纳爵·罗耀拉于 1556 年逝世时，耶稣会会士达到 1000 多名。到 1580 年，人数已经超过 5000 人；1615 年，人数已经猛涨到 13000 多人。16 世纪末，意大利入华耶稣会通过里斯本向中国派遣了 100 多名耶稣会士，其中利玛窦、卫匡国（Martino Martini，1614—1661）是代表人物。[2]

耶稣会传教士们在明清时代在中国的传教毫无疑问是充满艰辛和经历了难以想象的困难。用罗马格里哥利大学教授、耶稣会会士史若瑟（Joseph Shih S.J.）在金尼阁（Nicolas Trigault，1577—1629）撰写的《利玛窦札记》（*De Christiana expeditione apud Sinasi*，1615）中描述的，确实是“传教冒险”。[3]

（利玛窦，Matteo Ricci，图片来源：http：//cn.bing.com/images/search?q=Matteo+Ricci，2014-6）

冒险是因为旅途艰险、中国儒家文化对西方宗教的抵抗、中西文化的差异、明代皇帝对外来宗教态度的不确定以及不断受到有个人利益的地方官宦各种手段的影响，但是，更重要的，大概就是封闭的文化对外来文化的莫名的恐惧和担忧。在金尼阁的《利玛窦札记》中翔尽的介绍了他们的生活艰辛与内心的痛苦。

尽管如此，生活的艰辛和文化的抗拒并没有阻挡耶稣会士们的传教活动。利玛窦从对中国广阔领土的赞美转而寻找中国文化的内核以及在这个厚重文化理念中所积淀的中国特质文化。当他认识到中国是政教合一的，皇帝就是“天”的代表的时候，他知道自己必须走“合儒”的路线。利玛窦采取的路线首先是突出原儒（或前儒）文化的宗教性质。他肯定了原儒的宗教性一面。殷周时代的前儒作为自然宗教的崇拜的“上帝”与基督教这个成熟的宗教的“上帝”之间是有原则上的差别的。但是他强调其一致性的一面，即同信“上帝”，而有意忽略了原则性的差别是他的策略上的高明之处。对后儒采取批评的态度，得到“以耶补儒”的目的。

利玛窦还强调了耶儒在伦理上的一致性。他特别强调儒家伦理中“仁爱”部分。儒学中的泛爱的理论观念与基督教理论学中的“爱上帝”和“爱人如己”学说在伦理上是一致的。“把儒士派的大多数吸引到我们观点方面来具有很大的好处，他们拥护孔夫子，所以（我们）可以对孔夫子著作中所遗留下来的这种或那种不肯定的东西作出有利于我们的解释。这样一来，我们就可以博得儒士们的极大好感。”[4]

利玛窦对中国儒家学说采取了宽容的态度。他的态度主要反映在他对中国传统的祭祖和祭孔的宽容。我国有些学者认为利马窦等人所从事的中西文化交流的贡献在于“西方科学与孔子伦理相结合”是一种误解。他的“合儒”绝对不是用科学去“合儒”，而是人文的“合儒”，是欧洲文化的宗教性、欧洲哲学的理性与孔子思想相融合。这正是来华传教士在中西文化交流史上的重要建树。

利玛窦的策略成功不仅仅是方向上的策略正确，更重要的是方法的精妙。他在理解了中国文化和中国人的思维方式以后，用西方的科学知识，以满足中国文人好奇心方式达到了自己的目的。法国人安田朴（R. Etiemble，1909—1955）在“礼仪之争及其对中西文化交流的影响”一文中讲到了耶稣会的神父们把中国人吸引到真宗方面来的问题：①利玛窦神父阐述了克拉韦尤斯神父（丁先生）的实用数学，其中含有应保留下来以供使用的方法。②他翻译了欧几里得几何学著作中的6卷，撰写了一些引自克拉韦尤斯的小考证文。③他根据克拉韦尤斯的教义和规则，解释了球体问题。④他绘制了一幅《坤舆万国图》，从而创造了一种具有双重理解方法的地理学。⑤他还向公众提供了一部关于自然科学，也就是有关物理学的非常罕见的论著，以及另一部有关大气现象的论著。⑥他撰写了有关日晷法的著作，中国直到那时为止尚不懂此法。他是用非常漂亮的汉语写成的。⑦他简单的阐述了利用和制造星盘的方法。⑧他撰写了一本有关音乐和制造欧洲古琴的书。⑨他创造了一种伦理学哲学，于其中阐述了交友的方法《交友论》；写成了《二十五言》，于其中指出了正确的控制激情，指导生活和人世间变得愉快的二十五种结论。⑩他还写了一部《畸人十篇》，此书在中国非常著名。⑪他在"拯救"中国人方面，想得最辉煌和最有益之处，是他为该帝国写的教理书。它对拯救灵魂如此有益，以至于我们相信有多少人（我不是讲那些只有低劣品质或平庸地位的人，而是指一些官吏，阁老、皇宫中的宦官以及其他一些类似的人）的内心受到了触动，在阅读他的书后激励了他们的灵魂和心灵中许多过去不受人重视的忏悔活动。⑫他编写了一本供我们的人使用的汉文词典，我掌握有其原稿。如果我有办法的话，那么我就将把它奉献给欧洲并设法刊印。⑬他从汉文把一些中国古代史著作译作拉丁文。我们于其中可以看到该民族古代哲学家们的信条和教理，以便包括使欧洲人看到自己的错误，更好的改正自己的错误。⑭最后，他写了一本跨度达24年的世界历史，其中包括他在中国居住的整个期间的情况。

汉学研究成果可以说是浩如烟海。关于传教士在传教中传播西方科学技术的活动的作品也是不可胜数。西学东渐研究的很大部分是利玛窦带进中国的科学知识，尤其是天文学、地理学知识。比如，西人的最早著作多为拉丁文。当时中国学人多受其影响，以至于在明末清初，已有许多人懂得拉丁文。天文历法；利马窦在晋京谒见神宗时，除圣像、自鸣钟外，曾进《万国图志》一册，即当时的世界地图，并附有说明。除此之外，利马窦曾绘《坤舆万国全图》多幅。"当时中国人叹为得未曾有，好事者纷纷加以翻刻传布，一时遂有多种不同版本的利氏世界地图。"在传播数学方面，除几何原本之外，还有李之藻（1565—1630）与利玛窦合译的《圜容较义》，论圆之内外初，属于几何范围。以及万历三十五年，徐光启与利玛窦合译的《测量法义》，论高深广远之测量法。还有《同文算指》。李之藻据利玛窦所授写成，内容为数学，包括四则算术与约分法。利玛窦将《几何原本》介绍给徐光启（1562—1633）。利玛窦口授，徐光启笔录将前 6 卷翻译完成。徐光启还跟利玛窦和另一个西方传教士熊三拔（Sabatino de Ursis，1575—1620）合作，翻译过测量、水利方面的科学著作。

（利玛窦与徐光启，图片来源：http：//cn.bing.com）

科学史专家樊洪业在 22 年前（1992 年）写的《耶稣会士与中国科学》对以利玛窦为首的明清时期的传教士们与中国徐光启、李之藻和杨廷筠（1565—1630）合作，译介和传播进中国的科学知识有非常详尽的描述。其中包括地理学、地图、天文学、数学等。作者认为，耶稣会传教士们带给中国的西方科学技术知识与仪器，是“耶稣会士引发的这一科学革命，是中国科学史上沟通中西、承启古今的关节点。”[5]

德国科学家、微积分创立者莱布尼兹（Gottfried Wilhelm von Leibniz 1646—1716）认为欧洲人和中国人各有长短，他说：“他们以观察见长，而我们以思考领先；正宜两好合一，互相取长补短，用一盏灯点燃另一盏灯。”莱布尼兹对耶稣会传教士们的科学传播活动大为赞赏：“我十分赞赏和关心贵会在中国的传教活动，因为我觉得它是如今最伟大的事业，不仅为着上帝的荣耀，为着福音的传播，更有利于人类的幸福，有利于我们欧洲与中国各自科学与技艺的成长，这就像文明之光的交换，能在短时间内让我们掌握他们奋斗了几千年才掌握的技能，丰富双方的文化宝库。这都是超出人们想象的光辉伟业。”[6]

李约瑟（Joseph Terence Montgomery Needham，1900—1995）对中西方的研究差异进行了比较深刻的解释：“两者使用的研究方法极端相似，可是所研究的对象却有很大差异。西方人研究星辰、球体、杠杆、斜面和化学物质，中国人则研究书本、文字和文献考证。可是重要之点并不在于如胡适所说，中国人的人文科学所创造的只是更多书本上的知识，而西方的自然科学却创造了一个新世界，重要之点乃在于：不管我们今后能找到哪些在中国社会中起过抑制作用的因素，在中国人的头脑中，显然没有任何符合于最严格的考据原则、精确性和逻辑体系的知识本体。”[7]

传教士们在汉学研究上也做出了杰出的贡献。罗明坚在汉语学习上具有天赋，这使得他能够很快进入汉学研究领域。他编写的《葡汉词典》据信是最早的中外双语词典。他甚至用中文写出《祖传天主十诫》。他的出色工作使他自称“我们已经被视为中国人了”。

罗明坚第一次将儒家经典翻译为西方语言。1582 年他翻译的拉丁文的《三字经》译本虽然没有发表也没有产生影响。但是，这并没有阻止他在返回欧洲以后将《四书》中的《大学》部分内容翻译成拉丁文并且发表。另外，罗明坚的许多译作没有发表与当时的教会态度有关。

《传教士汉学研究》对利马窦的《天主教教义》进行了细致的研究。作者认为，他在 1993 年在北京图书馆发现的这个署名利马窦的佛教经文是第一次被中国学者发现。作者详细阐述了发现过程、经文内容以及这个文献在中国基督教史上的重要价值，至少在基督教亲和佛教的传教路线上得到进一步证实。这个文献证实了当时利马窦等人亲和佛教是自觉行为，而不仅仅是形式上的。作者同时认为，与利马窦将儒家的《四书》作为新入华传教士的汉语读本一样，传教士选择“佛顶尊陀罗尼经”作为语言读本表明了“他的文化立场和文化态度”。表明了他们对佛教的认同。作者总结说:“利马窦等人在初入华的 12 年中所采取的亲和佛教的路线，应视为他们探索基督教与中国文化相结合的一个重要阶段……”

如果说作者从史学和文化传播学角度对传教士汉学进行探索不是开拓性的研究的话，那么，从语言学视角进行的传教士汉学研究则是这本书的重要贡献。

传教士们还对中国文化研究做出了贡献。西方对中国的认识在“游记汉学”期间还是十分肤浅的，基本上停留在物质文化层面上。但是，在那个时候，他们已经对中国这种特殊的语言进行了大致归纳，认识到中国文字与语言之间的差异。知道了汉字是图形文字以及书面语言与文字语言之间的巨大差异以及每个单个汉字都表示了一个事物。1575 年到达福建沿海的西班牙奥斯会会士拉达根据泉州土语用西班牙文编著的《华语韵编》(*Arry Vocablario de la lengua China*) 是“第一部中外合壁的字典”。这本字典是最早的汉语 - 西方语言对照词典之一。但是，真正的汉语与欧洲语言对照的双语词典应该是《葡汉词典》。它创造了最早的用罗马字母给汉字注音的系统。同时，为研究满清语言学提供了第一手资料。

多明我会传教士万济国 (Francisco Varo，1627—1687) 用西班牙文所编的《华语官话语法》(*Arte de la Lengua Mandarina*) 据说是西人入华以来第一部关于中国语法的研究著作，于 1793 年在广州以木刻出版。开创了西人研究中国语言文法的先河。马若瑟 (Joseph de Premare，1666—1736) 的《汉语札记》(*Notitia Linguae Sinicae*) 被认为是西方

第一部系统的汉语语法著作，其中从各类文献中引用的例句就有 13000 多条。被称为“西方人研究我国文字之鼻祖。”除此而外，英国传教士马礼逊（Robert Morrison,1782—1834）编写了世界上第一部汉英词典《华英词典》（*A Dictionary of the Chinese Language*，1815—1823）。

传教士们还将中国的音乐、园林艺术、中草药、壁毯中国景图案、中国植物等带到自己的国家。在这个方面，似乎法国传教士们做得更多。而中国的儒教则好像是英国政府的影响更深一些。

李约瑟对耶稣会传教士在科学传播所做的贡献这样评价：“在文化交流史上，看来没有一件足以和 17 世纪耶稣会传教士那样一批欧洲人的入华相比，因为他们充满了宗教的热情，同时又精通那些随欧洲文艺复兴和资本主义兴起而发展起来的科学……即使说他们把欧洲的科学和数学带到中国只是为了达到传教的目的，但由于当时东西两大文明仍互相隔绝，这种交流作为两大文明之间文化联系的最高范例，仍然是永垂不朽的。”①

## 二、明清时期

明清变革时期在华耶稣会士受到政治和农民运动的挑战，传教活动不断被逐。法国传教士白晋（Joachim Bouvet,1656—1730）、张诚（Joannes Franciscus Gerbillon，1645—1708）等欧洲传教士沿着明代传教士们打下的江山，继续将西方科学技术源源不断地输入中国，他们的行为迎合了清初高涨的实学思潮，形成康熙朝大约 40 年的西学传播的“黄金季节”。[8]

无论是明代利玛窦还是清代汤若望（Johann Adam Schall von Bell，1592—1666），为了取得传教的朝廷的许可，都将目光和注意力集中在当朝皇帝身上，以期获得传教的正当化。科学和技术以及一些“器物”都是打开皇帝大门的手段。

### 1. 林则徐和魏源：“以夷之长技为师以制夷”

林则徐（1785-1850）在焚烧鸦片、抵御英以鸦片为贸易手段实则对国人的健康造成伤害中立下大功。但是，清廷在英国政府的威胁下，不仅停止抵制鸦片，而且惩罚林则徐，将其发配至新疆。林则徐在抗英鸦片战争中阅读关于世界各国地理与人文历史的图书，其中，休・穆雷博士（Hugh Murray M.A Dr）的《地理百科全书：包括对地球的完整

① 参阅：中国科学技术史，第四卷第二分册。

(《地理百科全书：包括对地球的完整描述…… 》，图片来源：https://cn.bing.com/images)

描述…… 》(*The Encyclopaedia of Geography: comprising a complete description of the earth..., 1838*)对林则徐产生了巨大的影响，地理知识使他眼界大开。林则徐认识到只有认清世界才能知道如何在弱肉强食的丛林法则中生存。他让幕僚把英国人穆雷所著的《世界地理大全》翻译出来，亲自加以润色、编辑，撰成《四洲志》一书。在林则徐的影响下，后来出现一批研究外国史地的著作。此书实为开风气之先的创举。而林则徐也被后人称为近代中国“开眼看世界的第一人”。

鸦片战争后，林则徐被贬职到伊犁，在江苏镇江他把《四洲志》给了好友魏源（1794-1857）。魏源以《四洲志》为基础，收集了更多的世界地理资料，一年后完成了《海国图志》，初版于1843年在扬州出版。1847年至1848年增补为60卷本，最终于1852年成为100卷本。魏源是清代启蒙思想家、政治家、文学家，道光二年（1822年）举人，道光二十五年（1845年）进士，曾任高邮知州，晚年弃官归隐，潜心佛学，法名承贯，近代中国“睁眼看世界”的首批知识分子的代表。魏源认为

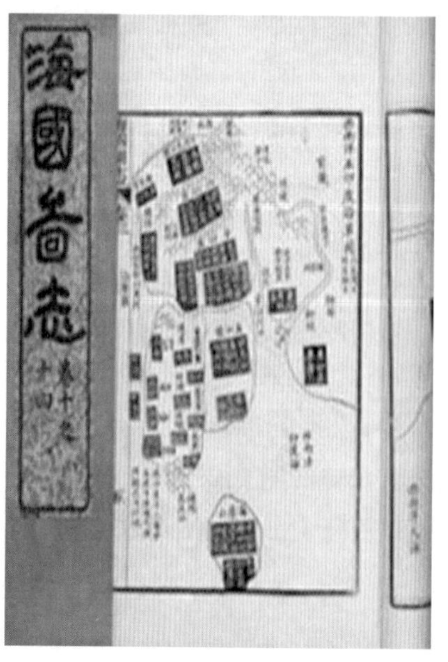

(《海国图志》，图片来源：https://cn.bing.com/images)

论学应以“经世致用”为宗旨，提出“变古愈尽，便民愈甚”的变法主张，倡导学习西方先进科学技术，并提出了“师夷长技以制夷”的主张，开启了了解世界、向西方学习的新潮流，这是中国思想从传统转向近代的重要标志。在《海国图志》中，魏源说“以夷之长技为师以制夷”，阐明了学习外国先进技术抵御其侵略的思想。林则徐和魏源，如今都驰名天下，一个是虎门销烟、奋力抗英的民族英雄；一个是中国最早

提出“师夷长技以制夷”的思想家。但很少人知道，林魏两人是一对生死不渝的知己，是他们联手开启近代中国思想启蒙的闸门。

《海国图志》被清政府列为禁书，在中国没有产生什么影响，但在国外，尤其是日本，却有很大影响。此书出版后传入日本，1854 年翻刻了《海国图志》60 卷本，人们争相购读。尤其是维新人士佐久间象山、吉田松阴、福泽谕吉和伊藤博文对这本书推崇之至，发行量达数万册，在日本学术界广为流传，现代日本学者井上靖说过：“幕府末期日本学者文化人等，……例如，横井小楠的思想引起了革命，倾向开国主义，其契机是读了中国的《海国图志》。”（《日本现代史》）日本维新潮流日趋高涨，倒幕府运动一浪高过一浪，终于在 1868 年酿成了著名的明治维新运动，推翻了封建的幕府统治。可见，魏源《海国图志》在介绍和传播西洋情形与一般近代文化、影响日本维新运动的发展上确曾起过重要的作用。正如梁启超在《论中国学术思想变迁之大势》中指出：“《海国图志》对日本‘明治维新’起了巨大影响，认为它是‘不龟手之药’”。

回顾 1840 年以来中国努力挣脱落后处境的历史，《海国图志》的核心思想“师夷长技以制夷”一直贯穿历史的进程，至今影响国民思想文化心理。

### 2. 中日国门开启

18 世纪时，科学和技术以外交和经济为目的，以技术器具作为礼品敲“皇帝”之门在客观上具有一定的技术传播的作用。1793 年，英国特使乔治·马嘎尔尼勋爵（George Macartney，1737—1806）受英国政府之命，以贺乾隆帝八十大寿为名出使中国。这是西欧国家政府首次向中国派出正式使团，在其 80 多人的随员中就包括天文学家、数学家、艺术家和医生。在约值 15000 余英镑的“贡品”中，有望远镜、地理仪器、图书、毯毡、前膛枪、绘画、车辆、乐器等精心挑选的礼品，总计达 600 箱，其中有一艘英国最先进的 110 门炮舰的模型，还有一只热气球。乾隆帝在承德避暑山庄接见马嘎尔尼。马嘎尔尼建议中英两国互派大使；开放宁波、舟山、天津、广州中的一地或数地为贸易口岸；允许英国圣公会派教士到中国传教；允许英国商船自由进出广东；减免英国商船的税收和各种费用等。乾隆接受了“贡品”，然后说：“并无更需尔国制办物件”。他仅仅喜欢自己喜欢的玩意，而将马嘎尔尼献上的当时最先进的前膛枪和炮扔到仓库中。当 1860 年英法联军火烧圆明园时惊讶地发现，将近 70 年前马嘎尔尼献给清帝的先进武器已经生锈毁坏，而清军却用弓箭和长矛以及落后的大炮抵抗英法联军。

马嘎尔尼在试图与中国建立外交关系和通商贸易关系时遭遇了失败。1853年美国海军准将马修·佩里（Matthew C. Perry，1794-1858）率领舰队进入日本江户岸的浦贺，将美国总统写给日本天皇的信交给德川幕府，要求同日本建立外交关系和贸易关系。这个史称“黑船事件”的尝试却取得成功。在整个谈判过程中，佩里率领的9艘“黑船”中3艘蒸汽驱动的先进战舰和长达1英里的可以编码、发报和解码的电报线路引起了日本人的兴趣。但是，真正让日本人兴味十足的是“黑船”带来的“黑马”，一台与小毛驴大小相当的小型蒸汽火车头。在18英寸铁轨上可以吼叫奔跑的小火车头让日本人惊讶无比。幕府将军阿部正弘当即答应了佩里的要求。严格地说，是技术产品的传播打开了日本封闭长达200多年的国门。1868年，日本开始了明治维新；又经过30年，日本成为世界强国。

### 3. 傅兰雅与《格致汇编》

（约翰·傅兰雅，John Fryer，LL.D.，图片来源：http：//cn.bing.com）

约翰·傅兰雅（John Fryer，LL.D.，1839—1928）是西方第一个在中国为普通大众进行科学教育的人。

傅兰雅1875年11月宣布他要创办一种科学月刊:《格致汇编》。其目的是:“一方面要促进探究精神，一方面要向大清帝国传播通俗实用的科学知识。它将为介绍已经出版的科学译著服务，刊登科学课程的短篇解说和科学讲演稿，并作为本邦受教育人士问询、获取其感兴趣的科学信息的媒介。”

此后，大量的西方科学知识在“格致”的名义下，被纳入到以康熙皇帝名义主编的大型丛书中。

出现了上海“格致书院”，京师大学堂的“格致馆”，达尔文被称为“格致家”，牛顿的《自然哲学的数学原理》被翻译成《数理格致》。“傅兰雅在当时外国传教士中译书最丰，其单独或与人合译的西方科技、文化类书籍就达145种，内容涉及物理、数学、化学、军工、矿物、冶金、医学和社会科学等各个方面。[9]到1880至1896年间，傅兰雅本人又推出译著74本，大部分都是以前未涉及的新学科，如地质、气象、植物、法律、解剖和政治经济学等。”① 他的大部分译著由江南制造局翻

① 引自“西学如何渐进·江南制造局翻译馆钩沉”，http：//culture.ifeng.com/guoxue/200811/1112_4087_874205.shtml（2014）。

译馆出版。由于傅兰雅能够敏感的并且及时地将西方国家最新的科学技术著作译介进中国，使得中国的科学技术译著呈现出崭新的信息传播模式。这种模式对于当时的中国的传统文化产生了重要的影响。由于傅兰雅在译著方面的卓越贡献，清政府曾两度给予奖励："三品衔"（1876 年 4 月 13 日）和"三等第一双龙宝星勋章"（1899 年 5 月）。

中曆光緒二年春季
西曆一千八百七十六年春季
每季出印一卷
此卷三次排印

格致彙編

是編補續中西聞見錄
在上海格致書室發售
英國傅蘭雅輯

（《格致汇编》。图片来源：http：//n.bing.com）

1876 年 2 月，《格致汇编》正式创刊，月刊。每期 2 万字。两年后，傅兰雅因为送夫人回国治病而停刊。1880 年 2 月，《格致汇编》恢复出版。两年后，因为发行不好，亏本严重，停刊。由于"远近诸友怂恿劝续声不绝耳"，1892 年改季刊出版。

### 4. 江南制造局翻译馆

（江南制造局翻译馆。图片来源：http：//culture.ifeng.com）

江南制造局翻译馆大概是中国政府成立的第一个官办的以译介西方科学技术书籍为主要目的的大型学术机构。这个翻译馆的成立与中国洋务运动的发展与中国部分知识分子意识到中国富强需要科学和技术，同时也认识到不能仅仅了解科学技术的结果，更应该从根本上了解西方科学技术的根源和整体知识体系有关。在这种动力与需求的推动下，清政府开始主动引进西方科学技术。1865 年曾国藩、李鸿章奏准在上海兴办晚清最重要的军事企业——江南制造局，同时成立了翻译馆。江南制造局翻译馆在这种局势下，于 1868 年创办。这是清朝官办的翻译出版机构，简称翻译馆，附设于江南机器制造总局（简称江南制造局）。

翻译馆从成立始就有翻译规划。"翻译馆长期规划《再拟开办学馆事宜章程十六条》，是清末自强新政中清政府引进西方科技最大的一项计划。

这个计划的实施，使江南造船局翻译馆成为19世纪下半叶我国“译书最多、质量最高、影响最大的科技著作编译机构。”[10] 翻译馆先后聘请中外学者59人参加译书，其中外国学者9人，中国学者50人。英国学者有傅兰雅、伟烈亚力（Alexander Wylie，1815—1887）、罗亨利（Henry Brougham Loch，1827—1900）、秀耀春（F.Huberty James，1856—1900），美国学者有金楷理（Carl T. Kreyer，生卒不详）、林乐知（Young J. Allen，1836—1907）、玛高温（Daniel Jerome MacGown，1815—1893）、卫理（Edward T. Williams，1872—1944），日本学者有藤田丰八（Fujita Toyohachi，1869—1929）。中国学者有徐寿（1818—1884）、华蘅芳（1883—1902）、舒高弟（1844—1919）、李凤苞（1834—1887）、赵元益（1840—1902）、徐建寅（1845—1901）、郑昌（生卒不详）、钟天纬（1840—1900）、瞿昂来（生卒不详）、贾步纬（生卒不详）等。

根据1909年翻译馆所编《江南制造局译书提要》的统计，该馆先后共译书160种，是中国近代译书最多、影响最大的翻译机构。其译书的具体内容有兵学、工艺、兵制、医学、矿学、农学、化学、交涉、算学、图学、史志、船政、工程、电学、政治、商学、格致、地学、天学、学务、声学、光学等方面。①

最早出版的书是《运规约指》（傅兰雅、徐建寅合译，1870年出版）和《开煤要法》（傅兰雅、王德均合译，1871年出版）。著名的出版物有《谈天》《地学浅释》《佐治刍言》和《西国近事汇编》等。

《谈天》译自英国天文学家赫歇尔（John Frederick Herschel，1792—1871）的名著 *The Outlines of Astronomy*，先由伟烈亚力和李善兰合译，于1859年由墨海书馆出版。1874年徐建寅又补充新的天文学成果，加以增订出版。

《地学浅释》译自英国地质学家雷侠儿（Charles Lyell，1797—1875）的名著 *Elements of Geology*，由玛高温、华蘅芳合译，1873年出版。《谈天》和《地学浅释》纠正了近代中国人的天地观，梁启超认为此二书对任何一个近代人来说“不可不急读”。

《佐治刍言》译自英国钱伯斯教育丛书中的（*Homely Words to Aid Governance*）一书，由傅兰雅、应祖锡（1855—1927）合译，1885年出版。该书系统介绍了西方社会主张自由、平等，以民为本等立国之理

① 参阅 2http://baike.baidu.com/link？url=R0uPnMfDV3u5uGPDfaDbm49MmxsGixfaQeCQ0s3OmQT4p2FR08N8JJrqVMeg4eWsgboOoM7ESIwHYoOQrnQrnq（2014）。

和处世之道，对戊戌以前中国政治思想界产生了深刻影响，为康有为、梁启超、章太炎等人所推崇。

《西国近事汇编》由金楷理、林乐知等人根据英国《泰晤士报》（*The Times*）等报刊编译，汇集了从1873年至1899年的西方各国大事，每年编成一卷，是当时中国人了解世界各国情况的信息来源。

此外，翻译馆还译有《列国岁计政要》《美国宪法纂释》《四裔编年表》《各国交涉公法论》《代数术》《微积溯源》《三角数理》《电学》《通物电光》《声学》《光学》《化学鉴原》及续编、补编，《化学分原》《化学考质》《测候丛谈》《金石识别》《西药大成》《汽机发轫》《汽机新制》《汽机必以》《防海新论》《制火药法》《克虏伯炮弹造法》等书。

该局据统计从1855年（咸丰三年）到1911年（宣统三年）近60年间，共有468部西方科学著作被译成中文出版。其中总论及杂著44部，天文气象12部，数学164部，理化98部，博物92部，地理58部。①

翻译馆为近代中国带来了一大批西方先进的应用技术和自然科学新成果，促进了中国近代科技的发展，也对思想界产生了极大的影响。1905年停办。

### 5. 商务印书馆

商务印书馆（The Commercial Press）是中国出版业中历史最悠久的出版机构。1897年创办于上海，1954年迁北京。与北京大学同时被誉为“中国近代文化的双子星”。

（1897年初建于上海的“商务印书馆”。图片来源：http：//www.commercialpress.com.hk）

商务印书馆的创立标志着中国现代出版业的开始。以张元济（1867—1959）、夏瑞芳（1871—1914）为首的出版家艰苦创业，为商务的发展打下了坚实的基础。早在商务创立不久就成立股份公司，并从此先后聘请高梦旦（1870—1936）、王云五（1888—1979）等一大批杰出人才，开展以出版为中心的多种经营，实

① 参阅 http：//culture.ifeng.com/guoxue/200811/1112_4087_874205.shtml（2014）。

力迅速壮大，编写大、中、小学等各类学校教科书，编纂《辞源》等大型工具书，译介《天演论》《国富论》等西方学术名著，出版鲁迅、巴金、冰心、老舍等现当代著名作家的文学作品，整理《四部丛刊》等重要古籍，编辑“万有文库”“大学丛书”等大型系列图书，出版《东方杂志》(杜亚泉担任主编)《小说月报》和《自然界》等各科杂志十数种，创办东方图书馆、尚公小学校，制造教育器械，甚至拍摄电影等。

民国时期的电影主要依靠从美国、德国、法国、英国和俄国等国家进口。中国自制教育影片从商务印书馆开始。最值得一提的是中国最早期的科教电影就是商务印书馆拍摄的。

商务印书馆影戏部从 1918 年开始拍摄教育片，共拍摄了 20 部科学教育片。成为中国最早科普片的机构。揭开了中国科教电影的第一页。据不完全统计，商务印书馆制作的教育类影片共 8 部。[11] 但是，真正属于科学教育的影片大约只有 3 部:《女子体育观》，1920 年;《盲童教育》，1920 年;《驱灭蚊蝇》，1923 年。

另外，除了商务印书馆拍摄的科学影片，中国科学家参与制作的科学影片还有几部，其中还有获奖影片。获奖影片有：1935 年中央电影摄制厂和金陵大学摄制的“农人之春”获得在比利时“国际教育电影协会国际农村电影比赛特别奖”。这是中国在国际上获得的第一个电影奖，同时也是第一个科教影片国际获奖。①

1936 年，日本北海道发生日全食。金陵大学物理学院魏学仁(1899—1987)② 院长和多个国家电影工作者到日本现场拍摄了这次日食，这部中国历史上第一部彩色纪录影片名字为“民国 25 年之日食”(金陵大学理学院摄制，中国日食观测委员会监制) 1945 年在巴黎科学影片展出映，是中国天文资料中重要资料，也是世界天文史料中的珍品。

可以说，中国的科学教育影片的制作从商务开始。但是，金陵大学、中央电影制片场、上海明星公司等也有教育影片制作。

1932 年 7 月 8 日，中国成立“中国教育电影协会”，蔡元培担任主席。蔡元培在“开会词”中提出：衡量电影质量的尺度为：三分娱乐，七分教育。理事陈立夫在其“中国教育电影新路线”中提出教育电影的

---

① 所有资料都来自中国电影博物馆展厅。

② 江苏江宁人。中国教育电影事业和电化教育开拓者。毕业于金陵大学，获文学学士学位。后赴美国留学，1928 年获得芝加哥大学物理学博士学位。回国后历任金陵大学教务主任、物理学院院长。1930 年起任金陵大学理学院院长。1946 年代表中国赴美参加原子能会议及联合国会议。

五项标准：发扬民族精神；鼓励生产建设；灌输科学常识；发扬革命精神；建立国民道德。这五条标准成为教育影片制作和引进的标准。[12]

新中国成立后，商务印书馆积极完成公私合营改造，并1954年迁至北京，在中央的大力支持下开始了新的奋斗历程。1958年，中国出版社业务分工，商务承担了翻译出版国外哲学社会科学和编纂出版中外语文辞书等出版任务，逐渐形成了以“汉译世界学术名著”“世界名人传记”为代表的翻译作品，和《辞源》《新华字典》《现代汉语词典》《英华大词典》等为代表的中外文语文辞书为主要支柱的出版格局。“商务印书馆”从1897年成立到今天已经发展成国际出版企业。

十分可惜的是，由于战争和其他历史原因，几乎所有的珍贵的影片资料皆荡然无存。这是中国科学技术电影史上的重大遗憾。

### 6. 杜亚泉与《亚泉杂志》

杜亚泉（1873—1933），原名炜孙，字秋帆，号亚泉，会稽伧塘（今属上虞）人。光绪二十四年（1898）应蔡元培之聘，任绍郡中西学堂数学教员。两年后赴沪创办中国近代首家私立科技大学——“亚泉学馆”，同时创办了中国最早的科学刊物《亚泉杂志》。杜亚泉以其刻苦自习的知识和精益求精的治学精神，主编《植物学大辞典》《动物学大辞典》《小学自然科词书》及大量的各类教科书，为中国科学和教育的发展奠基，给后人留下了宝贵的科学文化遗产。

（杜亚泉。图片来源：http://cn.bing.com）

20世纪第一年，上海出现了中国人办的第一个综合性的科普杂志《亚泉杂志》。在杂志的创刊号上，杜亚泉声明《亚泉杂志》的宗旨是：“揭载格致算化商工艺诸科学”。1890年11月至1891年6月刊出的全部10期中，除解答问题以外，共刊出文章40篇，其中化学23篇，地学6篇，数学4篇，物理学和生物学各2篇，其他3篇。门捷列夫的化学周期律首次传入中国见于《亚泉杂志》。该杂志为若干化学元素的中文命名。如铍、氩、镨、镱等，一直沿用至今。

杜亚泉16岁中秀才。自学江南制造局的科技书籍入手，后学日文掌握科学知识。蔡元培：“虽无师，能自觅门径，得理化之要领”（蔡元培《杜亚泉君传》）。蔡元培在《杜亚泉君传》中对他的治学精神有一段生动的描绘：“君身颀面瘦，脑力特锐，所攻之学，无坚不破；所发之论，无奥不宣。有时独行，举步甚缓，或谛视一景，伫立移时，望而知其无时无处无思索也。”[①]

1904年，杜亚泉应邀到商务印书馆任理化部主任。在28年的时间内，编辑中小学教材《格致》《矿物学》《植物学》《生理学》《新撰自然教科书》等。主编出版的《植物学大辞典》《动物学大辞典》是中国最早的自然科学专门工具书。

## 三、晚清时期：新文化运动时期

历史书对历史人物的评价会因为历史事件的影响而发生偏移，被评价人在世，而且能够看到评价自己的书的内容，并能够对评价结果表达自己看法的书，大约才会相对客观一些。郭湛波（1905—？）[②] 在1936年写作出版的《近五十年中国思想史》（北平人文书店印行）[③] 中，将康有为（1858—1927）、谭嗣同（1866—1898）、梁启超（1873—1929）、严复（1854—1921）、章炳麟（1869—1936）、王国维（1877—1927）、孙中山（1866—1925）、陈独秀（1879—1942）、胡适（1891—1962）、李大钊（1889—1927）、吴敬恒（1865—1953）、梁漱溟（1893—1988）、张东荪（1886—1973）、冯友兰（1895—1990）、郭沫若（1892—1978）、李达（1890—1966）陶希圣（1899—1988）、金岳霖（1896—1984）以及美国教育家和哲学家杜威、罗素的思想，以及马克思思想和俄国辩证唯物主义思想进行了译尽介绍。在人物思想的介绍以外，还有当时重要的“孔教”与“文体论战”“东西文化论战”“科学与人生观论战”和“中国社会史论战”的起因和观点冲突介绍。尽管在作者在写《近五十年中国思想史》的时候，书中介绍的人物大约有半数已经去世，但是，他们的思想没有受到政治强制思想

（《近五十年中国思想史》作者摄）

---

① 详情请参阅 http://www.white-collar.net/01-author/l/20-liang_qc/liang_qichao.htm（2014）。

② 关于郭湛波的资料不详。

③ 此书2005年在潘家园淘到，花费100元人民币。后上海世纪出版集团、上海古籍出版社于2010年再版。本书中谈论的内容均来自1936年“北平人文书店印行”版本。

的冲击或者修正，基本能够保持各个思想家的观点的准确性。尽管近些年来有些出版社再次对这本书再版，但是，原版著作似乎更可靠些。

（严复。图片来源：http：//cn.bing.com）

晚清时期学术大家很多，他们的思想对近代中国的学术和教育具有重大的影响。他们的很多观点与科学思想有关，尽管有人对科学持积极态度，但是也不乏很多人对科学持怀疑态度。比如梁启超就认为欧洲过于强调物质，而导致世界大战，他认为："大凡一个人若使有个安身立命的所在，虽然外界种种困苦，也容易抵抗过去。近来欧洲人却把这件没有了。为什么没有了呢？最大的原因就是过信'科学万能'。"[13]梁启超拥护宗教，菲薄科学的观点并非他一人独有。但是，同时，也有很多学者欢迎"赛先生"。从当时思想家对科学的态度和活动来看，对中国科学思想最大的是三个人：严复、胡适和王国维。

清同治六年（1867年）严复14岁，正式入福州马尾船厂附设的船政学堂，学习英文，数，理，天文及航海术诸科。清光绪三年（1877年）严复24岁入英国格林尼茨海军大学，学习的科目是高等数学，物理，化学，海军战术，海战公法及海军炮堡建筑术等。光绪五年（1879年）归国后先后任职于福州船政学堂及天津北洋水师学堂。

（《赫胥黎天演论》。图片来源：http：//cn.bing.com）

在《近五十年中国思想史》中，对于严复的译著的介绍最为详尽，除了《天演论》严复其他译著亦最多。其作品中最著名的是赫胥黎、达尔文和斯宾塞的书。其中最著名的就是最有影响的《天演论》。当时，在中国社会产生深刻的影响。"物竞""天择""天然淘汰""优胜劣败""适者生存"等名词成了当时人们的口头禅。[①]

严复翻译的八大书如下：

（1）赫胥黎的《天演论》，“*Evolution and Ethics*”和“Evolution and Ethics Introduction”两本书编译而成；

（2）亚当·斯密斯的（Adam Smith，1723—1790）的《原富》（1901—1902），原名为“*Inquiry into the Nation and Cause of the Wealth of Nations*”，后人译为“国富论”；

（3）赫·斯宾赛的《群学肄言》（1903，原为“*Study of Sociology*”，后人译为“社会学研究”）；

（4）约翰·斯图亚特·米尔（John Stuart Mill，1806—1873）的《群已权界论》（1899，“*On Liberty*”后人译为“自由论”）；

（5）甄克斯（Edward Jenks ,1861 - 1939）的《社会通诠》（1904，“*History of Politics*”，后人译为“政治史”）；

（6）孟德斯鸠（Montesquieu）的《法意》（1904，“*Spirit of Law*”，后人译为“法的精神”）；

（7）约翰·斯图亚特·米尔的《穆勒名学》（1909，“*System of Logics*”，后人译为“逻辑体系”）；

（8）杰文斯（William Stanley Jevons，1835—1882）的《名学浅说》（1909，*Logic (Science primers)* 后人译为“逻辑学”）。

严复翻译的八本书涉及生物进化论、社会学、经济学、政治学、法学和逻辑学等领域，超过200万字。几乎囊括了当时阐述最先进的思想的主要著作。

在严复的八大译著中，最有名的就是《天演论》。《天演论》译成出版后，轰动了整个中国思想界，尤其是在上层人物和知识分子中产生了巨大影响。严复在其“导论”中说道：“天运变矣，而有不变者行乎其中，不变为何？是名天演。以天演为体，而其用有二：曰物竞，曰天择；此万物莫不然，而于有生之类为尤者。物竞者，物争之存也；以一物与物物争，或存或忘，而其效归于天择。天择者，物争焉而独存，则其存也必有其所以存，必有其所得于天天之分……而其效观之，若是物特为天之所厚，而择焉以存也者，夫是之谓天择。”

无论后人如何评论这本译著中对演化论在社会意义上的解释有违生物演化之本意，在当时的社会舆论中，具有一定的积极意义。

---

① 郭湛波.《中国近五十年思想史》. 1936. 北平人民书店. 民国二十四年十一月初版。

康有为从梁启超处看到《天演论》译稿后，说“眼中未见此等人”，承认严复翻译的《天演论》“为中国西学第一者也”。胡适在其《四十自述》中说：“《天演论》出版之后，不上几年，便风行全国，竟做了中学生的读物了……在中国屡次战败之后，在庚子辛丑大耻辱之后，这个‘优胜劣败’的公式确是一种当头棒喝，给了无数人一种绝大的刺激。几年之中，这种思想像野火一样，延烧着许多少年的心和血。‘天演’‘物竞’‘淘汰’‘天择’等术语都渐渐成了报纸文章的熟语，渐渐成了一班爱国志士的‘口头禅’。还有许多人爱用这种名词作自己或儿女的名字……我自己的名字也是这种风气底下的纪念品。”

鲁迅在其《朝花夕拾》的“琐记”中说，他在南京上学时，“看新书的风气便流行起来，我也知道了中国有一部书叫《天演论》。星期日跑到城南去买了来，白纸石印的一厚本，价五百文正。翻开一看，是写得很好的字，开首便道——‘赫胥黎独处一室之中，在英伦之南，背山而面野，槛外诸境，历历如在机下。乃悬想二千年前，当罗马大将恺彻未到时，此间有何景物？计惟有天造草昧……’哦，原来世界上竟还有一个赫胥黎坐在书房里那么想，而且想得那么新鲜？一口气读下去，‘物竞’‘天择’也出来了，苏格拉第、柏拉图也出来了。”于是鲁迅“一有闲空，就照例吃侉饼、花生米、辣椒，看《天演论》。”

尽管无论当时的学者还是后人，严复似乎与“天演论”自然的联想在一起。恰恰是因为这本著名的《天演论》译著，使得人们忘记了严复的译著基本将当时影响最大的，代表了当时最有影响的 8 本著作全部涵盖在内。人们议论其译文的水平，但是，却忘记了选择这些著作的思想上的敏感和科学意识的先进。而这恰恰是严复的伟大之处。

胡适被认为是在中国近代哲学史上最有贡献的人。1910 年留学美国，入康乃尔大学，后转入哥伦比亚大学，从学于杜威，深受其实验主义哲学的影响。1917 年初在《新青年》上发表了《文学改良刍议》。1917 年获哲学博士学位，同年回国，任北京大学教授。参加编辑《新青年》，并发表论文《历史的文学观念论》《建设的文学革命论》，出版新诗集《尝试集》，成为新文化运动中很有影响的人物。1919 年发表《多研究些问题，少谈些主义》，主张改

（胡适。图片来源：http：//cn.bing.com）

良主义。1920 年离开《新青年》，后创办《努力周报》。1938 年任国民政府驻美国大使。1946 年任北京大学校长。1948 年离开北平，后转赴美国。1958 年任台湾“中央研究院院长”。胡适一生在哲学、文学、史学、古典文学考证诸方面都有成就，并有一定的代表性。著有《五十年来之中国文学》《胡适文存》《白话文学史》《中国章回小说考证》等。

胡适一生的学术活动主要在史学、文学和哲学几个方面，主要著作有《中国哲学史大纲》《尝试集》《白话文学史》和《胡适文存》(四集)等。他在学术上影响最大的是提倡“大胆的假设、小心的求证”的治学方法。晚年潜心于《水经注》的考证，但未及写出定稿。1962 年在台北病逝。

胡适对中国文化最大的贡献就是“在西洋近代新思想之介绍及旧学之整理。”[14] 严格讲，胡适不是自然科学家，也不是技术专家。但是，他是科学思想家或者科学文化传播者。他在美留学的时候，意识到西方科学与中国当时对科学的理解之间的差距。因此，他在介绍欧美的思想的同时，号召用西洋的思想方法，来整理中国古代思想。胡适认为，赫胥黎除了进化论以外，其方法论在思想史上有重要贡献。胡适说：“存疑主义 agnosticism (不可知论) 这个名词是赫胥黎造出来的……赫胥黎说，只有那证据充分的知识，方才可以信仰，凡没有充分证据的，只可存疑，不当信仰……赫胥黎是达尔文的作战先锋，从战场上的经验里认清了科学的唯一武器是证据，所以大声疾呼的把这个无敌的武器提出来，叫人们认为思想解放和思想革命的唯一工具。自从这个‘拿证据来’的喊声传出来以后，世界的哲学思想就不能不起一个根本的革命，哲学方法上的大革命。”郭湛波先生认为，胡适的主要贡献体现在三个方面：第一是“赫胥黎的‘拿证据来’的‘存疑主义’的哲学，是十九世纪科学家的精神。”第二是“杜威的‘实证主义’，以有用为真理，是变迁的；”第三是“达尔文的‘演化论’，说宇宙事物说进化的，由一点一滴渐渐进化而来的……”

(约翰·杜威，John Dewey，图片来源：http: //cn.bing.com)

胡适不仅仅走遍美国做学术演讲，而且积极促进美国与中国的学术交流。其中，美国学者对中国影响最大的可能就是胡适的导师杜威。

1919 年，当杜威在假期探访日本的时候，受到正在北京大学的教书的他的学生胡适和蒋梦麟

（Chiang Monlin，1886—1964）[①] 的邀请来中国讲学。在1919年5月到1921年7月的两年多时间内，杜威在胡适等中国学者的陪同下，足迹踏遍中国的上海、北平、奉天（沈阳）、河北、山东、江苏、浙江、福建、广东10个省市，[15]给中国学生做了大约200场讲座和授课。同时，杜威几乎每月都给《新共和国周刊》（*The New Republic*）和其他杂志投稿，向美国人介绍中国的情况。杜威十分了解那时日本对中国扩张和入侵的思想以及某些中国人对布尔什维克的激进思想的笃信，他主张美国支持中国的改革和转型，而且这种变化应该从教育与社会改良入手，而不是突变的革命。

在胡适的陪同并担任翻译的协助下，杜威在中国的讲座经常吸引了数百有时是上千中国学生和普通人。在讲演和授课中，杜威将抽象的民主和科学拟人化为“德先生”（“Mr.Democracy”）和“赛先生”（“Mr. Science”），用先进的价值观替代“孔先生”（“Mr.Confucius”）这个并不成功的中国传统文化。在北京的演讲影响为最大，内容涉及：社会哲学与政治哲学；教育哲学；思想之派别；现代的三个哲学家；伦理。[②]胡适认为：“自从中国与西洋文化接触以来，没有一个外国学者在中国思想界的影响有杜威先生这样大的。”

除了胡适、蒋梦麟和陶行知，刘伯明（1887—1923）[③] 也参与了杜威在华讲座的翻译和作品介绍的工作。这些中国学者不断通过著述介绍杜威的思想。其中胡适宣传杜威的思想方法大概在阐述科学思维方式方面影响巨大。他提出，思想发生与疑难，再指定疑难之点，然后提出解决的方法，再决定那种假设适用，最后还要“证明”，这是思想的五步。胡适的科学方法解读对于中国文化中传统思维对科学研究的阻碍的认识具有一定的意义。

杜威对中国的影响的研究至今仍然并不深入。但是，至少有一点是肯定的，那就是对中国教育改革的影响。胡适和蒋梦麟以及陶行知（1891—1946），[④] 在很大程度上传承了他的实用主义教育思想。

---

① 民国时期著名教育家、作家和政治家。在哥伦比亚大学师从杜威，获得哥伦比亚大学教育学博士学位。1919年—1927年任北京大学教授。后担任浙江高等学堂（后浙江大学）校长。1928—1930年，任教育部长。

② 见《新青年》“杜威演讲”，高一涵（1884—1968），七卷1号，2号和3号。

③ 1914年获美国西北大学教育学博士学位。归国后曾任金陵大学国文部主任。译著：《思维术》（杜威著）；著作：《西洋古代中世纪哲学史大纲》；《近代西洋哲学史大纲》等。1923年逝世，年仅36岁。

④ 几乎完整继承了杜威的教育思想，提出了“生活即教育”、“社会即学校”、“教学做合一”三大主张，生活教育理论是陶行知教育思想的理论核心。著作有：《中国教育改造》、《古庙敲钟录》、《斋夫自由谈》、《行知书信》、《行知诗歌集》。

（王国维。图片来源：http://cn.bing.com）

王国维（1877—1927），浙江海宁人。近代中国著名学者，杰出的古文字、古器物、古史地学家，诗人、文艺理论学、哲学家。世代清寒，幼年苦读，为秀才。早年屡应乡试不中，遂于戊戌风气变化之际弃绝科举。二十二岁起，他至上海《时务报》馆充书记校对。利用公余，他到罗振玉办的“东文学社”研习外交与西方近代科学，结识主持人罗振玉，并在罗振玉资助下于1901年赴日本留学。

中国近代著名学者，王国维从事文史哲学数十载，是近代中国最早运用西方哲学、美学、文学观点和方法剖析评论中国古典文学的开风气者，又是中国史学史上将历史学与考古学相结合的开创者，确立了较系统的近代标准和方法。这位集史学家、文学家、美学家、考古学家、词学家、金石学家和翻译理论家于一身的学者，生平著述62种，批校的古籍逾200种。介绍最多的是尼采、叔本华和康德。

王国维通过《教育世界》的“传记”栏目译介西方名人的“嘉言懿行”，囊括了欧、美各国在哲学、教育学、伦理学、心理学和自然科学（如富兰克林）等方面众多代表人物的传记（或自传）。尤其是那些“足以代表全国民之精神”的西方大文学家。[15]

梁启超赞其“不独为中国所有而为全世界之所有之学人”，而郭沫若先生则评价他“留给我们的是他知识的产物，那好像一座崔嵬的楼阁，在几千年的旧学城垒上，灿然放出了一段异样的光辉”。

王国维喜欢亚瑟·叔本华（Arthur Schopenhauer，1788—1860）和弗里德里希·威廉·尼采（Friedrich Wihelm Nietzsche，1844—1900）的著作。他首先阅读的是康德（Immanuel Kant，1724—1804）的《纯粹理性批判》（*Kritik der reinen Vernunfr*，1781），他感到内容深奥，难以悉解。他便又读叔本华的《作为意志和表象的世界》（*The World ai Will and Representation*，1818），深受叔本华的影响。王国维写了《汗德像赞》《叔本华之哲学及教育学说》《叔本华和尼采》《书叔本华遗传说后》《释理》等论文，全面介绍了康德、叔本华、尼采的哲学思想。王国维深受叔本华思想的影响，哲学、美学、教育、宗教、法律、政治各方面的阐述都运用了叔本华的思想。[16]其《势力不灭论》

首次向国人介绍能量守恒原理。

后人似乎对王国维的研究还是停留在他的国学研究领域。对于他在译介德国哲学家的著作以及解释研究还有很大空白。这些译著对当时的西方哲学思想对中国的影响则更少涉及。

从严复、胡适和王国维当时的译介和学术活动来看，当时对中国影响最大的是英国、德国和美国的思想。在这里，侧重的是与科学技术思想有关的译介和学术活动。

除此而外，陈独秀、胡适等人 1915 年 9 月 15 日的创办《新青年》杂志被认为是“新文化运动”的标志性事件。《新青年》整合了当时中国最优秀的一代知识分子，以其鲜明独特的对中国问题的思考和表达方式，对中国青年的思想和行为产生了巨大影响。该杂志申明：“我们相信尊重自然科学、实验哲学，破除迷信妄想，是我们现在社会进化的必要条件。”① 新文化运动提倡科学与人权，号召国民学习科学，摒弃落后的儒教文化。陈独秀说：“科学者何吾人对于事物之概念综合客观之现象诉之主观之理性而不矛盾之谓也。”“当今浅化之民，有想象而无科学，宗教美文，皆想象时代的产物。近代欧洲之所以优越他族者。科学之兴。其功不在人权说下。若舟车之两轮焉。今且日新月异。举凡一事之兴。一物之细。罔为浅民之民也。则急起直追。当以科学与人权并重。”②《新青年》杂志在介绍西方自由思想和科学以外，还介绍了马克思的思想，其中最重要的就是马克思的《资本论》中的“剩余价值学说”。介绍马克思主义最早的人是陈独秀、李大钊、李达。

## 四、科学组织：科学研究与科学普及

这个阶段，中国进入了由中国科学家和知识分子自己成立组织并开始系统建立科学技术研究体系，同时开始有组织进行科学技术传播的活动。这两个组织是：1914 年成立的“中国科学社”（Science Society of China），并于 1915 年创办《科学杂志》（*Ke Xue*）③；1932 年“中国科学化运动协会”成立，开展了中国科学化运动。该组织于 1933 年创办《科学的中国》杂志（1933—1937）。

这个时期的主要特征是：中国科学社以留美科学家为主的学者以

---

① 《新青年》第 7 卷第 1 号，1919 年 12 月 1 日。

② 陈独秀.“敬告青年”.《青年杂志》1 卷 1 号. 1915 年 4 月 1 日。

③ 科学杂志网 http：//www.kexuemag.com（2014）。

“科学救国”为目的，模仿英国皇家学会的模式，自发成立组织和积极开展关于科学普及的讨论和以普及科学知识为主的科普的活动。由政府和个人资助。科普概念和理论呈现多元化现象。

中国科学化运动协会。中国科学化运动以国民政府官员和科学家为主，同样以“科学救国”为目的的科学普及概念的讨论。但是与科学社不同的是，中国科学化运动协会的人员多来自政府当局和有影响的知识分子。他们已经意识到科学与中国传统文化之间的关系，对科学技术的普及提出具体的纲领和目标，讨论的范围更为广泛和深入。其中涉及科学知识、科学方法、科学精神与创造的科学。经费由政府和个人资助。科普概念开始出现统一化趋势。

这两个中国早期的科学技术组织开创了中国科普的先河。在他们早期的讨论中不仅创立了“普及科学”“科学的实用与普及”的术语，而且对科普的组织形式，运用媒体阐述科普理念和科学文化的观念等各方面都做出了杰出的贡献。

### 1. 中国科学社成立（1914）和《科学杂志》（1915）创刊

（中国科学社第一次年会。图片来源：http：//cn.bing.com/images/search?q= 中国科学社，1915。2014-6）

民国3年（1914年）6月10日，中国科学社诞生于美国纽约市康奈尔大学。最初，中国留美学生任鸿隽（1886—1961）、赵元任（1892—1982）、胡明复（1891—1927）、秉志（1886—1965）、周仁（1892—1973）、过探先（1886—1929）、金邦正（1886—1946）、章元善（1892—1987）、杨铨（1893—1933）九人创意成立科学社（Science Society）他们认为：“鉴于祖国科学知识之缺乏，决意先从编辑科学杂志入手，以传播科学提倡实业为帜志……”《科学杂志》于民国4年（1915年）1月正式创刊，内容以“阐发科学精义及其效用为主”，“以传播世界最新知识为帜志。”① 在传播的知识中包括科学精神、科学方法等理论知识和科学发明、科学应用等实用知识。[17]

中国科学社是中国最早最主要的综合性科学团体，是中国现代科

① 《科学》创刊号. 1915年1月。

学的启蒙团体。中国科学社出版的《科学》杂志曾经享誉世界。1915年，发明大王爱迪生在得知中国的《科学》创刊的信息后，曾发出“伟大中华民族在觉醒”的感慨。20世纪40年代中期，著名科技史家、剑桥大学李约瑟（Joseph Terence Montgomery Needham，1900—1995）教授曾称许《科学》期刊为中国之主要科学期刊，并把它与美国的《科学》杂志、英国的《自然》杂志相提并论，称之为科学期刊的A（America）、B（Britain）、C（China）。

（《科学》杂志。图片来源：http://zh.wikipedia.org）

除了《科学》杂志以外，中国科学社还出版:《科学画报》(1933年创刊)；《论文专刊》(1933年创刊，1936年停刊)；《科学通论及单行本论文》；《科学丛刊》；《科学丛书》；《生物论文》。任鸿隽的科普思想在《科学》杂志上进行了充分的阐述。纵观任鸿隽对科学的理解和阐释，有以下几点特别值得注意。

任鸿隽重视科学的精神。他对科学精神总结了五个特征：一是崇实，二是贵确，三是察微，四是慎断，五是存疑。他还说，如果再加上不怕困难、不为利诱等品德，就更完备了。相比之下，中国学界却有四大弊病：一是材料偏而不全，二是研究虚而不实，三是方法疏而不精，四是结论“乱而不秩”。这还是就学问而言，“至于那些趋时应世的文字，于学问无关而于人心有害的，(就)更不消说了”。①

任鸿隽认为应该重视科学的价值的传播。中国的社会过于追求利益，认为技术比科学更重要，因此，应该将技术放在第一位。任鸿隽把这种认识称为“为利而学”，而不是“为学而学”。这也是中国长期衰弱，国人“非愚则诶”的主要原因。如此可悲的状况，是中国科学事业举步维艰，发展缓慢的症结之所在。

任鸿隽说“一个理想中有教育的人，在智慧方面，至少的限度，必须对事理有正确圆满的了解，对于行事有独立自信的精神。要养成这样的人格，第一的需要，是智识上的好奇心。有了智识上的好奇心，方能对于各种的问题或事务，加以独立的研究。研究所得的结果，才是我们信仰的根据。”因此他最反对以科学的名义向青少年灌输所谓信仰和理想。他认为这样会扼杀他们在智识上的好奇心，与欧洲中世纪宗教专制思想没有两样。[18]

竺可桢（1890—1974）的科学普及思想在中国科学技术普及历史上具有重要的意义。他在1919年8月15日的科学社第四次年会上致词

---

① 任鸿隽.“科学精神论”,《科学》第二卷第一期，1916年1月。

“中国科学社的事业”指出：“二十世纪文明为物质文明，欲立国于今之世界，非有科学知识不可”。

他在 1929 年 12 月 22 日的《中国气象学会会刊》第 5 期上说：“学会年会不可偏废之三事”一文中提到不可偏废之第三事，“推广专门智识。政府之学术机关，以限于职守，不能罗致多士，惟学会会员，无有限制，始足以济其穷。故尤当多开宣讲会，使专门智识普及于民众。”

竺可桢还在上的“论不科学之害”一文指出，“近世科学，好像一朵花，必得有良好的环境，才能繁殖，所谓良好环境就是‘民众头脑的科学化’”“民众头脑的科学化，是一件不容易的事。第一，要养成社会民众科学的态度，第二，要社会民众能应用科学的方法。”“中国社会不科学的空气，实在太浓厚，要移风易俗，不是容易的事。”[①]

中华民国大学院首任院长蔡元培在 1928 年《大学院公报》发刊词中说“一曰实行科学的研究与普及科学的方法：我族哲学思想，良不后人，而对于科学，则不能不自认为落伍者。……且不但物质科学而已，即精神科学如心理学美学等，社会科学如社会学经济学等，西人已全用科学的方法，而我族则囿于内省及玄想之旧习。……近虽专研科学者与日俱增，而科学的方法，尚未为多数人所采用，科学研究机关更绝无仅有。盖科学方法非仅仅用于所研究之学科而已，乃至一切事物，苟非凭籍科学，明辨慎思，实地研究，详考博证，既有所得，亦为偶中；其失者无论矣。本院为实行科学的研究与普及科学的方法起见，故设立中央研究院以为全国学术之中坚；并设立科学教育委员会以策划全国教育之促进与广被。”

《科学》杂志是中国以科学家为主创办的第一份学术杂志，同时也是科学普及的杂志。但是，办刊的宗旨似乎在专业和普及之间动荡，其主要内容还主要是科学技术专业的知识为主，偶尔有大众科学的内容。从这一点看，“中国科学社”还是科学专业机构，而非科普机构。

尽管如此，大约是受到英国科学协会等机构科学演讲活动的影响，中国科学社也经常进行定期演讲、召开年会时演讲和请外国专家进行演讲和科学展览。

值得一提的是，中国第一个科学期刊协会是在中国科学社的帮助成立的。首先要谈到《科学大众》杂志。该杂志创办于 1946 年 10 月。能够查阅到的最后一期是 1950 年 7 月。全部发行期刊共 7 卷。1949 年停刊。据说该刊在 1936 年有过一次创刊经历，当时是周刊，但不久就停刊了，

① 《东方杂志》33 卷 1 号 1936 年 1 月 1 日。

1946 年重新创刊。该刊虽然不如《科学》和《科学画报》创刊时间早，名声大，但是，在阐述科学普及的理念上却很有值得研究之处。这是一本地道的大众科学技术普及杂志。从杂志创刊号上可以看出，编辑者是“科学大众月刊社”，发行者是“中国大众出版社”。在今天的大众科学研究文献中几乎无人注意到这个重要的科学普及刊物，但是，该刊由于是在中国科学社的帮助下成立的，其撰稿人多数为科学家和教育家，其内容是当时最新的科学技术信息和知识，因此，刊物质量即使在今天，也可以说是非常好的大众科学期刊。

《科学大众》在每期差不多都会发表一个“社论”，表达办刊的思想和经营理念。其中关于科学普及的思想在今天看来都具有重要的价值。归纳起来，大概涉及科学文化、科学精神、科学方法、科学写作的理念和风格等。

《科学大众》不仅传播科学技术知识，而且邀请著名知识分子在刊物上阐述科学传播的思想。在其 1947 年 3 月号上，署名“文如”的作者发表“短论”：“希望专家通俗化”。文章认为：“他们（指专家）对于学术上的贡献，我国一般民众是不会知道的。他们如有学术上的著作，一定用英，德，法，拉丁等文字在来写，大半在国外的杂志上发表。我国一般民众也渴望沾润一点科学知识，他们是没有顾到的。一般无力踏进大学门槛的知识青年极想参与一些科学工作，他们是没有考虑到这样加以援助的——虽然这是与整个社会机构和政治状态有关的，不能专对个人加以求全的责备。——单就发表投诉文字一项来讲，我们对于科学专家，总觉得他们还欠有热忱，不够积极，不知身为专家的诸位先生，以为如何？”

文章最后号召：“我国目前的各科专家，如其能够分出一部分精力来从事于写作通俗化的文字，对于各种通俗的科学刊物加以培养，竭力使科学通俗化，大众化起来，那么，中国科学的进步，一定会加速。谨在这里以十二分的诚意，祈求‘专家通俗化’，该能获得绝好的回音吧！”

在 1947 年的 4 月号上，发表了一篇署名为“赛音诗”的“把情感投入于科学”一文中，认为通俗科学文章的目的不是仅仅灌输科学知识，而是“要在大众造成一种科学的信仰。”作者在列举各个日本、欧美和苏联等国家对科学的崇拜和信仰后，批评中国国民在沉浸在迷信之中。“信仰的缺失是一种当前最严重的缺失。”“中国需要许多信仰在鼓舞人心，我们相信科学亦能成为一种信仰，亦即成为一种宗教。”但是，“一本科学刊物不是《福音书》，我们也极不愿意读‘科学八股’一类的文字。”“科学信仰的建立有赖于人心的潜移默化与自然的诱导……所以，通俗的科学刊物不可不注意到这点。现在我们应当把情感掺入于科学之中，这是值得一试的。”作者认为，对科学的信仰并不是要对人们进行科学观念的强迫灌输。“在科学的信仰中，这种形式上的信仰以及强迫的观念是不存在的，而且是根本不需要的。”“科学的信仰是建立在有赖于人心的潜移默化与自然的诱导，而宗教的本质原是情感，不是理智”，所以通俗科学的刊物不可不注意到这点。

在文章中，作者认为，科学期刊“最忌讳说教式的文字。”而应该“描写”科学。描写“科学的美丽，科学的奇异，与科学的伟大。”而“通俗读物与教科书不同的地方就在于它包含着情感，通俗科学须应用艺术家和诗人的方法。”“科学的伟大，奇异与美丽使人产生自动研究的好奇心，有了兴趣，始能发生爱好与崇拜，幻想与憧憬，许多科学家与事业家的成就往往由此出发。”

在其他的文章中，还谈及了科学的大众化、科学的种子儒家思想对科学思想的扼杀等。这些文章即使在今天也是很有启示意义的。

1947 年 7 月，“中国科学期刊协会”正式成立。在《科学大众》8 月号上，发表了“中国科学期刊协会成立宣言”。在这个《宣言》上，沉重而庄严地宣称：……“我们这些刊物，都是民间的刊物，一向都是几个从事科学工作的团体或个人，有鉴于科学研究的重要和科学建国的急需，从而就本身的力量，在这一条道路上，尽一点绵薄力。这三十年来，中国经历了空前的大动乱，政治的变革，经济的激荡，外患的侵凌，内忧的相继，我们各个刊物，站在各自的岗位上，坚苦应付，勉力撑持，虽至今天仍未尝稍稍苏息。这一段经历虽然艰苦，却未尝稍稍动摇我们的信念：中国终必要好好的建成一个现代国家，我们的科学研究与科学建设终必有发扬光大的一日。”

中国历史上的第一个科学期刊协会的成员有：《工程界》《化学工业》《化学世界》《中华医学杂志》《水产月刊》《世界农村》《科学》《科学大众》《科学世界》《科学时代》《科学画报》《纺织染工程》《现代铁路》《电工》《电世界》《学艺》《医药学》和《纤维工业》。

由于资料的局限，我们目前无法知道科学期刊协会后来的发展情况。但是，我们至少可以知道，在中国科学社和《科学》的带领下，民国时期的科学杂志是繁荣的，这些科学杂志中表达的对科学的认识和传播科学的目标是明确的。科学杂志的办刊方针和内容的先进性都达到很高的水平，甚至，对于今天科学期刊的发展都具有一定的借鉴意义。

### 2. 中国科学化运动（1932—1937）

中国科学化运动是中国历史上第一次以官员和学者为主，以成立“中国科学化运动协会”作为组织形式，以《科学的中国》（半月刊）刊物为表达思想观点的平台，有组织，有思想，有纲领，有计划的科学普及高潮。中国科学化运动协会与中国科学社同以传播科学知识和思想为宗旨，但是，中国科学化运动协会更多的探讨了科学与社会发展，科学与经济，科学与国防，科学与民俗，甚至科学伦理的诸多问题。该组织尤其在中国如何实现科学化的问题上进行了贯穿始终的、深入的研究。

中国科学化运动协会 1932 年 11 月在南京成立。刚成立时会员只有 50 余人。1933 年，《科学的中国》创刊，刊物以系统宣传科学化运动为其宗旨。中国科学化运动协会章程的总则是“为研究及介绍世界科学之应用并根据科学原理阐扬中国固有文化以致力于中国社会之科学化。”[19]

科学化运动协会成立后，通过创办杂志、发表文章，推荐名人学者在中央广播无线电台对重要的科学问题发表演讲，在各地组建分会等方法，结合中国当时的经济、国防、民俗、百姓生活等具体问题进行讲解。协会组织者曾提出“以 500 万人受科学知识之直接宣传为最低要求”。但是由于当时中国整体科学水平和民众科学素养不高等各种因素的限制，运动发展并不尽如人意，37 年南京沦陷时为止会员仅约 3000 人，未能如组织者期望的那样真正推向社会。

中国科学化运动协会虽然仅仅存在了大约 5 年时间，但是，它对科学的社会化问题的讨论之广和深入，实为中国近代史上产生了重要的影响。中国在科学技术普及的历史研究方面，由于多种原因，忽略了对这段历史的研究。今天，我们大力提倡科学技术造福社会，大力提倡创新和建设小康社会，提高公众科学素养，传播科学知识、弘扬科学精神、倡导科学方法，认真研究中国历史上在同样宗旨和思想所倡导的科学文化运动，不仅对于了解 70 多年前中国学者的思想和实践有益，而且，可以了解在中国历史上国人是如何看待科学的发展观和科学对社会的影响。这些对于我们今天进行科学技术的普及和传播具有重要的参考意义。

**（1）组织性质**

由于资料的缺乏，我们无法了解中国科学化运动协会的起因和最早倡议者。从主要成员的身份和背景来看，大多数是具有高等学历的政府官员和高级知识分子，其中许多人有国外教育经历。

董事会

常务董事：吴承洛；张其昀；顾毓瑔；

董事：陈立夫；张北海；陈果夫；邹树文；余井塘；徐恩曾；

干事会：（总干事）张北海；

（干事）陈有丰；邹树文；李学清；潘澄侯；魏学仁；顾毓瑔；

编辑委员会：（总编辑）张其昀；

（编辑委员）皮作环；李学清；倪则埙；张钰哲；许应期；邹树文；潘曾侯；钱天鹤；戴安邦；魏学仁；

常务董事吴承洛（1892—1955），1916年毕业于北京清华大学化学系。1917年赴美国，入理海大学及哥伦比亚大学学习，1920年获硕士学位。在留美期间，曾任中国工程学会副会长、会长，为中国化学学会创始人之一；同年回国，在上海复旦大学任教。1922年赴北京，任北京师范大学教授，北京工业大学化学系主任、代理校长。1932年4月，任中央工业试验所所长，9月任工业部全国度量衡局局长。1938年8月，任经济部工业司司长。1946年任中国化学会理事长。1947年2月，任经济部商标局局长。中华人民共和国成立后，任中央人民政府财经委员会中央技术管理局发明处处长，并任中央重工业部化学工业试验所工程师、中国工程学会秘书长，中国工程师学会编辑，中国化工学会筹备组负责人，全国科普工作宣传计划委员会副主任委员。

常务董事张其昀（1901—1985），1923年6月毕业于南京高等师范学校文史地部。1927年任中央大学地理学系讲师，后升任教授。1935年6月，当选为国民政府中央研究院第一届评奖会聘任评议员。1936年夏，任杭州浙江大学史地学系教授兼系主任；8月任吴越史地研究会理事。1938年2月，任监察院监察委员。1939年8月，任浙江大学史地研究会理事。1939年8月，任浙大史地研究所主任。1940年12月，任第二届国民政府参政员，兼任中央政治学校教授，中国科学社理事。1946年9月，选为三民主义青年团第二届中央干事会干事。1949年去台湾。1957年6月，任中央研究院第三届评议会评议员。1963年，任国民党第九届中央委员、中央常务委员。

董事陈立夫（1900—2001），美国匹茨堡大学硕士，时任中国政治学校代教育长，全国经济委员会委员。董事陈果夫（1892—1951），时任江苏省政府委员兼主席。董事余井塘（1896—1985），美国爱茂华大学经济学硕士，时任江苏省政府委员，国民党第四届候补中央委员。

董事徐恩曾（1896—1985），美国卡内基大学学士，时任国民党中央组织部党务调查科科长。干事邹树文（1884—1980），康奈尔大学农学学士、伊利诺伊大学农业硕士，时任国立东南大学农科教授、浙江昆虫局局长。干事李学清（1892—1977），中央大学理学院院长、地质系主任。

编委张钰哲（1902—1986）1929 年获得美国芝加哥大学天文学博士学位后回国，任南京大学物理系教授，兼任中央研究院天文研究所特约研究员。1950 年任紫金山天文台台长。1955 年当选中国科学院学部委员。曾先后发现 4 颗小行星。1978 年，《国际小行星通报》宣布哈佛大学天文台 1976 年 10 月 23 日发现一颗小行星，编号为 2051 号，命名为张，以表示对张钰哲的敬意。编委皮作环（生卒不详）毕业于法国朗希森林学校，时任国立北平农学院院长。

中国科学化运动协会设在南京城北蓁巷四号。其经费的主要来源是：会员会费（2 元）及常年费（1 元）；赞助会员入会费 200 元常年费；自由资助；政府经常补助费；团体或私人捐款；基金之利息；中国科学化运动协会是个人会员制，体制似乎与中国科学社近似，是按照英国皇家协会的模式组建和开展活动的。

**（2）“科学社会化和社会科学化”理论**

中国科学化运动协会在其《科学的中国》创刊号的重要文章“中国科学化运动发起旨趣书”中阐明，成立中国科学化运动协会的目的就是要集合起研究自然科学和实用科学的人士，把科学知识“送到民间去，使它成为一般人民的共同智慧，更希冀这种知识撒播到民间之后，能够发生强烈的力量，来延续我们已经到了生死关头的民族寿命，复兴我们日渐衰败的中华文化，这样，才大胆地向社会宣告开始我们的中华科学化运动的工作。”

旨趣书还认为，过去，西方文化输入中国的途径“太迂廻浪费”，所以一定要寻找一条更为“敏捷的途径”。中国的主要问题是“社会的‘贫’‘陋’，与人民的‘愚’‘拙’。”而中国科学化运动的目的就是“在解决中国的经济问题，政治问题，教育问题，文化问题，不但在我们进行中感到工具上的困难，我们的问题原来就在一般工具的缺乏与窳败，也原来就在科学知识的浅薄，在科学知识只有国内绝对少数的科学家所领有而未尝普遍

《科学的中国》（半月刊）
地址：南京城北蓁巷四号。
时间：1933–1937

化社会化，未尝在社会上发生强烈的力量。”科学化运动协会认为，西方文化的输入的途径的迂回不仅“浪费”，而且，要解决中国的问题，就不能回避中国自己的问题。

科学化的目标是：“科学社会化，社会科学化。”

邹树文对科学化有一个简约化的解释：

“①以科学的方法整理我国固有的文化；②以科学的知识充实我国现在的社会；③以科学的精神创造我国未来的生命。”[20]

**主旨思想**

在“第二期工作计划大纲”中，对于科学化做了进一步解释。“(一)对于过去之知识及资料，用分类，归纳，注释，阐明，发挥，种种方法，加以整理，使之合乎现代之用。(二)对于现代之科学知识及方法，应充分利用，以解决目前之国防，生产，生活问题。同时用极浅近的譬喻与理解，灌输于一般民众；不特使科学知识和方法，成为多数人民所公有公享，且使全国人民得具有参加救国工作之有效工具。(三)对于未来之科学进步，应谋其有益于人群，一般青年在幼年时代，应使得到科学常识及方法之熏陶，养成有系统之思想，有组织之能力，有正确之观念，有敏捷之行动，以期迎头赶上世界科学的文明，而光大中华民族之生命。”对于中国过去的智识和资料不能采取厌弃的态度，应该进行检阅、整理和更新的工作。

用科学方法整理固有文化的主要措施和做法是：对于零散杂乱的进行归纳和整理。过于繁复的资料进行简约化处理。不适用者进行摈弃。不得简单将中国传统文化随意抛弃。反对传统文化中迷信的部分。对于自然现象进行科学的合理的说明。简单说就是：去糟粕，留精髓，提炼精华，为现代所用。

以科学的知识充实我国现在的社会强调不骛高远，讲求实际。用科学切实解决国防和生产实际问题，促进人民生活的确实改进，用科学解除国家和民族的危机。鼓励通过言语、文字、艺术、行为、展览会、讲演会和辩论会或实事实物进行科学知识和方法的传播的人，皆应提倡和赞助。

以科学的精神创造我国未来的生命。应注重国家未来的准备工作。这种准备主要是要“养成创造的心理”。倡导制作能够增进儿童的想象力和创造力的科学读物和玩具。鼓励青少年应用科学，奖励成绩优秀者。

关于科学方法的讨论构成科学化运动的重要组成部分。吴承洛在“中国科学化的先决问题”一文中，认为：“曰科学方法者，乃根据事实，或假设理论，详为观察分析，比较类别，融合贯通，演绎归纳，以求出其相同相异之点。更由此相同相异之事之理，以推及于他是他理。故科学方法之重要，实远于科学之本体。研究事物之本体，而不用科学方法，则虽穷年累月，鞠躬尽瘁，亦不能得其所以然，与其所当然之理。中国学术，自秦汉以来，即无进步，非不研究也，无适当之科学方法故也”。吴承洛关于科学方法的概念涉及假想、观察、分类、归纳和推理。

张其昀认为“科学化”是科学的“副产品”。科学要求“已立”，“已达”；“科学化”要求“立人”，“达人”。“科学的精神注重严谨研究，科学化的精神注重应用普及。”这好像是中国第一次提出科学普及的概念。

**（3）科学创新性的提倡：“创造的科学”**

“创造的科学”的概念指在科学研究中以发明创造为目的的科学研究。而创造性的科学研究绝非仅仅在实验室中就可以实现的，需要一个适合创造性科学产生的社会和文化环境。金陵大学理学院的魏学仁（1899—1987）在其“创造的科学”[21]一文中对创造性的科学的意义以及产生的必要社会文化条件进行了探索。他“主张中国应当从速提倡创造的科学，提倡有发明有发现的科学。以赶上西方科学的文明，并且创造我们新的文化。科学同文化是分不开的。要想有进步的文化，须先提倡有创造力的科学。”

只有创造性的科学才能增强工业的竞争力。创造性的研究产生专利，而专利是工业竞争力的关键动力。科学无国界，但是，科学创造性的成果却是有国界的。任何国家的竞争力都是来自自己的创造性的科学研究和技术开发。魏学仁认为，国防与创新性的科学研究更为密切相关。无科学不能谈国防。没有自己的创新性科学发明也不能谈国防。“技术的人才和器械是可以出代价买来的，神秘的创造是不可能依赖他人的。科学不能自立，中国不能谈国防。”

中国在近代世界科学发展中基本没有贡献。魏学仁认为，中国要在世界科学发展中有自己的地位，比如解决这样几个问题。第一，“造成科学的空气。”就是我们今天所说的科学的氛围。德国之所以科学发达，就是因为德国人对科学具有浓厚的兴趣。而当时美国人的科学兴趣却远不如欧洲人的科学兴趣高，以至于欧洲人说美国无科学。直到美国加入欧洲战争以后美国人才意识到科学的重要。魏学仁在谈到中国时沮丧地说：“中国现在暮气太重，国难当前仍是萎靡不振。”他认为，“要救亡只有提倡创造的科学，先要全国造成科学的空气。”而这种空气的造成主要靠报纸、杂志多发表文章“讲述科学的重要，并对于国内外科学的发明，科学的建设，多多介绍。”他认为，中国出洋留学者并不少，但是为何有成就者并不多？留学生有部分责任，中国社会也要负一大部分责任。也就是说，中国科学空气的缺乏是导致创造性科学欠缺的主要原因。

第二，除了科学空气的欠缺以外，必须改革中国各学校科学教学法。魏学仁认为，学校教育是培养创造性科学人才的基础。但是，他悲叹道："中国一般学校的科学教学法，可以说是书本教学法。"他列举了美国专家和其他教育机构对中国科学教育的评估结果，结论是"中国现在的科学教学法是书本式教育，用的是注入式的方法，学生没有观察的训练，思想的训练，更谈不到实验的精神，和自动的思想。"他认为造成这个教育状况的主要是理科教员的责任。

他还提议要鼓励私人研究与私立研究机关。中国已经有中央研究院、台北研究所、军政部理化研究所、实业部工业研究所等重要的研究机构。但是，科学研究的范围如此之大，仍然需要鼓励科学研究的社会化发展方向。在西方国家的科学机构中有很多私人研究机构，他们可以研究大研究机构不研究和生产的专业仪器和设备，补充科学研究的漏洞。他认为："如果再能多多奖励私人研究或私人研究机关，那么，我国数年以后，不患科学上创造的人才了！"

魏学仁的关于创造性科学和文化之间的关系的见解在70多年前就能提出，确实难能可贵。其中关于创造性和文化之间的关系以及为推进科学文化所建议的措施，即使在今天，也是有其重要的价值的。

**（4）国防科普**

（蒋介石为《科学的中国》第一卷第八期"国防专号引言"题词。）

（何应钦为《科学的中国》第一卷第八期"国防专号引言"题词。）

由于当时战争形势的需要，中国科学化运动协会将国防科普工作放在十分重要的地位。《科学的中国》第八期为"国防专号"。蒋介石为这期"国防专号"题词"可使知方"。[22] 何应钦的题词："建威消萌"。

学者们痛感战争的本质就是科学的竞争。"近代武器之精进，战争范围之广大，乃产业革命之结果，亦即科学发达为之造因。如无近代科学之发明，决无近代科学之战争，遂亦无近代极繁重之国防。故科学实为国防之核心问题。一国之政治经济社会诸现象随科学之发达而进化者也。舍科学而言救国绝无是处。我国今日如不急谋科学之进步，则社会改造，终于无望，而国防基础，亦无由巩固。”

国防科普文章大多数涉及的是科学如何增进国防能力的问题，或者说更多的探讨的是妨碍国防科学化的因素问题。在“北平文化基金委员会”顾谦吉的“科学与国防”一文中，从欧洲战场上空军使用机关枪的例子说明，只有科学才能使国防得到真正的增强。顾谦吉①认为，中国由于经济的不发达，使得那些在外国留学学习成绩并不次于外国人的科学家回国后就默默无闻了。这是因为国内试验工作必备的物质和机械设备，所以大多数没有施展才华的机会。而发明更是不可能的。作者已经意识到科学增强国力和国防绝对不是一蹴而就的问题，“激烈争斗的正文，开幕恐怕还在十年以后。”[23]

国防与工业密切相关。工业的作用是当时国防科普的另一个重要内容。在谈论工业和工业原料与国防关系的文章中，以中央大学工学院的陆志鸿（1897—1973）的“原料与国防”和军政部兵工署理化研究所的吴钦烈（1896—1966）的“工业与国防——窒素工业与国防民生”两篇文章比较有分量。

陆志鸿在其文章中，认为“加工原料之自给”是国防事业中的“要诀”。石油、钢铁是抗日战争中最为重要的原料。由于中国钢铁生产不能自给，枪炮子弹匮乏，抗日战争是不可能取胜的。作者介绍了原料的种类、钢铁的生产方式、中国煤的储藏量在世界上的地位、中国煤的质量和分布、石油的军事作用以及世界大国对石油资源的控制、中国石油的分布和开采的困难。作者下结论说，煤、石油和钢铁是与国防直接相关的重要原料。尽管中国煤储量较丰，但是铁矿贫乏，石油储量不明。更严重的是，煤铁矿大半都操纵于帝国主义者之手。因此，中国的“生命线已经掌握在列强之手中”。作者呼吁：“如欲真正下一决心，以巩固国防，安定国基者，必先待政府彻底明了国防与原料之密切关系。”文章充满了忧虑，对原料和国防的关系做了透彻分析，呼唤政府振兴国家原料产业，坚决抗日。

国防问题除了密切相关的工业和原料问题以外，农业问题也在讨论范围中。在农业与国防问题上，对于当时国民政府存在的问题同样没有躲闪和回避，甚至进行了批评。中央大学农学院的邹树文（1884—1980）的“农业与国防”从历史各个朝代战争与农业休戚相关的问题进

① 生卒不详。近代著名学者，翻译家、高级专家。毕业于清华大学。

行探讨。他认为，从民国时代开始，假使不是用兵打内战，而是像春秋时期一样，兵同时也是农民，农民战时就是兵的管理方法，“二十余年所养的兵，假使不是拼命去做内战，而是到东北或者西北去屯田，不但增加国富，而且令膏腴之地，不致荒废，人烟稀少。”[24]

关于农业问题的讨论似乎对政府的埋怨更多些，在应用科学解决问题方面探讨的少些。这可能与当时的科学技术发展程度有关。但是，无论如何，在促使政府和公民意识到粮食和国防之间的关系方面确实起到警醒的作用。同时，在开发土地和屯兵的双重作用的探讨中，确实起到启示的作用。新中国成立后，在新疆和内蒙古实行的屯垦戍边政策具有异曲同工之妙。

**（5）科学指导“新生活运动”**

中国科学化运动协会会员孟广照，① 认为新生活运动与科学化运动之间是有必然的联系的。“第一，提倡创造的精神。”科学给人类的生活带来了前所未有的便利的同时，也使得人们知道了自然界具有自己的法则和运行的规律。科学就是探索这种规律和运用这种规律的学问。人类要学会利用自然界的规律，进行创造性的新的探索是寻找新生活的重要途径。“所以提倡创造的精神是科学化运动的一大目的。”“第二，普及科学知识。”在利用物质中，应当懂得如何利用物质。人们应当养成卫生的生活习惯，锻炼强健的体魄。“第三、提倡科学方法的应用。科学方法是根据事实以做有系统的研究。”[23] 在用科学指导新生活运动中涉及创造精神、普及科学知识和提倡科学方法。在当时中国文化和理性精神尚不发达的情况下能够提出这些科学化生活的思想，即使在今天看来也是难能可贵，值得研究的。[25]

许应期（1899—？）认为，科学化的生活就是探究生活的本质，要经常问自己为什么生活和如何生活。也就是说生活的目的必须要明确，而且有确实的方法使生活发挥潜能和有效率。这种生活的科学化不仅是个人应该提倡的，更重要的是整个民族必须生活科学化。在提倡生活科学化中，将物质世界的发展规律和机械运动规律的道理与人类的生活和民族的未来结合在一起，起到了一种激励民族精神和为了光明的未来积极生活的鼓励作用。

**（6）普及科学有效性的设想和呼吁**

学者们不仅对生活科学化有号召和提倡，而且对于如何在全社会有效普及科学化教育提出了建议。张国维（生卒不详）认为，科学教育的普

---

① 生卒不详。曾与储安年等人为《中央日报》撰稿。

及，首先要使国民重视科学之精神。要达到这个目的，就必须扩大科学的宣传及训练，“乃为普及科学教育之先决条件也。”而进行科学的训练并不一定要有科学的仪器和设备，“大千世界，无物不为科学之范围，即无处不可为研究之场所……”在家庭中的厨房中的瓜果蔬菜的选择和切剁就是观察植物的时候。杀鸡宰鸭、烹羊屠猪就是动物的解剖试验。烧茶煮饭，调制食品就是普通物理化学的试验观察。出外野游也是观察大自然的绝好机会。在城市中，应该利用社会教育的宣传利器，比如电影及播音。在广播电台播送节目的时候先进行 20 分钟的工业宣传。要求广播电台每个星期进行 20—30 分钟的科学宣传。电影审查委员会应该立法，“多方奖励科学新闻影片”。播放科学新闻片时，“与以相当补贴，嘱其减价公演，或竟完全开放，如是则各得其益，并能普及。”[26]

中国科学化运动协会是中国历史上第一个与政府有关的科普组织。这个协会的成立与当时国民政府一系列的科学政策有关。国民党 1927 年定都南京后，在发展科学上做了一些奠基性的工作：1928 年建立中央研究院，蔡元培任院长。主要的科学工作包括修造紫金山天文台，加强大学建设，组织中国的科学技术专家修建浙赣路和修建钱塘江大桥。“中国科学化运动”是由一批政府官员和学者提议并且极力付诸实践的科学普及运动。

中国科学化运动协会虽然非政府组织，经费的来源与中国科学社基本一样。但是，从创建人员的构成来看，多数是当时政府、研究机构和大学的官员和学者。传播手段也不仅依靠《科学的中国》半月刊，而且能够通过中央广播无线电台进行科学理念和文化的传播。与中国科学社不同的是，中国科学化协会的主要目的就是科学普及。对科学普及的看法不仅仅由少数学者各自发表自己的观点和见解，而是通过协会的宗旨和明确的概念使之更为明确化。

协会通过其刊物《科学的中国》展开内容集中的讨论。讨论的焦点集中在科学与文化、科学与民俗、科学与国防、科学与教育以及科普的手段与方法等。在科学普及的思想中，集中讨论科学方法、科学精神、科学知识以及创造的科学等今天我们仍然在持续讨论的问题。在科学精神的观点讨论中，与梁启超和任鸿隽们相比，并没有太大的突破。

中国科学化运动是中国历史上首次带有政府意志介入性质的科学普及运动。但是，科学化运动没有完全由政府思想垄断，组织活动由政府学者和研究单位学者独立进行。1937 年，日寇入侵，南京沦陷，科学化运动终止。虽然，科学化运动仅仅进行了 5 年时间，但是，科学研究与科学普及必须同步进行，相互促进，用科学的价值观和科学文化浸润中华传统文化的思想对后来者具有不可忽视的启发意义。

## 五、政府管理下的有组织的科普活动

1949 年 5 月，中国科学社、中华自然科学社、中国科学工作者协会和东北自然科学研究会共同发起召开全国自然科学工作者代表会议。1950 年 8 月，中华全国自然科学工作者代表会议在北京正式召开，这次会上成立了中华全国自然科学专门学会联合会（全国科联）和中华全国科学技术普及协会（全国科普）。这个会议不仅建立了新中国第一个科学组织，而且成立了第一个科学技术普及组织。这个小册子是这个会议重要发言和决议的文件集。在这个“纪念集”中，有朱德副主席兼总司令的讲话。但是他的讲话在这本书中排在吴玉章（1878—1966）（筹备会常委会主任委员）讲话和严济慈（1901—1996）（筹备会常委会秘书长）之后。在各个领导人和科学家代表的讲话中，充分表达了当时科学家对科学发展与普及之间的关系各种看法。这些文献对于研究今天的科普思想发展脉络有参考价值。

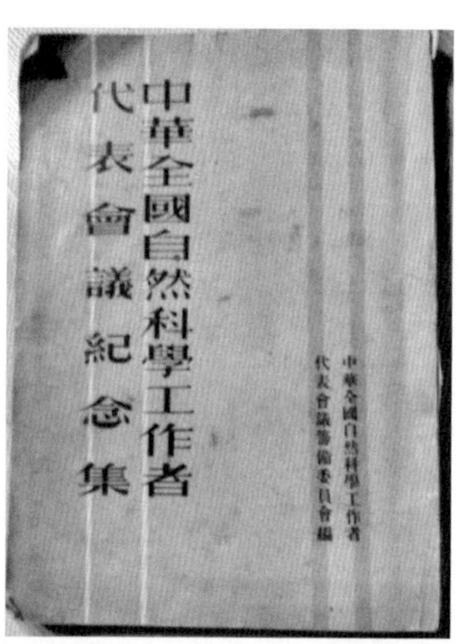


（《中华全国自然科学工作者代表会议纪念集》）

《中华全国自然科学工作者代表会议纪念集》[①] 在第一页以套蓝字体排印中国人民政治协商会议共同纲领的 43 条：“努力发展自然科学，以服务工业农业和国防的建设。奖励科学的发现和发明，普及科学知识。”书

（参会人合影）

① 这本《中华全国自然科学工作者代表会议纪念集》（中华全国自然科学工作者代表会议筹备委员会编）大约 2005 年在潘家园淘到。人民出版社出版，1951 年 2 月初版。小册子发黄，纸张已经变脆。但是，字迹清晰可辨，照片图片完好。

中将1950年8月27日人民日报社论“有计划有组织地展开人民科学工作”放在显要位置。社论中谈到：“旧中国自然科学界数十年的痛苦经验证明了：科学理论若不与人民的实际需要相结合，就像无根的浮萍，即无法普及，也不能提高。科学只有生根在民族的土壤里，生根在国家和人民的实际需要里才能繁荣滋长，开花结子。因此，新中国的科学研究工作必须与科学普及工作结合起来。我国工农大众迫切需要科学知识来扫除他们的迷信思想，保护他们的健康，改进他们的生产技术，提高他们的生产效能。而另一方面工农大众有直接的生产知识、生产经验和丰富的创造发明的才能……应该用系统的科学理论来总结和提高他们的经验，然后再交还他们去应用。这样不但可以普及科学知识，提高工农大众的科学水平，而且可以丰富我们的科学宝库，提高一般的科学水平。新中国的科学工作，应该成为群众性的事业，应该把科学理论与群众的生产工作结合起来。这是科学界正确的努力方向。”这篇社论所谈的科学普及的思想基本来自会议的代表的大多数看法。在吴玉章的开幕词中谈到：“科学要提高，还要普及，还要向各地方扩展，使科学研究机关和使用场所遍及全国，有各种专门的书籍、报纸、杂志、电影、广播等，使科学不只深入而且广泛传达到群众中去。要大量培养科学干部，在大学、专门学校、中学以至于小学普及地发展学习科学的热潮。”

透过这些文字中，可以看出，当时人们已经充分意识到科学理论与地方系统知识的结合。当前，在美国等西方发达国家的讨论中，有一种重要的观点认为，现代科学或者与本土知识系统各自代表了不同的知识体系。其区别在于，知识产生的背景与价值观和思维习惯有关。将现代科学技术与本土知识结合的主要症结在于是否能够相互认同、相互结合，为人类的幸福和可持续发展发挥作用。这要求现代科学具有包容世界各国知识的容量，丰富自己的知识体系，充分关注西方科学逻辑体系之外的心理，社会和文化层面上对科学不同角度的认识。本土知识产生于特别群体，是生活在这个群体中的人们在长期的生产和生活中积累的经验。这种经验在长期的运用中逐步形成对方法的认识，同时形成了对世界的认识和价值观。我们在今天的科普中似乎一直认为科学与人民的实际生活和工作是对立的，将自己认为正确的“科学”强加给大众，忽视了科学普及中的文化因素和传统因素。用数理的方法解决社会传统文化仍然起重大作用的人们的认知过程和理解过程。这一点似乎在刚解放时，我们的科学工作者已经意识到了。

在这个《纪念集》中，黄炎培（1878—1965）副总理的讲话很有意味。他谈到科学如何为人民服务的问题。他认为，“第一，把科学公开。”

他认为无论是美帝搞的原子弹还是医生开的药方都不要神秘化。因为不了解才会感到神秘。“第二，扩大科学的应用。”他呼吁自然科学和社会科学的结合，将自然科学随时应用在日常生活中。“第三，发挥科学最高度人道主义。”不要将科学放在象牙塔中，要运用科学解除人民的苦难，解除自然灾害给人类带来的灾难。呼吁全世界科学家“一致排斥、一致拒绝制造屠杀人类的科学武器的要求。”他的讲话充满了人性和科学家的激情。

“科联”和“科普”是这个会议上成立的主要组织。在组织形式上似乎有争论。“科联”是团体会员制；“科普”是个人会员制。在大会总结报告中解释说，“是集中了绝大多数代表的意见多得到的结果。‘科普’的组织，取法于苏联先进的经验……但是，在吸收会员的要求上却很宽松：“凡赞同本会宗旨，愿参加科学技术普及工作者，有会员二人之介绍，经本会通过后得为本会会员。”看来，当时要成为科普组织的成员是很容易的。

中华全国自然科学专门学会联合会（全国科联）和中华全国科学技术普及协会（全国科普）成立。1949 年 5 月，中国科学社、中华自然科学社、中国科学工作者协会和东北自然科学研究会共同发起召开全国自然科学工作者代表会议。1950 年 8 月，中华全国自然科学工作者代表会议在北京正式召开，这次会上成立了中华全国自然科学专门学会联合会（全国科联）和中华全国科学技术普及协会（全国科普）。这个会议不仅建立了新中国第一个科学组织，而且成立了第一个科学技术普及组织。

1950 年《中华人民共和国宪法》“总纲”中第 20 条规定：“国家发展自然科学和社会科学事业，普及科学和技术知识，奖励科学研究成果和技术发明创造。”

《中国人民政治协商会议共同纲领》的 43 条中规定：“努力发展自然科学，以服务工业农业和国防的建设。奖励科学的发现和发明，普及科学知识。”

中国第一个关于科普的“人民日报”社论（1950 年 8 月 27 日）题目：“有计划有组织地展开人民科学工作”。

1950 年，政府文化部下设科学普及局。成立了 4 处 1 室：组织辅导处、编译处、器材处、电化教育处和办公室，共 50 多人。文化部长沈雁冰（1896—1981）（茅盾）亲自邀请“北大三大民主教授”之一的化学家和社会活动家，曾担任甘肃科教馆馆长多年的袁翰青（1990—1994）先生出任科普局局长，丁西林（1983—1974）副部长也调来他的学生和助手、物理学家王书庄（1904—1988）先生担任副局长。著名科普作家高士其（1905—1988）被任命为科普局顾问。

# 六、稳定发展的新阶段

1994 年 12 月 5 日的“人民日报“发布《中共中央、国务院关于进一步加强科学技术普及工作的若干意见》，文章认为：“普及科学文化教育，将人们导入科学的生产、生活方式，是把经济建设转移到依靠科技进步和提高劳动者素质轨道、实现我国经济发展战略目标的关键环节。依靠科技进步和知识传播，促进社会主义物质文明和精神文明建设，维护社会稳定，是当前我国的重要任务，也是今后我国经济发展、科技进步和社会稳定的重要保证。”文章忧虑的认为：“一些迷信、愚昧活动却日渐泛滥，反科学、伪科学活动频频发生，令人触目惊心。这些与现代文明相悖的现象，日益侵蚀人们的思想，愚弄广大群众，腐蚀青少年一代，严重阻碍着社会主义物质文明和精神文明建设。因此，采取有力措施，大力加强科普工作，已成为一项迫在眉睫的工作。”在这篇文章中第一次提出“科技素质”的概念：“提高全民科学文化素质，引导广大干部和人民群众掌握科学知识、应用科学方法、学会科学思维，战胜迷信、愚昧和贫穷，为我国社会主义现代化事业奠定坚实基础……”

在 2002 年 6 月 29 日颁布的《中华人民共和国科学技术普及法》的第一条中再次出现科学文化素质的术语：“为了实施科教兴国战略和可持续发展战略，加强科学技术普及工作，提高公民的科学文化素质，推动经济发展和社会进步，根据宪法和有关法律，制定本法。”在《中华人民共和国科学技术进步法》第六条中提到：“国家普及科学技术知识，提高全体公民的科学文化水平。”

在 2002 到 2003 年，由中国科协组织的“2049 计划”（后改为“全民科学素质行动计划”）讨论中，关于公众科学素养的讨论达到高峰，在分课题进行的讨论中，产生的研究报告和研究文章达到数百万字。内容涉及科学教育、非正规教育、科学哲学、科学史和社会学所有理论领域。2006 年 1 月，国务院正式颁布“中国公民科学素质纲要。”

21 世纪初进行的广泛讨论导致科学素质概念以官方文件的形式产生。关于科学素质的概念和内涵在《全民科学素质行动计划纲要（2006—2010—2020）》（简称《纲要》，下同）中第一次正式出现：“公民具备基本科学素质一般指了解必要的科学技术知识，掌握基本的科学方法，树立科学思想，崇尚科学精神，并具有一定的应用它们处理实际问题、参与公共事务的能力。”虽然在以前的几个文件中已经出现“普及科学技术知识、倡导科学方法、传播科学思想、弘扬科学精神的活动”的内容，但实际上指的是科学知识传播的内容，而不是指科学素质概念。《纲要》中除了科学知识、科学方法、科学思想和科学精神以外，还谈到应用“它们”“处理实际问题的能力、参与公共事务的能力”。

中国科普出现的新趋势：国际化程度在逐步提高。科学素养调查结果进入国际比较报告；民间非政府组织的科普活动日趋活跃；越来越多的科学家参与科普活动；社会主流媒体科学传播具有重要影响；重大的科学事件会紧跟相关的科学知识的传播。

相信在今后的科学传播发展中，中国的科学家与媒体之间的沟通和联系将会更加通畅和密切。只有打破行政区划界限，形成社会大科普，真正的具有影响的科学传播才能实现。

**英国著名生物化学家李约瑟在其编著的15卷《中国科学技术史》（*Science and Civilization in China*）中提出了著名的“李约瑟难题”：“如果我的中国朋友们在智力上和我完全一样，那为什么像伽利略、托里拆利、斯蒂文、牛顿这样的伟大人物都是欧洲人，而不是中国人或印度人呢？为什么近代科学和科学革命只产生在欧洲呢？……为什么直到中世纪中国还比欧洲先进，后来却会让欧洲人着了先鞭呢？怎么会产生这样的转变呢？”。史学家们为解答这个问题而议论纷纷，意见难以统一。**

**科学技术的传播在中国发展历史脉络似乎比较清晰。中国在17世纪科学和技术在衰落的时候，耶稣会的传教士的“曲线传教”歪打正着的将西方科学技术和其他文化传入中国。清代的传教士和中国文人术士以个人办刊、办学和创办出版社为主要方式进行科学技术大众教育。民国初期的中国留美学生在美国醒悟到中国的落后主要是公众的“愚”，学习西方兴办科学技术研究团体和科学期刊，将西方科学技术传入中国。20世纪30年代，留美获得学位并在政府或者大学内担任职务的知识分子们意识到在中国“普及科学”的意义，而第一次提出“科学社会化”和“社会科学化”的思想。**

**新中国成立后，行政体制化的改变导致科学技术以国家利益为中心，呈现出迅速发展的局面。但是，与此同时也呈现出条块分割，社会化程度减低的现象。《中国科学技术普及法》将科普事业放置到文化建设的重要地位。进入21世纪后，中国科学传播呈现出国际化和社会化的趋势。中国参加国际研讨会议和国际组织成为常态。以“科学松鼠会”为代表的非政府科学传播机构和组织越来越活跃。中国科学技术普及开始融入国际化的大社会传播模式。**

# 主要参考文献

## 第一章 希腊化时代


[1] 弗兰克·威廉·沃尔班克. 希腊化世界 [M]. 陈恒，茹倩，译. 上海：上海人民出版社，2009.

[2] 乔治·萨顿. 希腊化的科学与文化 [M]. 鲁旭东，译. 河南：大象出版社，2012.

[3] J.G.Droysen. Geschichte des Hellenismus [M]. 4. Auflage. Oldenbourg，München，2008：1.

[4] 弗朗西斯·麦克唐纳·康福德. 苏格拉底前后 [M]. 北京：格致出版社，2009.

[5] 戴维·林德伯格. 西方科学的起源 [M]. 王珺，刘晓峰，周文峰 , 等译. 北京：中国对外翻译公司，2001：19.

[6] Hugh H. Genoways，Mary Anne Andrei. Museum Origins：Readings in Early Museum History & Philosophy [M]. California：Left Coast Press Inc.，2008：1.

[7] H.I.Marrou. A History of Education in Antiquity [M]. Madison，WI：University of Wisconsin Press，1956：98.

[8] 希罗多德. 历史 [M]. 西安：陕西师范大学出版社，2008.

[9] George Rawlinson. The History of Herodotus [M]. New York：D.Appleton and Company，1859.

[10] 卢克莱修. 悟性论 [M]. 蒲隆，译. 南京：译林出版社，2012.

[11] 乔治·萨顿. 希腊黄金时代的古代科学 [M]. 鲁旭东，译. 河南：大象出版社，2010.

[12] 弗朗西斯·麦克唐纳·康福德. 苏格拉底前后 [M]. 孙艳萍，石冬梅，译. 上海：格致出版社，2009.

[13] 许正林. 欧洲传播思想史 [M]. 上海：上海三联书店，2005.

[14] 菲利普·李·拉尔夫. 世界文明史 [M]. 赵丰，等译. 北京：商务印书馆，1998.

[15] Gregory，Jane.Miller，Steven. Science in Public：Communication，Culture and Credibility [M]. Cambridge：Perseus Publishing，2000.

## 第二章 科学革命时代

[1] 贝尔纳. 历史上的科学 [M]. 伍况甫，译. 北京：科学出版社，1983 年.

[2] 林成滔. 科学简史 [M]. 北京：中国友谊出版公司，2005.

[3] Nicholas Canny. The Upstart Earl：a study of the social andmental world of Richard Boyle [M]. Cambridge：Cambridge University Press，1982：127.

[4] 尼尔·弗格森. 文明 [M]. 曾贤明，唐颖华，译. 北京：中信出版社，2012.

[5] 伽利略. 关于托勒密和哥白尼两大世界体系的对话 [M]. 周熙良，等译. 北京：北京大学出版社，2006.

[6] Sobel. Dava.Galileo's Daughter：A Historical Memoir of Science，Faith and Love [M]. Mount Sterling：Walker & Company，2011.

[7] 戴维·芬克尔斯坦，阿里斯泰尔·麦克利里. 书史导论 [M]. 何朝晖，译. 北京：商务印书馆，2012.

[8] 陈钦庄，孔陈焱，陈飞雁. 基督教简史 [M]. 北京：人民出版社，2008.

[9] 程之行. 新闻传播史 [M]. 台北：亚太图书出版社，1995.

[10] 波义耳. 怀疑的化学家 [M]. 袁江洋，译. 北京：北京大学出版社，2007.

[11] Babbage Charles. Reflections on the Decline of Science in England and on Some of Its Causes [M]. Charleston：BiblioLife，2009.

[12] 科恩. 科学中的革命 [M]. 鲁旭东，等译. 北京：商务印书馆，1999.

[13] Brian S. Baigrie. Scientific Revolutions：Primary Texts in the History of Science [M]. Prentice Hall，2004.

[14] Nicholas Canny. The Upstart Earl：A Study of the Social and Mental World of Richard Boyle [M]. Cambridge：Cambridge University Press，1982.

[15] Brian L. Silver. The Ascent of Science [M]. Oxford University Press，2000：114.

[16] Stephen G.Brush，Nancy S. Hall. The Kinetic Theory of Gases：An Anthology of Classic Papers with Historical Commentary [M]. Imperial College Press，2003.

[17] 朱根逸. 简明世界科技名人百科事典 [M]. 北京：中国科学技术出版社，1999.

## 第三章 启蒙时代

[1] 阿诺德，斯塔夫里. 全球通史 [M]. 北京：北京大学出版社，2006.

[2] 彼得·赖尔，艾伦·威尔逊. 启蒙运动百科全书 [M]. 王皖强，刘北成，译. 上海：上海人民出版社，2004：14.

[3] Venn J., Venn J.A., John Michell. Alumni Cantabrigienses (10vols) [M]. Cambridge University Press，2011.

[4] 丹皮尔. 科学史及其与哲学和宗教的关系 [M]. 李珩，译. 广西：广西师范大学出版社，2003.

[5] Bodanis David. Passionate Minds：The Great Enlightenment Love Affair [M]. London：Little Brown，2006.

[6] Burns William E. Science in the Enlightenment：An Encyclopedia [M]. ABC-CLIO Ltd，2003.

[7] Porter, Roy, ed.2003. The Cambridge History of Science (Vol.4) [M]. Cambridge：Cambridge University Press.

[8] Butts Freeman R. A Cultural History of Western Education：Its Social and Intellectual Foundations [M]. New York：McGraw-Hill，1955.

[9] Jacob Margaret C. The Cultural Meaning of the Scientific Revolution [M]. Philadelphia：Temple University Press，1988.

[10] Jacob Margaret C. The Cultural Meaning of the Scientific Revolution [M]. Philadelphia：Temple University Press，1988.

[11] Lynn Michael R. Popular Science and Public Opinion in Eighteenth-Century France [M]. New York：Palgrave Macmillan，2006.

[12] Schectman Jonathan. Groundbreaking Scientific Experiments, Inventions and Discoveries of the 18th Century [M]. Westport，CT：Greenwood Press，2003：144.

[13] Headrick Daniel R. When Information Came of Age：Technologies of Knowledge in the Age of Reason and Revolution，1700—1850 [M]. Oxford：Oxford University Press，2000：13，172.

[14] Ellis Aytoun. The Penny Universities：A History of the Coffee-houses [M]. London：Secker & Warburg，1956：223，239.

[15] Cowen Brian William. The Social Life of Coffee：The Emergence of the British Coffeehouse [M]. New Haven：Yale University Press，2005：17.

[16] 哈贝马斯. 公共领域的结构转型 [M]. 曹卫东，等译. 上海：学林

出版社，1999.

[17] Van Horne Melton, James. The Rise of the Public in Enlightenment Europe [M]. Cambridge: Cambridge University Press, 2001.

[18] Bramah Edward. Tea and Coffee: A Modern View of Three Hundred Years of Tradition [M]. Tiptree, Essex: Hutchinson & o, Ltd,1972: 49-50.

[19] Sutton Geoffrey. Science for a Polite Society: Gender, Culture, and the Demonstration of Enlightenment [M]. Colorado: Westview Press, 1995: 304-305.

[20] Jacob Margaret. The Cultural Meaning of the Scientific Revolution [M]. Alfred A. Knopf, 1998.

[21] Phillips Patricia. The Scientific Lady: A Social History of Women's Scientific Interests, 1520—1918 [M]. Palgrave Macmillan, 1991: 90-92.

[22] Thomson James. The seasons.To which is added, A poem sacred to the memory of Sir Isaac Newton [M]. Gale ECCO, Print Editions, 2010.

[23] Kors Alan Charles, ed. Encyclopedia of the Enlightenment [M]. Oxford: Oxford University Press, 2003.

[24] Whitehead Barbara J., ed. Women's Education in Early Modern Europe: A History, 1500—1800 [M]. New York: Garland, 1991: 227.

[25] Phillips Patricia. The Scientific Lady: A Social History of Women's Scientific Interests, 1520—1918 [M]. New York: Palgrave Macmillan, 1991: 161.

[26] Geo Journal, David Grigg. The Worlds of Tea and Coffee: Patterns of Consumption [J]. Geojourna, 2002,57 (4): 283-294.

[27] Goodman Dena. The Republic of Letters: A Cultural History of the French Enlightenment [M]. Ithaca: Cornell University Press, 1994: 280.

[28] Steven Kale. French Salons: High Society and Political Sociability from the Old Regime to the Revolution of 1848 [M]. Baltimore: Johns Hopkins University Press, 2006: 9.

[29] Carolyn C. Lougee. Women, Salons and Social Stratification in Seventeenth Century France[J]. American Historical Review,1978,83(2): 3-7.

[30] Jolanta T. Pekacz. Conservative Tradition in Pre-Revolutionary France [J]. Peter Lang Publishing, 1999: 6-14.

[31] Lilti Antoine. Sociabilit é et mondanité: Les hommes de lettresdans

les salons parisiens au XVIIIe siècle [J]. French Historical Studies, 2005, 28 (3): 415-445.

[32] Whaley Leigh Ann. Women's History as Scientists: [M]. California: ABC-CLIO Ltd, 2003: 118.

[33] Ruth Watts. Women in Science: A Social and Cultural History [M] .Routledge, 2007: 62.

[34] Jean Le Rond D' Alembert, Richard N.Schwab, Walter E. Rex. Preliminary Discourse to the Encyclopedia of Diderot: The Library Of Liberal Arts [M]. Literary Licensing.

[35] 罗伯特·达恩顿. 启蒙运动的生意：百科全书出版史（1775—1880）[M]. 叶桐，顾杭，译. 北京：生活读书新知 三联书店，2005.

[36] Becker Carl Lotus. The Declaration of Independence: A Study in the History of Political Ideas [M]. Harcourt, Brace, 1922: 27.

[37] Steven Johnson. The Invention of Air [M]. Riverhead Trade, 2008: 39.

[38] Zinn Howard. A People's History of the United States [M]. Harper Perennial, 2010: 44.

[39] 斯塔夫里阿诺斯. 全球通史 [M]. 董书慧，王昶，徐正源，译. 北京：北京大学出版社，2005.

[40] 麦克莱伦第三，哈罗德·多恩. 世界科学技术通史 [M]. 王鸣阳，译. 上海：上海科技教育出版社，2007.

[41] Sutton Geoffrey. Science for a Polite Society: Gender, Culture and the Demonstration of Enlightenment [M]. Colorado: Westview Press, 1995.

[42] James E. McClellan III, "Learned Societies" in Encyclopedia of the Enlightenment [M]. Oxford: Oxford University Press, 2003.

[43] Outram Dorinda. The Enlightenment [M]. Cambridge: Cambridge University, 1995.

[44] Daniel Roche. France in the Enlightenment [M]. Harvard University Press, 2000.

[45] 阿基莫娃. 狄德罗 [M]. 赵永穆，等译. 北京：知识出版社，1984.

[46] Mackie Erin, ed. The Commerce of Everyday Life: Selections From the Tatler and the Spectator [M]. Palgrave Macmillan, 1998.

[47] H. W. Brands. The First American: The Life and Times of Benjamin Franklin [M]. A Division of Random House Inc., 2000.

[48] Franklin Benjamin, J.A.Leo Lemay. Benjamin Franklin: Autobiography, Poor Richard, and Later Writings [M]. New York:

Library of America, 2005.

[49] Steven Johnson. The Invention of Air [M]. Riverhead, 2008: 39.

## 第四章 维多利亚时代

[1] Secord James. Victorian Sensation: The Extraordinary Publication, Reception, and Secret Authorship of Vestiges of the Natural History of Creation [M]. Chicago: University of Chicago Press.

[2] Fyfe Aileen. Science and Salvation: Evangelical Popular Science Publishing in Victorian Britain [M]. Chicago: University of Chicago Press, 2004.

[3] Weedon Alexis. Victorian Publishing: The Economics of Book Production for a Mass Market 1836—1916 [M]. Ashgate Publishing Limited, 2003.

[4] Fyfe Aileen. Conscientious workmen or Booksellers' Hacks ? The Professional Identities of Science Writers in the mid-Nineteenth Century [J]. 2005, 96 (2): 192-223.

[5] Atlick Richard. Nineteenth-Century English Best-Sellers: A Further List [J]. Studies in Bibliography, 1969, 22: 197-206.

[6] R. B. Freeman. The works of Charles Darwin: an annotated bibliographical handlist [M]. London: Dawsons of Pall Mall, 1965.

[7] Mayr Ernst. The Growth of Biological Thought [M]. Cambridge: Belknap P. of Harvard U.P.,1982: 316-317.

[8] Frederick Burkhardt, Sydney Smith, Janet Browne and Marsha Richmond. The correspondence of Charles Darwin,vol.7 (1858—1859) [M]. Cambridge University Press, 1991.

[9] Peter Vorzimmer. Charles Darwin: the years of controversy [M]. Philadelphia: Temple University Press, 1970.

[10] Darwin Correspondence Project-Letter 2592-Darwin, C. R. to Gray, Asa, 1859: 256-259.

[11] Browne E. Janet. Charles Darwin: Vol.1 Voyaging [M]. London: Jonathan Cape, 1995.

[12] Charles Darwin. The correspondence of Charles Darwin, volume 10: 1862 [M]. Cambridge University Pressretrieved, 1997.

[13] Freeman Richard B. "On the Origin of Species", The Works of Charles Darwin: An Annotated Bibliographical Handlist [M]. England: Dawson, 1977: 101-111.

[14] Van Wyhe, John. Mind the gap: Did Darwin Avoid Publishing

his Theory for Many Years？ [ J ] Notes and Records of the Royal Society，2007，61 (2)：177 - 205.

[ 15 ] Bowler Peter J. Evolution：The History of an Idea (3rded.) [ M ]. University of California Press，2003.

[ 16 ] Huxley Robert. The Great Naturalists [ M ]. Thames & Hudson，2007：276.

[ 17 ] Quammen David. The Reluctant Mr. Darwin [ M ]. New York：Atlas Books，2006：179，271–283.

[ 18 ] Lightman Bernard. Victorian Popularizers of Science：Designing Nature for New Audiences [ M ]. University Of Chicago Press，2010.

[ 19 ] Jensen J. Vernon. Thomas Henry Huxley：communicating for science [ M ]. Newark：University of Delaware，1991.

[ 20 ] Huxley Thomas Henry. "On the fossil remains of Man"，Proceedings of the Royal Institution (1858 - 62) [ M ]. London：The Royal Institution，1862.

[ 21 ] Desmond Adrian. Huxley：vol 1 The Devil's Disciple [ M ]. London：Michael Joseph，1994：289–290.

[ 22 ] Barr Alan P，ed. Thomas Henry Huxley's Place in Science and Letters：Centenary Essays [ M ]. Georgia：Athens，1997.

[ 23 ] Desmond Adrian. Huxley：vol 2.Evolution's High Priest [ M ]. London：Michael Joseph，1997.

[ 24 ] Bibby Cyril. T.H.Huxley：Scientist，Humanist and Educator [ M ]. London：Ulan Press，2012.

[ 25 ] Osborn Henry Fairfield. Impressions of Great Naturalists：Reminiscences of Darwin，Huxley，Balfour，Cope and Others [ M ]. C. Scribner's Sons，1924.

[ 26 ] White Paul. Thomas Huxley：Making the Man of Science [ M ]. Cambridge University Press，2002.

[ 27 ] Morley John. Recollections [ M ]. Macmillan，1917.

[ 28 ] Ball W.Valentine，ed. Reminiscences and Letters of Sir Robert Ball. [ M ]. London，New York，Toronto，and Melbourne：Cassel and Company，1915.

[ 29 ] Paradis James，Williams George C. Evolution and Ethics：T. H. Huxley's 'Evolution and Ethics'，with New Essays on its Victorian and Sociobiological Context [ M ]. Princeton，N.J.，1989.

[ 30 ] Ball Robert. In Starry Realms [ M ]. Ulan Press，2012：363–364.

[ 31 ] Knight David. Public Understanding of Science：A History of

Communicating Scientific Ideas.Routledge Studies in the History of Science, Technology and Medicine [M]. Routledge, 2006.

[32] George Routledge and Sons. Chadwyck-Healey Ltd. Routledge & Co., 1853—1902 Bishops Stortford [M]. Herts., Eng.: Chadwyck-Healey, 1973: 373-374.

[33] The ISTC of On the Origin of Species is A02-2009-00000001-4. As a tribute to its influence, this work has been the first one to be registered by The International ISTC Agency.

[34] Upton John. The Three Great Naturalists [M]. LONDON: THE SUNDAY SCHOOL UNION, 1920: 190.

[35] "John H. Pepper-Analyst and Rainmaker" .Queensland Institute of Technology.Retrieved 15 August 2012.

[36] Richards Peter. Herbert Spencer (1820—1903): Social Darwinist or Libertarian Prophet? [M]. Libertarian Alliance, 2008.

[37] Duncan David. Life and Letters of Herbert Spencer [M]. NabuPress, 2010.

[38] Chambers William. Memoir of Robert Chambers, With Autobiographical Reminisces of William Chambers [M]. Ulan Press, 2012.

[39] Sidney Lee, ed. "Ireland, Alexander" . Dictionary of National Biography [M]. London: Smith, Elder & Co.,1901.

[40] Chambers Robert. Vestiges of the Natural History of Creation [M]. Kessinger Publishing, 2007.

[41] Bowler Peter J. Evolution: The History of an Idea (3rd ed.) [M]. University of California Press, 2003.

[42] The Great Exhibition of 1851 [J]. Duke Magazine, 2006.

[43] UK CPI inflation numbers based on data available from Gregory Clark (2013), "What Were the British Earnings and Prices Then? (New Series)" Measuring Worth.

[44] The Royal Commission for the Exhibition of 1851. "About Us" .

[45] Forgan S. A compendium of Victorian culture [J]. Nature, 403 (6880): 596.

[46] Wood Michael. The Great Turning points in British History: The 20 Events that Made the Nation. Mandler, Peter. The Great Exhibition Transforms Britain. Constable, 2009.

[47] Picard Liza. Victorian London: The Life of A City 1848—1870 [M]. The Orion Publishing Group Ltd., 2005.

[48] Phipps Carter. Revolutionaries: Unlocking the Spiritual and Cultural

Potential of Science' s Greatest Idea [ M ]. Harper Collins, 2012: 3.

[ 49 ] Lightman Bernard. Darwin and the popularization of evolution [ J ]. Notes & Records of the Royal Society, 2010, 64 ( 1 ): 5-24.

[ 50 ] White Paul. Thomas Huxley: Making the Man of Science [ M ]. Cambridge University Press, 2002.

[ 51 ] Cantor Geoffrey. Dawson, Gowan. Gooday, Graeme and Noakes, Richard. Science in the Nineteenth-Century Periodical: Reading the Magazine of Nature ( Cambridge Studies in Nineteenth-Century Literatureand Culture ) [ M ]. Cambridge University Press, 2007.

[ 52 ] Charles Darwin to John Murray, John Murray Archives, National Library of Scotland, Edinburgh, MS 42152, 246v. [ 1871 ]

[ 53 ] Desmond Adrian, Moore James. Darwin, London: Michael Joseph, Penguin Group, 1991.

[ 54 ] Darwin C, Peckham M. The Origin of Species: A Variorum Text [ M ]. Philadelphia: University of Pennsylvania Press, 2006.

[ 55 ] Barr, Alan P, ed. Thomas Henry Huxley's Place in Science and Letters: Centenary essays [ M ]. Georgia: University of Georgia Press, 1997.

[ 56 ] Paradis J G, Huxley T H. Man's Place in Nature [ M ]. Lincoln: University of Nebraska Press, 1978.

[ 57 ] Peterson H. Huxley: Prophet of Science [ M ]. London: Longmans, Green and Company, 1932.

[ 58 ] Huxley T H. Collected Essays of T.H. Huxley [ M ]. London: Thoemmes Press, 2001.

[ 59 ] Huxley T H. Evolution and Ethics 1893-1943 [ M ]. London: Pilot Press, 1947.

[ 60 ] Barr A P. Thomas Henry Huxley's Place in Science and Letters: Centenary Essays [ M ]. Athens: University of Georgia Press 1997.

[ 61 ] Ffrench Y. The Great Exhibition: 1851 [ M ]. New Haven: Yale University Press, 1999.

[ 62 ] McCalman Iain. Darwin's Armada: Four Voyages and Battles for the Theory of Evolution [ M ]. New York: W.W.Norton & Company, 2009..

[ 63 ] Frederic Delouche. Illustrated History of Europe: A Unique Portrait of Europe's Common History [ M ]. London: Cassell &Co. Wellington House, 2001.

[ 64 ] Wasson Ellis. A History of Modern Britain: 1714 to the Present [ M ]. Hoboken: Wiley-Blackwell, 2009.

## 第五章 科学技术博物馆的起源与发展

[1] Jevous W S. The Use and Abuse of Museums [M]. Walnut Creek: Museum Origins, 2008.

[2] The Encyclopaedia Britannica [M]. Werner Company, 1897.

[3] Flower W H. Essays on Museums and other Subjects Connected with Natural History [M]. London: Macmillan Publishers Limited, 1898.

[4] Hagen H A. Museum Origins: Readings in Early Museum History & Philosophy [M]. Walnut Creek: Left Coast Press, 2008.

[5] Leith-Ross P. The John Tradescants Gardeners to the Rose and Lily Queen [M]. London: Owen, 1984.

[6] Cannon-Brookes P. Elias Ashmole, Grinling Gibbons and Three Picture Frames [J]. Museum Management and Curatorship, 1999, 18 (2): 183-189.

[7] Churton T. The Magus of Freemasonry: The Mysterious Life of Elias Ashmole-Scientist, Alchemist, and Founder of the Royal Society [M]. Inner Traditions/Bear & Co, 2006.

[8] Emery M S. Russia Through the Stereoscope: A Journey Across the Land of the Czar from Finland to the Black Sea [M]. Underwood & Underwood, 1901.

[9] Journal of the North China Branch of the Royal Asiatic Society [M]. Shanghai Library, 1906.

[10] Ewing H. The Lost World of James Smithson: Science, Revolution, and the Birth of the Smithsonian [M]. Bloomsbury Publishing USA, 2007.

[11] James Smithson-Founder of the Smithsonian, Last Will and Testament. Smithsonian Scrapbook: Letters, Diaries and Photographs from the Smithsonian Institution Archives. 2012.

[12] "Spencer Fullerton Baird, 1823—1887" .Smithsonian History. Smithsonian Institution Archives.Retrieved 24 April 2012.

[13] Excellence and Equity [R]. American Association of Museums, 1992.

[14] 凯·伯德，马丁·J. 舍温著，李萧垅，华夏，裔祖译. 奥本海默——“原子弹之父”的美国悲剧. 南京：译林出版社，2009.

[15] Hein Hilde. The Exploratorium-The Museum as Laboratory [M]. Smithsonian Institution Press, 1990.

[16] Baer W. Something Incredibly Wonderful Happens: Frank

Oppenheimer and the World He Made Up [ M ]. Houghton Mifflin Harcourt, 2009.

[ 17 ] McCarthy Allison. A First Look at the New Exploratorium. [ EB/OL ]. [ 2013-4-12 ]. http: //www.7x7.com/arts-culture/first-look-new-exploratorium#/0

[ 18 ] Kaushik R. Non-Science Adult Visitors in Science Centres: What is there for them to do? [ J ]. Museological Review, 1996, 2: 72-84.

[ 19 ] Museums of the World [ M ]. De Gruyter Saur, 2011.

## 第六章　美国科学传播的兴起与发展

[ 1 ] [ 美 ] 戴伦·艾塞默鲁，詹姆斯·罗宝森著. 吴国卿，邓伯宸. 国家为什么会失败：权力、富裕与贫困的根源 [ M ]. 台湾：卫城出版，2013.

[ 2 ] [ 美 ] 哈罗德·埃文斯，盖尔·巴克兰，戴维·列菲著. 倪波，蒲定东，高华斌，玉书译. 他们创造了美国 [ M ]. 北京：中信出版社，2013.

[ 3 ] Tobin James. To Conquer the Air: The Wright Brothers and the Great Race for Flight [ M ]. New York: Simon & Schuster, 2004.

[ 4 ] 南兆旭.《老照片——二十世纪中国图志》[ M ]. 北京：台海出版社，1998.

[ 5 ] Bernard Schiele, Bruce Lewenstein. When Science Becomes Culture: World Survey of Scientific Culture [ M ]. University of Ottawa Press, 1994.

[ 6 ] Gruenberg Benjamin. Science and the Public Mind [ M ]. New York: McGraw-Hill Book Co., Inc.,1935.

[ 7 ] Kevles Daniel J. The Physicists: The History of a Scientific Community in America [ M ]. New York: Alfred A.Knopf, 1995.

[ 8 ] Mott Frank Luther. A History of American Magazines [ M ]. Harvard University Press, 1939-1957.

[ 9 ] Science and Journalism: The Opportunity and the Need for Writers of Popular Science. Independent, 1913, 914-918.

[ 10 ] Millikan Robert. The New Opportunity in Science [ J ]. Science,1919, 50: 292.

[ 11 ] Bent Silas Ballyhoo. The Voice of the Press [ M ]. New York: Boniand Liveright, 1927.

[ 12 ] Kargon Robert, ed. The Maturing of American Science [ M ]. Washington, D.C.: American Association for the Advancement of Science, 1974.

[ 13 ] McCabe Charles R.ed, Damned Old Crank. A Self-Portrait of E.W.Scripps [ M ]. New York: Harper and Bros. Publishers, 1924.

[ 14 ] Kevles D J. George Ellery Hale, the First World War, and the advancement of science in America [ J ]. Isis, 1968: 427-437.

[ 15 ] Cook Max. David Dietz, Scientific Editor of the Cleveland Press [ N ] .Scripps-Howard News. 1928-01-02.

[ 16 ] Gruenberg Benjamin. Science and the Public Mind [ M ]. New York: McGraw-Hill Book Co., Inc., 1935.

[ 17 ] Mott Frank Luther. A History of American Magazine [ M ]. Harvard University Press, 1939-1957.

[ 18 ] 托克维尔著. 孙绍武主编. 论美国的民主 [ M ]. 内蒙古：内蒙古出版集团，2011.

[ 19 ] Miller J D, Augenbraun E, Schulhof J, et al. Adult Science Learning from Local Television Newscasts [ J ]. Science Communication, 2006, 28 ( 2 ): 216-242.

## 第七章　公众科学素养

[ 1 ] Waterman A T. National Science Foundation: A ten-year resumé [ J ]. Science, 1960, 131: 1341-1354.

[ 2 ] Gardner D P, Larsen Y W, Baker W, et al. A nation at risk: The imperative for educational reform [ M ]. United States Department of Education, 1983.

[ 3 ] Laugksch R C. Scientific literacy: A conceptual overview [ J ]. Science education, 2000, 84 ( 1 ): 71-94.

[ 4 ] Pella M.O, O'Hearn G T, Gale, C W. Reference to scientific literacy [ J ]. Journal of Research in Science Teaching, 1996 ,4: 199-208.

[ 5 ] Shen B S P. Science literacy and the public understanding of science [ J ] .Communication of scientific information, 1975: 44-52.

[ 6 ] Henriksen E K, Frøyland M. The contribution of museums to scientific literacy: views from audience and museum professionals [ J ]. Public Understanding of Science, 2000, 9 ( 4 ): 393-415.

[ 7 ] Miller J D. Scientific Literacy for Effective Citizenship in Science/Technology/Society as Reform in Science Education [ M ]. New York: State University Press, 1995.

[ 8 ] Miller J D. Scientific literacy: A conceptual and empirical review[ J ]. Daedalus, 1983: 29-48.

[ 9 ] Miller J D. Toward a scientific understanding of the public understanding of science and technology [ J ]. Public Understanding of Science, 1992, 1 ( 1 ): 23-26.

[ 10 ] Thomas Frederick J, Allan K Kondo. Towards Scientific Literacy [ M ]. Amersham, Buck：Hulton Educational Publications，1978.

[ 11 ] Rakesh Popli, Ashok Sinha, Minimum Science for Everybody [ M ]. Uma Press，1989.

[ 12 ] Popli R. Scientific literacy for all citizens：different concepts and contents [ J ]. Public Understanding of Science，1999，8 ( 2 )：123-137.

[ 13 ] Durant J. What is scientific literacy? [ J ]. European Review，1994，2 ( 01 )：83-89.

[ 14 ] Miller J D，Pardo R，Niwa F. Public perceptions of science and technology：A comparative study of the European Union，the United States，Japan，and Canada [ M ]. Fundaci ó n BBV，1997.

[ 15 ] James Rutherford, Andrew Ahlgren. Science for All Americans[ M ]. Now York：Oxford University Press，1991.

[ 16 ] American Association for the Advancement of Science. Benchmarks for science literacy [ M ]. Oxford University Press，1993.

[ 17 ] American Association for the Advancement of Science，National Science Teachers Association. Atlas of science literacy：Project 2061 [ C ]. AAAS，2001.

[ 18 ] National science education standards [ M ]. National Academy Press，1996.

[ 19 ] 国家教育发展研究中心. 发达国家教育改革的动向和趋势——《美国2061计划》( 美国2000年教育战略 ) [ M ]. 北京：人民教育出版社，1992.

## 第八章　公众理解科学运动

[ 1 ] Weaver Waren. Science and People，“A Guide to Science Reading” [ M ]. New York：Signet，1963.

[ 2 ] 英国皇家学会. 唐英英译，刘华杰校. 公众理解科学 [ M ]. 北京：北京理工大学出版社，2004.

[ 3 ] Lewenstein B V. The meaning ofpublic understanding of science'in the United States after World War II [ J ]. Public Understanding of science，1992，1 ( 1 )：45-68.

[ 4 ] Durant J R，Evans G A，Thomas G P. The public understanding of science [ J ]. 1989, 340：11-14.

[ 5 ] Irwin A，Wynne B. Misunderstanding science? The public reconstruction of science and technology [ M ]. Cambridge University Press，1996.

[ 6 ] Jon D Miller. Communicating Science to the Public [ M ]. Wiley,

1987.

[7] Alan Irwin, Mike Michael. Science, Social Theory and Public Knowledge [M]. Open University Press, 2003.

[8] [英] 上议院科学技术特别委员会. 张卜天，张东林译. 科学与社会——英国上议院科学技术特别委员会 1999-2000 年度第三报告 [M]. 北京：北京理工大学出版社，2004.

[9] Dorothy Wolfers Nelkin. Science Textbook Controversies and the Politics of Equal Time [M]. MIT Press, 1977.

[10] Philip Lee Ralph, Robert E Lerner, Standish Meacham, Edward McNall Burns. 文从苏，谷意，林姿君，薛克强. 世界文明史（前篇）[M]. 台北：五南图书出版股份有限公司，2013.

## 第九章 中国的科学普及

[1] 张西平. 传教士汉学研究 [M]. 河南：大象出版社，2005.

[2] 陈钦庄，孔陈焱，陈飞雁. 基督教简史 [M]. 北京：人民出版社，2008.

[3] [意] 利玛窦，金尼阁. 何高济，王遵仲，李申译. 利玛窦中国札记. 北京 [M]. 中华书局，2010.

[4] [法] 谢和耐，戴密微等. 耿昇译. 明清间耶稣会入华与中西汇通 [M]. 北京：东方出版社，2011.

[5] 樊洪业. 耶稣会与中国科学 [M]. 北京：中国人民大学出版社，1992.

[6] [德] G.G. 莱布尼兹. 梅谦立，杨保筠译. 中国近事 [M]. 河南：大象出版社，2005.

[7] [英] 李约瑟. 中国科学技术史 [M]. 北京：科学出版社 . 上海：上海古籍出版社，1954.

[8] 顾为民. 基督教与近代中国社会 [M]. 上海：上海人民出版社，1996.

[9] 王扬宗. 傅兰雅与近代中国的科学启蒙 [M]. 北京：科学出版社，2000.

[10] 王立新. 美国传教士与晚清中国现代化. 天津：天津人民出版社，2008.

[11] 王伦信，陈洪杰，唐颖，王春秋. 中国近代民众科普史 [M]. 北京：科学普及出版社，2007.

[12] 刘光涛. 电化教育标准 [M]. 上海：商务印书馆，1948.

[13] 樊洪业. 欢迎赛先生 [M]. 南京：江苏教育出版社，2003.

[14] 郭湛波. 中国近五十年思想史 [M]. 北平人民书店，1936.

[15] 徐友春. 民国人物 [M]. 石家庄：河北人民出版社，1991.

[16] 陈鸿祥. 王国维传 [M]. 凤凰出版传媒集团，2010.

[17] 张剑. 科学社团在近代中国的命运——以中国科学社为中心 [M]. 山东：山东教育出版社，2005.

[18] 任鸿隽. 科学精神论 [J]. 科学，1916，2 (1).

[19] 科学与科学化 [J]. 科学的中国，1933，4-11.

[20] 中国科学化运动发起旨趣书 [J]. 科学的中国，4-11.

[21] 魏学仁. 创造的科学 [J]. 科学的中国，3 (12).

[22] 国防专号引言 [J]. 科学的中国，1 (8).

[23] 顾谦吉. 科学与国防 [J]. 科学的中国，1 (8)：2.

[24] 陆志鸿. 原料与国防 [J]. 科学的中国，1 (9)：19.

[25] 孟广照. 新生活运动与科学化运动 [J]. 科学的中国，3 (8)：11.

[26] 张国维. 普及科学教育应先扩大科学宣传及训练 [J]. 科学的中国，1 (7)：9.

[27] [美] 唐德刚. 胡适杂议 [M]. 上海：华东师范大学，1999.

[28] 邵建. 瞧，这人 [M]. 广西师范大学出版社，2007.

[29] 任鸿隽. 樊洪业，张久春编. 科学救国之梦 [M]. 上海：上海科技教育出版社，上海科学技术出版社，2002.

[30] 民国文林. 细说民国大文人 [M]. 北京：现代出版社，2010.

[31] [美] 杜威. 胡适口译. 杜威五大演讲 [M]. 安徽：安徽教育出版社，2005.

[32] 钱波，夏宇编. 原来如此：1840—1949 中国底本 [M]. 上海：文汇出版社，2009.[33] 岳南. 从蔡元培到胡适：中研院那些人和事 [M]. 北京：中华书局，2010.

[33] 叶维丽. 周子平译. 为中国寻找现代之路：中国留学生在美国 (1900—1927) [M]. 北京：北京大学出版社，2012.

[34] 梁漱溟. 中国文化的命运 [M]. 北京：中信出版社，2010.

[35] [美] 魏培德. 梁禾主编. 讲述中国历史 [M]. 北京：东方出版社，2008.

[36] 许纪霖等. 近代中国知识分子的公共交往 (1895 —1949) [M]. 上海：上海人民出版社，2008.

[37] 黄克武. 编印. 重起炉灶：蒋中正与 1950 年代的台湾 [M]. 台湾：国立中正纪念堂管理处，2013.

[38] 顾长声. 从马礼逊到司徒雷登 [M]. 上海：上海人民出版社，2005.

[39] 查时杰. 中国基督教人物小传 [M]. 北京：中华福音神学院出版社，2012.

[40] 钟大丰，舒晓鸣. 中国电影史 [M]. 北京：中国广播电视出版社，2004.

[41] 金秋鹏. 中国科学技术史(人物卷)[M]. 北京：科学出版社，1998.

[42] 谈谈科学化 [J]. 科学的中国，5(8).

[43] 中国科学化运动协会第二期工作计划大纲 [J]. 科学的中国，5(5).

# 后　记

2014 年诺贝尔生理学或医学奖颁给了约翰·奥基夫（John O'Keefe）和他的两个夫妻学生迈·布里特·莫泽和爱德华·莫泽（May-Britt Moser and Edvard I. Moser）。奥基夫发现，当大鼠经过特定位置时，某些神经细胞会被激活。这些“位置细胞”（Place Cells）不仅仅接受视觉信号输入，而且还会在脑中绘制周围环境的地图。他的学生迈·布里特·莫泽和爱德华·莫泽在大鼠的海马体附近的内嗅皮层中发现了一种让人惊异的活动模式。当小鼠通过六角网格中的某些位置时，内嗅皮层中的某些固定的细胞会被激活。每个细胞都对应着某个特定的空间格局，这些“六角网格细胞”（hexagonal grid）共同建立出一个可以进行空间导航的坐标系统。它们和内嗅皮层中其他负责辨识头部方向和房间边界的细胞一起，与海马体中的位置细胞共同组成了神经回路。这个回路系统在大脑中建立了一套综合定位系统，一个内置的 GPS。这个“大脑 GPS”（inner GPS in the Brain）的说法通过诺贝尔奖新闻发布瞬间传遍全球。

科学传播有多种表述方式。各种表述方式背后都有特定的理解和实践模式。而不同的理解和特定模式与其产生的社会制度、意识形态、媒介特质和公众心理模式有密切的关系。科学大众化（vulgarigation or popularization）一般认为是站在科学家的角度向公众或者外行进行单向传输的模式。起源于上个世纪 40 年代的“扩散”（diffusion）理论讨论的则是当一种创新思维在通过某一个社会体系进行扩散时的多种影响，从而形成复杂的模式。然而，进入 21 世纪后，以 20 世纪末丹麦模式为代表的社会参与模式将线性模式逐步取代。这是因为在社会学调查中发现“科学知识越多，越热爱科学”的线性模式是不存在的。“公众理解科学”的概念开始进入作为学术研究的科学传播视野中。公众在理解他们历来认为的“科学”中产生疑惑。科学家在研究中的私利、技术的应用对环境的影响、气候变暖、核能利用、转基因食品等过去“非常识性知识”转变为由利益方所设定的“常识”。公众在飞速的技术发展中开始迷惑。

媒体在不同的社会制度中具有不同的功能，同样，在不同的媒介技术发展中也呈现出不同的传播速度和模式。电子技术在突破所有的人际、文化、地域，甚至语言障碍中呈现出令人目不暇接的状态。过去传统的传播方式在新数据时代变得面目全非。我们再次迷失在复杂的环境中。

关于 2014 年诺贝尔生理学或医学奖新闻报道中，认为“位置细胞”“六角网格细胞”的发现为治疗人类的痴呆症，尤其是艾尔兹海默症（老年痴呆症）打开了“窗户”。这项研究成果经历了长达 50 多年时间。科学传播模式在每一个不同的社会模式和文化中都有不同的效果，有些是正面的，而有些则是负面的。不同的科学传播模式的“细胞”需要在不同的文化环境中“激活”，寻找到自己的位置，才能进出自由，游动强劲有力。科学技术的传播理论和模式的探索还有很长的路要走。

2014 年 12 月 2 日